Kordula Knaus, Andrea Zedler (Hrsg.)

Musikwissenschaft studieren

Arbeitstechnische und methodische Grundlagen

Herbert Utz Verlag

Bibliografische Information der Deutschen Nationalbibliothek:
Die Deutsche Nationalbibliothek verzeichnet diese Publikation
in der Deutschen Nationalbibliografie; detaillierte bibliografische
Daten sind im Internet über http://dnb.d-nb.de abrufbar.

Dieses Werk ist urheberrechtlich geschützt.
Die dadurch begründeten Rechte, insbesondere die der Übersetzung, des Nachdrucks, der Entnahme von Abbildungen, der Wiedergabe auf fotomechanischem oder ähnlichem Wege und der Speicherung in Datenverarbeitungsanlagen bleiben – auch bei nur auszugsweiser Verwendung – vorbehalten.

Copyright © Herbert Utz Verlag GmbH · 2012
ISBN 978-3-8316-4140-6

Umschlaggestaltung: Matthias Hoffmann unter Verwendung folgender Abbildungen:
»Red hot Dj«, © drubig-photo – Fotolia.com
»Der Lautenspieler« von Michelangelo Merisi da Caravaggio
»2008 Enga Cultural Show, Wabag« (sing-sing in Papua Neuguinea) © Jialiang Gao, peace-on-earth.org

Printed in EU
Herbert Utz Verlag GmbH, München
089-277791-00 · www.utzverlag.de

Inhalt

Vorwort 5

1. Orientierung am Studienbeginn *(von Michele Calella)* 7

2. Wissenschaftliche Arbeitstechniken: Von der Themenstellung zur Abschlussarbeit *(von Adrian Kuhl und Andrea Zedler)* 19

3. Historische Musikwissenschaft 113
   3.1 Einführung und Standortbestimmung *(von Federico Celestini)* .. 113
   3.2 Arbeitstechniken und Methoden *(von Kordula Knaus)* 122

4. Systematische Musikwissenschaft 153
   4.1 Einführung und Standortbestimmung *(von Jan Hemming)* 153
   4.2 Arbeitstechniken und Methoden
       (von Kathrin Schlemmer und Marco Lehmann) 163

5. Ethnomusikologie 195
   5.1 Einführung und Standortbestimmung *(von Gerd Grupe)* 195
   5.2 Arbeitstechniken und Methoden *(von Britta Sweers)* 203

6. Musikwissenschaft und ihre beruflichen Perspektiven 241
   Rudolf M. Brandl 242
   Otto Brusatti 246
   Sabine Ehrmann-Herfort 248
   Wolfgang Fuhrmann 251
   Rudolf Hopfner 255
   Christiane Krautscheid 257
   Thomas Leibnitz 259
   Heiko Maus 262
   Stephan Mösch 264
   Michael Nemeth 266

7. Literaturverzeichnis 269

Index 279

Autorinnen und Autoren 285

Dank 291

Vorwort

Das wissenschaftliche Studium der Musik erfordert ein hohes Maß an arbeitstechnischen Fertigkeiten und Kenntnissen über methodische Herangehensweisen: Wo finde ich Informationen über welche Inhalte? Wo und wie recherchiere ich Fachliteratur? Was sind musikwissenschaftliche Fragestellungen? Wie und mit welchen Methoden kann ich sie beantworten? Wie präsentiere ich Ergebnisse in Form eines Referates? Wie verfasse ich eine schriftlichen Arbeit?

Die vorliegende Einführung ist ein praxisorientiertes Arbeits- und Lernbuch für Arbeitstechniken aller Teilbereiche der Musikwissenschaft. Der Band soll der Orientierung am Beginn des Studiums dienen, versteht sich aber auch als Leitfaden, der bis zur Masterarbeit zur Auffrischung oder zum Nachschlagen von arbeitstechnischem Basiswissen herangezogen werden kann. Für Inhalt und Anlage des Bandes wurde ein Grundstock an Kenntnissen definiert, den Studierende für ein erfolgreiches Absolvieren der ersten Studiensemester benötigen. Diese grundlegenden Kenntnisse werden im ersten Teil des Bandes ge- und erklärt: Schrittweise geht es von der ersten Fragestellung über die Recherche bis zum Erstellen einer schriftlichen Arbeit. Besonderes Augenmerk wird dabei auf die neuen Informationstechnologien gelegt, die das musikwissenschaftliche Arbeiten in den letzten Jahren einerseits vereinfacht, andererseits aber neue Herausforderungen für Studierende geschaffen haben, für die der Band Lösungsansätze zeigt. Zum praktischen Einstieg in die Facetten des musikwissenschaftlichen Arbeitens wurden zahlreiche Übungsaufgaben verankert, und es werden zur Vertiefung bestimmter Themenbereiche weiterführende Literaturhinweise sowie Linktipps angeboten.

Neben den handwerklichen Kenntnissen vermittelt das Buch einen Überblick über die verschiedenen Fachgebiete und methodischen Herangehensweisen der Musikwissenschaft. Da deren Dreiteilung in Historische Musikwissenschaft, Systematische Musikwissenschaft und Ethnomusikologie gerade im deutschsprachigen Raum (noch immer) sehr präsent ist und die Fachgebiete zum Teil sehr unterschiedliche Ansätze und Methoden verfolgen, werden im zweiten Abschnitt des Bandes die jeweils spezifischen Inhalte, Fragestellungen und Methoden der Teilbereiche vorgestellt. Diese Aufteilung soll der Orientierung dienen, ist aber nicht als Trennung oder gar Isolierung der Teilfächer zu verstehen; vielmehr herrschen zwischen den Bereichen zahlreiche Schnittmengen und Querverbindungen, die immer wieder zur Sprache kommen.

Zur Studienrealität vieler Studierender gehört auch, sich nicht allein mit Fachinhalten zu beschäftigen, sondern sich auch mit möglichen Berufsfeldern auseinanderzusetzen, in denen musikwissenschaftliche Methodik und Arbeitstechniken angewandt werden. Deshalb eröffnet der Band abschließend Einblicke in die musikwissenschaftliche Arbeitswelt. Expertinnen und Experten verschiedener Branchen stellen Chancen, Perspektiven und Herausforderungen der jeweiligen beruflichen Tätigkeiten vor. In Kurzberichten vermitteln sie ihre persönliche Sicht auf die musikwissenschaftliche Berufspraxis und das Studium der Musikwissenschaft.

Kordula Knaus und Andrea Zedler
Graz, Dezember 2011

1. Orientierung am Studienbeginn (Michele Calella)

Musik und Wissenschaft

Musikwissenschaft ist die Wissenschaft von der Musik. Dies mit allen seinen Konsequenzen ins Bewusstsein zu rufen, ist keineswegs überflüssig, denn allzu häufig kommt es vor, dass bei der ersten Begegnung mit dem Kompositum »Musikwissenschaft« der erste Wortteil – »Musik« – eine so starke semantische Akzentuierung auf Kosten des zweiten erfährt, dass sich zuerst die Idee einer praktischen Musikausübung in den Vordergrund drängt. Dies begegnet den Studienanfängerinnen und Studienanfängern genau dann, wenn sie nach Bekanntgabe ihres Studienfaches sofort mit der Frage konfrontiert werden, welches Instrument sie denn in ihrem Studium erlernen und setzt sich fort in der oftmals geäußerten Enttäuschung darüber, dass das Studium der Musikwissenschaft keine musikpraktische Ausbildung beinhaltet. Dabei gerät »Wissenschaft«, gerade jener Wortteil, der seit dem späten 19. Jahrhundert für die akademische Etablierung des Faches sorgte, völlig aus dem Blick. Mit dem Begriff der »Kunstgeschichte« evozieren die Kolleginnen und Kollegen aus dem visuellen Bereich anscheinend weniger Missverständnisse, wobei es hier auffällig ist, dass man mit der Benennung des Faches die historische Perspektive der Disziplin betont – »Kunstwissenschaft« und »Bildwissenschaften« haben sich erst in den letzten Jahrzehnten als Neuorientierungen etabliert. Diese terminologische Schieflage hat verschiedene Gründe. Eine Rolle spielen möglicherweise die unterschiedlichen Zeiten, in denen Kunstgeschichte und Musikwissenschaft institutionalisiert wurden. Denn während die erste im späten 18. und frühen 19. Jahrhundert im Zuge einer Entwicklung des neuen Faches »Geschichte« an den deutschsprachigen Universitäten Fuß fasste, fiel die Formulierung der zweiten in der zweiten Hälfte des 19. Jahrhunderts mit dem Höhepunkt des Positivismus zusammen, der nach dem Modell der Naturwissenschaft objektive Erkenntnis nur auf der Basis nachweisbarer Befunde legitimierte. Ausschlaggebend für diese Diskrepanz in der Benennung des Faches dürfte aber auch die traditionsreiche Geschichte der *wissenschaftlichen* Auseinandersetzung mit dem Klang sein, denn anders als die sogenannten bildenden Künste hatte Musik bereits im Mittelalter einen festen Platz im Kanon der Artes Liberales inne und wurde als Teil des Quadriviums – zusammen mit Arithmetik, Geometrie und Astronomie – als mathematische Disziplin betrieben. Das Messen der musikalischen Intervalle auf Basis einer nach arithmetischen Verhältnissen geteilten Saite (½, ⅔, ¾ etc.) und die darauf bauende Theorie verlieh dem »musicus« den besonderen Status eines Gelehrten. Die Auseinandersetzung mit den kompositorischen und notationstechnischen Aspekten der Musik, also die Beschäftigung mit der praktischen Musik, entwickelte sich etwas später, jedoch parallel zum spekulativen Feld der theoretischen Musik. Im 16. und 17. Jahrhundert, besonders im Zuge von Humanismus und Reformation, verschob sich die Konzeption der Musik allmählich in Richtung einer textorientierten bzw. rhetorischen Kunst, was in der Musiklehre zu einem gewissen Misstrauen gegenüber ihren arithmetischen Aspekten führte. Trotzdem wurde die Beschäftigung mit den rationalen Komponenten des Klanges bei zahlreichen Wissenschaftlern weitergeführt und bekam durch die empirische Forschung des 18. Jahrhunderts einen neuen Aufschwung. Gerade in diesem Jahrhundert erfolgte auch eine zunehmende Historisierung des musikalischen Diskurses, die nicht zuletzt mit einer Emanzipation der bis dahin als Hilfsdisziplin der Rechtswissenschaften geltenden Geschichte als akademisches Fach zusammenhängt. Es ist daher kein Wunder, dass die erste deutschsprachige Musikgeschichte, nämlich die »Allgemeine Geschichte der Musik« (Leipzig 1788–1801) von Johann Nikolaus Forkel an der Universität Göttingen entstanden ist. Göttingen war diejenige Universität, die als erste einen Lehrstuhl für Geschichte einrichtete und die zum Hauptzentrum einer renommierten Historikerschule wurde. Auch die im 18. Jahrhundert als philosophische Lehre der sinnlichen Erkenntnis formulierte Ästhetik erfasste die wissenschaftliche Beschäftigung mit der Tonkunst, machte im 19. Jahrhundert aus der Instrumentalmusik ihr privilegiertes Medium und führte in diesem Zusammenhang zu einer regen Diskussion über den Status des musikalischen Kunstwerkes. Nicht zu vergessen ist schließlich ein ebenfalls im Zuge der Aufklärung gesteigertes Interesse für außereuropäische Musikpraktiken, welche die anthropologische Neugierde der reisenden Musikgelehrten immer mehr erweckte und sich im Laufe des 19. Jahrhunderts allmählich in die Richtung einer ethnologischen Musikforschung entwickelte.

Der musikalische Diskurs ist im 19. Jahrhundert also geprägt durch eine steigende Auseinandersetzung mit der Musikgeschichte, eine starke Positionierung der Musikästhetik, eine auffällige Differenzierung der Musiklehre bezüglich der Grundlagen der Komposition, eine ausgeprägte empirische Beschäftigung mit

Klangerzeugung, -übertragung und -wahrnehmung und letztendlich durch ein immer intensiver werdendes Interesse für die Musik außerhalb Europas. Als Guido Adler (1855–1941) im Jahre 1885 mit seinem Aufsatz »Umfang, Methode und Ziel der Musikwissenschaft« schließlich die wissenschaftstheoretischen Grundlagen des Faches legte (er selbst gründete das erste musikwissenschaftliche Institut im Jahre 1898 in Wien), konnte er also auf vielfältige Traditionen des intellektuellen Umganges mit Musik zurückgreifen, die er in einem integralen wissenschaftlichen Konzept zu vereinheitlichen versuchte. Seine Teilung des Faches in eine historische und eine systematische Ausrichtung, mit der später hinzugefügten Ethnomusikologie als dritter Säule, die zuerst 1885 als »Musikologie« bzw. »Vergleichende Musikwissenschaft« noch dem Bereich der Systematischen Musikwissenschaft zugeordnet war, befriedigte unterschiedliche kulturideologische Bedürfnisse und ist noch heute trotz ihres immer wieder kritisierten problematischen Charakters entscheidend für die Institutionalisierung des Faches im deutschsprachigen Raum geblieben.[1]

Gerade an denjenigen Instituten, in denen heute all diese Ausrichtungen vertreten sind, kann aber bei den Studierenden eine gewisse Verwirrung entstehen, denn sie gewinnen schnell den Eindruck, dass sich die Musikwissenschaft mit ganz unterschiedlichen Dingen mittels disparatester Methoden beschäftigt: An dem einen Institut werden beispielsweise akustische Untersuchungen in einem reflexionsarmen Raum durchgeführt, an dem anderen werden bulgarische Hochzeitsrituale gefilmt, um die soziale Funktion der dortigen Musik zu beschreiben, wiederum an einem anderen werden unterschiedliche Handschriften von Bachs Johannes-Passion verglichen, um die mehrfachen Fassungen zu rekonstruieren. Tatsächlich befassen sich Musikwissenschaftlerinnen und Musikwissenschaftler – unabhängig von ihrer Zuordnung innerhalb von Adlers Systematisierung – mit unterschiedlichsten, die Musik betreffenden Phänomenen und dies auf der Basis vielfältiger Methoden und Perspektiven. Das hängt nicht zuletzt damit zusammen, dass die Begriffe »Musik« und »Wissenschaft« je nach kulturellem Kontext unterschiedlich aufgefasst wurden und werden, was immer wieder »Umfang, Methode und Ziel« der Disziplin beeinflusst.

Auch Adler hatte seinen spezifischen Musik- und Wissenschaftsbegriff. Es ist daher nicht verwunderlich, dass das Fach sich für ihn zunächst an den empirischen Methoden der Naturwissenschaft orientierte. Als privilegierte Gegenstän-

---

1 Für eine kritische Erläuterung dieser Teilung wird auf die entsprechenden Kapitel in diesem Buch verwiesen.

de der philologisch basierten historischen Musikwissenschaft wählte er Werke und Gattungen, der systematischen dagegen die »Kunstgesetze«. Es ist außerdem bezeichnend, dass er bei seiner Dreiteilung voraussetzte, dass der Gegenstand der Ethnomusikologie, d. h., die Musik außereuropäischer Völker, im Gegensatz zur abendländischen Kunstmusik geschichtslos sei. Außerdem schloss Adlers Fixierung auf das »Kunstwerk« Unterhaltungsformen der Musik als Gegenstand der Musikgeschichte aus, was sich im 20. Jahrhundert in einer problematischen Exklusion von Musikformen aus dem wissenschaftlichen Diskurs niederschlug, denen jeglicher Kunstcharakter abgesprochen wurde (wie etwa Volks-, Jazz-, Popmusik).

Wenn wir also heute versuchen, eine Wissenschaft der Musik zu definieren, müssen wir uns die Frage stellen, was Musik in den einzelnen Kulturen bedeutet und welchen Wissenschaftsmodellen die Musikwissenschaftlerinnen und Musikwissenschaftler im Umgang mit ihrem Gegenstand folgen. Eine eindeutige Antwort darauf wird unmöglich sein, und dabei kann nur auf die Vielfalt und auf den Pluralismus der aktuellen musikwissenschaftlichen Praxis verwiesen werden, bei der so unterschiedliche Phänomene wie beispielsweise die liturgische Implikation der Cantus firmus-Messe, die musikalische Inszenierung der Frau in Richard Strauss' Musikdramen, die mikrorhythmischen Phänomene in westafrikanischer Perkussion oder die psychologische Erfahrung der Trance in der Technomusik als legitime Objekte wissenschaftlichen Interesses gleichberechtigt nebeneinanderstehen.

Das Studium der Musikwissenschaft

Die Trias Historische Musikwissenschaft, Systematische Musikwissenschaft und Ethnomusikologie prägt trotz immer wiederkehrender Kritik und sichtbarer Grenzüberschreitungen nach wie vor die Lehrstuhlprofile der einzelnen Institute und die musikwissenschaftlichen Studienordnungen im deutschsprachigen Raum – abweichende, ergänzende resp. spezifizierende Bezeichnungen wie etwa »Musiksoziologie / Historische Anthropologie der Musik«, »Kulturgeschichte der Musik« oder »Sound Studies« dürfen als die Ausnahmen gelten, welche die Regel bestätigen.

Nicht in jedem Institut ist jedoch Systematische Musikwissenschaft und Ethnomusikologie zu finden, während die der Historischen Musikwissenschaft zuzurechnenden Wissenschaftlerinnen und Wissenschaftler mit Abstand die große Mehrheit darstellen. Dieser Sachverhalt ist bei der Wahl des Studienortes nicht zu unterschätzen. Bei einem ausgeprägten Interesse für Musikpsychologie oder Psychoakustik sollte man beispielsweise bedenken, dass man nur an einem Institut mit mindestens einer Vertreterin oder einem Vertreter des Faches der Systematischen Musikwissenschaft eine qualifizierte Betreuung in diesem Bereich bekommen kann. Auch innerhalb der offiziellen Sparten gibt es Akzentverschiebungen in der Lehre und Forschung, und ein Blick in die älteren und neuen Onlinevorlesungsverzeichnisse der über fünfzig Institute für Musikwissenschaft an deutschsprachigen Universitäten[2] kann sich als hilfreich erweisen. Damit ist nicht gesagt, dass das ideale Institut dasjenige ist, in dem dem eigenen Lieblingskomponisten mehrere Lehrveranstaltungen gewidmet werden, aber wichtig wäre es zu wissen, ob ein bestimmtes Gebiet an dem entsprechenden Institut überhaupt erforscht oder gelehrt wird. Bei einem spezifischen Interesse für die Musik des Mittelalters und der Renaissance wäre es frustrierend an einem Institut zu studieren, in dem nur einmal pro Jahr eine einzige Vorlesung über Musik vor 1600 angeboten wird. Ähnliches gilt für den Bereich Popularmusik, der immer noch in nur wenigen musikwissenschaftlichen Instituten Gegenstand regelmäßiger Lehrveranstaltungen ist.

Unabhängig von den Gegenständen und den Ausrichtungen bleibt die Musikwissenschaft eine wissenschaftliche, also vorwiegend schriftlich und verbal vermittelte Beschäftigung mit Musik und ist auf keinen Fall als musikpraktisches Studienfach zu verstehen. D. h., das Studium der Musikwissenschaft wird nicht dafür sorgen, dass Studierende Kenntnisse und Fähigkeiten erlangen, um Beethovens Klaviersonaten op. 27 spielen, an einer Castingshow teilnehmen oder Filmmusik komponieren zu können, sondern es wird den Studierenden ermöglicht, sich zu diesen Phänomenen innerhalb eines wissenschaftlichen Diskurses mündlich und schriftlich zu äußern, indem sie beispielsweise die spezifischen kompositorischen Aspekte von Beethovens op. 27 in Bezug auf die Gattungstradition der Klaviersonate untersuchen, die Beziehung zwischen Stimme und körperlicher Selbstinszenierung bei den erfolgreichen Teilnehmerinnen und

---

2 Einen Überblick bietet die Website der Gesellschaft für Musikforschung: http://www.musikforschung.de.

Teilnehmern von Castingshows analysieren oder die Leitmotivtechnik in Howard Shores Filmmusik für *Der Herr der Ringe* interpretieren.

Auch unterscheidet sich das universitäre Studium der Musikwissenschaft von den zumeist an Musikhochschulen angesiedelten musikpädagogischen Studiengängen, die Musiklehrerinnen und -lehrer ausbilden. Ein Musikstudium für das Lehramt, bei dem auch die Absolvierung musikwissenschaftlicher Kurse vorgesehen ist, konzentriert sich primär auf praktische und pädagogische Kompetenzen – was nicht ausschließt, dass Mischformen in den Studienplänen entstehen können, besonders an jenen Universitäten, die in Kooperation mit einer Musikhochschule musikwissenschaftliche und musikpädagogische Studien anbieten.

Dass auch das Studium der Musikwissenschaft eine solide Kenntnis der Elementaren Musiklehre und auch ein Körnchen musikpraktischer Fähigkeiten voraussetzt, ist eine Selbstverständlichkeit, die leider selten thematisiert wird. In den meisten musikwissenschaftlichen Bachelor-Studienplänen werden nur wenige musiktheoretische Pflichtkurse vorgesehen (Tonsatz, Analyse, Formenlehre etc.). Da das Studium jedoch oft keine Zugangsbeschränkung vorsieht und Eingangstests in diesem Fach die Ausnahme bilden, kommt es häufig vor, dass einige Studienanfängerinnen und -anfänger mitunter gravierende Kenntnislücken im Bereich der Elementaren Musiklehre aufweisen und sogar Schwierigkeiten beim Notenlesen zeigen. Hier gilt es, vor dem Studium die eigenen Kenntnisse zu testen und gegebenenfalls zu verbessern – was auch für diejenigen gelten kann, die bereits ein Instrument spielen oder intensiven Musikunterricht in der Schule bekommen haben. Idealerweise sollten Studierende über Grundkenntnisse der Akustik, Instrumentenkunde, Musiktheorie (einschließlich Harmonie- und Formenlehre) und Musikgeschichte sowie über eine gute Basis in Gehörbildung vor dem Studienbeginn verfügen.[3] Solide Kenntnisse in musiktheoretischen Fächern, besonders wenn sie vor dem Studium und in den ersten Semestern erworben worden sind, können die Studierenden von jenen unzähligen Hürden befreien, mit denen sie sich sonst später, etwa beim Abfassen musikanalytischer Seminararbeiten, konfrontieren müssen.

---

3 Für ein Selbststudium sind neben den unzähligen allgemeinen Musiklehren folgende Bücher zu empfehlen: Ulrich Michels, *DTV-Atlas der Musik* oder Peter Wicke (Hg.), *Duden. Basiswissen Schule. Musik*. Für eine allgemeine musikgeschichtliche Orientierung vor dem Studium – auch mit Berücksichtigung außereuropäischer Kulturen – ist auch Arnold Werner-Jensen, *Das Reclam-Buch der Musik* zu empfehlen.

Auf alle Fälle ist es ratsam – falls es nicht bereits in der Studienordnung vorgesehen ist – alle Basiskurse (z. B. musiktheoretische Übungen, methodische bzw. arbeitstechnische Einführungen, Grundkurse in Akustik, Transkriptionsübungen, Einführung in die Analyse) in den ersten Semestern zu belegen, um sich erst später intensiver mit Einzelthemen zu beschäftigen. Bei sehr lückenhaften Kenntnissen in der Musiktheorie und mangelnden Erfahrungen in der wissenschaftlichen Arbeitstechnik ergibt es beispielsweise wenig Sinn, bereits im ersten Semester ein Proseminar über Gustav Mahlers Symphonien zu besuchen, in dessen Rahmen ein analytisches Referat gehalten und anschließend eine wissenschaftliche Arbeit verfasst werden muss.

Ein weiterer Aspekt der Kompetenzen von Studierenden betrifft die Kenntnis von Fremdsprachen. Die englischsprachigen Musikwissenschaftlerinnen und Musikwissenschaftler stellen heute ohne Zweifel die größte Gruppe in der *scientific community* dar und liefern einen beachtlichen Forschungsoutput. Da im deutschsprachigen Raum gute Englischkenntnisse prinzipiell vorausgesetzt werden, werden auch wichtige Bücher aus den USA und Großbritannien nur sehr selten ins Deutsche übersetzt. Studierende sollen sich also bereits in den ersten Semestern daran gewöhnen, auch englischsprachige Literatur zu studieren. Was die anderen Sprachen betrifft, hängt hier die Entscheidung von den eigenen Interessen ab, wobei man bedenken soll, dass Fremdsprachenkenntnisse bei der Abschlussarbeit die Wahl des eigenen Forschungsgegenstandes bedingen können. Eine seriöse Masterarbeit über Verdis Opern ohne (zumindest passive) Beherrschung der italienischen Sprache oder das Verfassen einer Studie über indische Musik ohne Kenntnis mindestens von Hindi wäre in der Tat ein mühsames, wenn nicht aussichtsloses Unterfangen.

Eine ähnlich wichtige Rolle für das Studium der Musikwissenschaft können auch die Nebenfächer bzw. die ergänzenden Module spielen, falls diese im Sinne eines inter- bzw. transdisziplinären Konzeptes gewählt werden. Kurse aus der Philosophie können etwa eine solide Grundlage für eine Beschäftigung mit musikästhetischen Fragen bilden, während sich Kultur- bzw. Sozialanthropologie als ideale Erweiterung bei ausgeprägten ethnomusikologischen Interessen erweisen kann. Andere Fächer können eventuell jene methodischen Lücken füllen, die im musikwissenschaftlichen Studium entstehen können. Akustik- bzw. Psychologie-Lehrgänge aus anderen Instituten können ein unter Umständen geringes Angebot an musiksystematischen Veranstaltungen vorteilhaft ergänzen, und wenn der Eindruck entsteht, das Werkzeug der historischen Forschung werde im

Studium nicht ausreichend vermittelt, können die Kurse der historischen Hilfswissenschaften ohne Zweifel diese Lücke füllen.

Ein weiterer Aspekt ist das Studium im Ausland im Rahmen internationaler Austauschprogramme. Es kann nicht oft genug wiederholt werden, dass ein bzw. zwei Semester an einer anderen Universität, jenseits der ohnehin tiefgreifenden Auswirkungen auf die eigene Biographie, eine zentrale Rolle in der Entwicklung der persönlichen Fachkompetenzen einnimmt. Unabhängig von der eventuellen Perfektionierung der Fremdsprachen – die in einem Auslandsstudium im deutschsprachigen Raum nicht gegeben wäre – werden Studierende mit einer anderen Universitätskultur, anderen didaktischen Konzepten und anderen Forschungsschwerpunkten konfrontiert, die für den persönlichen (Aus-)Bildungsprozess von zentraler Bedeutung sein können. Es kommt in der Tat nicht selten vor, dass es Studierende eines Austauschprogrammes an der Gastuniversität mit davor nicht gekannten fachmethodischen Fragestellungen oder mit einer ganz ungewohnten Art der Betreuung zu tun haben. Außerdem kann der Aufenthalt im Ausland eine strategische Funktion im Rahmen der Masterarbeit annehmen – zum Beispiel durch die Ermöglichung des wissenschaftlichen Austausches mit einschlägigen Spezialistinnen oder Spezialisten an der Gastuniversität oder bei der Präsenz wichtiger Quellen an der dortigen Bibliothek.

Darüber hinaus gibt es kein Patentrezept für die Gliederung des Studiums, zumal die im Rahmen des Bologna-Prozesses erfolgte Überreglementierung der Studienpläne die Studierenden um ein gutes Stück Freiheit bei der Selbstgestaltung ihres Bildungsganges gebracht hat. Die Beauftragten für die Studierendenberatung der einzelnen Institute können jedoch nach wie vor am besten den Studierenden bei deren Orientierung helfen.

Berufsfelder

Das Studium der Musikwissenschaft zielt nicht auf eine spezifische Berufsausbildung ab. Zwar ist heute in vielen Studienplänen die Absolvierung von Praktika vorgesehen, die fast immer von entsprechenden Berufsvertreterinnen und -vertretern abgehalten werden, aber der Kern des Studiums besteht in der Regel aus der Entwicklung vielfältiger fachspezifischer Fähigkeiten ohne einschlägige Fokussierung. Seine Stärke liegt jedoch gerade in diesen Kompetenzen, die bei unterschiedlichen Tätigkeitsfeldern einen flexiblen Einsatz finden können und die aus den Musikwissenschaftlerinnen und Musikwissenschaftlern letztendlich in vielen Fällen schwer ersetzbare Fachleute machen.[4]

Ohne Zweifel bleibt den Studierenden die Aufgabe überlassen, im Rahmen des Studiums – aber auch außerhalb dessen – bereits berufsspezifische Erfahrungen zu sammeln, entweder durch die oben erwähnten Übungen oder einfach durch aus eigener Initiative gefundene, in den Semesterferien absolvierte Praktika bei potenziellen Arbeitgeberinnen und Arbeitgebern. Wichtig ist daher, dass man bereits zu Beginn des Studiums einen Überblick über die Einsatzmöglichkeit der eigenen Ausbildung in der Berufswelt bekommt (siehe auch Kapitel 6, S. 241).[5] Sicherlich bildet die wissenschaftliche Tätigkeit an Universitäten und Musikhochschulen den direkten Ausbildungsweg für diejenigen, die eine besondere Leidenschaft für Lehre und Forschung hegen. Die akademische Laufbahn ist jedoch nicht nur aufgrund der hohen wissenschaftlichen Anforderung nur wenigen vorbehalten – denn für eine Professur ist sukzessive ein Master-, ein Doktoratsstudium und eine Habilitation bzw. eine dieser vergleichbare Leistung erforderlich –, sondern sie kann sich auch in der ersten Phase aufgrund der Befristung der meisten Stellen als prekär erweisen.

Für diejenigen, die gern an der Universität forschen, jedoch nicht so gerne lehren, gibt es die – jedoch seltene – Gelegenheit, in zeitlich befristeten Forschungsprojekten zu arbeiten, die meist von Stiftungen oder nationalen Forschungsfonds (z.B. DFG, SNF, FWF) finanziert werden. Ein Masterabschluss ist jedoch die Mindestanforderung für die dabei noch seltener ausgeschriebenen Stellen für Doktorandinnen und Doktoranden, deren Beschäftigungsdauer sich außerdem nach der Länge der Finanzierung richtet. Auch Forschungsinstitute (wie z.B. das Staatliche Institut für Musikforschung in Berlin oder die Kommission für Musikforschung der Österreichischen Akademie der Wissen-

---

4 Für eine ausführliche, jedoch nicht in allen Bereichen aktuelle Beschreibung dieser Tätigkeitsfelder vgl. Sabine Ehrmann-Herfort (Hg.), *Musikwissenschaft und Berufspraxis* und Helmut Rösing und Peter Petersen, *Orientierung Musikwissenschaft*.

5 Für einen Überblick über potenzielle Arbeitgeber auf dem deutschsprachigen Musikmarkt empfiehlt sich einen Besuch der Website des Deutschen Musikinformationszentrums (http://www.miz.org), der MICA (http://www.musicaustria.at/mica) und des Schweizer Informationszentrums (http://www.miz.ch).

schaften) und die Gesamtausgaben (siehe Abschnitt »Neudruck, Neuedition und Kritische (Gesamt-)Ausgabe«, Kapitel 3.2, S. 141) bieten unter ähnlichen Bedingungen Arbeitsmöglichkeiten im wissenschaftlichen bzw. editorischen Bereich, wobei hier je nach Funktion eine abgeschlossene Dissertation erforderlich sein kann. Einen Mittelweg zwischen Forschung und öffentlicher Dienstleistung kennzeichnet die Arbeit von Archiven, Bibliotheken und Museen mit musikalischem Schwerpunkt, wobei hier je nach Land und angestrebter Funktion ein zusätzliches Studium bzw. eine ergänzende Ausbildung erforderlich sein kann.

Die zahlreichen Musikverlage mit ihrer intensiven Produktion machen aus dem deutschsprachigen Gebiet einen international konkurrenzlosen Arbeitsraum für diejenigen Musikwissenschaftlerinnen und Musikwissenschaftler, die nicht nur die Edition von Büchern über Musik gern betreuen, sondern sich auch besonders mit der fachspezifischen Erstellung von Musikalien befassen möchten.

Ebenfalls eine Spezialität des deutschsprachigen Raumes ist die Beschäftigung von Musikdramaturginnen und -dramaturgen, die in Konzert- und Opernhäusern sowie für Musicalbühnen eine beratende Funktion bezüglich des Repertoires haben und denen neben unterschiedlichen organisatorischen Tätigkeiten u. a. die Aufgabe zufällt, die Programmhefte zu redigieren und einen Teil der Öffentlichkeitsarbeit zu übernehmen. Weitere Berufsperspektiven liegen im Bereich des Musikjournalismus in Druck- und Onlinemedien sowie in Musikredaktionen der öffentlich-rechtlichen Rundfunk- und Fernsehanstalten. Auch im Bereich des Musikmanagements, einer spezialisierten Variante des Kulturmanagements, sind musikwissenschaftliche Kompetenzen notwendig, wobei auch für dieses Berufsfeld spezifische zusätzliche Lehrgänge erforderlich sein können. Abschließend ist auch die musikwissenschaftliche Beratung bei der Entwicklung von multimedialen Lernmedien oder Musiksoftwares zu erwähnen.

Es ist momentan schwer vorauszusehen, wie die Berufschancen von Bachelorabsolventinnen und -absolventen der Musikwissenschaft in den nächsten Jahren aussehen werden und inwiefern sich der Arbeitsmarkt nicht weiterhin am Master als Äquivalent des alten Magisterabschlusses orientieren wird. Hierbei könnten neben dem Master in Musikwissenschaft spezifische, bereits aktivierte Masterlehrgänge wie beispielsweise »Musik und Journalismus«, »Musik und Medien«, »Musikmanagement« und »Dramaturgie« stärker berufsorientierte Alternativen anbieten. Es bleibt jedoch dahingestellt, ob eine solche, bereits nach einem sechssemestrigen Studium angestrebte Spezialisierung einen Qualitätssprung in der Berufsausbildung bedeutet oder nicht vielmehr eine Einengung gegenüber der Offenheit musikwissenschaftlicher Studien mit sich bringen wird.[6]

---

6 Als Ansprechpartner für die Studierenden in Fragen der Studiums-, Forschungs- und Berufsperspektiven versteht sich der Dachverband der Studierenden der Musikwissenschaft (http://www.dvsm.de).

2. Wissenschaftliche Arbeitstechniken: von der Themenstellung zur Abschlussarbeit (Adrian Kuhl und Andrea Zedler)

Ein wichtiges Ziel Ihres Studiums ist es, selbstständiges musikwissenschaftliches Arbeiten zu erlernen. Dieses unterscheidet sich zunächst einmal nicht von wissenschaftlichem Arbeiten im Allgemeinen und heißt neugierig zu sein, Fragen zu stellen und in eine eigene, faktenbezogene und kritische Auseinandersetzung mit dargebotenem Wissen und Meinungen zu treten. Um dies einzuüben, wird während des Studiums neben dem Erlernen von Fachwissen immer wieder von Ihnen verlangt, sich kritisch und selbstständig mit musikbezogenen Themen auseinanderzusetzen und die Ergebnisse in schriftlicher und/oder mündlicher Form zu präsentieren. Ein fundiertes ARBEITSTECHNISCHES HANDWERKSZEUG kann Ihnen dabei sowohl auf der inhaltlichen als auch auf der formalen und organisatorischen Seite helfen. Wenn Ihnen beispielsweise in einer Aussage eines Textes oder eines Vortrages etwas nicht schlüssig vorkommt und Sie der Sache auf den Grund gehen möchten, sollten Sie wissen, wie und wo Sie verlässliche Informationen finden, mit denen sich Ihre Fragen beantworten lassen. Sie müssen dafür gezielte Recherchen durchführen können.

Es gehört auch zu den Arbeitstechniken Hausarbeiten und Referate adäquat zu erstellen, um damit schriftliches und mündliches Darstellen zu üben. Dafür müssen Sie u. a. wissen, wie Sie zu einer Themenstellung kommen, wie eine wissenschaftliche Fragestellung erarbeitet wird, wie Sie recherchierte Literatur oder andere Materialien auswerten und wie Sie diese Synthese in einem Referat oder innerhalb einer Hausarbeit darstellen. Auch die Einhaltung von Formalia wie beispielsweise der korrekte Literaturnachweis, ist für eine gute wissenschaftliche Praxis und für die Vermeidung von Plagiaten unverzichtbar.

Zum wissenschaftlichen Handwerkszeug gehört auch die Fähigkeit der SELBSTORGANISATION. So müssen Sie Ihren Studienverlauf innerhalb bestimmter Vorgaben selbst planen und Ihren Stundenplan so gestalten, dass Sie die vorgesehenen Pflichtveranstaltungen in Ihrem Wochenplan unterbringen. Zudem müssen Sie entscheiden, wie viele Semesterwochenstunden Sie überhaupt bewerkstelligen können und ob es nicht sinnvoll wäre, auch Veranstaltungen zu besuchen, die nicht zu Ihrem vorgeschriebenen Studienverlauf gehören. Da es in

Ihrer eigenen Verantwortung liegt, das Angebot der Universität in idealer Weise zu nutzen, wird von Ihnen Eigeninitiative gefordert. Das beginnt schon damit, dass es, trotz möglicher Anwesenheitskontrolle in den Veranstaltungen, in Ihrem persönlichen Interesse liegt, regelmäßig an Ihren Seminaren, Vorlesungen und Kursen teilzunehmen, sich dafür angemessen vorzubereiten, aktiv mitzuarbeiten und sich für Prüfungen anzumelden, dafür zu lernen und diese abzulegen. Auch das Erarbeiten von Referaten und Hausarbeiten verlangt von Ihnen Engagement und Selbstmotivation. Erstinformation, Einarbeiten in ein Thema, Formulieren von Fragestellungen, Recherche, Erschließung und Auswertung von Literatur und/oder Quellen sind einzelne Stationen des Prozesses, die Sie dabei immer wieder durchlaufen müssen.

Mit all den hier angesprochenen Punkten sind oft methodische Fragen und Probleme von Seiten der Studierenden verbunden, die im Rahmen von Lehrveranstaltungen meist aus Zeitgründen nur in Teilen beantwortet werden können. Das folgende Kapitel ist daher als eine Art »schriftliches Tutorium« gedacht, das Ihnen eine handwerklich orientierte Anleitung für die grundlegenden Anforderungen des musikwissenschaftlichen Arbeitens im Studium geben soll. Ziel ist es, Ihnen Werkzeuge an die Hand zu geben, mit denen es möglich ist, Lehrveranstaltungen vor- und nachzubereiten, Themenstellungen zu analysieren, Recherchen durchzuführen sowie Referate und schriftliche Arbeiten zu erstellen, die wissenschaftlichen Standards gerecht werden. Um Sie durch die unterschiedlichen Anforderungen zu begleiten, die durch das Referat und die Hausarbeit an Sie gestellt werden, werden die beiden Themen trotz einiger Gemeinsamkeiten gesondert abgehandelt. Dabei dürfen Sie nicht außer Acht lassen, dass die jeweilige Anleitung keinesfalls »der einzig richtige« Weg ist. Es wird Teil des Studiums sein, die notwendigen Erfahrungen zu sammeln und das eigene wissenschaftliche Arbeiten und das anderer Personen der *scientific community* immer wieder zu reflektieren, zu hinterfragen und die Erkenntnisse für sich nutzbar zu machen.

Die Vor- und Nachbereitung von Lehrveranstaltungen

Vermutlich haben Sie bereits die Erfahrung gemacht, dass es in vielen Lehrveranstaltungen heißt, Sie sollten sich auf die nächste Sitzung vorbereiten. Dieser Bitte tatsächlich nachzukommen, liegt vor allem in Ihrem eigenen Interesse, denn je gründlicher Sie Sitzungen vor- und nachbereiten, desto größer wird der Wissensgewinn sein und desto leichter können Sie dem Inhalt der Lehrveranstaltung folgen. Im Gegensatz zu Vorlesungen steht bei Seminaren nicht die Wissensvermittlung durch Lehrende im Zentrum, vielmehr verfolgt ein Seminar neben der Faktenvermittlung das Ziel, Sie zum selbstständigen wissenschaftlichen Arbeiten anzuleiten. Sie üben in Zusammenhängen zu denken, Themengebiete zu analysieren, Fragestellungen zu entwickeln und diese zur Diskussion zu stellen. Dass Sie dies nur trainieren können, wenn Sie sich auch inhaltlich auf die Thematik der einzelnen Sitzung vorbereiten, liegt auf der Hand. Wenn Ihnen z. B. die ästhetischen Ideale des Neoklassizismus nicht bekannt sind, können Sie sich auch nicht sinnvoll an einem Gespräch beteiligen, in dem es darum geht, neoklassizistische Elemente in Prokofjews *Symphonie classique* zu diskutieren. Als Faustformel für die Vor- und Nachbereitung gilt, dass Sie in etwa die gleiche Zeit, die die Veranstaltung dauert, für die EIGENSTÄNDIGE BESCHÄFTIGUNG benötigen. Dies wird zwar in der Praxis je nach Veranstaltungstyp variieren, da Sie möglicherweise für die Vorbereitung eines Seminars mehr Zeit benötigen als für die Nachbereitung einer anderen Lehrveranstaltungsform. Die Faustregel bietet Ihnen jedoch einen brauchbaren Richtwert für den zu investierenden Arbeitsaufwand.

Wie vorbereiten?

Um die VORBEREITUNG einer Veranstaltung möglichst effizient zu gestalten, seien hier einige Tipps vorgestellt:

- Schauen Sie, falls vorhanden, in den Seminarplan, welches Thema in der kommenden Sitzung besprochen wird, oder notieren Sie sich, was im Ausblick auf die nächste Sitzung als Thema vorgegeben wird.
- Lesen Sie die empfohlene Literatur und nutzen Sie dafür den Handapparat der Lehrveranstaltung in der Bibliothek, sofern einer eingerichtet worden

ist. Meist geht es in der Vorbereitung um einen groben Überblick, wenn nicht gezielt an einer Fragestellung für die nächste Sitzung gearbeitet werden muss. Falls keine speziellen Texte vorgegeben werden, sollten Sie zunächst grundlegende Literatur lesen, beispielsweise Lexikonartikel oder Abschnitte in relevanten Handbüchern (siehe Abschnitt »Erstinformation«, S. 25), um sich einen Überblick über das Themengebiet zu verschaffen. Gehen Sie erst dann zu Speziallliteratur über.

- Beschäftigen Sie sich mit der Musik, um die es in der Lehrveranstaltung geht. Hören Sie sich die Beispiele vollständig an, und überlegen Sie sich unterschiedliche Fragestellungen dazu. Wenn bestimmte Kompositionen behandelt werden, ziehen Sie idealerweise beim Anhören den zugrundeliegenden Notentext heran, und versuchen Sie auch, sich analytisch mit den Werken zu beschäftigen. Analysieren Sie z. B. den kompositorischen Aufbau des Werkes. Informieren Sie sich zusätzlich, in welchem Kontext ein Werk komponiert wurde und welche Besetzung sowie Tonart es hat. Fragen Sie sich, warum ausgerechnet diese Musikbeispiele oder Werke für die Lehrveranstaltung ausgewählt wurden.
- Zur Vorbereitung gehört ebenfalls, dass Sie prüfen, ob es neben dem Handapparat weitere Unterlagen der oder des Lehrenden gibt (Kopiervorlage, E-Learningmaterialien etc.), und dass Sie die bereitgestellten Texte gelesen und in der Sitzung dabei haben.

Die Mitschrift von Lehrveranstaltungen

Das Mitschreiben bei Lehrveranstaltungen zählt zu den basalen Arbeitstechniken eines Studiums und ist Voraussetzung für eine gute Vorbereitung auf Prüfungen. Um eine Mitschrift effizient zu verfassen, sollten folgende Punkte berücksichtigt werden:

- Haben Sie nicht den Anspruch, das Gesagte wörtlich und möglichst komplett mitzuschreiben. Versuchen Sie im Gegenteil, nur die relevanten Informationen in kurzen Sätzen oder Stichworten zu notieren – Sie verlieren sonst mit großer Wahrscheinlichkeit den inhaltlichen Anschluss und nur die wenigsten können beim »Akkordmitschreiben« noch selbst kritisch über das Gesagte nachdenken.

- Die wichtigsten Informationen beim Mitschreiben herauszufiltern, ist keine leichte Aufgabe. Erfahrungsgemäß entwickeln Sie aber schnell ein Gespür dafür, sodass Ihnen das Mitschreiben nach den ersten Semestern immer leichter fallen wird. Hilfreich ist es, wenn Sie versuchen, den roten Faden des Vortrages zu erfassen und das Gesagte beim Hören in Kategorien wie Fakten, Argumentation, Interpretation, Ergebnis, Anekdoten etc. einzuteilen.
- Die Notizen werden Sie für die Nachbereitung benötigen und um diese zu erleichtern, sollten Sie auf eine klare Gliederung Ihrer Mitschrift achten. Entwickeln Sie eine übersichtliche Blatteinteilung durch Einrückungen oder dergleichen, erfinden Sie verschiedene Kürzel und Hervorhebungen für bestimmte wiederkehrende Informationskategorien (wie beispielsweise »Lit.« für Literaturempfehlungen), Umrandungen für besonders wichtige Aussagen, Pfeile für Dinge, die Sie nachschauen wollen etc. Ihrer Phantasie sind hierbei keinerlei Grenzen gesetzt; die Hauptsache ist, dass es Ihnen hilft. Sollten Sie allerdings das Gefühl haben der Inhaltsdichte in Vorlesungen generell nicht folgen zu können, sei Ihnen empfohlen, sich mit Techniken des aktiven Zuhörens zu beschäftigen.[1]

Nachbereitung

Für eine Nachbereitung der Lehrveranstaltung gehen Sie am besten Ihre mitgeschriebenen Notizen noch einmal durch. Stellen Sie sich dabei die Frage, ob Sie alles von dem verstehen was Sie sich notiert haben, und ergänzen Sie ggf. Ihre Unterlagen. Dabei ist es sinnvoll, dies zeitnah nach der Sitzung zu tun, da Sie sich dann am besten an das Gesagte erinnern können. Gehen Sie als Nächstes Punkten nach, die Sie sich beim Notieren zur weiteren Klärung oder zur Vertiefung markiert haben. Sammeln Sie auch Ihre offengebliebenen Fragen und versuchen Sie, diese anhand von Literatur zu beantworten. Auch hier hilft es meistens, zunächst Lexika (siehe Abschnitt »Musikwissenschaftliche Lexika«, S. 26) zurate zu ziehen, bevor Sie nach Spezialliteratur suchen.

---

[1] Vgl. beispielsweise Christine Stickel-Wolf und Joachim Wolf, *Wissenschaftliches Arbeiten und Lerntechniken*, S. 62–70.

Referate und Hausarbeiten vorbereiten

Referat und Hausarbeit gehören neben Prüfungen wohl zu den häufigsten Leistungsnachweisen, die Sie während Ihres Studiums begleiten. Dies liegt in ihrem didaktischen Zweck begründet. Durch das Schreiben von Hausarbeiten und dem Halten von Referaten erlernen Sie Schlüsselkompetenzen, die für nahezu alle Bereiche geisteswissenschaftlichen Arbeitens inner- und außerhalb der Universität wichtig sind: Mit Referat und Hausarbeit üben Sie, eine Fragestellung binnen einer bestimmten Zeit selbstständig und unter wissenschaftlichen Bedingungen zu bearbeiten. Darüber hinaus trainieren Sie, Ihr erarbeitetes Wissen strukturiert, fundiert und gut argumentiert darzubieten.

Wichtig ist in diesem Zusammenhang, dass Lehrende Ihre Arbeiten (das gilt in Teilen ebenfalls für Referate) auch bewerten müssen und es dafür vielfältige Kriterien gibt. Grundsätzlich kann eine Bewertung der *äußeren Form* (Umfang sowie Gliederung) und des *inneren Gehalts* (Problematisierung der Themenstellung, Fragestellung, Definition von Begriffen, Argumentation, Stil, wissenschaftlicher Apparat etc.) vorgenommen werden. Die Kriterien der Beurteilung variieren von Lehrveranstaltung zu Lehrveranstaltung, daher berücksichtigen Sie immer jene Angaben, die Ihnen von den jeweiligen Lehrenden zur Orientierung mit auf den Weg gegeben werden.

Vom Thema zur wissenschaftlichen Fragestellung

Thema

Zwei Schlagwörter – »Thema« und »Fragestellung« – werden Ihnen im Laufe Ihres Studiums sehr oft begegnen, da sie Stationen eines jeden wissenschaftlichen Arbeitsprozesses darstellen. Als Studierenden wird Ihnen für Referate und/oder Hausarbeiten einer Lehrveranstaltung das grobe THEMA (also der zu behandelnde Stoff bzw. der Gegenstand mit dem sich die Lehrveranstaltung beschäftigt) vorgegeben, und Sie müssen unterschiedliche Fragestellungen erarbeiten. Bedenken Sie hierbei, dass Themenanalyse und Formulierung einer Fragestellung entscheidend für die Qualität jeder wissenschaftlichen Arbeit sind, unabhängig davon, ob es sich um eine Proseminararbeit oder eine wissenschaftliche Veröffentlichung handelt.

Um ein praktisches Beispiel herauszugreifen, wird in der Folge eine fiktive Lehrveranstaltung herangezogen, an der die Eckpunkte des Prozesses vom Thema zur wissenschaftlichen Fragestellung dargelegt werden und auf die sich einige der Übungsbeispiele in den folgenden Abschnitten beziehen werden: Professor x bietet im Wintersemester y ein Proseminar zum Thema »Messvertonungen auf Basis des weltlichen Cantus firmus L'homme armé« an. Dabei sollen sich die Studierenden u. a. mit der Messform um 1500, Bearbeitungstraditionen von weltlichen Melodien, der Cantus firmus-Technik, den Komponisten der L'homme armé-Messen und dem Wort-Ton-Verhältnis bei Ordinariumsvertonungen beschäftigen. Aufgabe wird es sein, sich in das Thema im Allgemeinen und in ein begrenztes Themengebiet (Teilthema) im Besonderen einzuarbeiten. Zudem muss dieses auf Basis einer oder mehrerer Fragestellungen präsentiert und diskutiert werden. Um sich dem (Teil-)Thema zu nähern und auf interessante Fragestellungen zu stoßen, deren tief gehende Behandlung dann mit der Lehrperson abgestimmt werden sollte, ist in erster Linie die ERSTINFORMATION und eine erste THEMENANALYSE notwendig.

> AUFGABE: Überlegen Sie, welche Informationsquellen Sie intuitiv heranziehen würden, um sich über das oben genannte Themengebiet zu informieren. Vergleichen Sie im Anschluss Ihre Informationsquellen mit jenen, die unter dem Abschnitt »Erstinformation« abgehandelt werden. Überlegen Sie, wie sich die jeweiligen Informationsquellen unterscheiden, und notieren Sie sich augenfällige Unterschiede hinsichtlich der Ihnen gebotenen Fachinformation und der weiterführenden Literatur.

Erstinformation

Bei der Erstinformation werden Sie in der Regel vom Allgemeinen zum Besonderen vorgehen und zum Einlesen LEXIKA und HANDBÜCHER nutzen. Diese beinhalten komprimierte Informationen zu einzelnen Themenbereichen sowie weiterführende Literatur. WÖRTERBÜCHER zählen ebenso zu den wichtigen Nachschlagewerken, die Sie bei begrifflichen Unklarheiten zurate ziehen sollten. Wenn Sie zu Ihrem Thema in den gängigen musikwissenschaftlichen Nachschlagewerken, die in der Folge vorgestellt werden, keine Informationen finden, beispielsweise, weil die von Ihnen gesuchte Information zu aktuell ist, dann müssen

Sie gleich mit der Themenanalyse beginnen und in weiterer Folge die Recherche starten (siehe Abschnitt »Themenanalyse«, S. 36).

Musikwissenschaftliche Lexika

GEDRUCKTE LEXIKA ermöglichen über alphabetisch geordnete Begriffe schnellen Zugriff zu Informationen und verfügen in der Regel über ein Register (Index). Dieses lokalisiert im Idealfall nicht nur gesuchte Begriffe innerhalb des Lexikons, sondern verweist auch auf synonyme, über- oder untergeordnete bzw. auf weiterführende Termini. Solche Verweise haben den Zweck, Zusammenhänge aufzuzeigen, und Sie werden durch diese Verlinkungen zu wichtigen Themenbereichen geführt, die im Hauptartikel lediglich kurz oder gar nicht behandelt werden. Sollten Sie also im Hauptteil des Lexikons einen von Ihnen gewählten Begriff nicht auffinden, dann verhilft Ihnen eventuell das Register durch Verweis zu der gesuchten Information. ONLINELEXIKA[2] stellen über eine elektronische Datenbank Beiträge eines Lexikons über das Internet zur Verfügung. Die Unterschiede zu einem gedruckten Lexikon liegen weniger auf der inhaltlichen Ebene als auf der fortlaufenden Aktualisierung der Inhalte und der Literaturangaben sowie auf dem Bereich der Suchmöglichkeit (z. B. Volltextsuche). Der größte Unterschied zu einem gedruckten Lexikon liegt im Bereich der hypertextuellen Verlinkung. Verweise erfolgen meist direkt im Text und bieten Links zu Texten, Bildern, Musik oder Videos an. Lexikonbeiträge, ob gedruckt oder online, sind in der Regel so gestaltet, dass sie einen kurz gefassten Überblick (d. h. die wichtigsten Fakten und Daten) zum jeweiligen Themengebiet sowie zum Forschungsstand und weiterführende Literatur bereithalten. Wichtig ist, Universallexika[3] und Speziallexika zu unterscheiden, da sie unterschiedlichen Zwecken dienen: Mit Blick auf die musikwissenschaftliche Disziplin versuchen erstere den gesam-

---

[2] Das hier für Onlinelexika Vorgestellte gilt im Wesentlichen auch für digitale Lexika, die auf CD-ROM oder DVD erschienen sind.

[3] Enzyklopädien stellen eine Spezialform von Universallexika dar, wobei die Unterscheidungsgrenze sehr fließend ist. Beide versuchen das Wissen einer bestimmten Zeit zusammenzufassen, wobei an Enzyklopädien der Anspruch gestellt wird, dass sie einen Sachverhalt detaillierter darstellen und ihn in große Sachzusammenhänge einbetten. So kann es vorkommen, dass ein bestimmtes Thema in einer Enzyklopädie über viele Seiten hinweg abgehandelt wird, während in einem Universallexikon zum selben Thema lediglich ein kurzer Eintrag aufscheint.

ten Themenbereich »Musik« und zweitere bestimmte Teilbereiche wie Musikinstrumente oder musikalischen Gattungen bzw. Genres (Oper, Jazz, Popularmusik etc.) abzudecken.

Gedruckte Lexika

Die zwei größten musikwissenschaftlichen UNIVERSALLEXIKA mit enzyklopädischem Anspruch werden Sie von Beginn Ihres Studiums an nutzen: »Die Musik in Geschichte und Gegenwart« (MGG oder MGG2) und »The New Grove Dictionary of Music and Musicians« (NGD, NgroveD, NG2; siehe auch Abschnitt »Onlinelexika«, S. 30). Beide Nachschlagewerke liegen mehrbändig in der überarbeiteten und erweiterten Ausgabe in Buchform vor und beinhalten über 20.000 (MGG) bzw. 29.000 (NGD) Einzelartikel zu Komponistinnen und Komponisten und deren Werken, sowie zu Musikinstrumenten und musikalischen Gattungen. Übergreifende Artikel bestehen zu Musiktheorie, Musikästhetik, Musikinstitutionen (wie Musikbibliotheken), Städten, Ländern etc.[4] Die zwei Kompendien bieten Ihnen Fachinformation, die z. T. in den historischen Kontext eingebettet wurde, Informationen zum bestehenden Quellenmaterial (wie beispielsweise Musikhandschriften oder -drucke) sowie versteckte Auswahlbibliographien (zu diesen und ihren Besonderheiten siehe Abschnitt »Bibliographien« S. 46). Beachten Sie bei der Benutzung von Lexika, dass diese VERZERRUNGEN (BIAS) unterliegen können, derer Sie sich bewusst sein sollten:[5] Da auch Universallexika kaum in der Lage sind, das gesamte musikwissenschaftliche Wissen adäquat und vor allem gleichmäßig zu erfassen – dies gilt umso mehr für die heutige Zeit der Informationsflut – wurden und werden unbewusst, aber auch bewusst Schwerpunkte in der lexikalischen Erfassung gesetzt. Diese können beispielsweise geographischer oder biographischer Natur sein. Da diese Schwerpunktsetzungen häufig nicht kenntlich gemacht werden, ist es Ihre Aufgabe, durch den Abgleich mit anderen Lexika und in weiterer Folge mit Spezialliteratur die Informationslücken soweit als möglich aufzudecken und zu schließen. Im ersten Schritt ist es daher nicht ausreichend, nur eines der beiden genannten

---

4 Zum Unterschied hinsichtlich Inhalt und Aufbau der beiden Nachschlagewerke vgl. Nicole Schwindt-Gross, *Musikwissenschaftliche Arbeitstechniken*, S. 62–65 sowie Laurie J. Sampsel, *Music Research,* S. 10–13.

5 Vgl. zum Thema Bias: Laurie J. Sampsel, *Music Research*, S. 11–12.

Universallexika für die Erstinformation zu konsultieren, sondern beide, und wenn vorhanden, Speziallexika heranzuziehen.

»The Garland Encyclopedia of World Music« (siehe auch Abschnitt »Onlinelexika«, S. 30) zählt ebenso wie die MGG und das NGD zu den Universallexika von enzyklopädischem Ausmaß, geht dabei aber aus lexikalischer Sicht nicht nach der gewohnten alphabetischen Ordnung vor. Vielmehr thematisiert jeder Band des zehnbändigen Werkes eine spezielle geographische Region der Erde (z. B. Band 1: »Africa«, Band 3: »The United States and Canada«) und stellt die jeweiligen Musikkulturen vor. Beschrieben werden u. a. musikalische Traditionen, spezielle musikalische Genres, Aufführungspraxis und Musikinstrumente. Neben CDs mit Audiobeispielen finden Sie Abbildungen, die Musizierende und ihre Instrumente, Tänze oder rituelle Handlungen darstellen. Sind Sie auf der Suche nach Informationen aus dem ethnomusikologischen Bereich oder z. B. aus den Bereichen Jazz oder Popularmusik, so ist eine Recherche in diesem Kompendium unumgänglich.

SPEZIALLEXIKA widmen sich intensiv einem bestimmten Themenbereich und beinhalten in der Regel tiefer gehende Darstellungen zu Personen oder Sachverhalten als Universallexika. Gewöhnlich geht der inhaltliche Schwerpunkt aus dem Titel hervor und der meist geringere Umfang erlaubt auch in Druckform regelmäßige Aktualisierungen. Versuchen Sie sich am Beginn Ihres Studiums einen guten Überblick über die bestehenden musikwissenschaftlichen Speziallexika zu verschaffen und konsultieren Sie diese regelmäßig für inhaltliche Details bei der Erstinformation.

Bei gedruckten Lexika wie bei gedruckter Literatur im Allgemeinen, ist es notwendig, das *Erscheinungsjahr* zu beachten. Es sagt u. a. etwas über den zugrunde liegenden Forschungsstand aus: So macht es einen gravierenden Unterschied, ob Sie einen Artikel aus der ersten Ausgabe der MGG (1949–1986) rezipieren oder denselben in der neueren (Sachteil: 1994–1998, Personenteil: 1999–2007). Bei der Erstinformation sollten Sie sich möglichst auf die aktuelle Version des jeweiligen Lexikons stützen. Zu den wichtigsten zählen:

Gedruckte Universallexika

- Alison Latham (Hg.), *The Oxford Companion to Music*, Oxford 2011.
- Stanley Sadie (Hg.), *The New Grove Dictionary of Music and Musicians*, 29 Bde., 2. neu bearbeitete Ausgabe, London u. a. 2001.

- Carl Dahlhaus und Hans H. Eggebrecht (Hgg.), *Brockhaus Riemann Musiklexikon*, Zürich ³2001.
- Bruno Nettl u. a. (Hgg.), *The Garland Encyclopedia of World Music*, 10 Bde., New York 1998–2002.
- Ludwig Finscher (Hg.), *Die Musik in Geschichte und Gegenwart. Allgemeine Enzyklopädie der Musik*,
  - Teil 1: Sachteil, 9 Bde., 2., neu bearbeitete Ausgabe, Kassel u. a. 1994–1998.
  - Teil 2: Personenteil, 17 Bde., 2., neu bearbeitete Ausgabe, Kassel u. a. 1999–2007.
- Marc Honegger, *Dictionnaire de la musique. Les hommes et leurs œuvres*, 2 Bde., 2., neu bearbeitete Auflage, Paris 1993.
- Alberto Basso, *Dizionario enciclopedico universale della musica e dei musicisti*, 16 Bde., Turin 1983–1999.
- Marc Honegger, *Dictionnaire de la musique*, 4 Bde., Paris 1970–1976.
- Friedrich Blume (Hg.), *Die Musik in Geschichte und Gegenwart. Allgemeine Enzyklopädie der Musik*, 17 Bde., Kassel u. a. 1949–1986.

Gedruckte Speziallexika

- Helga de la Motte-Haber u. a. (Hgg.), *Lexikon der Systematischen Musikwissenschaft*, Laaber 2010 (Handbuch der Systematischen Musikwissenschaft 6).
- Thom Holmes (Hg.), *The Routledge Guide to Music Technology*, New York 2006.
- Colin Larkin (Hg.), *The Encyclopedia of Popular Music*, 10 Bde., New York 2006.
- Thomas Stoffer und Rolf Oerter (Hgg.), *Allgemeine Musikpsychologie*, Göttingen u. a. 2005 (Enzyklopädie der Psychologie, Themenbereich D, Praxisgebiete, Serie 7, Bd. 1).
- Thomas Stoffer und Rolf Oerter (Hgg.), *Spezielle Musikpsychologie*, Göttingen u. a. 2005 (Enzyklopädie der Psychologie, Themenbereich D, Praxisgebiete, Serie 7, Bd. 2).
- Glenn D. White und Gary J. Louie (Hgg.), *The Audio Dictionary*, Seattle ³2005.
- John Shepherd u. a. (Hgg.), *Continuum Encyclopedia of Popular Music of the World*, Bd. 1–, London und New York 2003–.

- Don M. Randel (Hg.), *The New Harvard Dictionary of Music*, Cambridge ⁴2003.
- Barry Kernfeld (Hg.), *The New Grove Dictionary of Jazz*, 3 Bde., New York ²2002.
- Nicolas Slonimsky und Laura D. Kuhn (Hgg.), *Baker's Biographical Dictionary of Musicians*, 6 Bde., New York ⁹2001.
- Leonard Feather und Ira Gitler (Hgg.), *The Biographical Encyclopedia of Jazz*, Oxford 1999.
- Julie Sadie und Rhian Samuel (Hgg.), *The Norton/Grove Dictionary of Women Composers*, New York 1995.
- Brian Morton und Pamela Collins (Hgg.), *Contemporary Composers*, Chicago 1992.
- Anthony Baines (Hg.), *The Oxford Companion to Musical Instruments*, Oxford 1992.
- Stanley Sadie (Hg.), *The New Grove Dictionary of Opera*, 4 Bde., New York 1992.
- Carl Dahlhaus und Sieghart Döhring, *Pipers Enzyklopädie des Musiktheaters*, 7 Bde., München 1986–1997.

AUFGABE: Suchen Sie zum Lehrveranstaltungsthema »Messvertonungen auf Basis des weltlichen Cantus firmus L'homme armé« in der MGG und im NGD nach adäquaten Artikeln, um sich in das Thema einlesen zu können. Nutzen Sie dabei die Registerbände.

AUFGABE: Konsultieren Sie NGD und »The Encyclopedia of Popular Music« zum Thema »Bob Dylan« und vergleichen Sie Inhalt, Struktur, Umfang und Zusatzinformationen der aufgefundenen Artikel.

Onlinelexika

Onlinelexika ergänzen immer häufiger das lexikalische Angebot. Unterschiedliche Suchoptionen, Download von Texten, multimediales Zusatzangebot, Aktualisierungen und vor allem die Nutzung eines Lexikons am heimischen Schreibtisch sind nur einige der Vorteile dieser Publikationsform. Trotzdem gibt es auch zu berücksichtigende Nachteile: Zu den Wichtigsten zählt, dass die meisten der wissenschaftlich orientierten Onlinelexika nicht kostenfrei im Internet zugänglich sind. Manchmal können Kurzversionen einiger Artikel gratis genutzt werden, während die Vollversion kostenpflichtig ist. Bibliotheken bieten daher häufig ihren Studierenden einen speziellen Zugang zu Onlineressourcen. Je nach Angebot der Bibliothek kann dieser Onlineservice unabhängig vom Bibliotheksstandort (d. h. auch von zu Hause aus) oder nur direkt am Campus genutzt werden. Natürlich können sich nicht alle Bibliotheken diesen – zumeist sehr teuren – Service leisten, zumal (bis dato) viele musikwissenschaftliche Onlinelexika auch in Druckform vorliegen. Daher ist es ratsam, sich über das Onlineangebot der eigenen Bibliothek (siehe Abschnitt »Elektronische Ressourcen«, S. 58) gut zu informieren. Die folgenden zwei Angebote zählen zu den gängigsten im musikwissenschaftlichen Bereich und werden häufig von Hochschulbibliotheken im deutschsprachigen Raum angeboten und exemplarisch hier vorgestellt.

Über »Grove Music Online« (GMO)[6] kann das NGD in Kombination mit einigen Speziallexika (»The New Grove Dictionary of Opera«, »The New Grove Dictionary of Jazz« und die »Encyclopedia of Popular Music«) vollständig genutzt werden. Zusätzlich bietet GMO den Zugriff auf »The Oxford Companion to Music« und »The Oxford Dictionary of Music« an. Für die Recherche stehen Ihnen eine *Einfache* und eine *Erweiterte Suche* zur Verfügung. Zudem können die Artikel ausgedruckt und Audiobeispiele über einen Stream angehört werden. Ähnlich ist auch »The Garland Encyclopedia of World Music Online«[7] gestaltet. Neben den Fachartikeln können Playlists und ethnographische Videos online genutzt werden. Es ist empfehlenswert, vor der ersten Nutzung die Hilfeseiten, Tutorials bzw. die FAQs zu konsultieren, die Tipps zum Umgang mit den angebotenen Onlinelexika bereithalten.

Gerne wird von den Studierenden als Informationsquelle Wikipedia herangezogen, da die Onlineenzyklopädie kostenfrei sowie sehr intuitiv zu nutzen ist und bei Googlerecherchen Einträge der Wikipedia in der Regel unter den ersten Ergebnissen gelistet werden. Da es sich aber bei Wikipedia dezidiert um kein wissenschaftliches Universallexikon handelt, seien für die sinnvolle Nutzung folgende Hintergründe dargelegt: Im Gegensatz zu wissenschaftlichen Lexika, deren Einträge von Expertinnen und Experten des jeweiligen Themenbereiches

---

6 Zur allgemeinen Information: http://www.oxfordmusiconline.com. Wenn Ihre Bibliothek einen Zugang zu Oxfordmusiconline anbietet, dann nutzen Sie direkt über diesen das Onlineportal.

7 Zur allgemeinen Information: http://alexanderstreet.com. Auch dieses Onlineportal ist kostenpflichtig und kann, wenn angeboten, über die eigene Universitätsbibliothek genutzt werden.

erstellt werden und die einem wissenschaftlichen Lektorat vor dem Erscheinen des Lexikons unterliegen, kann bei Wikipedia jede Person mit Internetzugang mitschreiben. Zwar verfügt Wikipedia über ein elaboriertes internes Qualitätssicherungssystem, das einem mehrstufigen Prozedere unterliegt, dieses wirkt »[...] jedoch im Widerspruch zu akademischen Gepflogenheiten erst nach der Publikation«.[8] Die Anonymität der Autorinnen und Autoren, die unterschiedliche inhaltliche Qualität der Einträge und die Dynamik der Wikipedia, deren Inhalte sich rasch ändern lassen, bringen Probleme hinsichtlich der Verwendung vor allem als Quelle der Erstinformation am Studienanfang mit sich. Die klassische wissenschaftliche Quellenkritik bzw. Textkritik, mit der Sie Autorschaft, Qualität, Objektivität, Stabilität und Aktualität von wissenschaftlicher Literatur hinterfragen sollen, scheitert bei Wikipedia schon an den unbekannten Autorinnen und Autoren der Einträge. Innerhalb Ihres Studiums werden Sie die Kriterien der Textkritik tiefer gehend an unterschiedlichen Themen erproben, und je intensiver Sie sich mit einer Thematik befassen, desto eher werden Sie die Qualität eines Artikels auch anonymer Herkunft einschätzen können. Setzen Sie also die Qualität von Wikipediaartikeln nicht ohne Weiteres voraus und greifen Sie bei der Erstinformation zu Texten wissenschaftlicher Lexika.

Digitale musikwissenschaftliche Lexika

- *African American Music Reference*, 2007–: http://alexanderstreet.com
- *KDG – Komponisten der Gegenwart*, 2007–: http://www.munzinger.de
- Martin Kunzler, *Jazz-Lexikon* (Digitale Bibliothek Sonderband 23), 2005, CD-ROM
- *Österreichisches Musiklexikon ONLINE*, 2002–2006: http://www.musiklexikon.at
- *The Harvard Dictionary of Music*, 2003: http://www.credoreference.com
- *Grove Music Online*, 2001–: http://www.oxfordmusiconline.com
- *The Garland Encyclopedia of World Music Online*, 1998–2002: http://alexanderstreet.com
- *Baker's Dictionary of Music*, 1997: http://alexanderstreet.com
- *Baker's Biographical Dictionary of Musicians*, 2001: http://alexanderstreet.com
- *Brockhaus Riemann, Musiklexikon* (Digitale Bibliothek 38), 2000, CD-ROM

---

8 Klaus Wannemacher, *Wikipedia – Störfaktor oder Impulsgeberin für die Lehre*, S. 149.

- Karl Kutsch und Leo Riemens, *Großes Sängerlexikon* (Digitale Bibliothek 33), 2000, CD-ROM
- *Baker's Student Encyclopedia of Music*, 1999: http://alexanderstreet.com
- *Women Composers*, 1996–2003: http://alexanderstreet.com
- *Pop-Archiv International*, 1990–: http://www.munzinger.de

Musikwissenschaftliche Handbücher

Handbücher sind Referenzwerke, die den Forschungsstand zur Zeit des Publikationsdatums zu einem speziellen Themengebiet zusammenfassen und meist von einer oder mehreren Personen unter Beteiligung eines Teams von Autorinnen und Autoren, die für die Abfassung einzelner Kapitel verantwortlich sind, erstellt werden. Sie können einen chronologischen oder systematischen Aufbau haben, beinhalten in der Regel ein Register und weiterführende Literaturhinweise. Handbücher liegen beispielsweise für wissenschaftliche Disziplinen oder Teilbereiche einer wissenschaftlichen Disziplin (»Handbuch der Systematischen Musikwissenschaft«), musikalische Gattungen (»Handbuch der musikalischen Gattungen«) oder zu einzelnen Komponisten (»Händel-Handbuch«) vor.[9]

Übergreifende musikwissenschaftliche Handbücher

- Laurie Sampsel, *Music Research. A Handbook*, New York 2009.
- Eckart Altenmüller, Gisa Aschersleben und Katharina Müller (Hgg.), *Rhythmus. Ein interdisziplinäres Handbuch*, Bern u. a. 2000.
- *Handbuch der Musik im 20. Jahrhundert*, 14 Bde., Laaber 1999–2011.
- Carl Dahlhaus und (fortgeführt von) Hermann Danuser (Hgg.), *Neues Handbuch der Musikwissenschaft*, Wiesbaden bzw. Laaber 1980–1995.

Teilbereich Historische Musikwissenschaft

- Mark Everist, *The Cambridge Companion to Medieval Music*, Cambridge 2011.

---

9 Vgl. auch die groß angelegten musikwissenschaftlichen Handbuch-Reihen des Laaber-Verlages: http://www.laaber-verlag.wslv.de oder der Cambridge University Press: http://www.cambridge.org.

- Jane Fulcher, *The Oxford Handbook of the New Cultural History of Music*, New York 2011.
- Bernd Sponheuer und Wolfram Steinbeck (Hgg.), *Mahler-Handbuch*, Kassel u. a. 2010.
- Sven Hiemke, *Beethoven Handbuch*, Stuttgart u. a. 2009.
- Hans Marx (Hg.), *Händel-Handbuch*, 6 Bde., Laaber 2008–.
- Reinmar Emans, Sven Hiemke und Klaus Hofmann (Hgg.), *Das Bach-Handbuch*, 7 Bde., Laaber 2007–.
- Silke Leopold (Hg.), *Mozart-Handbuch*, Stuttgart und Kassel 2005.
- Konrad Küster, *Bach-Handbuch*, Kassel u. a. 1999.
- Walther Dürr und Andreas Krause, *Schubert-Handbuch*, Kassel u. a. 1997.
- Siegfried Mauser (Hg.), *Handbuch der musikalischen Gattungen*, 17 Bde., Laaber 1993–2010.

Teilbereich Systematische Musikwissenschaft

- Patrik Juslin (Hg.), *Handbook of Music and Emotion*, Oxford 2010.
- Holger Schramm (Hg.), *Handbuch Musik und Medien*, Konstanz 2009.
- Herbert Bruhn, Reinhard Kopiez und Andreas C. Lehmann (Hgg.), *Musikpsychologie. Das neue Handbuch*, Reinbek bei Hamburg 2008.
- Nick Collins und Julio d'Escrivan Rincón, *The Cambridge Companion to Electronic Music*, Cambridge 2007.
- Peter Wicke, Wieland Ziegenrücker und Kai-Erik Ziegenrücker (Hgg.), *Handbuch der populären Musik. Geschichte, Stile, Praxis, Industrie*, Mainz 2007.
- Helga de la Motte-Haber (Hg.), *Handbuch der Systematischen Musikwissenschaft*, 6 Bde., Laaber 2004–:
  - Band 1: Helga de la Motte-Haber (Hg.) (in Verbindung mit) Eckhard Tramsen, *Musikästhetik*, Laaber 2004.
  - Band 2: Helga de la Motte-Haber und Oliver Schwab-Felisch (Hgg.), *Musiktheorie*, Laaber 2005.
  - Band 3: Helga de la Motte-Haber und Günther Rötter (Hgg.), *Musikpsychologie*, Laaber 2005.
  - Band 4: Helga de la Motte-Haber und Hans Neuhoff (Hgg.), *Musiksoziologie*, Laaber 2007.
  - Band 5: Stefan Weinzierl (Hg.), *Akustische Grundlagen der Musik*, in Vorbereitung

- Band 6: Helga de la Motte-Haber u. a. (Hgg.), *Lexikon der Systematischen Musikwissenschaft*, Laaber 2010.
- Heinz-Wilfried Burow, *Musik, Medien, Technik. Ein Handbuch*, Laaber 1998.
- Dieter Baacke (Hg.), *Handbuch Jugend und Musik*, Opladen 1998.
- Donald E. Hall (Hg.), *Musikalische Akustik. Ein Handbuch*, Mainz u. a. 1997.

Teilbereich Ethnomusikologie

- Dongsheng Liu und Quanyou Yuan (Hgg.), *Die Geschichte der chinesischen Musik. Ein Handbuch in Text und Bild*, Mainz 2009.
- Jennifer Post, *Ethnomusicology. A Research and Information Guide*, New York und London ^{2}2011.
- Helen Myers (Hg.), *Ethnomusicology. An Introduction*, New York und London 1992.
- Rolf Brednich, Lutz Röhrich und Wolfgang Suppan (Hgg.), *Handbuch des Volksliedes*, 2 Bde., München 1973–1975.

Basierend auf *The Garland Encyclopedia of World Music*:

- Terry Miller und Sean Williams, *The Garland Handbook of Southeast Asian Music*, New York 2008.
- Dale Olsen und Daniel Sheehy, *The Garland Handbook of Latin American Music*, New York ^{2}2007.
- Ruth Stone, *The Garland Handbook of African Music*, New York ^{2}2000.

Musikwissenschaftliche Wörterbücher

Wörterbücher beinhalten den (Teil-)Wortschatz einer Sprache und vermitteln sprachliche Informationen zur Schreibung, Grammatik und Aussprache in einer oder in mehreren Sprachen. Wörterbücher musikwissenschaftlicher Ausrichtung zählen zu den Spezialwörterbüchern und decken das sprachliche Teilgebiet der Musik in all ihren Facetten ab. Auch das »Handwörterbuch der musikalischen Terminologie« (HmT)[10] zählt zu diesen und weist eine Besonderheit auf:

---

10 Das HmT liegt in gedruckter Form vor. Das Stichwortverzeichnis und die Artikeldispositionen können Sie auch online einsehen: http://www.sim.spk-berlin.de/hmt_6.html.

Es verbindet sprachliche Informationen musikalischer Fachwörter mit Begriffs- und Bedeutungsgeschichte.

- Richard Schaal, *Fremdwörterbuch Musik*, Wilhelmshaven 2000. [engl., franz., ital.]
- Fab Five Freddy [Fred Braithwaite], *Hip Hop-Slang*, Frankfurt am Main 1995. [engl.-dt. / dt.-engl.]
- Walter Kaufmann, *Selected Musical Terms of Non-Western Cultures. A Notebook-Glossary*, Warren 1990.
- David L. Boccagna, *Musical Terminology. A Practical Compendium in Four Languages*, Stuyvesant 1999. [ital., engl., dt., franz.]
- Robert Braccini, *Praktisches Wörterbuch der Musik*, Mainz 1992. [ital., engl., dt., franz.]
- *Terminorum musicae index septem linguis redactus. Polyglottes Wörterbuch der musikalischen Terminologie*, Budapest u. a. 1978. [dt., engl., franz., ital., span., ungar., russ.]
- Hans Eggebrecht und (fortgeführt von) Albrecht Riethmüller (Hg.), *Handwörterbuch der musikalischen Terminologie*, Wiesbaden u. a. 1971–. [dt.]

AUFGABE: Lesen Sie über die historische Entwicklung des Terminus »Cantus firmus« im »HmT« nach.

Themenanalyse

Während der Phase der Erstinformation werden Sie zugleich Ihr Thema analysieren. Aus mehrerlei Gründen ist dies sinnvoll, bevor Sie sich in weiterführende Literatur vertiefen: Erstens bereitet eine Themenanalyse auf eine gut strukturierte Recherche vor, zweitens sollten Sie auf Basis der bereits gesammelten Informationen Ideen für den Fokus Ihrer Arbeit gewinnen, und drittens hilft die Analyse Ihnen, den ÜBERBLICK über Ihr Thema zu bewahren und damit weitere Schritte zu planen. Die Themenanalyse beinhaltet die Erstellung einer Wortliste der wichtigsten BEGRIFFE Ihres Themas, die Sie mithilfe der Nachschlagewerke gesammelt haben. Diese benötigen Sie in späterer Folge für die Recherche. Sammeln Sie dabei vorerst einmal unstrukturiert alle Begriffe und Gedanken auf Papier oder im Computer.

Für das Teilthema der fiktiven Lehrveranstaltung könnte in Absprache mit dem Lehrenden folgender Fokus für Referat und Hausarbeit festgelegt werden: »Die L'homme armé-Messen von Josquin«. Die Wortliste auf Basis der Lexikonartikel zur Lehrveranstaltung könnte wie folgt aussehen: Cantus Firmus, Josquin Desprez, Ordinarium, Messform, Mehrstimmigkeit, Chanson, Bearbeitungspraxis, Liturgie etc.

Zusätzlich zur Wortliste sollten Sie Ihr Thema mit Fragen erschließen. Ausgehend von den BASALEN FRAGEN, was Sie bereits über das Thema wissen, was Sie im Besonderen daran interessiert, welche Assoziationen Sie mit dem Thema verbinden und wie die wichtigsten Begriffe definiert sind, sind Sie eventuell schon bei der Erstinformation auf Fragen gestoßen, denen Sie nachgehen möchten. Die Fragetechnik der W-Fragen, also Fragen, die mit einem Fragewort beginnen, hilft Ihnen bei der THEMENERSCHLIESSUNG weiter und macht das Thema fassbar.

Was	Was ist der Cantus Firmus?
Warum	Warum tritt der Cantus Firmus auf?
Wie	Wie wird die Cantus Firmus-Technik verwendet? Wie ist die Messform um 1500 gestaltet?
Wer	Wer verwendet diese Kompositionstechnik?
Wo	Wo tritt diese Messform auf?
Wann	Wann wurden die ersten Cantus Firmus-Messen geschrieben?

Tabelle 1: Beispiel: W-Fragen

Nach der Themenanalyse können Sie Ihren Wissensgrundstock überblicken, die wichtigsten Begriffe benennen und definieren und haben Ihr Thema mit basalen Fragestellungen erschlossen. Allmählich wird Ihnen dadurch bereits deutlich werden, welche Gewichtung einzelne Arbeitsfelder in Ihrem Referat und in Ihrer Hausarbeit haben werden. Sie müssen sich in der Regel nicht detailreich in die Biographie von Josquin einarbeiten, wenn Ihr Thema eigentlich seine L'homme armé-Messen sind, wohl aber in die Frage, was es mit der L'homme armé-Chanson auf sich hat. Orientieren Sie sich bei Ihrer Suche nach und bei Ihrem Arbeiten mit Spezialliteratur also auch an solchen inhaltlichen Gewichtungen, um nicht in einem Meer von Informationsmöglichkeiten unterzugehen. Vorab geht es aber daran, eine erste Fragestellung für das Referat und die Hausarbeit zu formulieren, die Sie eventuell in Folge der Literaturauswertung nach der Recherche noch präzisieren werden.

Fragestellung

Die Fragestellung (auch Hauptfrage) einer wissenschaftlichen Arbeit ist – einfach gesprochen – jene Frage, die Sie innerhalb der schriftlichen Arbeit beantworten wollen. Sie wird benötigt, um sich mit einem Problem beschäftigen zu können und wissenschaftliche Erkenntnisse hervorzubringen. Inwieweit Sie die Frage adäquat beantworten, hängt von der Methodik (Literaturauswertung, empirische Untersuchung etc.) ab, die Sie wählen (siehe Arbeitstechniken und Methoden der einzelnen Teilbereiche). Während des Studiums wird normalerweise nicht von Ihnen verlangt, Forschungsergebnisse hervorzubringen, sondern dass Sie auf Grundlage vorhandener Erkenntnisse eine Fragestellung auf Basis von wissenschaftlichen Standards bearbeiten. Sie werden aber schon von Beginn an lernen, Fragestellungen zu formulieren, die wissenschaftlichen Kriterien entsprechen. Zu den Wichtigsten zählen: Der Gegenstand der Frage muss klar im wissenschaftlichen Kontext verankert sein. Dies gewährleistet eine präzise Verwendung von Begrifflichkeiten, mit der man Mehrdeutigkeiten und vage Aussagen vermeidet. Ein Mittel, dies zu überprüfen, ist, bei anderen Personen nachzufragen, ob Sie die Fragestellung genauso verstehen wie Sie selbst. Ein weiteres Kriterium ist die Bearbeitbarkeit. Wenn die Fragestellung zu weit gesteckt ist, oder womöglich zwei Fragen in einer stecken (sogenannte Doppelfragen), laufen Sie Gefahr, mehr zu versprechen, als Sie erfüllen können. Ein Beispiel für eine Doppelfrage bzw. sehr weit gefasste Frage wäre: Wie ist die Messform um 1500 gestaltet und wie wirkt sich die Verwendung der Cantus firmus-Technik auf die Kompositionen von Josquin Desprez im Vergleich zu Pierre de la Rue aus? Die Fragestellung wäre mit Sicherheit spannend, aber Sie würden zu viele Themenbereiche (Messform um 1500, Cantus firmus-Technik, das musikalische Werk Josquin Desprez' und Pierre de la Rues im Allgemeinen und im Speziellen) auf einmal bearbeiten müssen. Zudem müssten Sie zur seriösen Beantwortung der Frage auf unterschiedliche ressourcenintensive Methoden zurückgreifen: Neben einer Literaturauswertung wären musikalische Analysen von diversen Werken zweier Komponisten erforderlich. Es ist also wichtig, die Fragestellung in Abstimmung mit der Lehrperson so zu gestalten, dass eine Bearbeitung im vorgegebenen Rahmen zu gewährleisten ist.

AUFGABE: Ziehen Sie die recherchierten Artikel in der MGG und dem NGD heran und überlegen Sie sich unterschiedliche Hauptfragestellungen zum festgelegten Fokus.

Im Anschluss an die Formulierung einer Fragestellung ist es hilfreich, sich auf folgende Fragen zu konzentrieren:

- Ist diese oder eine ähnliche Frage bereits gestellt und in der Literatur beantwortet worden?
- Wer hat bereits zu diesem Thema geschrieben?
- Wo bekomme ich weitere Informationen her?
- Welche Antworten erwarte ich mir?

Zur Beantwortung dieser Fragen und zur KONKRETISIERUNG DER HAUPTFRAGE der Arbeit ist es notwendig, nach weiterführenden Informationen und Literatur zu recherchieren. Dafür können Sie verschiedene Suchstrategien wählen, für die Sie vorab bibliographische Grundkenntnisse zum effizienten Einsatz der Recherche erwerben müssen. Spätestens jetzt sollten Sie sich überlegen, ein ARBEITSJOURNAL (siehe Abschnitt »Überblick behalten«, S. 77) anzulegen. Dieses, ob in handschriftlicher Form oder am Computer (als Textdatei, als Weblog oder mit einem Literaturverwaltungsprogramm), soll Ihnen zur Dokumentation Ihrer Arbeitsschritte bei der Erstellung eines Referates oder einer Hausarbeit dienen. Sie können darin alle Gedanken, Ideen, Fragen, Begriffe sowie deren Definitionen, zu lesende Literatur, zu erledigende Aufgaben, Termine und Reflexionen notieren. Der Zweck eines solchen Journals ist es, all das explizit und nachlesbar zu machen, das möglicherweise im Alltag untergeht: Beispielsweise werden Rechercheschritte unnötigerweise wiederholt, weil man vergessen hat, wo man bestimmte Informationen aufgefunden hat. Nutzen Sie das Arbeitsjournal, um Verzettelung und Redundanz bei den einzelnen Arbeitsschritten zu vermeiden.

Musikwissenschaftliche Recherchen

Die meisten Studierenden haben bereits vor Studienbeginn Informationsrecherchen durchgeführt und wissen, wie einfach es ist, über das Internet an Informationen zu kommen: Einen Suchbegriff in eine Onlinesuchmaschine eingegeben, und schon strömt einem eine Reihe von Resultaten entgegen. Wieso also Recherchetechnik lernen, wenn Suchmaschinen die Recherchearbeit ohnehin abnehmen? Der intuitive Zugang, also die »ease of use«[11], die die Studierenden zur unstrukturierten Suche im Internet – meist über Google – greifen lässt und von speziell entwickelten wissenschaftlichen Recherchetools wie Fachdatenbanken abhält, ist trügerisch. Schon bei der meist sehr reichhaltigen Ergebnisliste stößt man auf Probleme im Umgang mit Google, zu deren Lösung nur Kriterien der Selektion, die Hintergrundwissen voraussetzen, weiterhelfen. Über beides verfügen Sie aber in der Regel nach der Erstinformation zu Ihrem Thema noch nicht. Analysen zum Suchverhalten haben zudem ergeben, dass viele mit Blick auf die langen Ergebnislisten in Google nur die ersten paar Einträge (meist die ersten 10) anklicken.[12] Damit können zwar durchaus relevante Informationen aufgefunden werden, aber in der Regel reicht das für eine fundierte Hausarbeit nicht aus. Wissenschaftlich recherchieren bedeutet also, Suchinstrumente (Rechercheportale, Fachbibliographien, Bibliothekskataloge etc.) und -methoden gezielt auszuwählen und effizient einzusetzen, um damit möglichst an alle relevanten Informationen, zu adäquater Literatur und zu jenen Materialien (Noten, Audiomaterial etc.) zu kommen, die für die Erstellung einer schriftlichen Arbeit notwendig sind. Es wird Ihnen bei der Lektüre der nächsten Abschnitte nicht verborgen bleiben, dass es eine große Anzahl an Suchinstrumenten mit unterschiedlicher Ausrichtung gibt. Die wichtigsten werden im Folgenden vorgestellt, und es wird notwendig sein, sich selbstständig im praktischen Umgang mit den einzelnen Suchangeboten zu üben. Erst die Kombination aus dem dargebotenen Hintergrundwissen und der selbstständigen Praxis wird Sie in die Lage versetzen, angemessenes Werkzeug zur Recherche zu verwenden. In der Regel wird die Suche mit *einem* Suchinstrument alleine nicht ausreichen, sondern Sie werden verschiedene heranziehen müssen, um auf relevante Ergebnisse zu stoßen.

---

11   Siva Vaidhyanathan, *The Googlization of Everything*, S. 189.

12   René König und Michael Nentwich, *Google, Google Scholar und Google Books in der Wissenschaft*, S. 11.

Recherchegrundlagen

Veröffentlichungen von musikwissenschaftlicher Relevanz können u. a. als Buch, Artikel in einem Sammelband, Notenedition, CD oder DVD vorliegen, wobei Inhalt, Form und Zweck den Publikationstyp bestimmen. Dieser bestimmt wiederum, mit welchen Suchinstrumenten Sie ihn recherchieren.

Musikwissenschaftliches Schrifttum

Typen von Fachpublikationen

Bei Fachpublikationen werden neben den bereits vorgestellten Nachschlagewerken (siehe Abschnitt »Erstinformation«, S. 25) weitere Publikationsformen unterschieden: MONOGRAPHIEN sind in sich geschlossene Abhandlungen zu einem bestimmten Themenbereich. In der Regel werden Sie von einer Verfasserin oder einem Verfasser erstellt, seltener von einem eng zusammenarbeitenden Team. Ein Beispiel für eine Monographie wäre David Fallows' Buch »Josquin«, das 2009 erschienen ist und Leben sowie musikalisches Schaffen Josquin Desprez' detailliert behandelt. Zu monographischen Werken zählen auch Hochschulschriften wie Dissertationen oder Habilitationen. WISSENSCHAFTLICHE ARTIKEL oder AUFSÄTZE können ebenso von einer oder mehreren Personen erstellt werden und gedruckt oder online zur Verfügung stehen. Meist stellen sie Beiträge geringeren Umfangs dar, die in Sammelbänden, Fachzeitschriften oder Jahrbüchern veröffentlicht sind.

SAMMELBÄNDE werden von einer oder mehreren Personen herausgegeben und widmen sich einem bestimmten Themenkreis. Spezialformen stellen Tagungsbände und Festschriften dar. Tagungsbände (Proceedings) entstehen im Kontext einer wissenschaftlichen Fachtagung und enthalten Artikel zu den Themen, die bei der Tagung vorgetragen und diskutiert wurden. Festschriften werden zu einem festlichen Anlass, wie dem Geburtstag einer renommierten Wissenschaftlerin oder eines renommierten Wissenschaftlers erstellt. Darin enthalten sind Artikel von Kolleginnen und Kollegen, oder die Festschrift stellt eine Sammlung der wichtigsten wissenschaftlichen Aufsätze der geehrten Person dar.

FACHZEITSCHRIFTEN sind für die Forschungsdiskussion wichtige, in der Regel regelmäßig erscheinende Veröffentlichungen, in denen aktuelle Forschungsergebnisse präsentiert und erörtert werden. Zusätzlich bieten sie häufig Ankündigungen und Berichte über Fachtagungen sowie wissenschaftliche Rezensionen. Rezensionen (Reviews) sind kritische Besprechungen von wissenschaftlichen Publikationen in schriftlicher Form, die eine direkte Rückmeldung von Wissenschaftlerinnen und Wissenschaftlern zu veröffentlichten Forschungsergebnissen darstellen und damit den wissenschaftlichen Diskurs vorantreiben. Vor allem Fachzeitschriften haben in den letzten Jahren vermehrt begonnen, neben einer gedruckten Version ihre Ausgaben online anzubieten. Entweder sind diese kostenlos nutzbar oder müssen gegen Entgelt abonniert werden. Wissenschaftliche Bibliotheken bieten Studierenden meist eine Reihe von abonnierten Zeitschriften an, die über einen speziellen Internetzugang genutzt werden können (siehe Abschnitt »Informationsangebote von Bibliotheken«, S. 54). Im Folgenden finden Sie einige wichtige musikwissenschaftliche Fachzeitschriften. Bitte beachten Sie, dass es sich hierbei lediglich um eine Auswahl handelt und die Intensität der Zeitschriftenveröffentlichungen in den verschiedenen Teilgebieten der Musikwissenschaft variiert. Gerade im Teilbereich Systematische Musikwissenschaft werden Forschungsergebnisse verstärkt über diese Publikationsform verbreitet.

Übergreifende musikwissenschaftliche Fachzeitschriften

- *Acta musicologica*, 1954–, 2 × jährlich
- *Archiv für Musikwissenschaft*, 1918–, 4 × jährlich
- *Current Musicology*, 1965–, unregelmäßig
- *Die Musikforschung*, 1948–, 4 × jährlich
- *Journal of the American Musicological Society*, 1948–, 3 × jährlich
- *Journal of the Royal Music Association*, 1986–, 2 × jährlich
- *Music Analysis*, 1982–, 3 × jährlich
- *Music Theory Spectrum*, 1979–, 2 × jährlich
- *Neue Musikzeitung*, 1952–, 10 × jährlich
- *Neue Zeitschrift für Musik*, 1834–, 6 × jährlich
- *Nuova rivista musicale italiana*, 1976–, 4 × jährlich
- *Österreichische Musikzeitschrift*, 1946–, 6 × jährlich
- *Revue de musicologie*, 1922–, 2 × jährlich
- *Schweizerische Musikzeitschrift*, 1984–, 4 × jährlich
- *The Journal of Musicology*, 1982–, 4 × jährlich
- *The Musical Quarterly*, 1915–, 4 × jährlich

Teilbereich Historische Musikwissenschaft

- *Cambridge Opera Journal*, 1989–, 3 × jährlich
- *Concerto – Das Magazin für Alte Musik*, 1983–, 6 × jährlich
- *Early Music*, 1973–, 4 × jährlich
- *Early Music History*, 1981–, 1 × jährlich
- *Eighteenth Century Music*, 2004–, 2 × jährlich
- *Nineteenth Century Music*, 1977–, 3 × jährlich
- *The Opera Quarterly*, 1983–, 4 × jährlich
- *Twentieth Century Music*, 2004–, 2 × jährlich

Teilbereich Systematische Musikwissenschaft

- *Acta Acustica United with Acustica*, 1951–, 6 × jährlich
- *Computer Music Journal*, 1977–, 4 × jährlich
- *Empirical Musicology Review*, 2006–, 4 × jährlich
- *International Journal of Music Education*, 1983–, 4 × jährlich
- *International Review of the Aesthetics and Sociology of Music*, 1970–, 2 × jährlich
- *Journal of Music Theory*, 1957–, 2 × jährlich
- *Journal of the Acoustical Society of America*, 1929–, 2 × jährlich
- *Music Education Research*, 1999–, 3 × jährlich
- *Music Perception*, 1983–, 5 × jährlich
- *Music Performance Research*, 2007–, 1 × jährlich
- *Musicae Scientiae*, 1997–, 3 × jährlich
- *Popular Music and Society*, 1972–, 4 × jährlich
- *Popular Music History*, 2004–, 3 × jährlich
- *Psychology of Music*, 1973–, 4 × jährlich
- *Psychomusicology*, 1981–, 2 × jährlich

Teilbereich Ethnomusikologie

- *Ethnomusicology*, 1953–, 3 × jährlich
- *Ethnomusicology Forum (früher: British Journal of Ethnomusicology)*, 1992–, 3 × jährlich
- *The World of Music*, 1997–, 3 × jährlich
- *TRANS: Transcultural Music Review*, 1995–, 1 × jährlich

Auch JAHRBÜCHER dienen der Publikation aktueller Forschungsergebnisse und Rezensionen, sie erscheinen aber im Gegensatz zu Fachzeitschriften lediglich einmal im Jahr. In der Regel werden sie von Gesellschaften oder Instituten herausgegeben, die im Jahrbuch auch Tätigkeitsberichte publizieren. Dabei kann der Inhalt der Jahrbücher – thematisch gebunden – einen Teilbereich der Musikwissenschaft oder – ungebunden – den Gesamtbereich des Faches betreffen. In der Folge finden Sie eine Auswahl der wichtigsten musikwissenschaftlichen Jahrbücher.

Übergreifende musikwissenschaftliche Jahrbücher

- *Hamburger Jahrbuch für Musikwissenschaft*, 1975–
- *Jahrbuch des Staatlichen Instituts für Musikforschung Preußischer Kulturbesitz (SIM-Jahrbuch)*, 1969–
- *Musicologica austriaca*, 1977–
- *Neues musikwissenschaftliches Jahrbuch*, 1992–
- *Schweizer Jahrbuch für Musikwissenschaft*, 1924–1938, 1981–

Teilbereich Historische Musikwissenschaft

- *Basler Jahrbuch für Historische Musikpraxis*, 1977–
- *Early Music*, 1991–
- *Händel-Jahrbuch*, 1928–
- *Mozart-Jahrbuch*, 1955–
- *Musica Disciplina*, 1946–
- *Schütz-Jahrbuch*, 1979–

Teilbereich Systematische Musikwissenschaft

- *Jahrbuch Musikpsychologie*, 1984–
- *Audio Branding Academy Yearbook*, 2009–

Teilbereich Ethnomusikologie

- *Jahrbuch für musikalische Volks- und Völkerkunde*, 1963–1972
- *Lied und populäre Kultur, Jahrbuch des Deutschen Volksliedarchivs Freiburg*, 1928–

▸ *Yearbook for Traditional Music* (früher: *Journal of the International Folk Music Council*), 1949–

Selbstständige und unselbstständige Publikationen

Vor der Recherche von musikalischem Schrifttum ist es notwendig, zwei Merkmale der schriftlichen Veröffentlichung kennenzulernen: selbstständige und unselbstständige Publikationen. Zu den selbstständigen Publikationen zählen jene, die in Buchform vorliegen. Unter unselbstständiger Literatur versteht man Veröffentlichungen, die Teil einer Publikation sind. Zu dieser Form zählen Artikel und Aufsätze, die in Sammelbänden, Zeitschriften und Jahrbüchern erscheinen. Die Unterscheidung der beiden Merkmale ist für die Recherche wichtig, da in manchen bibliographischen Verzeichnissen (wie Fachbibliographien oder Bibliothekskataloge) nur selbstständige Literatur verzeichnet ist und in anderen nur unselbstständige.

Musikalien / Notenausgaben

Neben musikwissenschaftlicher Fachliteratur werden Sie in Ihrem Studium mit unterschiedlichen Arten von notierter Musik arbeiten. Je nach wissenschaftlicher Fragestellung können entweder HANDSCHRIFTLICHE MATERIALIEN (z. B. autographes Material eines Komponisten oder handschriftliche Transkriptionen eines Saami-Joiks) oder GEDRUCKTE MATERIALIEN (Opernpartituren, Klavierauszüge etc.) für Sie von besonderem Interesse sein. Speziell im Bereich der Historischen Musikwissenschaft werden Sie mit unterschiedlichen Typen an Musikeditionen arbeiten. Zu ihnen zählen Faksimile-, Urtext-, Studien-, kritische, wissenschaftliche, instruktive oder interpretierende Ausgaben.[13] Neben den editionstechnischen Unterschieden sind bei der Recherche Kriterien der Werkart und der Besetzung wichtig. Daraus ergibt sich, ob Sie beispielsweise Partituren, Klavierauszüge, Orchestermaterial, bestimmte Einzelstimmen oder Tabulaturen benötigen.

---

13 Zu den hier aufgezählten siehe Abschnitt »(Re)produktionen von Quellen«, Kapitel 3.2, S. 139

Suchinstrumente und Informationsangebote

Verzeichnisse

Um Material (Literatur, Musikalien etc.) überhaupt auffinden zu können, muss es vorher erschlossen und verzeichnet worden sein. Dabei kommt es auf die Datenfülle und den Zweck des Verzeichnisses an, ob ein solches als einfache gedruckte Auflistung oder als komplexe Datenbank bereitgestellt wird. Wissenschaftliche Literatur wird in sogenannten BIBLIOGRAPHIEN verzeichnet, die ein gedrucktes oder digitales Verzeichnis von Literatureinträgen sein können. Dazu zählen Literaturverzeichnisse, Onlinekataloge von Bibliotheken oder Onlinefachbibliographien, die die Fachliteratur von Wissenschaftszweigen beinhalten. DISKOGRAPHIEN dokumentieren Audiomaterial. Beispielsweise enthalten sie sämtliche veröffentliche Tonträger eines bestimmten Musikers, einer Band oder einer bestimmten Werkgattung. FILMOGRAPHIEN sind Spezialverzeichnisse für audiovisuelles Material. Musikalisches Material kann in Bibliographien, in Bestands- und Repertoireverzeichnissen sowie in Werkverzeichnissen verzeichnet sein. In der Folge wird eine Auswahl der wichtigsten Auskunftsmittel für den Themenbereich Musikwissenschaft vorgestellt. Aktualisierungen bzw. neue Projekte im Bereich dieser Auskunftsmittel werden in den Fachzeitschriften »Fontes artis musicae«, »Notes« und »Forum Musikbibliothek« angekündigt.

Bibliographien

Bibliographien sind Verzeichnisse, die Daten über Literatur enthalten. Dazu zählen:

- Nachname und Vorname der Person, die den Text verfasst oder rezensiert hat
- Titel des Werkes, der Rezension, des Artikels
- Verlag, Verlagsort, Erscheinungsjahr, Auflagenhöhe
- bei Zeitschriftenartikeln: Angaben zu Jahrgang, Band / Nummer, Seitenangabe
- Schlagwörter, die den Inhalt der jeweiligen Publikation präsentieren und der inhaltlichen Erschließung dienen
- ISBN (Internationale Standard-Buchnummer), ISSN (Internationale Standard-Seriennummer)

Je nach Publikationstyp werden gedruckte und digitale Bibliographien unterschieden. GEDRUCKTE BIBLIOGRAPHIEN können eine alphabetische oder systematische Anlage haben und abgeschlossen sein oder periodisch erscheinen. Bei abgeschlossenen ist zu beachten, dass sie das Material bis zu einem bestimmten Zeitpunkt verzeichnen, während periodische Bibliographien in regelmäßigen Abständen Aktualisierungen aufweisen. ONLINEBIBLIOGRAPHIEN lösen gedruckte und auch digitale Bibliographien auf CD-ROMs immer mehr ab und punkten vor allem bei Recherchemöglichkeiten sowie Aktualisierungen. Zu beachten ist bei beiden der Berichtszeitraum, der die Zeitspanne angibt, für welchen die Publikationen erfasst wurden.

Nach dem Inhalt werden Universal-, Fach-, Spezial- und versteckte Bibliographien unterschieden. UNIVERSALBIBLIOGRAPHIEN weisen Publikationen unabhängig von Inhalten nach. Zu ihnen zählen beispielsweise Nationalbibliographien, die sämtliche Veröffentlichungen eines Landes nachweisen (sollen) oder Verzeichnisse lieferbarer Bücher.[14] FACHBIBLIOGRAPHIEN wie beispielsweise die »Bibliographie des Musikschrifttums« (BMS) sind auf ein Fachgebiet spezialisiert und erfassen deren spezifisches Material. SPEZIALBIBLIOGRAPHIEN decken ein abgegrenztes Themengebiet ab. Zu ihnen zählen beispielsweise die komponistenspezifische, seit 1997 bestehende, »Bach Bibliography«[15] und die hochschulschriftenspezifische Bibliographie »Doctoral Dissertations in Musicology« (DDM)[16], welche fortlaufend Dissertationsprojekte und abgeschlossene Dissertationen verzeichnet. Eine nicht zu unterschätzende Sonderform der Bibliographien stellen *versteckte Bibliographien* dar, die nicht selbstständig, sondern im Anhang eines Buches oder eines Artikels erscheinen. Zu ihnen gehören beispielsweise jene Literaturverzeichnisse, die Sie an wissenschaftlichen Publikationen wie Lexika- oder Fachzeitschriftenartikel angehängt finden.

Musikwissenschaftliche Fachbibliographien (für selbstständige und unselbstständige Publikationen)

Mit »Repertoire International de Littérature Musicale« (RILM), auch »RILM – Abstracts of Music Literature« und der »Bibliographie des Musikschrifttums«

---

14 http://www.buchhandel.de, http://www.buchkatalog.de, http://www.booksinprint.com/bip.
15 http://www.mu.qub.ac.uk/tomita/bachbib.
16 http://www.ams-net.org/ddm/index.php.

(BMS) stehen Ihnen zwei Fachbibliographien zur Verfügung, die es sich zur Aufgabe gemacht haben, international erscheinendes musikwissenschaftliches Schrifttum fortlaufend zu verzeichnen. Beide Hilfsmittel zur wissenschaftlichen Literaturrecherche können mittlerweile online genutzt werden[17] und erschließen selbstständige wie unselbstständige Literatur. RILM ist mit seinen derzeit 550.000 Datensätzen[18] die umfangreichere der beiden und enthält neben bibliographischen Angaben zu Literatur, die seit 1967[19] erschienen ist, u. a. auch solche zu Tonaufnahmen, Filmen und kritischen Musikeditionen. Jeder Eintrag in RILM stellt den Titel in der Originalsprache, eine englische Übersetzung, Angaben zur Autorschaft sowie Schlagwörter bereit. Sehr praktisch für die Recherche erweisen sich die in RILM in der Regel zusätzlich angebotenen Abstracts, die eine Kurzzusammenfassung des Inhaltes zur jeweils aufgefundenen Literatur darstellen. Die Recherche in RILM richtet sich nach den Regeln einer Onlinerecherche mit all ihren unterschiedlichen Such- und Filtermöglichkeiten (siehe Abschnitt »Grundbegriffe der Onlinerecherchetechnik«, S. 65), ist aber abhängig davon, welches Interface (EBSCO, ProQuest, OCLC, OVID) von der Bibliothek als Zugang angeboten wird. Einige der Anbieter offerieren direkten Zugang zu verzeichneten Volltexten.

Das Pendant zum englischsprachigen RILM stellt die deutschsprachige, 1936 begründete und frei im Internet nutzbare, BMS[20] dar. Die vom Staatlichen Institut für Musikforschung Preußischer Kulturbesitz in Berlin betreute Fachbibliographie ist bei jeder Recherche ideal als Ergänzung zu RILM zu nutzen, da sie Literatur enthält, die vor 1967 erschienen ist. Die Onlineversion der BMS verzeichnet Literatur, die von 1950–1967 sowie ab 1986 bis zur Gegenwart publiziert wurde. Von 1989–1999 ist die verzeichnete Literatur auf solche beschränkt, die in Deutschland veröffentlicht wurde. Auch BMS ist bemüht, die bis dato in Printform nutzbaren Altdaten aufzuarbeiten und einzuspeisen.

---

17 Gedruckte Bände von RILM wurden bis 1999 ausgeliefert, von BMS bis 2001 (Berichtsjahr 1988).

18 http://www.rilm.org/aboutUs/German.html.

19 RILM wurde 1966 unter der Schirmherrschaft der International Musicological Society (IMS) und der International Association of Music Libraries (IAML) gegründet. Mit unterschiedlichen Projekten ist man bemüht auch Literatur vor 1967 zu erfassen.

20 http://www.musikbibliographie.de.

Musikwissenschaftliche Fachbibliographien (unselbstständige Publikationen)

Eine Fachbibliographie, die seit ihrem Bestehen (1996) in digitaler Version angeboten wird, ist der »International Index to Music Periodicals« (IIMP).[21] Dieses Verzeichnis beinhaltet bibliographische Daten und Abstracts von mehr als 470 internationalen Periodika aus 30 Ländern und umfasst derzeit an die 900.000 Einträge. Einige Periodika wurden bereits vollständig verzeichnet. Titel können bis ins Erscheinungsjahr 1874 zurückreichen. IIMP wird monatlich aktualisiert, bietet, sofern als »IIMP Full Text« angeboten, Zugriff auf Volltextversionen und verlinkt auf die Zeitschriftendatenbanken »JSTOR« und »Project Muse« sowie auf das Musikstreaming-Webportal »Naxos Music Library«.

»Music Index« (MI) wurde 1949 ins Leben gerufen und deckt mittlerweile bibliographische Daten von ca. 475 Zeitschriften ab. Zudem verweist MI auf spezielle Inhalte aus weiteren 230 Fachzeitschriften. Bis zu Band 61 (2009) wurde MI als Subject-Author Guide periodisch gedruckt, bis die Onlineversion, die bis dato in bibliographischen Daten seit den 1970er Jahren recherchieren lässt, über EBSCO die Druckversion vollständig ablöste.[22]

Gedruckte Bibliographien

- Ann B. Schuursma, *Ethnomusicology Research. A Select Annotated Bibliography*, New York 1992.
- Uwe Husslein, *You Can't Judge a Book by Looking at the Cover. Bibliographie deutschsprachiger Rock- und Popbücher*, Augsburg 1996.
- *Zeitschriftendienst Musik*, Berlin 1966–1998.
- Richard Green, *Index to Composer Bibliographies*, Detroit 1985 (Detroit Studies in Music Bibliography 53).
- Adolf Aber, *Handbuch der Musikliteratur in systematisch-chronologischer Anordnung*, Leipzig 1922, Reprint Hildesheim 1967.
- Cecil Adkins und Alis Dickinson, *Doctoral Dissertations in Musicology*, Philadelphia 1984.

---

21 http://iimp.chadwyck.com: IIMP ist kostenpflichtig und wird über ProQuest angeboten. In größeren Musikbibliotheken steht Ihnen in der Regel ein Onlinezugang zu IIMP zur Verfügung.

22 http://www.ebscohost.com/international/default.php?par=2&id=266&language=german.

- Carl Ferdinand Becker, *Systematisch chronologische Darstellung der musikalischen Literatur von der frühesten bis auf die neueste Zeit*, Leipzig 1836.
- Peter Lichtenthal, *Dizionario e bibliografia della musica*, Mailand 1826.
- Johann N. Forkel, *Allgemeine Literatur der Musik*, Leipzig 1792.
- Johann S. Gruber, *Literatur der Musik*, Nürnberg 1783.
- Jakob Adelung, *Anleitung zu der musikalischen Gelahrtheit*, Erfurt 1758.

Gedruckte Metabibliographien

- Kurt Oehl und Kristina Pfarr, *Musikliteratur im Überblick. Eine Anleitung zum Nachschlagen*, Darmstadt 1988.
- Heinz Lanzke, *Wo finde ich Informationen über Musik, Noten, Tonträger, Musikliteratur*, 3 Bde., Berlin 1990–1996.
- Vincent H. Duckles, *Music Reference and Research Materials. An Annotated Bibliography*, New York [5]1997.

Digitale Bibliographien / Onlinebibliographien

- *International Index to Music Periodicals (IIMP)*, 1996–: http://iimp.chadwyck.com
- *Internationale Jahresbibliographie der Festschriften (IJBF)*, 1986–: http://refworks.reference-global.com/IJBF
- *Internationale Bibliographie der Rezensionen Geistes- und Sozialwissenschaftlicher Zeitschriftenliteratur (IBR)*, 1985–: http://refworks.reference-global.com/IBR
- *Internationale Jahresbibliographie der Kongressberichte (IJBK)*, 1984–: http://refworks.reference-global.com/IJBK
- *Internationale Bibliographie der Geistes- und Sozialwissenschaftlichen Zeitschriftenliteratur (IBZ)*, 1983–: http://refworks.reference-global.com/IBZ
- *Music Index (MI)*, ~1970–: http://www.ebscohost.com
- *RILM Abstracts of Music Literature*, 1967–: http://www.rilm.org
- *Doctoral Dissertations in Musicology (DDM)*, 1952–: http://www.ams-net.org/ddm
- *Bibliographie des Musikschrifttums (BMS)*, 1950–: http://www.musikbibliographie.de

Darüber hinaus ist es je nach Themenstellung notwendig, interdisziplinär zu recherchieren:

- Geschichte: *Historical Abstracts on the Web*, 1954–: http://www.ebscohost.com
- Psychologie / Soziologie: *Psychinfo*: http://www.ebscohost.com
- Psychologie / Soziologie: *Psyndex*: http://www.ebscohost.com

Diskographien und Filmographien

Diskographien und Filmographien, die oft in Mischformen auftreten, sind, analog den Bibliographien, Verzeichnisse, die Daten über das aufgezeichnete musikalische Material enthalten. In der Regel fallen darunter Aufnahmetitel, Ausführende, Datum der Aufnahme, Datum der Veröffentlichung, Aufnahmeformat und Label. Die Verzeichnisse können alphabetisch oder systematisch aufgebaut, abgeschlossen oder fortlaufend sowie gedruckt oder digital zur Verfügung stehen. UNIVERSALDISKOGRAPHIEN / -FILMOGRAPHIEN sammeln ohne inhaltliche Schwerpunkte. Zu ihnen zählt jene des Deutschen Musikarchivs, die in Deutschland erschienene Medien (Schallplatten, CDs und auch DVDs) verzeichnet.[23] Ein ähnliches Verzeichnis ist die online nutzbare »musicline«.[24] Diese gemeinsame Plattform der deutschen Phonowirtschaft versucht sämtliche in Deutschland erhältlichen Tonträger zu erfassen und bietet zudem Informationen zu offiziellen Musikcharts und Links zu Künstlerinnen und Künstlern sowie zu Bands.

SPEZIALDISKOGRAPHIEN / -FILMOGRAPHIEN verzeichnen Material nach bestimmten Kriterien. Es bestehen solche für einzelne Komponistinnen oder Komponisten, für bestimmte Genres, für einzelne Interpretinnen oder Interpreten oder für ein spezielles Label. Spezialdiskographien werden häufig nicht gesondert publiziert. Sie finden sie beispielsweise an biographischen Texten in einem Lexikon angehängt. Solche Verzeichnisse können aber auch Bestände von Institutionen wie Phonogrammarchiven registrieren, die vor allem für den Teilbereich Ethnomusikologie von Bedeutung sind.[25]

---

23 http://www.d-nb.de/sammlungen/dma/samml_bestaende/ueber_dma/dma.htm.
24 http://www.musicline.de.
25 Ein Beispiel dafür ist das Phonogrammarchiv der Österreichischen Akademie der Wissenschaften, das zu den ältesten Schallarchiven der Welt zählt und akustische sowie videogra-

Gedruckte Diskographien / Filmographien

- Martin C. Strong, *The Essential Rock Discography*, Edinburgh 2006.
- Brian Wright-McLeod, *The Encyclopedia of Native Music. More than a Century of Recordings from Wax Cylinder to the Internet*, Tucson 2005.
- *REDMuze Classical Catalogue*, London 2005–.
- Charles H. Parsons, *Recent International Opera Discography*, 7 Bde., 2003–2004; 2005–2007 update, Lewiston 2008.
- Tom Lord, *The Jazz Discography*, Kopenhagen 1989–2004.
- Jonathan Brown, *Tristan und Isolde on Record. A Comprehensive Discography of Wagner's Music with a Critical Introduction to the Recordings*, Greenwood 2000.

Digitale Diskographien / Filmographien

- *Schwann online. The Source for Music Reference*, 2001–: http://www.paratext.com
- *Musicline*, 2001–: http://www.musicline.de
- *Discogs*, 2000–: http://www.discogs.com
- *Keller's Musik-Katalog*, 1995–: CD-ROM
- *Folk Music Index*, 1996–: http://www.ibiblio.org/folkindex
- *Katalog des Deutschen Musikarchivs*, 1976–: http://dispatch.opac.d-nb.de/DB=2.1/HTML=Y
- *Deutsche Nationalbibliografie (DNB) – Reihe T, Musiktonträgerverzeichnis*, 1913–: https://portal.d-nb.de
- Rod Stradling, *A Discography of Recorded Traditional Music*, http://www.mustrad.org.uk/discos/tradisco.htm
- *Bielefelder Katalog Klassik, Bielefelder Katalog Jazz*: http://www.bielefelderkataloge.de
- Library of Congress, *Sonic. Sound Online Inventory and Catalog*: http://www.loc.gov/rr/record/Sonicintro.html
- British Library, *National Sound Archive Catalogue*, http://cadensa.bl.uk
- *International Bibliography of Printed Music, Music Manuscripts and Recordings*, CD-Rom.

---

phische Quellen sammelt: http://www.phonogrammarchiv.at/wwwnew/allg_d.htm.

Musikalienverzeichnisse[26]

Im Gegensatz zur Suche nach wissenschaftlicher Literatur ist die Suche nach Notenmaterial ein weit komplexeres und in der Regel auch zeitaufwendiges Unterfangen. Das liegt vor allem daran, dass die Katalogisierung von gedruckten Musikalien bei Weitem nicht so ausdifferenziert und ausgereift ist wie die der wissenschaftlichen Literatur. Auskunftsmittel über Notenmaterial können ähnlich den Bibliographien als selbstständige Veröffentlichungen (wie beispielsweise Werkverzeichnisse) erscheinen oder an wissenschaftliche Publikationen angehängt sein (wie an Lexikonartikel der MGG und des NGD). Zudem können sie wiederum abgeschlossen oder fortlaufend sein bzw. gedruckt oder digital zur Verfügung stehen. Zu den Auskunftsmitteln zählen:

- Musikalienbibliographien: Diese enthalten bibliographische Daten zu Notenausgaben. Sie können allgemein oder speziell angelegt sein. Zu ihnen zählen Fachbibliographien wie »Répertoire International des Sources Musicales« (RISM), aber auch Teile von Nationalbibliographien, die sämtliche Notenausgaben eines Landes verzeichnen.
- Werkverzeichnisse: Diese Verzeichnisse enthalten Daten über das Schaffen einer Komponistin oder eines Komponisten bzw. über eine bestimmte Gattung. Darunter fallen Angaben zur Autorschaft, Titel des Werkes, Uraufführungsdaten, Entstehungsort, Tonart, Satzbezeichnung etc. Eine spezielle Form von Werkverzeichnissen stellen Thematische Kataloge dar. Damit eine Komposition eindeutig identifiziert werden kann, wird ein Incipit (Anfang einer Komposition) angegeben.
- Repertoireverzeichnisse: Sie verzeichnen Kompositionen für ein bestimmtes Musikinstrument oder eine bestimmte Besetzung.
- Bestandsverzeichnisse: Diese Verzeichnisse listen sämtliche Werke einer bestimmten Institution auf.

Gedruckte Musikalienverzeichnisse

- George R. Hill und Norris L. Stephens, *Collected Editions, Historical Series & Sets & Monuments of Music. A Bibliography*, Berkeley 1997.

---

26   Siehe auch Abschnitt »Verzeichnisse für Notentexte«, Kapitel 3.2, S. 129.

- Gary L. Ferguson, *Song Finder. A Titel Index to 32.000 Popular Songs in Collections, 1894–1992*, Westport 1995.
- William D. Goodfellow, *SongCite. An Index to Popular Songs*, New York 1983–1988.
- Anna H. Heyer, *Historical Sets, Collected Editions, and Monuments of Music. A Guide to Their Contents*, Chicago ³1980.

Digitale Musikalienverzeichnisse

- Donald Reese, *Emusicquest. Music-in-Print*, 2000–: http://emusicquest.com
- *International Bibliography of Printed Music, Music Manuscripts and Recordings*, CD-ROM
- *Deutsche Nationalbibliographie, Reihe M, Musikalien und Musikschriften*, 1976–: http://www.d-nb.de
- KOBV Verbundkatalog Noten: http://www.kobv.de
- Bonner Katalog, 1959–: http://www.d-nb.de
- *The British Catalogue of Music*, 1957–: http://catalogue.bl.uk
- *Bayerische Staatsbibliothek*: http://mdz1.bib-bvb.de/~musik

Informationsangebote von Bibliotheken[27]

Aufgabe von Bibliotheken ist das Sammeln, Erschließen und Nutzbarmachen von publizierten Informationen, die in gedruckter oder in elektronischer Form zur Verfügung gestellt werden. Während Ihres Studiums werden Sie vor allem zwei Bibliothekstypen nutzen: UNIVERSALBIBLIOTHEKEN wie die National- oder Staatsbibliothek, die Landes-, Stadt-, oder – am naheliegendsten – die Universitätsbibliothek, die Disziplinen übergreifend Medien bereitstellt, die für die Lehr- und Forschungstätigkeit an der Universität benötigt werden. Im Gegensatz zu Universalbibliotheken sind SPEZIALBIBLIOTHEKEN wie Instituts- und Fachbereichsbibliotheken auf bestimmte Fachbereiche ausgerichtet. Sie sind direkt an Institute oder Fachbereiche angegliedert und zählen meist zu den Präsenzbibliotheken, bei denen der Bestand direkt vor Ort bleiben muss und Medien nicht ausgeliehen werden können.

---

27 Vgl. als grundlegende Einführung zu diesem Thema: Klaus Gantert und Rupert Hacker, *Bibliothekarisches Grundwissen*.

Mit der Universitätsbibliothek steht Ihnen im Normalfall eine Ausleihbibliothek zur Verfügung, mit der Sie sich gleich zu Studienbeginn vertraut machen sollten, da diese für Sie ein wichtiger Ort der Informations- und Literaturrecherche werden wird. Für weitere Services, die über die Literaturrecherche hinausgehen, stellt Ihnen die Bibliothek einen Ausweis und ein Benutzerkonto zur Verfügung. Mit diesen können Sie nicht nur einzelne Medien bestellen oder vormerken und entlehnen, sondern auch weitere Angebote wie elektronische Zeitschriften, Fachbibliographien, E-Books etc. nutzen.

Bibliothekskataloge

Bibliothekskataloge verzeichnen jene Medien (Bücher, CDs, Noten etc.), die sich im Bestand einer Bibliothek befinden. Je nach Bibliothek können Sie das Medium online bestellen und bei der Ausgabe abholen oder Sie benötigen den im Katalog angegebenen Standort des Mediums (Signatur), um dieses selbst aus dem Regal zu holen. Mit wenigen Ausnahmen werden in einem Bibliothekskatalog nur selbstständige Publikationen ausgewiesen. Haben Sie in einer Fachbibliographie beispielsweise einen Artikel eines Sammelbandes ausfindig gemacht, müssen Sie die beigefügten bibliographischen Angaben des Sammelbandes (Titel des Bandes, Herausgeberin oder Herausgeber und Erscheinungsjahr) notieren. Die Angaben zum Sammelband, nicht aber die darin enthaltenen Artikel, würden Sie dann in einem Bibliothekskatalog auffinden.

Ähnlich der Entwicklung bei Bibliographien geht auch bei Bibliothekskatalogen die Tendenz zu Onlinekatalogen, sogenannten OPACs (Online Public Access Catalogues), und beinahe jede wissenschaftliche Bibliothek bietet einen solchen an. Je nach Datenstand, d. h., inwieweit ein Bibliotheksbestand bereits elektronisch erfasst wurde, kann es aber notwendig sein, noch auf andere Kataloge zurückzugreifen. Zu ihnen zählen die vor allem für ältere Bestände wichtigen Zettelkataloge (siehe Abschnitt »Zettelkataloge«, S. 56). Daneben bestehen noch Image-, CD-ROM- und Mikrofichekataloge. IMAGEKATALOGE sind digitalisierte Versionen von Bibliothekskatalogen wie von einem alphabetischen Zettelkatalog. Bei dieser Katalogart können eingescannte Katalogkarten in alphabetischer Anordnung online durchgeblättert werden. Bei CD-ROM-KATALOGEN sind Katalogdaten ähnlich den Onlinekatalogen elektronisch verfügbar. In der Regel bieten sie unterschiedliche Suchmöglichkeiten an, sind in sich abgeschlossen und können nicht aktualisiert werden. Aus diesem Grund müssen

CD-ROM-Kataloge regelmäßig ausgetauscht werden bzw. werden sie vermehrt von Onlinekatalogen abgelöst. Mikrofichekataloge weisen Bibliotheksbestände in Form von Mikroplanfilm nach. Dabei werden die Katalogkarten der Zettelkataloge abphotographiert und in starker Verkleinerung auf postkartengroße Mikrofiches gebannt. Um diese lesen zu können, benötigt man ein spezielles Lesegerät.

Zettelkataloge

Ein Zettelkatalog beinhaltet für jedes in der Bibliothek verzeichnete Medium einen »Zettel«, der in speziellen Katalogkästen aufbewahrt wird. Auf jedem einzelnen werden die bibliographischen Angaben inklusive Signatur des Mediums aufgenommen. Die Zettel können je nach Zweck in einem alphabetischen Katalog oder in einem Sachkatalog (systematischer Katalog oder Schlagwortkatalog) angeordnet sein. Der ALPHABETISCHE KATALOG ist nach formalen Kriterien aufgebaut, d. h., es sind die Namen der am Medium beteiligten Personen und / oder der Sachtitel verzeichnet. Die Zettel sind nach Verfasserinnen oder Verfassern oder im Ausnahmefall nach Sachtiteln geordnet. Den alphabetischen Zettelkatalog nutzen Sie, wenn Sie die Autorin oder den Autor und den Titel bereits kennen, um schnell über die Signatur an das Medium zu kommen. Über den alphabetischen Katalog können Sie aber beispielsweise auch sämtliche Werke einer Person, die in der Bibliothek vorhanden sind, ausfindig machen.

SACHKATALOGE sind entweder systematisch oder nach Schlagworten geordnet. Systematische Kataloge verzeichnen Medien nach einem bestimmten hierarchischen System, das den Inhalt der Medien beispielsweise einer Disziplin (Musikwissenschaft), einem Teilbereich (Ethnomusikologie) oder einem bestimmten Spezialbereich (Indische Musik) zuweist. In der Regel sind die Einträge in der tiefsten hierarchischen Untergruppe chronologisch geordnet, d. h., das aktuell erschienene Medium wird an erster Stelle eingeordnet. Ein Schlagwortkatalog ordnet Medien nach Wörtern, die den Inhalt des Mediums möglichst präzise wiedergeben. Unter einem Schlagwort wie beispielsweise »Cantus Firmus« finden Sie sämtliche Medien zu diesem Thema, die in der Bibliothek vorhanden sind.

Onlinebibliothekskataloge / OPACs

Onlinebibliothekskataloge sind mittlerweile die gängige von Bibliotheken angebotene Katalogform auf Datenbankbasis, die in Form von OPACs zur Verfügung stehen.[28] Da bei OPACs ein einheitliches System fehlt, variieren die Erscheinungsformen und damit verbunden die Benutzeroberflächen. Zu Studienbeginn sollten Sie sich daher gleich mit dem Onlinekatalog Ihrer Universitätsbibliothek vertraut machen. Im Normalfall weisen Onlinekataloge trotz optischer Unterschiede sehr viele Gemeinsamkeiten auf, sodass es Ihnen keine Probleme bereiten sollte, sich schnell in unterschiedliche Onlinekataloge einzuarbeiten. Der OPAC Ihrer Universitätsbibliothek ermöglicht es Ihnen, nicht nur Literatur zu recherchieren und zu bestellen, zu den weiteren Möglichkeiten zählen die Speicherung Ihres Suchverlaufes (Suchhistorie), das Abrufen Ihres Ausleihkontos und ggf. die Verlängerung von Ausleihfristen und die Durchführung von FERNLEIHBESTELLUNGEN. Fernleihen zählen zu den Dienstleistungen von Bibliotheken, die es Ihnen ermöglichen, an Literatur (Bücher oder einzelne Artikel) zu kommen, die nicht an der eigenen Bibliothek vorhandenen ist. Dabei wird das von Ihnen gewünschte Medium von einer anderen nationalen oder internationalen Bibliothek ferngeliehen oder es werden Kopien des gewünschten Artikels erstellt. In der Regel ist dieser Service kostenpflichtig, daher sollten Sie sich vor einer Fernleihe über die jeweiligen Gebühren informieren.

Für die Recherche bieten OPACs in aller Regel zumindest eine Form der folgenden Suchmöglichkeiten an: Einfache und Erweiterte Suche sowie Indexsuche, die Sie je nach Komplexität der Recherche auswählen können. Bei der Einfachen Suche steht Ihnen in der Regel nur ein Eingabefeld zur Verfügung, in das Sie Suchwörter eintragen können. Sinnvoll ist die Anwendung der EINFACHEN SUCHE, wenn Sie schon genau wissen was Sie benötigen. Durch Eingabe beispielsweise des Titels in das Suchfeld kommen Sie am schnellsten zum gesuchten Medium. Bei der ERWEITERTEN SUCHE werden mehrere Suchfelder angeboten, die Sie in der Regel durch Boolesche Operatoren verknüpfen können. Zudem können Sie entscheiden, in welchen Suchkategorien Sie recherchieren wollen. Sie können »in allen Feldern« suchen oder auf bestimmte Kriterien, wie »Autor«, »Titel«, »Jahr«, die Suche beschränken. Wenn Sie beispielsweise den Namen eines Autors eingeben und diesen mit einer Jahreszahl kombinieren, werden Ih-

---

28 Siehe auch den Abschnitt »Grundbegriffe der Onlinerecherche«, S. 65, wo näher auf bestimmte hier benannte und nicht weiter ausgeführte Termini eingegangen wird.

nen genau jene Publikationen aufgelistet, die die von Ihnen eingegebenen Kriterien aufweisen. Wissen Sie nicht, wie die genaue Schreibweise eines Namens ist, dann hilft Ihnen die Indexsuche weiter. Indizes sind automatisch erstellte Verzeichnisse, die z. B. sämtliche Autorinnen und Autoren verzeichnen, von denen Bücher in der Bibliothek vorhanden sind. Wenn Sie die ersten Buchstaben des Namens bei der Indexsuche eingeben und das Kriterium »Autor« auswählen, werden sämtliche Namen mit dieser Buchstabenkombination ausgegeben. Sie klicken Ihren gesuchten Autorennamen an und kommen direkt auf die Einträge im Onlinekatalog.

> AUFGABE: Führen Sie eine Suche im OPAC Ihrer Universitätsbibliothek am Beispiel von David Fallows' Buch *Josquin* aus dem Jahr 2009 durch:
> - Rufen Sie den OPAC Ihrer Universitätsbibliothek auf, und melden Sie sich mit Ihren Benutzerdaten an.
> - Wählen Sie die Einfache Suche, und geben Sie die Begriffe »Fallows« und »Josquin« nacheinander durch ein Leerzeichen getrennt ein.
> - Wenn das Buch vorhanden ist und es der einzige Treffer im Onlinekatalog ist, erhalten Sie sofort die bibliographische Vollanzeige. Wenn mehrere Treffer vorliegen, können Sie aus der Trefferliste den gesuchten Titel auswählen.
> - Wenn die Verfügbarkeit gegeben ist, können Sie unter dem Punkt »Ausleihe« oder »Bestellung« das Buch ggf. bestellen.

Elektronische Ressourcen

Neben Fachliteratur bieten wissenschaftliche Bibliotheken über ihre Websites auch elektronische Ressourcen wie wissenschaftliche Datenbanken, Onlinezeitschriften (E-Journals) und E-Bücher (E-Books) an. Im Falle einer Musikbibliothek werden zusätzliche Angebote wie Musik- oder Videostreaming-Services und digitale Notensammlungen nicht fehlen. Da dieses Angebot je nach Bibliothek sehr unterschiedlich sein kann, machen Sie sich am besten gleich zu Beginn Ihres Studiums mit den elektronischen Ressourcen Ihrer Universitätsbibliothek vertraut.

Zu den wichtigen elektronischen Bibliotheksressourcen zählen DIGITALE DATENBANKEN, wie die bereits oben vorgestellten bibliographischen Datenbanken (Literaturdatenbanken). Zudem werden Volltextdatenbanken, die u. a. vollständige Zeitschriftenartikel online zur Verfügung stellen oder Faktendatenbanken, die Sachverhalte zu bestimmten Fachbereichen enthalten, angeboten. Das im deutschsprachigen Raum an wissenschaftlichen Bibliotheken gängigste Verzeichnis für Datenbanken ist das »Datenbank-Infosystem« (DBIS).[29] Dieses verzeichnet und bietet über eine Brückenseite Zugang zu freien Onlinedatenbanken wie auch zu jenen, für die die Bibliothek eine Benutzerlizenz besitzt. Die verzeichneten Datenbanken sind nach Fächern geordnet. Soweit Ihre Bibliothek die Lizenz erworben hat, können Sie über DBIS auf Fachbibliographien wie RILM zugreifen, und zwar zu Hause über Ihr Benutzerkonto bzw. direkt am Universitätscampus.

Ein gängiger international kooperierender Service für Volltexte von Zeitschriften ist die »Elektronische Zeitschriftenbibliothek« (EZB),[30] die über eine Brückenseite Zugang zu wissenschaftlichen Fachzeitschriften unterschiedlicher Fachgebiete bietet. Derzeit sind über 56.000 Titel erfasst, wobei ca. die Hälfte im Volltext frei zugänglich ist. Zusätzlich werden über die EZB jene Zeitschriften angeboten, welche die jeweilige Bibliothek kostenpflichtig abonniert hat. Auf diesem Portal können einige der oben genannten musikwissenschaftlichen Fachzeitschriften über die schnelle Suche gesucht bzw. kann über die Fächeranordnung auf »Musikwissenschaft« und darunter auf die Liste der verzeichneten Zeitschriften zugegriffen werden. Ein Ampelsystem gibt an, ob Sie Zugriff auf den Volltext der Zeitschrift haben. Einige Bibliotheken bieten (zusätzlich) Zugang zu »Journal Storage« (JSTOR)[31], »Project Muse«[32] oder »Digizeitschriften«[33], welche als digitale Archive Ausgaben bestimmter Fachzeitschriften als Volltext online zugänglich machen.

Neben Zeitschriften werden auch immer mehr Bücher vollständig online gelesen. Aus diesem Grund bieten auch Bibliotheken immer mehr virtuelle Bücher, sogenannte E-Books, an. Dabei unterscheidet man elektronische Bücher, die in virtueller Form publiziert wurden, d. h., von denen keine gedruckte Version vorliegt, von solchen, die als digitale Kopie eines gedruckten Buches vorliegen. Viele Bibliotheken haben begonnen, ihre Buchbestände, deren Urheberschutz abgelaufen ist, einzuscannen und über das bekannte Portal »Google Books« zugäng-

---

29 http://rzblx10.uni-regensburg.de/dbinfo.
30 http://ezb.uni-regensburg.de.
31 http://www.jstor.org.
32 http://muse.jhu.edu.
33 http://www.digizeitschriften.de.

lich zu machen. Der bis dato größte Bestand an digitalen Medien im deutschsprachigen Raum wird mit einer halben Million Handschriften und Büchern von der Bayerischen Staatsbibliothek im Internet frei zur Nutzung zur Verfügung gestellt.[34] Haben Sie ein E-Book in Ihrem Bibliothekskatalog aufgefunden, dann bietet dieser direkt Zugriff darauf. Manche Bibliotheken weisen eigens ein Verzeichnis der als E-Books nutzbaren Bücher aus.

MUSIK- ODER VIDEOSTREAMING-SERVICES, aber auch digitale Notensammlungen, werden immer häufiger zu wissenschaftlichen Zwecken von Bibliotheken angeboten. Zwei Portale sind darunter oft vertreten: Alexander Street Press[35] und Naxos[36]. Alexander Street Press ist Ihnen bereits bei den Onlinelexika begegnet. Das Portal umfasst neben Nachschlagewerken auch Ton- und Videodatenbanken und eine Sammlung von Musikdrucken und Musikhandschriften unterschiedlicher Genres, die alle zeitgleich durchsucht werden können. Darunter fallen:

- *American Song*: Tondatenbank mit Tracks amerikanischer Rootsmusik und populärer amerikanischer Musik aus der Zeit vor 1960
- *Classical Music Library*: Tondatenbank mit Einspielungen von Musik vom Mittelalter bis zur Gegenwart
- *Contemporary World Music*: Tondatenbank mit Tracks aus dem Bereich »World Music«, z. B. Balkanjazz, Flamenco, World Fusion
- *Jazz Music Library*: Tondatenbank zur Jazzmusik
- *Smithsonian Global Sound for Libraries*: Tondatenbank mit Musik aus unterschiedlichen Weltteilen, geordnet nach Regionen, Instrumenten, Sprachen etc.
- *Dance in Video*: Videostreaming-Portal zu Ballett- und Tanztheateraufführungen
- *Opera in Video*: Videostreaming-Portal zu Musiktheateraufführungen
- *Classical Scores Library*: Sammlung von Musikdrucken und Musikhandschriften vom 15. Jahrhundert bis zur Gegenwart

---

34 http://www.bsb-muenchen.de/fileadmin/imageswww/pdf-dateien/bibliotheksmagazin/BM2011-2_final.pdf.
35 http://alexanderstreet.com.
36 http://www.naxosmusiclibrary.com.

Ein ähnliches Angebot finden Sie bei Naxos:

- *Naxos Music Library*: Tondatenbank mit derzeit über 810.700 Tracks, die laufend erweitert wird
- *Naxos Music Library Jazz*: Tondatenbank mit Spezialisierung auf Jazz
- *Naxos Video Library*: Videostreaming-Portal im Bereich klassische Musik
- *Naxos Music Library Sheet Music*: Onlinesammlung von Musikalien zum Download

Verbund- und Virtuelle Kataloge

Neben Onlinebibliothekskatalogen einzelner Bibliotheken gibt es Verbundkataloge mehrerer Bibliotheken. Es handelt sich hierbei um Suchinstrumente, die es Ihnen ermöglichen, diverse OPACs gleichzeitig zu durchsuchen. Ist das von Ihnen gesuchte Medium nicht an Ihrer Bibliothek vorhanden, können Sie über einen solchen übergeordneten Verbundkatalog Ihre Suche ausweiten, stoßen eventuell auf eine digitale Version des Gesuchten oder Sie führen eine Fernleihe durch. Im deutschsprachigen Raum bestehen mehrere große Bibliotheksverbünde, die Ihre Bestände kooperativ katalogisieren.

Deutschland:

- Gemeinsamer Bibliotheksverbund (GBV): http://www.gbv.de
- Kooperativer Bibliotheksverbund Berlin-Brandenburg (KOBV): http://www.kobv.de
- Nordrhein-westfälischer Bibliotheksverbund (HBZ-NRW): http://www.hbz-nrw.de
- Hessisches Bibliotheks-Informationssystem (HeBIS): http://www.hebis.de
- Südwestdeutscher Bibliotheksverbund (SWB): http://www.bsz-bw.de
- Bibliotheksverbund Bayern (BVB): http://www.bib-bvb.de
- Verbund der öffentlichen Bibliotheken Berlins (VÖBB): https://www.voebb.de

Österreich:

- Österreichischer Bibliothekenverbund (OBV): http://www.obvsg.at

Schweiz:

- Informationsverbund Deutschschweiz (IDS): http://www.informationsverbund.ch
- St. Galler Bibliotheksnetz (SGBN): http://aleph.sg.ch
- Westschweizer Bibliotheksverbund (RERO): http://www.rero.ch

Virtuelle Kataloge zählen wie Verbundkataloge zu den Metasuchmaschinen. Der bekannteste virtuelle Katalog ist der von der Universitätsbibliothek Karlsruhe entwickelte »Karlsruher Virtuelle Katalog« (KVK)[37], über den Sie mit einer einzigen Suchanfrage gleichzeitig in unterschiedlichen internationalen Bibliothekskatalogen sowie Verbundkatalogen, aber auch in Datenbanken, die elektronische Texte enthalten, recherchieren können. Im Unterschied zu einem Katalog eines Bibliotheksverbundes verfügt der KVK über keine eigene Datenbank, sondern ist von den einzelnen auf ihm verzeichneten Katalogen abhängig. Auf der Einstiegsseite können Sie diejenigen Kataloge auswählen, in denen Sie gleichzeitig recherchieren möchten. Im KVK ist mittlerweile auch die größte bibliographische Datenbank der Welt, »WORLDCAT«[38], verankert, die Kataloge von Tausenden vom Ohio College Library Center (OCLC) 1967 initiierten »Online Shared Cataloging« teilnehmenden Bibliotheken verzeichnet.

Fachportale

Wie Sie anhand der Verbunds- und virtuellen Kataloge feststellen können, tendiert man im Bereich der elektronischen Ressourcen immer mehr dazu, virtuelle Portale zu entwickeln, die es ermöglichen, von einer Website ausgehend weitreichenden Zugriff auf Fachinformation von anderen Websites oder virtuellen Datenbanken zu erhalten. Eine spezielle Entwicklung darunter stellen Fachportale wie die »Virtuelle Fachbibliothek Musikwissenschaft« (ViFaMusik)[39] dar. Dieses Portal wurde und wird von Expertinnen und Experten der Bayerischen Staatsbibliothek, der Gesellschaft für Musikforschung sowie des Staatlichen Ins-

---

37 http://www.ubka.uni-karlsruhe.de/kvk.html.
38 http://www.oclc.org/de/de/about/default.htm.
39 http://www.vifamusik.de. Dank gilt der ViFaMusik für die Genehmigung zum Abdruck der Abbildungen.

tituts für Musikforschung – Preußischer Kulturbesitz aufgebaut und bietet Informationen in den Bereichen Literatur, Fachdatenbanken, digitale Bibliothek und Wissenschaftskommunikation. Das Recherchetool der ViFaMusik ermöglicht Ihnen u. a. die gleichzeitige Recherche in:

- FachOPAC-Musik der Bayerischen Staatsbibliothek
- RISM
- Inhaltsverzeichnissen von Zeitschriften
- Internetressourcen der ViFaMusik
- der Expertendatenbank
- Volltextangeboten der Bayerischen Staatsbibliothek

Über die ViFaMusik können Sie auf eine Reihe von Digitalisierungsprojekten zugreifen. Diese sind thematisch in vier Kategorien eingeordnet und enthalten Zugriff zu digitalen Ressourcen.

Abbildung 1: Digitale Sammlungen

Empfehlenswert ist auch das Browsen im Bereich der thematisch geordneten Internetressourcen der ViFaMusik.

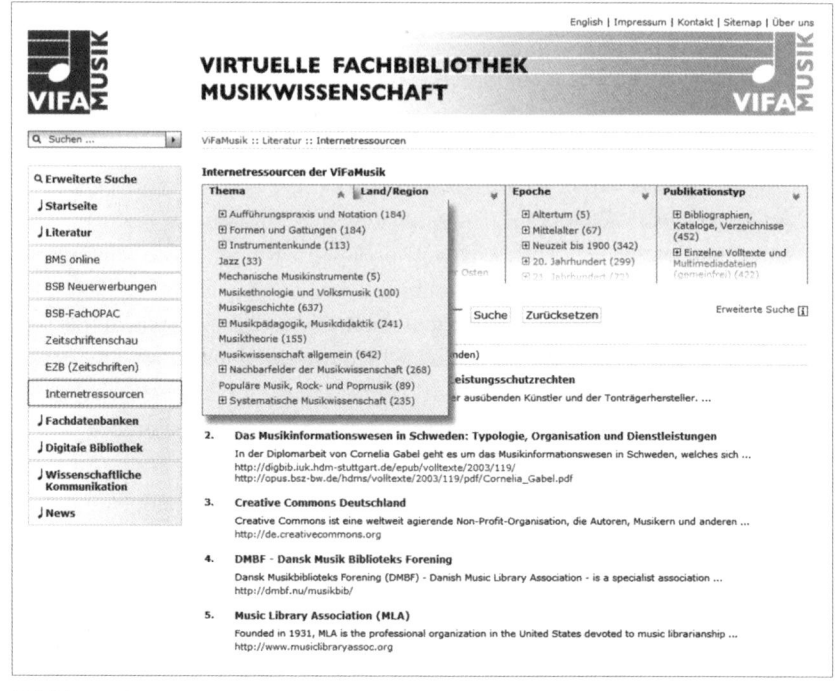

Abbildung 2: Internetressourcen

Wissenschaftliche Onlinesuchmaschinen

Suchinstrumente, die sich auf die Suche nach wissenschaftlichen Inhalten im Internet spezialisiert haben, durchsuchen im Unterschied zu Bibliothekskatalogen oder Bibliographien vielfach nicht nur bibliographische Informationen, sondern auch Volltexte. Dies wird vor allem durch die Zusammenarbeit mit wissenschaftlichen Verlagen und wissenschaftlichen Institutionen erreicht. Zu den wichtigsten zählen:

▸ Scirus: http://www.scirus.com: Diese englischsprachige Suchmaschine durchsucht den Datenbestand von über 410 Millionen wissenschaftlichen

Dokumenten. Darunter befinden sich Websites von wissenschaftlichen Dienstanbietern und Hochschulen. Ergebnisse der Suchanfrage werden über einen Algorithmus gereiht, der die Platzierung und die Frequenz des Suchbegriffes zählt bzw. die Verlinkung der Website. Je öfter eine spezielle Website auf anderen Websites verlinkt ist, desto höher wird sie gereiht. Scirus bietet eine sehr ausdifferenzierte Erweiterte Suche, bei der Sie Suchergebnisse nach Datum, Publikationstyp, Dateiformat, Literaturquelle und Themengebiet eingrenzen können.

- Google Scholar: http://scholar.google.com: Google Scholar kann wie Scirus zur Suche nach wissenschaftlichen Inhalten und Literatur im Netz eingesetzt werden. Ein spezielles Angebot von Google Scholar ist die Zitaterkennung. Dabei versucht die Suchmaschine die in einem wissenschaftlichen Beitrag zitierte Fachliteratur zu erkennen und als solche suchbar zu machen. Auch beim Ranking zählt die Zitierung: Je öfter eine Publikation zitiert wurde, desto höher wird sie in der Ergebnisliste gereiht. Die Suche kann über die Erweiterte Suche nach Autorschaft, Literaturquelle und Datum eingegrenzt werden.
- BASE: http://www.base-search.net: Die Bielefeld Academic Search Engine hat sich auf Dokumentenserver (Repositories) von Hochschulen spezialisiert. Dabei erschließt BASE Dokumente, die in der Regel von kommerziellen Suchmaschinen nicht verzeichnet werden, oder in der großen Treffermenge untergehen. Eine Eingrenzung der Ergebnisse kann in der Erweiterten Suche u. a. nach Autorschaft, Erscheinungsjahr, Literaturquelle und Sprachen vorgenommen werden. Die Suchergebnisse werden nach Relevanz sortiert, d. h. nach Platzierung des Suchbegriffes im Dokument. Wenn der Suchbegriff beispielsweise im Titel erscheint, wird das Dokument höher gereiht als bei einem Dokument, in dem der Suchbegriff an anderer Stelle erscheint.

Grundbegriffe der Onlinerecherchetechnik

Um eine zielgerichtete Suchstrategie entwickeln zu können, gilt es noch einige Termini der Recherchetechnik kennenzulernen, die Ihnen helfen, die oben genannten Suchinstrumente einzusetzen. Einige der Termini wie Suchmaschine, Bibliothekskatalog, Datenbank und Fachbibliographie sind Ihnen bereits begegnet. Nun geht es vor allem um Begrifflichkeiten, die Sie im Laufe einer Onlinerecherche benötigen. Die folgende Abbildung zeigt, stellvertretend für andere, die Suchmaske der Erweiterten Suche der ViFa Musik.

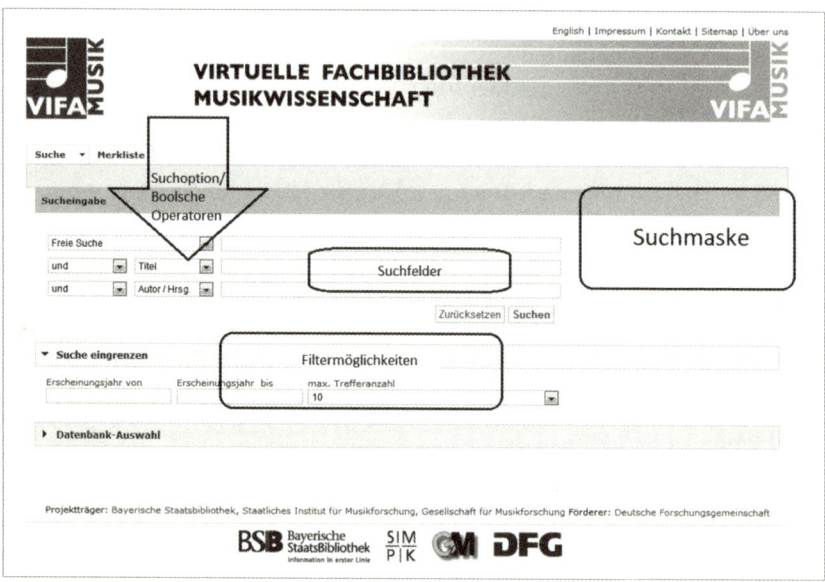

Abbildung 3: Suchmaske

Die SUCHMASKE ist die Einstiegsseite eines Verzeichnisses, Kataloges oder einer Datenbank. Suchmasken können unterschiedlich gestaltet sein, sie enthalten aber in der Regel alle ein Suchfeld bei einer einfachen Suche oder mehrere Suchfelder bei einer erweiterten Suche. Je nach Angebot werden Suchoptionen und Filter angeboten. Vor der Recherche ist es daher sinnvoll, die Hilfetexte des jeweiligen Suchinstrumentes zu konsultieren, um dessen Möglichkeiten und Grenzen kennenzulernen. Eine Suchanfrage wird durch die Eingabe von Suchbegriffen (Wörter oder Zeichenfolgen) in ein Suchfeld oder in mehrere Suchfelder eines Suchinstrumentes ausgelöst. Bei den Suchbegriffen müssen mehrere Arten unterschieden werden:

- Oberbegriff: Der Oberbegriff ist der hierarchisch übergeordnete von mehreren Begriffen, wobei er der allgemeinere ist. Durch die Verwendung von Oberbegriffen kann die Suche erweitert werden.

- Unterbegriff: Ein Unterbegriff beinhaltet Merkmale des Oberbegriffes und zusätzlich eine Einschränkung. Das hierarchische Verhältnis kann bei der Einschränkung oder Erweiterung von Suchanfragen eine Rolle spielen, vor allem wenn Sie zu viele oder zu wenige Ergebnisse erhalten haben.
  Beispiel: Oberbegriff: »Note«, Unterbegriff: »Achtelnote«, »Viertelnote«
- Synonym: Synonyme sind Wörter mit gleicher oder ähnlicher Bedeutung wie »Musiktheater« und »Oper«. Bei der Recherche helfen Synonyme, die Suchanfragen auszuweiten.
- Homonym: Bei Homonymen treten Wörter unterschiedlicher Bedeutung mit gleicher Schreibung auf. Bei einer Recherche müssen Sie bedenken, dass Sie mit einem Begriff eventuell Treffer zu unterschiedlichen Themenbereichen bekommen.
  Beispiel: Mit »Note« kann eine »Musiknote« oder eine »Schulnote« bezeichnet werden.
- Akronym: Akronyme werden aus den Anfangsbuchstaben mehrerer Wörter gebildet. Ein Beispiel wäre RILM: *R*epertoire *I*nternational de *L*ittérature *M*usicale
- Verwandter Begriff: Ein verwandter Begriff steht in einer Begriffsrelation, die nicht hierarchisch oder äquivalent gestaltet ist. Beispiel: Dur-Moll. Diese Begriffsbeziehung wird durch einen Gegensatz in einer bestimmten Eigenschaftskategorie (Tongeschlecht) gekennzeichnet.

Bei der Eingabe von Suchbegriffen haben Sie in der Regel die Möglichkeit, mehrere Begriffe auf einmal und in Verbindung mit Operatoren einzugeben. Die gängigsten sind BOOLESCHE OPERATOREN. Diese Operatoren erlauben bestimmte logische Verknüpfungen zwischen Suchbegriffen. Im Regelfall können für Onlinerecherchen die Operatoren UND / AND, ODER / OR sowie NICHT / NOT verwendet werden. Diese ermöglichen die Einschränkung oder Erweiterung der Suchergebnisse. Die UND-Verknüpfung ist bei den meisten Suchinstrumenten von vornherein eingestellt. Auch in Abbildung 3 sehen Sie die UND-Verknüpfung neben den Suchfeldern bereits voreingestellt. Die Wirkungsweise der Operatoren sieht wie folgt aus:

- UND / AND: Durch die Verbindung mit UND werden jene Ergebnisse angezeigt, die beide Suchbegriffe enthalten. Je mehr Begriffe mit UND verknüpft werden, desto spezifischer fällt das Ergebnis aus.
- ODER / OR: Durch die Verbindung mit ODER werden Ergebnisse angezeigt,

die jeweils den einen oder den anderen Begriff beinhalten oder in denen beide vorkommen.
- NICHT / NOT: Durch eine NICHT-Verknüpfung schließen Sie einen Suchbegriff aus.

Manchmal kann es notwendig sein, nicht den vollständigen Suchbegriff einzugeben, sondern TRUNKIERUNGEN oder MASKIERUNGEN anzuwenden. Diese können wichtig sein, wenn Sie mehrere Varianten eines Suchbegriffes benötigen oder nicht genau wissen, wie der Begriff geschrieben wird. Die gängigsten Trunkierungszeichen sind »*« und »?«. Bei der Maskierung verwenden Sie sogenannte Jokerzeichen (Wildcards) wie »!«, das einzelne Zeichen ersetzt.

	Beispiel	mögliches Ergebnis
Rechtstrunkierung	Musik*	Musikwissenschaft, Musikbibliothek
Linkstrunkierung	*musik	Theatermusik, Sakralmusik
Maskierung	Lexi!on	Lexikon, Lexicon

Tabelle 2: Trunkierungsmöglichkeiten

Als SUCHOPTIONEN werden in der Regel neben Verknüpfungen jene der »Freien Suche«, der »Phrasensuche« sowie die spezielle Suche nach Titel, Autorschaft, Jahr und Schlagwort bei der Suchmaske angeboten.

- Freitextsuche: Mit der Freitextsuche wird die gleichzeitige Suche in mehreren Datenfeldern durchgeführt. Mit ihr erzielt man in der Regel eine große, aber ungenaue Treffermenge.
- Phrasensuche: Bei der Phrasensuche erfolgt die Suchanfrage mit zusammenhängenden Wortfolgen und liefert Ergebnisse, die genau diese Wortfolge enthalten. Ist kein eigenes Suchfeld in der Suchmaske dafür vorgesehen, erfolgt die Eingabe der Suchbegriffe in der Regel mit Anführungszeichen.
- Schlagwortsuche: Schlagwörter repräsentieren den Inhalt eines Dokumentes und werden auf Basis bestimmter Regeln vergeben. Die Schlagwortsuche empfiehlt sich vor allem dann, wenn Sie eine inhaltliche Recherche vornehmen wollen und nicht nach einem bestimmten Werk suchen.

Recherchen durchführen

Eine Recherche besteht im Grunde aus drei Elementen:

- Recherche im eigenen Umfeld: Im Laufe eines Studiums werden Sie sich einen Grundstock an musikwissenschaftlicher Literatur zulegen, die Ihnen von Lehrenden empfohlen wird. Mit ziemlicher Sicherheit findet sich darunter nicht nur Spezialliteratur, sondern auch Lehrbücher, Lexika und Handbücher, die ein rasches Nachschlagen ermöglichen. Wertvoll für die Recherchearbeit sind Literatur- oder Linklisten, die von Lehrenden bei Lehrveranstaltungen verteilt werden, und oft bekommen Sie in der Diskussion mit Lehrenden und Kommilitoninnen und Kommilitonen wertvolle Literaturtipps.
- Schneeballverfahren: Beim Schneeballverfahren werten Sie beispielsweise weiterführende Literatur eines Lexikonartikels aus. Sie stoßen bei der Auswertung des Literaturverzeichnisses auf einen Artikel, den Sie lesen und bei dem Sie wiederum Literaturhinweise auffinden, die Sie zu weiterer Literatur führen und so fort. Im Grunde springen Sie damit von zitierter zu zitierter Literatur. Dadurch kommen Sie rasch zu einer großen Auswahl an Literatur, die vergleichbar einem schnell den Hügel hinunterrollenden Schneeball immer größer und größer wird. Bei dem Schneeballverfahren gibt es aber zwei Gefahren: Zum einen kann es Ihnen passieren, dass Sie zu einseitig Literatur rezipieren (d. h. lediglich Literatur von bestimmten Autorinnen und Autoren, die sich gegenseitig zitieren) bzw. dass Ihnen damit aktuelle Literatur entgeht, die eventuell (noch) nicht zitiert wurde. Aus diesem Grund sollten Sie das Schneeballverfahren mit einer strukturierten Suche verknüpfen.
- Strukturierte Recherche: Von einer strukturierten Recherche spricht man, wenn Sie angemessene und geeignete Werkzeuge zur Recherche benutzen, die es Ihnen ermöglichen, adäquate wissenschaftliche Information aufzufinden. Damit Sie in der Lage sind, strukturierte Recherchen durchzuführen, muss Ihnen der Gegenstand der Recherche klar sein, denn dieser bestimmt das zu suchende Material, das Suchinstrument und die Recherchestrategie. Während der Erstinformation und der Themenanalyse haben Sie bereits einige Begriffe gesammelt, die nun für die Recherche als Suchbegriffe vorbereitet werden sollen. Dafür eignet sich am besten eine Suchmatrix, in die Sie die jeweiligen Begriffe einordnen. Nutzen Sie zur Erweiterung Ihrer

Suchmatrix neben Nachschlagewerken auch Indizes wie Schlagwortindizes von Bibliothekskatalogen. Beachten Sie, dass die Begriffsrelationen je nach Themenschwerpunkt und Blickwinkel beeinflusst werden können. Dokumentieren sie im Laufe Ihres Rechercheprozesses auf Basis der Suchmatrix, mit welchen Begriffen Sie gesucht und wie Sie diese kombiniert haben. Dadurch behalten Sie den Überblick über Ihre eigene Suchhistorie.

Die Suchmatrix für das Themengebiet »Die L'homme armé-Messen von Josquin« könnte wie folgt aussehen:

	Aspekt 1	Aspekt 2	weitere Aspekte
Oberbegriffe	Messe	Cantus firmus	
Unterbegriffe	Kyrie, Gloria, Credo, Sanctus, Agnus Dei	Kompositionstechnik, Kontrapunkt, Polyphonie	
Synonyme	Messzyklus, Ordinarium, Proprium	fester Gesang, feststehende Melodie	
Akronyme	–	CF	
verwandte Begriffe	Messzelebration	–	
fremdsprachige Begriffe	mass, missa, messe	fixed melody, canto fermo	

Tabelle 3: Suchmatrix

AUFGABE: Sammeln Sie weitere Begriffe zum vorgegebenen Themenbereich oder zu einem musikwissenschaftlichen Themenbereich Ihrer Wahl, und erstellen Sie eine Suchmatrix.

Sie können nun mit den einzelnen Begriffen und Kombinationen von Begriffen Suchanfragen erstellen. Achten Sie bei der Erstellung von Suchanfragen auf folgende Kriterien:

- Singular- und Pluralform (eventuell durch Eingabe mit Trunkierungszeichen)
- unterschiedliche Schreibweisen
- Abkürzungen auflösen

Nach der Formulierung von Suchanfragen geht es darum, die adäquaten Rechercheinstrumente auszuwählen. Dabei gilt zu klären, welches Material in welchem Umfang Sie benötigen. Folgende Kriterien können dabei ausschlaggebend sein:

Material:

- Dokumententyp Literatur: Monographien, Hochschulschriften, Artikel in Zeitschriften oder Sammelbänden
- Publikationsform: gedruckt oder elektronische Volltexte
- Musikalien
- Audiomaterial / audiovisuelles Material

Umfang:

- Vollständigkeit
- Bestimmte Erscheinungsjahre von Literatur / Tonträgern / audiovisuellen Medien
- spezielle Sprache
- spezieller Erscheinungsort

Das folgende Beispiel (Abbildung 4) zeigt eine SUCHANFRAGE in der Option »Freie Suche« für den Begriff »Cantus firmus« mit dem Rechercheinstrument der ViFaMusik. Damit wurden 148 Treffer im FachOPAC der Bayerischen Staatsbibliothek gefunden, die dem Themenbereich »Cantus firmus« zugerechnet werden.

Das Ergebnis fällt sehr breit aus und enthält auch Literatur, die für die konkrete Fragestellung nicht benötigt wird. Daher ist es im Anschluss an die Erstellung der Suchmatrix sinnvoll, Verknüpfungsmöglichkeiten (Boolesche Operatoren) einzubauen und weitere Suchoptionen auszuprobieren. Dabei können Sie Verknüpfungen mit verschiedenen Operatoren innerhalb einer SUCHOPTION (Titel, Autor etc.) oder unterschiedlicher Suchoptionen wählen. Probieren Sie so viele Kombinationen wie möglich aus.

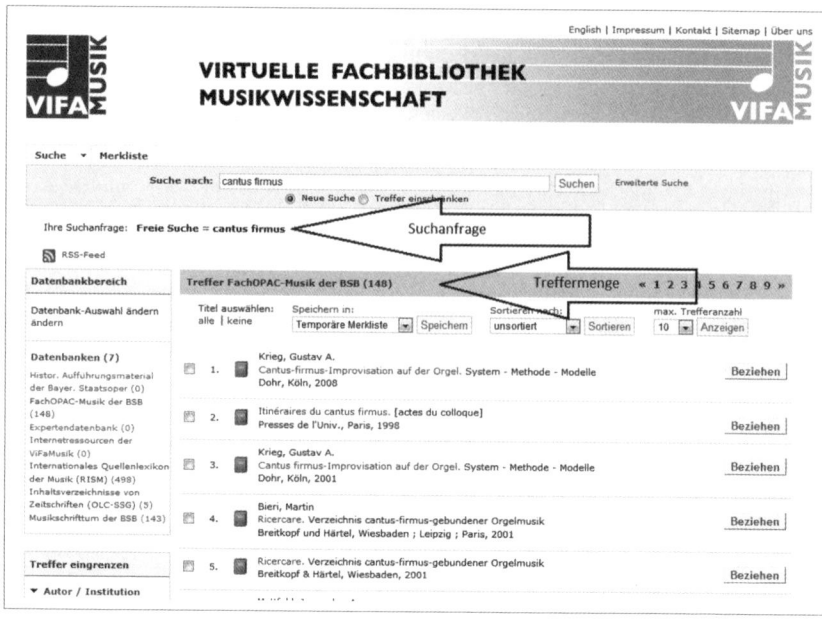

Abbildung 4: Suchanfrage

Beispiel: (Freie Suche) Cantus Firmus UND (Schlagwort) L'homme armé

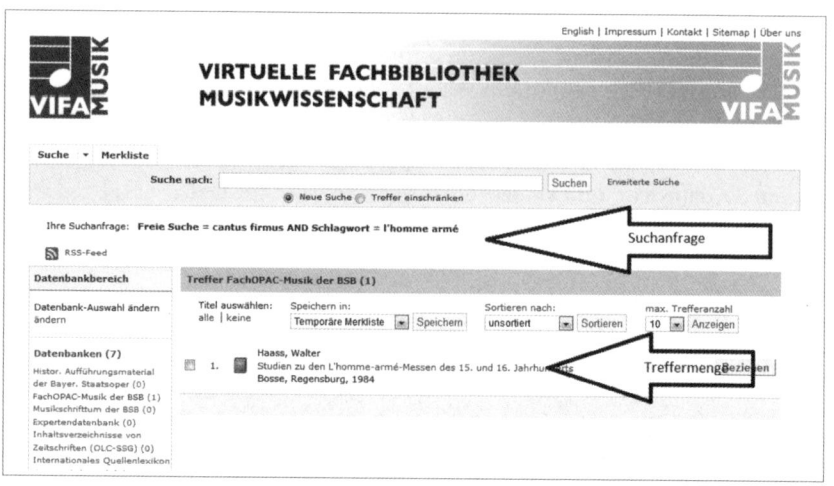

Abbildung 5: Suchanfrage mit Suchoption

Die Verknüpfung und die Veränderung der Suchoption auf »Schlagwort« verändert die Treffermenge, welche die Schnittmenge der Suchwörter bildet.

AUFGABE:

Rechercheweg 1:
Überlegen Sie, welche Rechercheinstrumente Sie heranziehen würden, wenn Ihre Kriterien wie folgt aussehen würden:
- Fachzeitschriftenartikel zum Thema »Die L'homme armé-Messen von Josquin«
- Erscheinungsjahre 2000–2011
- Sprache: Deutsch
- Publikationsform: gedruckte und elektronische Texte

Rechercheweg 2:
Überlegen Sie, welche Rechercheinstrumente Sie heranziehen würden, wenn Ihre Kriterien wie folgt aussehen würden:
- Audiomaterial zum Thema »Die L'homme armé-Messen von Josquin«
- Vollständigkeit

Umgang mit wissenschaftlicher Literatur / Textkritik

Wenn Sie Ihre Recherche für ein Referats- oder Hausarbeitsprojekt abgeschlossen haben, sollten Sie eine längere Literaturliste in den Händen halten. Nun gilt es zu prüfen, ob die gefundenen Texte auch wirklich für Ihr Projekt nützlich sind. Stellen Sie dafür vor der Lektüre folgende Fragen an Ihre Texte:

- Handelt es sich um einen Text, der wissenschaftlichen Ansprüchen genügt?
- Ist der Text für mein Thema wirklich inhaltlich relevant?

Die erste Frage: Wissenschaftlichkeit

Um die wissenschaftliche Relevanz Ihrer Literatur zu beurteilen, prüfen Sie zunächst das Erscheinungsjahr, da Sie ja vor allem mit Literatur arbeiten sollten, die sich auf die neuesten Forschungsergebnisse stützt. Wichtig ist bei Büchern, die in mehreren Auflagen erschienen sind, darauf zu achten, ob sie für Folgeauflagen überarbeitet worden sind. Bei einem unveränderten Nachdruck ist der Inhalt natürlich auf dem Stand der ersten Auflage. Liegt das Erscheinungsjahr bereits viele Jahrzehnte zurück, gilt es noch einmal zu recherchieren, ob es neuere Literatur zu dem Thema gibt. Allerdings muss diese nicht automatisch qualitativ besser sein als ältere, sodass Sie relevante »Klassiker« nicht vorschnell aussortieren dürfen.

Als Nächstes sollten Sie prüfen, ob der Text einen wissenschaftlichen Apparat (siehe Abschnitt »Formale Kriterien des Literatur- und Quellennachweises«, S. 96) aufweist. Nur so können Sie nachvollziehen, woher die Autorin oder der Autor die Informationen bezogen hat und wo Sie nachlesen können, wenn Ihnen etwas unplausibel vorkommt.

In einem nächsten Schritt sollten Sie hinterfragen, wer den Text publiziert hat. Ist die Autorin oder der Autor beispielsweise Mitglied einer Universität, können Sie in der Regel davon ausgehen, dass der Text wissenschaftlichen Maßstäben verpflichtet ist. Ebenso ist ein Verlag, der sich als Wissenschaftsverlag etabliert hat, häufig ein Garant dafür, dass seine Medien zitierfähig sind. Aber ganz wichtig ist hierbei: Sowohl bei bekannten Autorinnen/Autoren sowie Verlagen als auch bei unbekannten, sind Sie aufgefordert, den Gehalt des Textes selbstständig kritisch zu überprüfen.

Soll ein Onlinetext verwendet werden, muss dieser ebenso einer kritischen Überprüfung hinsichtlich der wissenschaftlichen Ansprüche unterzogen werden. Ist nicht ersichtlich, wer den Text publiziert hat, so prüfen Sie, ob es ein Impressum der Website gibt. Manchmal kann man anhand der Internetadresse sehen, wer die Homepage betreibt. Stammt die Website von einer Universitätsbibliothek, Forschungseinrichtung oder ähnlichen Institution, steigt auch die Wahrscheinlichkeit, dass die Inhalte wissenschaftlichen Ansprüchen verpflichtet sind. Literaturnachweise, aber auch Verlinkungen auf thematisch verwandte Websites sowie regelmäßige Updates geben zudem einen Hinweis auf professionelle Betreuung der Homepage.

Die zweite Frage: inhaltliche Relevanz

Haben Sie festgestellt, dass der aufgefundene Text wissenschaftlichen Ansprüchen genügt, sollten Sie als Nächstes zu einer inhaltlichen Prüfung übergehen. Dafür ziehen Sie im ersten Schritt Titel, Inhaltsverzeichnisse und (wenn vorhanden) Abstracts (z. B. in RILM) sowie Rezensionen heran, um zu klären, ob die recherchierte Literatur für Ihre Fragestellung relevant ist. Im zweiten Schritt gehen Sie tiefer in die Materie: Sie lesen die Einleitung, das Fazit und einige Seiten eines Kapitels, das zu Ihrem Thema passt, um Ziele und Methodik der Literatur einzuordnen. Fragen Sie sich dabei stets, ob der Text für Ihre Fragestellung wichtig ist. Wenn nicht, brechen Sie – auch wenn es Mut erfordert – die Lektüre ab, und versuchen Sie andere Literatur zu finden, die stärker auf Ihr Thema oder Ihre Fragestellung bezogen ist. Bleibt der Text nach der ersten inhaltlichen Prüfung relevant, geht es daran zu klären, ob der gesamte Text gelesen werden muss, oder ob bestimmte Stellen ausgewählt werden können. Um Lesestellen auszuwählen, müssen Sie zunächst einmal wissen, wie Ihr INFORMATIONSBEDÜRFNIS konkret aussieht. Um dies herauszufinden, berücksichtigen Sie folgende Fragen[40] und leiten daraus Ihr spezielles LESEZIEL ab:

- Suchen Sie Überblicksinformationen über ein Thema?
- Suchen Sie bestimmte Fakten oder Daten?
- Suchen Sie andere Positionen, Argumentationen etc. zu einer eigenen Fragestellung?

Anhand Ihres Leseziels wählen Sie nun Abschnitte oder Kapitel zum eigentlichen Lesen aus. Das Leseziel hilft Ihnen aber nicht nur beim Auswählen zu lesender Abschnitte, sondern bestimmt auch das Gesamtpensum zu lesender Literatur. Wenn Sie sich beispielsweise in eine Forschungsdiskussion einarbeiten wollen, müssen Sie mehrere Texte unterschiedlicher Diskussionsteilnehmerinnen und -teilnehmer lesen, um ein differenziertes Bild zu erhalten. Suchen Sie hingegen lediglich Daten, wird es reichen, diese aus wenigen vertrauenswürdigen Quellen zu beziehen.

---

40   Vgl. Norbert Franck, *Handbuch Wissenschaftliches Arbeiten*, S. 118.

Lesen und Notieren

Die Methode der Texterarbeitung wird in der Regel auch von Ihrem Leseziel bestimmt. Hierbei gilt, dass Sie mit der Zeit ein für sich praktikables System der TEXTANEIGNUNG entwickeln müssen. Folgende gängige Methoden können Ihnen dabei helfen:

▶ Das einfache Lesen eines Textes ist zu empfehlen, wenn Sie sich in umfangreiche Themenbereiche einarbeiten wollen. Sie haben in diesem Fall viel Literatur zu bewältigen, die in ihrer Gesamtheit wichtig ist und die hinter die Spezialinformation zurück weicht.
▶ Das Unterstreichen ist eine sehr beliebte Methode der Texterschließung. Vielen hilft es, beim Lesen nicht abzuschweifen und den Inhalt des Textes besser zu verstehen. Auch haben Sie damit die Möglichkeit wichtige Passagen immer wieder schnell zu finden. Für ein effizientes Unterstreichen ist es empfehlenswert, dies erst bei einem zweiten Lesedurchgang zu tun, da Ihnen bei einem Thema, mit dem Sie nicht so vertraut sind, zunächst alles wichtig vorkommen wird und Sie eventuell zu viel markieren werden. Bei einem zweiten Lesegang kennen Sie bereits die Struktur des Textes und können den Text inhaltlich gliedern. Nutzen Sie dafür verschiedene Farben, um bestimmte Textteile, wie Argumentationen, Definitionen, Termini etc. zuordnen zu können. Auch Randbemerkungen in Schlagwortform können helfen Einzelinformationen viel leichter wieder aufzufinden.
▶ Exzerpieren ist die dritte Möglichkeit der Texterarbeitung. Sie beansprucht am meisten Zeit, ist dafür aber eine der effektivsten Methoden, sich den Inhalt eines Textes anzueignen. Exzerpieren bedeutet, dass Sie sich während des Lesens Sinnabschnitte zusammenfassend notieren. Dabei empfiehlt es sich, diese Resümees immer mit eigenen Worten zu formulieren. So können Sie überprüfen, ob Sie das Gelesene auch verstanden haben, da es Ihnen nur dann gelingen wird, den Inhalt korrekt wiederzugeben. Exzerpieren bedeutet nicht, den gesamten Text paraphrasierend mitzuschreiben, sondern Sie sollten immer unter bestimmten Gesichtspunkten exzerpieren, die sich aus Ihrem Informationsbedürfnis herleiten. Dies können allgemeine Aspekte sein, wie beispielsweise die Frage, was sich hinter dem Stichwort »l'homme armé« verbirgt, oder spezifische Aspekte, wie z. B. die Frage, wie die L'homme-armé-Chanson überliefert ist. Für alle Exzerpte und sonstigen Notizen ist es ratsam, dass Sie stets die vollständige bibliographische Anga-

be mit genauer Seitenzahl anfügen. Auf diese Weise wissen Sie, auf welche Literatur und Fundstelle sich Ihre Notizen beziehen. Solche Fundstellenvermerke ersparen Ihnen wertvolle Zeit, wenn es bei einem Referats- oder Hausarbeitsprojekt daran geht, Literaturnachweise und Literaturverzeichnis zu erstellen, und außerdem verhindern sie, dass man Exzerpte versehentlich für eigene Gedanken oder selbst verfasste Texte hält. Achten Sie darauf, dass Sie innerhalb Ihrer Exzerpte eine Ordnung herstellen, die Ihnen – auch Jahre später noch – ein schnelles Wiederauffinden und eine eindeutige Zuordnung zum Originaltext erlaubt, unabhängig davon, ob Sie auf Papier exzerpieren oder mit dem Computer. Eine sehr zweckdienliche Methode, den Suchprozess zu optimieren, liegt in der Verschlagwortung Ihrer Materialien. Überlegen Sie sich nach dem Exzerpieren, mit welchen Schlagworten Sie den Inhalt treffend beschreiben könnten und vermerken Sie diese auf Ihrem Exzerpt. Als nächsten Schritt legen Sie sich, wenn Sie kein Literaturverwaltungsprogramm nutzen, eine separate Liste mit den vergebenen Schlagworten auf Papier oder im Computer an. Notieren Sie zu jedem Schlagwort, auf welches Exzerpt sich dieses bezieht. Mit der Zeit entsteht so ein nützliches Register für Ihre Exzerpte.

AUFGABE: Exzerpieren Sie den MGG-Artikel zu »L'homme armé« von Annegrit Laubenthal
1. unter dem Gesichtspunkt, was sich hinter dem Stichwort »L'homme armé« verbirgt.
2. unter dem Gesichtspunkt, wie die Chanson überliefert ist.

Überblick behalten

Zur Dokumentation bei der Sichtung von Literatur und anderen Materialien stehen Ihnen unterschiedliche Möglichkeiten zur Verfügung. Die erste Option ist eine LISTE DES RELEVANTEN MATERIALS, die Sie auf Papier oder im Computer mit vollständiger bibliographischer Angabe und einem Vermerk, wo und in welcher Form dieses vorhanden ist, anlegen. Nützlich kann auch ein Vermerk sein, wenn der Text für Ihre Fragestellung nicht bedeutsam ist, damit Sie ihn nicht ein weiteres Mal heranziehen. Haben Sie viel Literatur zu sichten, ist es zudem sinnvoll, Ihren Arbeitsstand zu notieren, d.h., ob Sie beispielsweise bereits ein Exzerpt erstellt haben.

Eine zweite, sehr leistungsstarke, aber beim Erstgebrauch zeitintensive Option der Literturverwaltung bieten LITERATURVERWALTUNGSPROGRAMME. Diese sind Spezialprogramme, mit denen Sie große Mengen an Literatur in einer Datenbank erfassen und in der Regel sogar Ihre Exzerpte dort eingeben oder als externe Datei verknüpfen können. Viele dieser Programme bieten Direktsuchmöglichkeiten in oder Importfunktionen aus Onlinekatalogen an, sodass Sie die bibliographischen Informationen nicht mehr selbst abschreiben (manchmal aber korrigieren) müssen. Die Programme sind in der Regel mit den gängigen Textverarbeitungsprogrammen verknüpft, sodass Sie Literaturnachweise in Fußnoten oder das Literaturverzeichnis mit einigen Klicks automatisch generieren können, ohne die bibliographischen Informationen abschreiben oder mit Copy+Paste einfügen zu müssen. Daneben können Sie Ihre Literatur und ggf. Ihre Exzerpte verschlagworten oder über eine Volltextsuche komfortabel durchsuchen. Zu den gängigsten (meist nicht kostenfreien) Softwareangeboten zählen Citavi[41], EndNote[42] oder Refworks[43], die Ihnen oft von Ihrer Universitätsbibliothek zur Verfügung gestellt werden.

Wollen Sie ein Literaturverwaltungsprogramm verwenden, testen Sie es vor der Nutzung und der Eingabe größerer Datenmengen auf seine Stärken und Schwächen (nutzen Sie dafür angebotene Tutorials oder FAQs). Als Mindestanforderungen sei Ihnen empfohlen, dass das Programm eine Zitatfunktion für gängige Textverarbeitungsprogramme enthält und eine einfache Möglichkeit bietet, automatisch erzeugte Literaturnachweise schnell anpassen zu können.

Das Projekt Referat

Referate sind in Ihrer Ausgestaltung von Lehrveranstaltung zu Lehrveranstaltung unterschiedlich. Es gibt Referate, die eine bereits vorab angefertigte Hausarbeit vorstellen sollen und solche, die zu einer später auszuarbeitenden Hausarbeit führen sollen. Für den folgenden Abschnitt wird von dem wohl häufigeren

---

41 http://www.citavi.com.
42 http://www.endnote.com.
43 http://www.refworks.com.

Fall ausgegangen, dass Sie ein vorgegebenes Thema bearbeiten und in der Seminarsitzung präsentieren sollen, ohne vorab eine Hausarbeit erstellt zu haben. Wenn Sie also ein Referat innerhalb einer Lehrveranstaltung übernehmen, klären Sie vor der Ausarbeitung mit der oder dem Lehrenden die inhaltlichen und formalen Vorgaben, beispielsweise die Länge des Referates, ob Sie es frei halten oder ausformulieren sollen, ob Sie ein Handout liefern oder eine Präsentation vorbereiten müssen.

Entwicklung eines Zeitplanes

Für die Arbeit an einem Referat ist ein Zeitplan hilfreich, der die einzelnen Arbeitsschritte strukturiert. Für Ihre ersten Referate sollten Sie von einer Vorbereitungszeit von vier bis fünf Wochen ausgehen, die Sie zur Ausarbeitung einplanen sollten. Natürlich ist die Vorbereitungszeit davon abhängig, wie viel Sprechzeit Sie zur Verfügung haben werden und ob Sie eine anschließende Diskussion leiten sollen. Ein 15-minütiges Referat ohne Diskussionsleitung haben Sie schneller vorbereitet als eines, dass 45 oder sogar 60 Minuten dauern soll und bei dem anschließend noch von Ihnen verlangt wird, weiterführende Fragen zu beantworten.

Haben Sie das Zeitfenster abgesteckt, verteilen Sie auf diese Wochen die groben Arbeitsschritte:

1. Woche: Inhaltliche Vorbereitung: Erstinformation, Themenanalyse, Fragestellungen erarbeiten, Recherche (Achtung: Fernleihen brauchen Zeit!) und Materialsichtung.

2. und 3. Woche: Literatur erarbeiten und exzerpieren, eventuell Analysen der musikalischen Werke erstellen.

4. Woche: Erarbeitete Inhalte hinsichtlich Ihrer Fragestellung strukturieren, ggf. Sprechstunde besuchen und Anregungen oder Korrekturen einarbeiten.

5. Woche: Referatsmanuskript schreiben bzw. Referatsnotizen sowie Präsentation und Handout erstellen.

Inhaltliche Vorbereitung

Haben Sie eine Fragestellung nach der Erstinformation und Themenanalyse entwickelt, sollten Sie eine vorläufige Gliederung Ihres Referates entwerfen, in der ein »roter Faden« deutlich wird. Diesen können und sollten Sie im Laufe der weiteren Arbeit dem sich durch Lektüre entwickelnden Wissen anpassen. Achten Sie bei der GLIEDERUNG darauf, dass ein Referat wie eine Erzählung aufgebaut sein sollte; überlegen Sie also, welche Informationen die Zuhörenden an welcher Stelle benötigen, um Ihnen und Ihrer Darstellung folgen zu können. Fragen Sie sich, ob die Reihenfolge der Informationen Ihrer Argumentation dient und in sich logisch und schlüssig ist. Um beim gewählten Beispiel zu bleiben: Erklären Sie Ihren Hörerinnen und Hörern beispielsweise erst, was eine Messe um 1500 charakterisiert, bevor Sie auf den Sonderfall der L'homme armé-Messe kommen.

Auch Ihre eventuell anzufertigenden Musikanalysen sollten sich auf Ihre Fragestellung beziehen. Zeigen Sie also neben einem groben Überblick über das Werk vor allem diejenigen Punkte auf, die in Bezug auf Ihre Fragestellung von Bedeutung sind. Wenn Sie sich bei dem Beispiel also für die Cantus firmus-Behandlung als roten Faden entschieden haben, sollten Sie in Ihren Analysen vorrangig dazu Stellung nehmen und zeigen, wie dies in den Messwerken Josquins konkret funktioniert. Wenn Sie an die Ausarbeitung Ihres Referates gehen, denken Sie daran, dass Sie nicht fremdes Wissen unreflektiert nacherzählen, sondern versuchen Sie, sich immer wieder mit den Informationen kritisch auseinanderzusetzen.

Die einzelnen Teile eines Referates

Ein Referat sollte eine Einleitung, einen Hauptteil und einen Schluss aufweisen. In der EINLEITUNG gilt es zu vermitteln, worüber Sie in Ihrem Referat in welcher Reihenfolge sprechen werden. Thematisieren Sie Ihre Fragestellung und ggf. die Gründe, warum Sie ausgerechnet dieser Fragestellung nachgehen. Stellen Sie anschließend, eventuell visuell mit Präsentationsfolien unterstützt, die Gliederung Ihres Referates vor. Wählen Sie dazu Stichpunkte, die Sie wie Überschriften formulieren und auf die Sie sich im Hauptteil beziehen können. Auf diese Weise wissen die Zuhörenden später, an welchem Punkt Sie sich in Ihrem Referat gerade befinden, womit Sie das Zuhören und Verarbeiten der Informationen erleichtern.

Im HAUPTTEIL sollten Sie das notwendige Fachwissen vermitteln, das Ihre Zuhörerinnen und Zuhörer brauchen, um Ihnen folgen zu können. Gehen Sie anschließend ins Detail und legen Sie die Ergebnisse Ihres Arbeitens dar. Achten Sie dabei darauf, dass Sie nicht alles erzählen, was Sie über das Thema wissen, sondern das, was zu Ihrer Fragestellung und Ihrem roten Faden gehört.

Im SCHLUSSABSCHNITT fassen Sie die wichtigsten Punkte Ihres Referates noch einmal hinsichtlich Ihrer Fragestellung zusammen. Machen Sie an dieser Stelle deutlich, wie Sie Ihre Fragestellung beantwortet haben und was Sie bei Ihren Ausarbeitungen im Referat haben zeigen können. Achten Sie dabei darauf, dass Sie nicht lediglich bereits Gesagtes wiederholen, sondern eine wirkliche Synthese Ihres Referates bieten.

Entscheidung treffen: Frei oder ausformuliert vortragen?

Wenn es keine Vorgaben von den Lehrenden gibt, müssen Sie selbst entscheiden, ob Sie ein Referat anhand von Notizen frei gesprochen vortragen oder als ausformulierten Text vorlesen. Beide Methoden haben Vor- und Nachteile: Die Vorteile eines FREI GESPROCHENEN REFERATES liegen darin, dass Sie üben, auch vor größeren Menschengruppen frei reden und argumentieren zu können, ohne den Faden zu verlieren. Dies ist ein Softskill, der Ihnen in nahezu jeder Redesituation (auch Ihres späteren Berufslebens) von großem Nutzen sein wird, sei es in Besprechungen und Diskussionsrunden, bei Moderationen, Pressekonferenzen oder bei (wissenschaftlichen) Vorträgen. Ein weiterer Vorteil eines frei formulierten Referates ist, dass Sie leichter Kontakt zu Ihrem Publikum aufbauen können. Sie können sensibler auf Ihr Auditorium reagieren, beispielsweise wenn Sie den Eindruck haben, dass etwas unklar geblieben ist, und Sie formulieren in der Regel in einfacheren und damit leichter verständlichen Sätzen, wenn Sie frei sprechen. Es gibt aber auch Nachteile: Frei vorgetragene Formulierungen können oftmals nicht so prägnant geraten wie schriftlich ausgearbeitete. Auch haben Sie keine so gute Kontrolle über die benötigte Zeit, und Sie werden sich möglicherweise insgesamt unsicherer fühlen als mit einem ausformulierten Manuskript, da es sein kann, dass Sie den Faden verlieren oder vergessen, auf bestimmte Punkte einzugehen.

Hiermit sind schon die Vorteile des AUSFORMULIERTEN REFERATES angeklungen: Da Sie anhand der Zeichenzahl Ihres Manuskripts die benötigte Redezeit gut kalkulieren können, haben Sie eine bessere Kontrolle über diese. Durch den fertig ausformulierten Text haben Sie die Inhalte vor sich und Sie laufen nicht Gefahr den Faden zu verlieren. Die Nachteile liegen vor allem darin, dass ausformulierte Texte meist einen komplizierteren Satzbau aufweisen und sehr oft zu schnell vorgetragen werden, d. h. ohne die notwendigen Betonungen und Pausen. Als weitere Schwierigkeit kommt hinzu, dass der Kontakt zu den Zuhörerinnen und Zuhörern viel schwerer herzustellen ist, da Sie sich notwendigerweise auf Ihr Manuskript konzentrieren müssen.

Hilfreich ist es daher, sich die jeweiligen Nachteile bewusst zu machen und gezielt darauf zu reagieren:

- Ausformuliertes Referat: Achten Sie beim Schreiben darauf, sprechorientiert zu formulieren. Üben Sie außerdem das laute Vorlesen drei- bis viermal vorab, davon einmal möglichst vor Publikum oder nehmen Sie Ihren Vortrag auf. Durch die Rückmeldungen bzw. die Analyse des Audiomaterials durch Fragen (»Kommt der rote Faden klar heraus?«, »Betone ich richtig?«, »Ist die Lautstärke gut?«, »Sind die Sätze zu kompliziert?« etc.), können Sie Ihr Referat verbessern. Das Üben macht Sie mit Ihrem Text sprachlich vertraut und ermöglicht Ihnen eine Kontrolle darüber, ob sich beispielsweise die Satzgefüge gut sprechen lassen oder ob Sie zu schnell vorlesen. Um Letzteres zu vermeiden, kann es helfen, sich auf den Manuskriptseiten das Wort »langsam« zu notieren. So werden Sie bei jedem Umblättern wieder daran erinnert, nicht zu schnell vorzutragen. Zeichnen Sie sich zudem in Ihren Text Pausen und Worte ein, die Sie betonen wollen. Achten Sie beim Vortrag darauf, dass Sie ab und zu ins Publikum schauen. Dies vermittelt Ihren Zuhörenden, dass Sie das Referat nicht nur für sich selbst halten.
- Frei vorgetragenes Referat: Üben Sie auch bei dieser Art des Referates das Vortragen. Damit bekommen Sie eine Vorstellung davon, ob Sie Sachverhalte erklären und formulieren können und wie viel Zeit Sie dafür benötigen. Falls möglich, bitten Sie jemanden das Referat vorab anzuhören oder nehmen Sie es auf (s. o.). Besondere Aufmerksamkeit sollten Sie auf Übergänge innerhalb Ihrer Referatsabschnitte legen, und Sie sollten Anfang und Schluss des Referates gezielt trainieren. So haben Sie die Gewissheit Ihr Referat, auch wenn Sie aufgeregt sind, sicher beginnen zu können und letztendlich einen treffenden Schlusssatz zu formulieren.

▸ Für beide Vortragsarten gilt, dass Sie gezielt üben sollten, Namen und fremdsprachige Wörter laut zu artikulieren. Wenn Sie die Fremdsprache nicht beherrschen, erkundigen Sie sich vorab, wie die Worte ausgesprochen werden. Außerdem sollten Sie darauf achten, insgesamt eine gehobene, aber keine abgehobene Sprachebene zu wählen. Das heißt, dass Sie umgangssprachliche Formulierungen ebenso vermeiden sollten, wie unnötigen und übermäßigen Fremdwörtergebrauch.

Referatsmanuskript und Notizen vorbereiten

Tragen Sie Ihr Referat ausformuliert vor, werden Sie in der Regel einen Ausdruck auf DIN A 4-Seiten verwenden. Wählen Sie Schriftgröße und Zeilenabstand so, dass Sie Ihren Text problemlos lesen können und die jeweilige Zeile nach einem Aufblicken schnell wieder finden.

Halten Sie Ihr Referat frei, so haben Sie mehr Möglichkeiten. Entweder verwenden Sie ebenfalls DIN A 4-Seiten oder aber Vortragskärtchen. Sinnvoll ist es, für ein frei zu haltendes Referat Stichworte und nur wenige ausformulierte Sätze (beispielsweise für den Beginn und den Schluss) zu notieren. Dies hat den Vorteil, dass Sie in der Vortragssituation wirklich genötigt sind, frei zu sprechen. Achten Sie darauf, dass Sie Stichworte gut lesbar und strukturiert auf Ihren Karten oder Blättern anordnen, sodass Sie sich leicht und schnell orientieren können. In jedem Fall sollten Sie in Ihr Manuskript oder auf Ihren Vortragskärtchen Regieanweisungen wie »Folie wechseln«, »Musikbeispiel anhören« o. ä. einbauen. Sachverhalte, die Sie an Musikbeispielen zeigen wollen, sollten Sie entweder in die zu projizierende Version bereits eingearbeitet oder aber in einem Arbeitsexemplar bei Ihren Notizen eingezeichnet haben. So können Sie schnell die betreffende Stelle innerhalb Ihrer projizierten Folie finden. Damit dies reibungslos klappt, achten Sie darauf, dass Sie für Ihr Arbeitsexemplar und die Abbildungen dieselbe Notenausgabe verwenden. Empfehlenswert ist es außerdem, Ihre Manuskriptseiten oder Kärtchen stets durchzunummerieren.

Audiobeispiele oder audiovisuelle Beispiele vorbereiten

Musikbeispiele werden Sie normalerweise entweder von CD oder DVD vorführen oder als MP3-Datei bzw. Audio-/Videostream abspielen. In jedem Fall sollten Sie bei der Vorbereitung des Referates auch diese Beispiele und die technischen Anforderungen gut organisieren. Notieren Sie sich dafür in Ihrem Manuskript beispielsweise, welchen Track das Beispiel auf der CD hat, sodass Sie während des Referates nicht lange suchen müssen. Verwenden Sie mehrere CDs, sollten Sie sich auch die betreffende CD und CD-Nummer in Ihrem Manuskript vermerken. Wollen Sie die Beispiele als MP3-Datei von Ihrem Computer oder MP3-Player bzw. über das Internet abspielen, erkundigen Sie sich unbedingt vorher, ob das in dem Raum, in dem Sie das Referat halten, technisch machbar ist, und testen Sie rechtzeitig vor dem Referat, ob die Technik funktioniert.

Präsentationsfolien vorbereiten

Ihr Referat visuell zu unterstützen, erleichtert den Zuhörenden das Erfassen dessen, was Sie sagen. Unabdingbar ist es zudem, wenn Sie Werke analytisch vorstellen oder Bilder zeigen. Eine gute Präsentation soll den Inhalt Ihres Referates verdeutlichen, nicht aber von Ihnen als Rednerin und Redner ablenken. Damit dies nicht geschieht, sollten Sie auf ein paar Dinge bei der Erstellung der Präsentationsfolien achten:

- ▸ Projizieren Sie nicht nach und nach alles was Sie sagen, sondern nur zentrale Punkte in knappen und präzise formulierten Aussagen. Zu lange Sätze oder zu komplizierte Formulierungen lenken die Zuhörenden ab, da sie zu lange mit dem Lesen beschäftigt sind. Zudem sollten Sie nicht dieselben Formulierungen auf den Folien präsentieren, die Sie mündlich verwenden, da dies die Aufmerksamkeit von Ihrem Referat abzieht. Eine Ausnahme bilden längere wörtliche Zitate. Vor allem bei Zitaten aus älterer oder fremdsprachiger Literatur erleichtert das Mitlesen es, den Inhalt des Zitates zu erfassen.

- ▸ Bevorzugen Sie eine schlichte und sachliche Gestaltung der Präsentation. Vermeiden Sie vor allem bei den Hintergründen grelle Farben, Layoutobjekte, die keinen inhaltlichen, sondern nur verschönernden Sinn haben, sowie spielerische Animationen der Folienübergänge und Designschriften.

- Machen Sie sich die Mühe, ein einheitliches Layout der Folien anzustreben. Damit schaffen Sie optische Ruhe und die Präsentation wirkt in sich geschlossen. Dazu gehört, dass Sie sich für eine einzige Schriftart entscheiden und einheitliche Schriftgrößen und -gestaltungen für Überschriften, Fließtext etc. festlegen sollten. Für Hervorhebungen ist Fettdruck zu empfehlen. Kursivsetzungen können aus der Entfernung oftmals nur schwer gelesen werden.

- Achten Sie auf eine gute Lesbarkeit der Folien. Die erreichen Sie, wenn Sie auf einen optimalen Kontrast zwischen Schrift und Hintergrund achten. Verwenden Sie also beispielsweise schwarz/weiß oder blau/weiß, nicht aber gelb/weiß oder blau/schwarz. Vermeiden Sie daher auch strukturierte Hintergründe wie Bilder oder graphische Kacheln. Wählen Sie außerdem eine serifenlose Schrift wie beispielsweise Arial, da diese aus der Entfernung besser lesbar ist. Passen Sie zudem die Schriftgröße der Raumgröße an. Sind die Buchstaben zu groß oder zu klein gewählt, fällt das Lesen schwer (16 bis 20 pt. sind meistens ausreichend). Wenn Sie Abbildungen zeigen wollen, achten Sie darauf, dass Sie diese in ausreichender Bildqualität zur Verfügung haben, besonders wenn Sie auf bestimmte Details zoomen möchten. Testen Sie daher vorab die Bildauflösung, damit Graphiken nicht »pixeln« und ausreichend groß sind, damit auch Ihr Publikum genau das gut sehen kann, was Sie zeigen möchten.

- Folien müssen Korrektur gelesen werden, da Schreibfehler und Folien, die nicht in der richtigen Reihenfolge sind, keinen guten Eindruck hinterlassen. Letzteres kann Sie zudem während des Referates unnötigerweise durcheinanderbringen. Gehen Sie also zum Abschluss der Präsentationserstellung alle Folien durch und prüfen Sie, ob alles an dem Platz ist, wo es sein soll.

- Probieren Sie unbedingt die Funktionalität Ihrer Präsentation vor dem Referat auf dem Computer aus, mit dem Sie die Präsentation vorführen wollen. Oftmals formatiert eine andere Programmversion oder ein anderes Bildschirmformat Ihre Präsentation ungewollt um.

- Haben Sie Ihre gesamte Präsentation mit allen zugehörigen Dateien (Scans, MP3-Dateien o. ä.) am Referatstag nicht nur auf Ihrem eigenen Laptop dabei, sondern immer auch auf einem separaten Speichermedium (USB-Stick, CD-ROM o. ä.). Dies bietet Ihnen die Möglichkeit, kurzfristig auf andere Computer umzusteigen, wenn beispielsweise Ihr Laptop nicht mit dem vorgesehenen Beamer harmonieren sollte.

- Vor allem technisch interessierten Studierenden macht das Vorbereiten einer virtuellen Präsentation Spaß. Bedenken Sie aber, dass eine gute Präsentation kein gutes Referat ersetzt! Die inhaltliche Vorbereitung und die Aufbereitung des Inhaltes für die mündliche Darbietung müssen immer an erster Stelle in der Hierarchie der Referatsvorbereitung stehen.

Handout vorbereiten

Viele Lehrende verlangen, dass zu einem Referat ein Handout erstellt wird. Dies hat den Zweck, dass ein gut gemachtes Handout den Zuhörenden helfen kann, das Referat leichter zu verstehen und ihm besser folgen zu können. Um dies zu erfüllen, muss das Handout einige Anforderungen erfüllen:

- Das Handout soll die wichtigsten Aussagen und Thesen bzw. Diskussionspunkte enthalten, nicht aber alles, was Sie sagen. Verteilen Sie also nicht einfach eine ausformulierte Schriftfassung Ihres Referates, sondern idealerweise ein Handout auf maximal ein bis zwei DIN A4-Seiten, das den roten Faden und die Gliederung Ihres Referates präsentiert. So kann die Zuhörerin oder der Zuhörer beim Hören an Dinge anschließen, bleibt aber dennoch konzentriert bei der Sache, um die Informationen zu ergänzen, die nicht auf dem Papier stehen. Auch ermöglicht dies, in der Diskussion auf bestimmte Punkte zurückzukommen. Achten Sie hierbei aber auf kurze und prägnante Formulierungen, die sich beim Hören gut erfassen lassen.
- Ein Handout soll über Dinge informieren, die im Referat genannt werden, deren Mitschreiben aber zu fehleranfällig oder zu lange dauern und vom Zuhören abhalten würde. Sinnvoll ist es, Fakten und Daten wie beispielsweise Lebens- und Wirkungsdaten von Komponistinnen oder Komponisten, Uraufführungsdaten, Werkverzeichnisnummern und Opuszahlen, aber auch Erklärungen zu Termini, bestimmte Textpassagen (wie Liedtexte), Tabellen, Notenbeispiele, Abbildungen und Literaturangaben darauf zu präsentieren.
- Versehen Sie Ihr Handout mit allen Angaben, die es auch einige Wochen später noch ermöglichen, das Papier Ihrem Referat und der betreffenden Veranstaltung zuzuordnen. Notieren Sie auf dem Handout also Ihren Namen, den Veranstaltungstitel, das Datum sowie Ihr Referatsthema.
- Vergessen Sie abschließend nicht, Ihr Handout Korrektur zu lesen.

Das Referat halten

Wenn der Tag gekommen ist, an dem Sie das Referat halten, sollten Sie ausreichend früh in dem Raum ankommen, in dem Sie referieren. So haben Sie ausreichend Zeit, etwaige technische Probleme zu beseitigen sowie Ihre Unterlagen zu sortieren und sich gedanklich auf das Referat einzustellen. Während des Referates sollten Sie darauf achten, dass Sie ins Plenum schauen. Eine beliebte Angewohnheit ist es, dabei besonders die oder den Lehrenden zu fixieren. Sie sollten allerdings bedenken, dass Sie Ihr Referat für Ihr gesamtes Auditorium halten. Achten Sie außerdem darauf, dass Sie sich nicht hinter Ihrem Manuskript, den Notizen oder dem Computer verstecken. Wenn es möglich ist, achten Sie während des Referierens auf Ihre Körpersprache: Stehen sie locker und unverkrampft, verschränken Sie weder Arme noch Beine, da dies Unsicherheit ausstrahlt und abwehrend wirkt. Insgesamt sollten Sie, wenn Sie wählen können, unbedingt beim Referieren stehen. Dies erleichtert es Ihnen, die Aufmerksamkeit auf sich zu ziehen.

Vor allem wenn Sie frei formulieren, wird es zu SPRECHPAUSEN kommen. Versuchen Sie diese auszuhalten und nicht durch Fülläußerungen zu übergehen. Es ist in der Regel kein Problem, eine kurze Pause zu machen, wenn sie beispielsweise den Faden verloren haben und sich zunächst wieder orientieren müssen.

Wenn Sie Ihr Referat gehalten haben, erkundigen Sie sich beim Auditorium, was Sie beim nächsten Mal anders und eventuell auch besser machen können. Referieren will gelernt sein, und FEEDBACK ist dafür unerlässlich. Sollen Sie anschließend eine Hausarbeit zu dem Thema anfertigen, notieren Sie sich unbedingt etwaige inhaltliche Korrekturen oder Ergänzungen, die nach Ihrem Referat vorgeschlagen wurden, damit Sie diese später einarbeiten können.

Das Projekt Hausarbeit

Auf das Halten des Referates folgt in den meisten Fällen die Ausarbeitung des Themas zur Hausarbeit. Ziel einer Hausarbeit ist es, ein gestelltes Thema selbstständig auf Basis von wissenschaftlichen Maßstäben zu einer konkreten Fragestellung schriftlich auszuarbeiten. Dazu gehört, dass Sie die themenrelevante

Forschungslage und die zugehörigen Theorien kennen, Ihre eigene Ausarbeitung auf diese stützen und sich kritisch mit dem behandelten Stoff auseinandersetzen. Was Sie in einer Hausarbeit normalerweise nicht leisten müssen, ist, eigene Forschungsergebnisse zu präsentieren, die den gegenwärtigen Forschungsstand zum Thema erweitern; dies wird in der Regel erst beim Anfertigen einer Dissertation verlangt.

Ähnlich wie bei der Vorbereitung eines Referates sollten Sie zunächst etwaige inhaltliche und formale Fragen mit der oder dem Lehrenden klären. Erkundigen Sie sich, ob es u. a. einen festgesetzten Abgabetermin für die Arbeit gibt, wie umfangreich die Arbeit sein soll, ob Sie bestimmte Literatur verwenden und ob Sie bestimmte Layoutanforderungen einhalten müssen. Eventuell müssen Sie auch Quellenmaterial wie z. B. Notenmaterial, das Sie analysiert haben, beilegen. Fragen Sie zudem nach, wie die Arbeit abgegeben werden muss (per E-Mail, als Papierausdruck oder ggf. sogar in beiden Formen etc.) und ob Sie eine Selbstständigkeitserklärung beilegen müssen. Schreiben Sie die Arbeit nach dem Halten eines Referates, erkundigen Sie sich am besten schon während des Feedbacks der oder des Lehrenden, ob Sie das Thema mit derselben Fragestellung zur Hausarbeit ausarbeiten können oder ob Sie den Schwerpunkt anders setzen sollten bzw. ob bestimmte Punkte in der Hausarbeit zusätzlich ausgeführt werden müssen.

Entwicklung eines Zeitplans

Haben Sie die für Sie offenen Punkte geklärt, fertigen Sie sich zunächst einen Zeitplan an (siehe auch Abschnitt »Das Projekt Referat«, S. 78). Planen Sie, gerade wenn Sie zum ersten Mal eine Hausarbeit schreiben, lieber mehr Zeit ein als zu wenig. Vergessen Sie hierbei nicht, alle sonstigen Termine einzukalkulieren, die auf Sie in diesem Zeitabschnitt zukommen werden. Als Mittelwert für eine ca. 15-seitige Arbeit sollten Sie vier bis fünf Wochen einplanen, wenn Sie noch keine Schreiberfahrung mit wissenschaftlichen Texten haben. Normalerweise haben Sie vor der Erstellung der Hausarbeit die Punkte Erstinformation, Themenanalyse, Entwicklung der Fragestellung sowie Recherche bereits hinter sich. Nun geht es daran, die weiteren Arbeitsschritte auf Ihr Zeitfenster zu verteilen:

1. Woche: ggf. weiteres Material wie Literatur und Notenausgaben beschaffen und sichten, erste Gliederung der Arbeit entwickeln.

2. bis 3. Woche: Literatur lesen und exzerpieren, Werke analysieren, Gliederung verfeinern, Notizen und Argumente hinsichtlich des roten Fadens ordnen, mit dem Schreiben einzelner Abschnitte beginnen.
4. bis 5. Woche: vorrangig Schreiben, Text ruhen lassen und anschließend überarbeiten.
Ab Mitte der 5. Woche: Inhaltskorrektur, Layouten, Layoutkorrektur und Abgabe.

Achten Sie beim Arbeiten darauf, dass Sie stets Ihren gesamten Zeitplan im Auge haben müssen und nicht einzelne Arbeitsschritte auf Kosten anderer ausdehnen können. Zudem ist es sinnvoll, früh mit dem Schreiben zu beginnen. Oftmals werden Ihnen durch das Aufschreiben bestimmte Zusammenhänge, neue Aspekte, aber auch Probleme in Ihrer Gliederung bewusst. Besonders wichtig ist, dass Sie genügend Zeit zur Verfügung haben, Textabschnitte immer wieder ein bis zwei Tage ruhen zu lassen. Nach einer solchen Ruhephase nehmen Sie Ihren Text in der Regel viel objektiver wahr und werden sich über etwaige Schwachstellen bewusst.

Inhaltliche Vorbereitung

Wenn Sie Ihr Referat zu einer Hausarbeit ausarbeiten, können Sie in der Regel dort gemachte Vorarbeiten und Strukturierungen auf Ihr Hausarbeitsprojekt übertragen. Arbeiten Sie etwaige Korrekturen und Anregungen aus dem Feedback zum Referat unbedingt in Ihre Arbeit ein. Machen Sie sich zudem bewusst, dass eine Hausarbeit nicht einfach nur das ausformulierte Referat ist. Häufig wird für die Hausarbeit verlangt, sich tiefer gehend mit der Fragestellung auseinanderzusetzen, ggf. weitere Aspekte zu behandeln und/oder bestimmte Punkte umfassender zu untersuchen. Aus der Ausdifferenzierung der Fragestellung ergibt sich in den meisten Fällen die Notwendigkeit, auch eine ausdifferenzierte Gliederung zu erstellen. Wie diese genau aussieht, ist von Fragestellung zu Fragestellung unterschiedlich. Um sich beim Gliedern nicht in Einzelheiten zu verlieren, sollten Sie, bevor Sie eine Detailgliederung versuchen, eine grobe Struktur der Arbeit festlegen. Versuchen Sie auf der Basis Ihres Vorwissens oder Ihres Referates, eine erste inhaltliche Struktur zu entwerfen und orientieren Sie sich dabei an den drei üblichen Teilen eines jeden Textes – Einleitung, Hauptteil, Schluss. Diese Grobstruktur können Sie im Laufe der Arbeit zu einer immer detailreicheren Gliederung ausbauen.

- Einleitung
  - Vorstellung der Themenstellung und der Fragestellung
  - Ziel der Arbeit darlegen
  - Überblick über die Arbeit und deren Argumentationsfolge geben
  - Abgrenzung des Themas

- Hauptteil
  - Ausführungen zum Thema in Sinnabschnitte gegliedert
  - Ev. Analysebeispiele

- Schluss
  - Zusammenfassung der Ergebnisse
  - Ausblick
  - Ev. Hinweis auf ungeklärte Probleme oder offene Fragestellungen

Mit wachsendem Wissensstand während der Vorbereitung können Sie die Grobabfolge dann ausdifferenzieren, indem Sie diese mit Inhalt füllen. Bilden Sie dafür am besten thematische Einheiten des Stoffes, den Sie in der Arbeit thematisieren wollen, und bringen Sie diese anschließend in eine Reihenfolge, die aus der Sicht der Leserin und des Lesers logisch ist. Versetzen Sie sich dafür in Ihre Leserin und Ihren Leser hinein und überlegen Sie, welche Stoffeinheiten wann benötigt werden, um Ihrem Text gut folgen zu können.

In dem Beispiel zur fiktiven Lehrveranstaltung wäre für die Schriftfassung zu empfehlen, erst auf die Stoffeinheit »L'homme armé« einzugehen, bevor Sie die Stoffeinheit der Werkanalysen einplanen, in denen Sie ja die Verwendung der Chanson in den Messen untersuchen wollen. Als nächsten Schritt überlegen Sie, wie die einzelnen Stoffeinheiten im Detail aufgebaut sein sollen. Denken Sie also beispielsweise als Nächstes darüber nach, ob Sie in der Stoffeinheit »L'homme armé« erst zur Entstehungs- und Überlieferungsgeschichte der Chanson etwas schreiben wollen und dann zur melodischen Faktur oder doch lieber in anderer Abfolge. Achten Sie aber beim detaillierten Gliedern der Stoffeinheiten immer darauf, die Abfolge logisch zu strukturieren und zusammenhängende Informationen zu bündeln.

> AUFGABE: Erarbeiten Sie eine erste Struktur der Hausarbeit für das Beispielthema, und überlegen Sie, wo Sie welche Einheiten des Stoffes abhandeln würden.

Die Textproduktion

Haben Sie eine Detailgliederung der Einzelabschnitte vorgenommen, kann es ans Schreiben einer ersten Fassung gehen. Diese werden Sie erfahrungsgemäß inhaltlich noch einige Male umarbeiten, bis Sie zu einer endgültigen Fassung kommen (für Tipps zur Inhaltskorrektur siehe Abschnitt »Korrekturlesen und Abgabe«, S. 110). Damit Sie später nicht zu viel überarbeiten müssen, empfiehlt es sich, am besten gleich auf einige grundlegende formale und inhaltliche Kriterien zu achten.

Der Schreibstil

Dass es keinen einheitlichen wissenschaftlichen Schreibstil gibt (und auch nicht geben soll!), wird Ihnen mit zunehmender Lektüre wissenschaftlicher Texte auffallen. Idealerweise zeichnet sich wissenschaftlicher Stil jedoch dadurch aus, dass Sie sich um SPRACHLICHE PRÄZISION, EINDEUTIGKEIT und OBJEKTIVITÄT bemühen sollten. Die Annäherung an dieses Ideal lässt sich durch ein paar Dinge unterstützen:

- Schreiben Sie lesbar, d.h. versuchen Sie nicht, kompliziert und »hochtrabend« zu formulieren, sondern formulieren Sie möglichst einfach und verständlich. Vermeiden Sie übermäßigen Fremdwörtergebrauch und lange Satzkonstruktionen, da Schachtelsätze die Lesbarkeit erschweren. Vor allem bei komplexen Sachverhalten tendiert man leicht dazu, auch komplizierte Satzkonstruktionen zu verwenden. Versuchen Sie lieber das Gegenteil: Je komplexer der Inhalt ist, desto einfacher sollten Ihre Sätze werden. Die notwendige Fachterminologie sollten Sie jedoch anwenden.
- Versuchen Sie emotionsgeladene oder emphatische Begrifflichkeiten zu vermeiden und die Wortwahl an den Sachverhalt anzupassen. Schreiben Sie beispielsweise weder vom »Tränen rührenden Schicksal« eines Komponisten, noch deklarieren Sie ihn umschreibend als »Meister«.
- Versuchen Sie dennoch »schön« zu schreiben. Verwenden Sie nicht immer

wieder dieselben Worte oder Satzkonstruktionen und vermeiden Sie eine umgangssprachliche Stilebene.
- Für die Verwendung der Tempora bietet sich an, historische Begebenheiten im Präteritum zu formulieren, während Sie für Analysen am besten das Präsens verwenden. Paraphrasen geben Sie in der Regel im Konjunktiv I wieder. Achten Sie in jedem Fall darauf, den Gebrauch der Tempora in Ihrem Text einheitlich zu gestalten.

Charakteristika der großen Teile einer Hausarbeit

Die EINLEITUNG bietet eine Hinführung zum Thema unter dem Gesichtspunkt, was der Gegenstand der Arbeit ist und welcher Sachverhalt darin dargestellt wird. Sie führen aus, worum es in der Arbeit gehen wird und welche Fragen thematisiert werden. Vermeiden Sie dabei jedoch, lediglich das Inhaltsverzeichnis nachzuerzählen. Dabei kann helfen, Ihre Aussagen immer wieder an die Fragestellung zu binden. Schreiben Sie also beispielsweise nicht: »Im dritten Kapitel werden Josquins L'homme-armé-Messen analysiert«, sondern: »Im dritten Kapitel wird mit den Werkanalysen gezeigt, wie Josquin die Chanson *L'homme armé* als Cantus firmus in der *Missa sexti toni* verarbeitet«. Bieten Sie in der Einleitung jedoch keine Vorwegnahme oder Zusammenfassung der Ergebnisse, sondern sparen Sie sich diese für den Schlussabschnitt auf. Je nach Thema kann es auch sinnvoll sein, Bemerkungen zur angewandten Methodik, zur Literatur, zur besonderen Terminologie und zu den verwendeten Datenbeständen zu machen oder zur Eingrenzung und Schwerpunktsetzung des Themas Stellung zu nehmen. Für den Umfang der Einleitung sollten Sie allerdings nicht mehr als 10 % der gesamten Arbeit veranschlagen.

Den größten Bestandteil Ihrer Hausarbeit nimmt der HAUPTTEIL ein. Er besteht aus Inhalten der wissenschaftlichen Auseinandersetzung mit einer bestimmten Fragestellung. Dafür ziehen Sie Literatur heran und verbinden sie mit Ihren eigenen Gedanken, Analysen und Darlegungen von Sachverhalten. Achten Sie beim Schreiben darauf, dass Sie diese Dinge für sich gut trennen und eine sinnvolle Strukturierung des Inhalts vornehmen. Machen Sie sich bewusst, ob Sie gerade bestimmte Kontexte beschreiben, Daten darlegen, eine Hypothese aufstellen, eine Analyse vornehmen, einen Sachverhalt interpretieren oder Schlussfolgerungen aus Dargelegtem ziehen. Dies hilft Ihnen, exakt und angemessen zu formulieren und Ihre Arbeit entlang eines »roten Fadens« zu verfassen.

Der SCHLUSSABSCHNITT Ihrer Hausarbeit sollte kurz und prägnant ausfallen und seine Hauptaufgabe einer Synthese sowie der inhaltlichen Abrundung erfüllen. Dazu ist es sinnvoll, die Hauptpunkte oder -fragen der Hausarbeit noch einmal aufzugreifen und die Erkenntnisse und Ergebnisse auf den Punkt zu bringen. Achten Sie darauf, dass Sie nicht das auflisten, was Sie im Hauptteil schon einmal geschrieben haben. Versuchen Sie vielmehr, die Antwort, die Sie auf Ihre Fragestellung geben, gebündelt und pointiert darzustellen. Wenn Sie etwas Übung haben, können Sie auch anstreben, der Sache noch einen weiteren interpretatorischen Aspekt abzugewinnen, der vorher noch nicht thematisiert worden ist. Oder Sie können das Thema in einen größeren Zusammenhang einordnen. Bedenken Sie dabei allerdings, dass dies fundiert ausgearbeitet sein muss, und vermeiden Sie Spekulationen.

Weitere Bestandteile einer Hausarbeit

Zu einer Hausarbeit gehören neben den Hauptteilen das Titelblatt, Inhaltsverzeichnis, eventuell ein Abstract, der eigentliche Fließtext mit Literatur- und Quellennachweisen sowie abschließend das Literaturverzeichnis. In seltenen Fällen müssen diese Bestandteile noch um weitere Verzeichnisse bzw. Anhänge ergänzt werden.

Aus dem TITELBLATT sollte hervorgehen, wer die Arbeit wo und in welchem Rahmen zu welchem Thema verfasst hat und wann sie eingereicht wurde. Das heißt, dass Sie den Namen der Universität, die Fakultät und den Fachbereich nennen, den Titel der Arbeit, der den Inhalt konkret und aussagekräftig zum Ausdruck bringen soll, sowie den Titel der Lehrveranstaltung, in dem Sie die Arbeit anfertigen, den Namen der oder des Lehrenden und das Datum der Abgabe. Nicht vergessen sollten Sie Ihren eigenen Namen, die Matrikelnummer sowie eine E-Mail-Adresse, unter der Sie zu erreichen sind. Selten werden weitere Angaben verlangt, achten Sie daher auf die Vorgaben der Lehrenden.

Das INHALTSVERZEICHNIS spiegelt den Aufbau der Arbeit wieder und soll der Leserin und dem Leser Orientierung beim Nachschlagen bieten. Es soll verständlich, schlüssig und aussagekräftig sein und die Sinnabschnitte Ihres Haupttextes wiedergeben. Bei der Strukturierung des Inhaltsverzeichnisses soll auf einen logischen Aufbau geachtet werden, der es der Leserin und dem Leser leicht ermöglicht, den Inhalt zu erschließen.

Ein ABSTRACT ist eine kurze und prägnante Zusammenfassung des Inhalts

der Arbeit. Es soll die wesentlichen Informationen bereithalten und somit Auskunft über Ziel, Fragestellung, Methodik und Ergebnisse der Arbeit geben.
Das LITERATURVERZEICHNIS enthält die vollständigen bibliographischen Angaben derjenigen Literatur und Quellen, die Sie benutzt haben, um die Arbeit zu erstellen, das heißt, Literatur, die Sie sinngemäß oder wörtlich zitieren und auf die Sie, in welcher Art auch immer, verweisen. Für die Anordnung der Titel im Literaturverzeichnis gibt es verschiedene Möglichkeiten und Gepflogenheiten. Erkundigen Sie sich daher, ob formale Vorgaben an Ihrem Institut existieren. Gibt es keine, ist es sinnvoll zunächst nach Literatur und Quellen zu differenzieren. In diesen Kategorien sollten Sie die Titel jeweils alphabetisch nach dem Nachnamen der Autorin oder des Autors sortieren, da dies eine leichte Auffindbarkeit der Titel ermöglicht.

Formen des Literatur- und Quellennachweises

Wissenschaftliche Texte – und dazu gehören als Übungstexte auch die Hausarbeiten, die Sie im Laufe Ihres Studiums schreiben – bauen für gewöhnlich auf Ergebnissen und Erkenntnissen anderer auf. Zur guten wissenschaftlichen Praxis gehört es dabei, dass Sie eine Grundregel wissenschaftlichen Arbeitens befolgen und jeglichen Inhalt, der nicht das Ergebnis Ihrer eigenen Gedankenleistung ist, mit einem Verweis als Übernahme aus Arbeiten anderer Autorinnen und Autoren kennzeichnen, um nicht Gefahr zu laufen zu plagiieren. Dies gilt sowohl für direkte Zitate als auch für inhaltliche Übernahmen (indirekte Zitate). Der Zweck, der hinter diesem wesentlichen Kriterium des wissenschaftlichen Arbeitens steht, ist, dass Leserinnen und Leser Ihre Aussagen jederzeit an der von Ihnen verwendeten Literatur sowie Quellen überprüfen können sollen. Sie machen dadurch Ihre Arbeit für andere transparent.

▸ Direktes Zitat: Ein direktes Zitat gibt eine Passage aus einem anderen Text wörtlich wieder. Um dies für die Leserin und den Leser deutlich zu machen, steht ein direktes Zitat in doppelten Anführungszeichen. Wenn Sie direkt zitieren, müssen Sie die übernommene Textpassage immer exakt in der Weise wiedergeben, wie Sie sie im Ursprungstext vorgefunden haben. Dazu zählt, dass Orthographie und Zeichensetzung der Vorlage ebenso penibel übernommen werden müssen, wie Sperrungen oder Kursivdruck im Original. Bei offensichtlichen Fehlern in der Vorlage können Sie durch Vermerke wie »[sic!]« oder »[!]« verdeutlichen, dass diese kein Versehen Ihrerseits darstellen. Auslassungen im Zitat machen Sie durch »[...]« kenntlich und jegliche Ergänzungen von Ihnen oder Veränderungen des ursprünglichen Textes (z. B. Flexionsanpassungen) werden ebenfalls in eckige Klammern gesetzt. Sollten bereits im Zitat selbst eckige Klammern vorhanden sein, machen Sie die von Ihnen eingefügten durch »[Einfügung von ...]« deutlich. Zitiert werden sollte immer nach dem Original. Nur so können Sie sicher sein, dass die Passage inhaltlich nicht von Anderen verändert wurde. Ebenfalls als direktes Zitat sind Abbildungen wie Photos oder Diagramme zu werten, die Sie von anderen Autorinnen oder Autoren übernehmen. Geben Sie also die Urheberin und den Urheber sowie die Reproduktionsquelle an, von der Sie die Abbildung bezogen haben (Aufsatz, Buch, Datenbank etc.). Fertigen Sie Notenbeispiele an, müssen Sie ebenfalls nachweisen, aus welcher Quelle diese stammen.

▶ Indirektes Zitat: Hierzu zählt jegliche inhaltliche Übernahme aus fremden Texten, also beispielsweise Erkenntnisse, Ergebnisse oder Gedankengänge, die nicht von Ihnen stammen. Nachweisen müssen Sie diese unabhängig davon, ob Sie nur Einzelheiten aufgreifen oder den Inhalt paraphrasieren. Paraphrasieren heißt, dass Sie eine fremde Passage mit verändertem Satzbau und anderen Worten »nacherzählen«. Damit für die Leserin und den Leser der Beginn der Wiedergabe deutlich wird, ist es zu empfehlen, die Paraphrasen einzuleiten (s. u.). Keinen Literaturnachweis erfordern hingegen kulturelles Allgemeingut und nicht zu spezielles Lexikonwissen. Zum kulturellen Allgemeingut zählt beispielsweise, dass Beethoven neun Symphonien oder dass Lorenzo Da Ponte das Libretto zu Mozarts *Don Giovanni* geschrieben hat. Zum nicht-speziellen Lexikonwissen gehören Angaben wie unstrittige Jahreszahlen, Werkverzeichnisnummern oder Erstaufführungsorte. Bei Werkanalysen müssen Sie, auch wenn Sie eine Analyse einer anderen Autorin oder eines anderen Autors einarbeiten, Offensichtliches wie beispielsweise Tonarten, Taktanzahl des Werkes, verbürgte Satzbezeichnungen etc. nicht als Übernahme nachweisen. Sobald jedoch etwas strittig ist, und Ihre Deutungsmöglichkeit beispielsweise der eines anderen Autors folgt, müssen Sie dies kenntlich machen. Wenn also ein Autor den Beginn des zweiten Themas in seiner Analyse eines Sonatensatzes in Takt 56 vermutet, alle anderen aber in Takt 52 und Sie ebenfalls den Themenbeginn auf Takt 56 legen, müssen Sie dies nachweisen; dies wäre ein indirektes Zitat.

Generell gilt, dass Sie, unabhängig davon, ob Sie direkt oder indirekt zitieren, darauf achten müssen, den inhaltlichen Sinn einer Passage nicht zu verändern, wenn Sie ihn aus seinem ursprünglichen Kontext lösen und in Ihren Text integrieren. Seien Sie beim Zitieren also besonders gründlich und vermeiden Sie, Autorinnen und Autoren inhaltlich etwas unterzuschieben, was diese in dieser Form gar nicht gemeint haben. Außerdem gilt, dass Zitate nur Ihre eigene Argumentation unterstützen oder belegen, nicht aber diese ersetzen soll. Hüten Sie sich deshalb davor, Zitatreihungen als eigene Auseinandersetzung mit dem Thema misszuverstehen. Im Folgenden sehen Sie Beispiele für direktes und indirektes Zitat mit Literaturnachweis in einer Fußnote:

Direktes Zitat

- Leopold stellt fest (erläutert, äußert etc.), dass Händel »[…] seine Arien den Sängern gleichsam in die Kehle [schrieb]«, und darauf achtete »[…] ihre individuellen Fähigkeiten hinsichtlich der Tessitura und der Balance zwischen Pathos und Virtuosität mit seiner Musik ins jeweils rechte Licht zu rücken.« [1]
    [1] Silke Leopold, *Händel. Die Opern*, Kassel u. a. 2009, S. 18.

Indirektes Zitat

- Nach Leopold habe Händel seine Arien den vokalen Fähigkeiten der Sänger angepasst und auf den wirkungsvollen Einsatz ihrer stimmlichen Möglichkeiten geachtet. [1]
    [1] Vgl. Silke Leopold, *Händel. Die Opern*, Kassel u. a. 2009, S. 18.

Formale Kriterien des Literatur- und Quellennachweises

Im deutschsprachigen Raum existiert für die Musikwissenschaft derzeit kein verbindliches Schema, nach dem Literatur- und Quellennachweise gestaltet werden. Wichtig ist daher, dass Sie sich im Rahmen einer Arbeit für ein Zitiersystem entscheiden und dieses dann konsequent einhalten. Unabhängig von der formalen Gestaltung müssen Sie der und dem Lesenden all jene bibliographischen Informationen bereitstellen, die benötigt werden, um die zitierte Literatur oder die zitierte Quelle problemlos identifizieren zu können. Deshalb enthält jede wissenschaftliche Arbeit einen sogenannten WISSENSCHAFTLICHEN APPARAT. Dieser besteht in der Regel aus:

- Literatur- und / oder Quellennachweisen (im Fließtext)
- Literaturverzeichnis
- Quellenverzeichnis (optional)
- Musikalienverzeichnis (optional)
- Abkürzungsverzeichnis (optional)
- Sachregister (optional)
- Personenverzeichnis (optional)

Literatur- oder Quellenangaben der Zitate beinhalten grundsätzlich alle notwendigen Informationen zur eindeutigen Identifizierung. Das sind:

- Autorin / Autor, Herausgeberin / Herausgeber
- Titel und Untertitel
- Erscheinungsort
- Erscheinungsjahr
- Seitenangabe
- bei Quellen: Archiv und Archivsignatur

Im Folgenden werden zur Orientierung zwei Zitierweisen vorgestellt, die in der Musikwissenschaft herangezogen werden (können). Es ist sinnvoll, sich zu erkundigen, ob es an dem Institut, an dem Sie studieren, bestimmte Regelungen gibt oder ob die Lehrenden, bei denen Sie Hausarbeiten schreiben, Vorgaben machen. Sollte dies der Fall sein, so verwenden Sie anstatt der im Nachfolgenden erläuterten Zitierweisen die jeweils vorgegebenen Richtlinien. Die erste der hier vorgestellten Zitierweisen verwendet Literatur- und Quellennachweise in Fußnoten, wie sie vor allem im Bereich der Historischen Musikwissenschaft und Teilen der Ethnomusikologie gebraucht werden. Die zweite vorgestellte Zitierweise mit Kurznachweisen (Kurztitel oder Kurzangabe) im Text dominiert im Bereich der Systematischen Musikwissenschaft, wird aber auch in der Ethnomusikologie verwendet.

Literatur- und Quellenangaben in Fußnoten

Bei Literatur- und Quellennachweisen in Fußnoten werden Voll- und Kurzangabe unterschieden. VOLLANGABEN beinhalten die vollständigen bibliographischen Angaben, KURZANGABEN hingegen lediglich den Namen der Autorin oder des Autors und einen Kurztitel sowie die Seitenzahl. Wichtig ist bei einer Kurzangabe, dass die Angabe nicht mit einer anderen Kurzangabe verwechselt werden kann. Üblicherweise wird bei der ersten Zitation eine Vollangabe als Nachweis gesetzt, bei weiterer Nennung nur noch eine Kurzangabe. Möglich ist bei einer Hausarbeit auch, dass Sie nur Kurzangaben in den Fußnoten verwenden, da im Literaturverzeichnis die verwendete Literatur mit allen Angaben aufgeführt wird. Erkundigen Sie sich hierbei jedoch nach lokalen Gepflogenheiten. Einige Besonderheiten sollten bei Vollangaben in den Fußnoten berücksichtigt werden:

- Autorinnen und Autoren (alle angeführten Angaben gelten in gleicher Weise für Herausgeberinnen und Herausgeber): Der Vorname sollte vor dem Nachnamen angegeben werden, wobei mehrere Autorinnen und Autoren durch Kommata bzw. ein »und« getrennt werden. Bis zu drei werden namentlich aufgeführt; bei mehr als drei Autorinnen und Autoren wird nur die oder der erste mit dem Zusatz »u. a.« genannt. Vor- und Nachnamen werden ausgeschrieben, während ein zweiter Vorname abgekürzt wird. Akademische Grade, Titel etc. werden grundsätzlich nicht angeführt. Ist die Autorschaft unbekannt, sollte die Angabe mit dem Titel beginnen.
- Literaturtitel: Der Titel wird bei selbstständiger Literatur dem Titelblatt und nicht dem Schmutzumschlag entnommen. Bei der Titelangabe müssen Sie für den Vollbeleg die Untertitel berücksichtigen. Werktitel innerhalb von Literaturtiteln werden gesondert gekennzeichnet (z. B. durch Anführungszeichen).
- Erscheinungsort und -jahr: Bei mehr als zwei Erscheinungsorten wird in der Regel nur der erste mit dem Zusatz »u. a.« genannt. Ist kein Erscheinungsort angegeben, wird die Bezeichnung »o. O.« (ohne Ortsangabe) angeführt. Ist kein Erscheinungsjahr angegeben verfährt man analog mit der Angabe »o. J.« (ohne Jahresangabe).
- Auflage: Auflagen werden ab der zweiten Auflage angegeben. Dies erfolgt beispielsweise mit der Angabe »3. Aufl.« vor der Orts- und Jahresangabe

oder durch eine hochgestellte arabische Ziffer vor dem Erscheinungsjahr, die die Auflagenzahl bezeichnet, z. B. ³2011. Besondere Angaben zur Auflage wie etwa »erweiterte« oder »völlig neu bearbeitete Auflage« u. ä. werden gesondert ausgewiesen.

- Verlag: Verlagsnamen werden abweichend vom Gebrauch in vielen englischsprachigen Publikationen in der Regel nicht genannt. Wenn man die entsprechende Angabe aber dennoch für sinnvoll hält, etwa bei älterer Literatur, setzt man den Verlagsnamen nach einem Doppelpunkt hinter den Ort (Ort: Verlagsname).
- Seitenangabe: Es wird immer der gesamte Umfang der zitierten Stelle angegeben, auf den sich die Literatur- bzw. Quellenangabe bezieht. Es kann notwendig sein, zwischen Seite (S.) und Spalte (Sp. oder col.) zu unterscheiden. Einzelseiten können durch Kommata getrennt bzw. Folgeseiten mit »f.« für eine Folgeseite oder mit Bindestrich verbunden werden.

In der Folge wird das Zitieren von musikwissenschaftlichem Schrifttum bzw. anderem relevanten Material mit Beispielen dargestellt. Wenn es Unterschiede zu Angaben im Literaturverzeichnis gibt, werden diese extra ausgewiesen.

Selbstständige Publikationen

Monographien

Angabe in der Fußnote: Modell: Vorname Nachname, *Titel. Untertitel*, Ort Jahr, S. x–y.

- David Fallows, *Josquin*, Turnhout 2009, S. 143.
- Sydney R. Charles, *Josquin des Prez. A Guide to Research,* New York 1983, S. 42.

Angabe im Literaturverzeichnis: Modell: Nachname, Vorname: *Titel. Untertitel*, [ev. Angaben zu Band und Auflage], Ort Jahr.

- Fallows, David: *Josquin*, Turnhout 2009.
- Charles, Sydney R.: *Josquin des Prez. A Guide to Research,* New York 1983.

Reihenpublikationen

Ist eine Publikation in einer gezählten Reihe erschienen, so erscheint der Reihentitel mit Bandnummer in Klammer zwischen Jahr und Seitenangabe. Herausgeberinnen und Herausgeber einer Reihe werden nicht eigens angegeben.

Angabe in der Fußnote: Modell: Vorname Nachname, *Titel. Untertitel*, Ort Jahr (Reihentitel Bandnummer), S. x–y.

- Heinz Bamberg, *Beatmusik. Kulturelle Transformation und musikalischer Sound*, Pfaffenweiler 1989 (Musikwissenschaftliche Studien 13), S. 82.

Nachdrucke / Faksimiles

Angaben zu modernen Nachdrucken bzw. Faksimiles werden extra ausgewiesen:

- Francesco Geminiani, *The Art of Playing on the Violin*, London 1751, Faksimilenachdruck, Oxford 1952, S. 11.

Hochschulschriften (Dissertationen, Habilitationsschriften)

Die maschinenschriftliche Version einer Hochschulschrift wird durch »Diss. / Habil. masch.« sowie die Universität gekennzeichnet:

- Robert R. Holzer, *Music and Poetry in Seventeenth-Century Rome. Settings of the Canzonetta and Cantata Texts of Francesco Balducci, Doemico Benigni, Francesco Melosio, and Antonio Abati*, Diss. masch., University of Pennsylvania, 1990, S. 240.

Sammelbände

Bibliographisch werden Sammelbände unter der herausgebenden Person oder dem herausgebenden Team erfasst. An die Stelle der Autorin oder des Autors treten die Angaben zur Herausgeberschaft mit dem Zusatz »Hg.« bei einer Person und »Hgg.« bei mehreren Personen.

- Sabine Ehrmann-Herfort und Matthias Schnettger (Hgg.), *Georg Friedrich Händel in Rom. Beiträge der Internationalen Tagung am Deutschen Historischen Institut in Rom, 17.–20. Oktober 2007*, Kassel u. a. 2010 (Analecta musicologica 44), S. 7.

Wenn ein Text beispielsweise neu ediert wird, nennt man zuerst die ursprüngliche Verfasserin oder den ursprüngliche Verfasser. Die Herausgeberinnen oder der Herausgeber erscheinen in diesem speziellen Fall hinter dem Titel mit der Angabe »hg. von«:

- Eduard Hanslick, *Vom Musikalisch-Schönen. Ein Beitrag zur Revision der Ästhetik in der Tonkunst*, Teil 1: *Historisch-kritische Ausgabe*, hg. von Dietmar Strauß, Mainz u. a. 1990, S. 45.

Unselbstständige Publikationen

Beitrag in einem Sammelband

Modell: Vorname Nachname, *Titel des Beitrages. Untertitel*, in: *Titel des Buches. Untertitel*, hg. von Vorname Nachname, Ort Jahr (Reihentitel Bandnummer), Seitenangabe.

- Sara Jeffe, *Francesco Antonio Urios Oratorium »Gilard ed Eliada«*, in: *Georg Friedrich Händel in Rom. Beiträge der Internationalen Tagung am Deutschen Historischen Institut in Rom, 17.–20. Oktober 2007*, hg. von Sabine Ehrmann-Herfort und Matthias Schnettger, Kassel u. a. 2010 (Analecta musicologica 44), S. 140.

Im Literaturverzeichnis muss der Umfang des gesamten Beitrages angegeben werden.

▸ Jeffe, Sara: *Francesco Antonio Urios Oratorium »Gilard ed Eliada«*, in: *Georg Friedrich Händel in Rom. Beiträge der Internationalen Tagung am Deutschen Historischen Institut in Rom, 17.–20. Oktober 2007*, hg. von Sabine Ehrmann-Herfort und Matthias Schnettger, Kassel u. a. 2010 (Analecta musicologica 44), S. 139–154.

Beitrag in einem Periodikum (Fachzeitschrift, Jahrbuch, Zeitung etc.)

Bei Beiträgen (Artikel, Aufsätze, Rezensionen etc.) in Periodika wird auf die Angabe der Herausgeberinnen und Herausgeber sowie des Erscheinungsortes verzichtet. Dafür können gängige Abkürzungen der Zeitschriftentitel verwendet werden, wie beispielsweise »Mf« für »Die Musikforschung«. Wenn die Paginierung des Jahrganges einer Zeitschrift nicht durchgängig erfolgt, ist es notwendig, die Nummer des verwendeten Heftes anzugeben. Im Literaturverzeichnis muss der Umfang des gesamten Artikels angegeben werden.

Modell: Vorname Nachname, *Titel. Untertitel*, in: Titel der Zeitschrift Jahrgang (Jahr), Seitenangabe.

▸ Bryan R. Simms, *Berg's »Lulu« and the Theatre of the 1920s*, in: Cambridge Opera Journal 6 (1994), S. 147.
▸ Helga de la Motte, *Extrem schönes Donnern*, in: NZfM 160/Nr. 2 (1999), S. 10.

Bei Zeitungsartikeln muss neben den üblichen bibliographischen Angaben die laufende Nummer sowie das Datum der Ausgabe aufgeführt werden. Die Zeitungstitel sollten nicht abgekürzt werden, ausgenommen es handelt sich um sehr bekannte Blätter wie die »FAZ«.

Lexikonartikel

Lexika beinhalten unselbstständig erschienene Beiträge, die mit »Art.« für »Artikel« gekennzeichnet werden.

▸ Rainer Cadenbach, Art. *Musikwissenschaft*, in: *Die Musik in Geschichte und Gegenwart. Allgemeine Enzyklopädie der Musik*, Sachteil, Bd. 6, 2., neu bearbeitete Ausgabe, hg. von Ludwig Finscher, Kassel u. a. 1997, Sp. 1789–1800.

Notenausgaben

Bibliographische Angaben von Notenausgaben unterscheiden sich von jenen für die Literatur lediglich durch die Angabe der Taktzahl und spezifischer Angaben zum Notentext, wie »Partitur« oder »Klavierauszug«. Noten sollten nicht im Literatur-, sondern in einem eigenen Musikalienverzeichnis aufgelistet werden.

▸ Alban Berg, *Der Wein. Konzertarie (Charles Baudelaire – Stefan George)*, Partitur, Wien 1966, T. 52.

Handelt es sich um ein Werk, das innerhalb einer Gesamtausgabe erschienen ist, so ist diese wie eine Reihe zu zitieren:

▸ Gustav Mahler, *Lieder eines fahrenden Gesellen*, Orchesterfassung, hg. von Zoltan Roman, Wien u. a. 1982 (Gustav Mahler. Sämtliche Werke-Kritische Gesamtausgabe 13/1), T. 35.

Zitieren von digitalen Ressourcen (Websites, Onlinezeitschriften etc.), CD-ROMs, CDs, DVDs

Internetressourcen

Grundsätzlich sind Ressourcen aus dem Internet nur dann zu zitieren, wenn es sich um originäre, nur im Internet veröffentlichte Texte oder sonstige Materialien (etwa Bilder) handelt. Bei aller Einfachheit Materialien im Internet aufzufinden und zu nutzen, ist deren Zitieren aber mit Problemen hinsichtlich der in der Wissenschaft geforderten Beständigkeit und Wiederholbarkeit verbunden. Sie können z. B. beliebig oft (Wiederholbarkeit) in einer wissenschaftlichen Publikation in Buchform (Beständigkeit) nachschlagen, ohne dass sich die verankerten Inhalte verändern. Bei Dokumenten, die nur online nutzbar sind, kann es passieren, dass derselbe Text, den Sie an einem Tag zitiert haben, am nächsten Tag nicht mehr vorhanden ist bzw. verändert wurde. Dessen müssen Sie sich bewusst sein, und desto mehr sind Sie gefordert, das aufgefundene Material bei der Zitation kritisch zu hinterfragen. Wichtige Bestandteile für den Nachweis von Ressourcen aus dem Internet sind:

- Verfasserin und Verfasser bzw. Erstellerin und Ersteller sowie Institution oder Organisation
- Titel des Textes / Bildes oder Titelzeile der Hypertextseite
- Publikationsdatum oder Änderungsdatum
- Uniform Resource Locator (URL)[44], Uniform Resource Name (URN)[45], Document Object Identifier (DOI)[46]
- Datum des Zugriffes

Bei der Zitation von Internetressourcen werden Sie merken, dass nicht immer alle der hier genannten Angaben eruierbar sind. Daher sollten Sie so viele Angaben wie möglich machen, die der Leserin oder dem Leser erlauben, ihre Ressourcen nachzuvollziehen bzw. diese auch zu nutzen. Bei bibliographischen Angaben von online bereitgestellter Literatur (z. B. Zeitschriftenartikel) ist analog zu gedruckten Medien vorzugehen, d. h., es sind Autorin oder Autor, Titel des Beitrages oder der Website sowie Zeitschriftentitel, Bandnummerierung, Jahrgang und die bibliographischen Angaben zum URL / URN / DOI anzugeben.

- Zeitschriftenartikel: Tim Carter, *Rediscovering »Il rapimento di Cefalo«*, in: Journal of Seventeenth-Century Music 9 (2003); [online verfügbar: URL:

---

44 Der URL ist die bekannteste Art, Ressourcen durch eine bestimmte Zeichenfolge im Netz zu adressieren. Man bezeichnet ihn auch als Web- oder Internetadresse.

45 Der URN wird genutzt, um eine Internetressource über ihre gesamte Lebensdauer unabhängig von ihrem Speicherort zu identifizieren. Der URN kann dem Nachweis dienen, selbst wenn sich der URL ändert.

46 Der DOI ist wie der URN ein Identifikator für digitale Ressourcen, zielt aber auf wissenschaftliche Publikationen wie Fachzeitschriften ab.

http://sscm-jscm.press.uiuc.edu/jscm/v9/no1/Carter.html, abgerufen am 10.9.2011].
- Text einer Website: Richard Wagner Museum, *Informationen. Nationalarchiv*; [online verfügbar: URL: http://www.wagnermuseum.de/nationalarchiv/informationen_16.html, abgerufen am 10.9.2011].

Digitalisate von Druckwerken oder Handschriften können anhand der entsprechenden Scans zitiert werden.

- Digitalisat Text: Paul H. d'Holbach, *Lettre à une dame d'un certain âge sur l'état présent de l'opéra*, Paris 1752; [online verfügbar: URL: http://clanfaw.free.fr/holbach/holbach.01.htm, abgerufen am 10.9.2011].
- Digitalisat Notenausgabe: Giovanni Piccioni, *IL SECONDO LIBRO delle canzoni, à cinque voci. Da lui nouamente composte e date in luce*, Venedig, 1580; [online verfügbar: URL: http://daten.digitale-sammlungen.de/~db/0006/bsb00064836/images; URN: urn:nbn:de:bvb:12-bsb00064836-3, publiziert am 1.9.2011, abgerufen am 10.9.2011].

CD-ROMs

CD-ROMs sollten, soweit entsprechende Angaben vorhanden sind, wie selbstständige Publikationen zitiert werden, d.h. mit Angabe des Verlagsortes, der Jahreszahl, mit Seitenzahlen etc. Zwischen Titelangabe und Ortsangabe ist der Vermerk »CD-ROM« einzufügen.

- Bayerische Staatsbibliothek, *Katalog der Notendrucke, Musikbücher und Musikzeitschriften*, CD-ROM, München 1999, S. 34.

Tonträger

Wenn Sie Tonträger zitieren, sollte eine eindeutige Identifikation des Materials möglich sein. Dafür sind Interpretin oder Interpret, Komponistin oder Komponist, Titel, Label sowie Erscheinungsort und -jahr zu nennen. Inhalte / Artikel aus den Booklets von CDs sollten nur dann verwendet werden, wenn es sich um wissenschaftliche oder für den Gegenstand relevante Beiträge handelt (z.B.

Songtexte, wenn Sie über Popularmusik arbeiten). Diese werden wie Aufsätze in einem Sammelband zitiert, wobei der Sammelband in diesem Fall die CD wäre. Auch hier sollten Sie so verfahren, dass alle angegebenen relevanten Angaben, soweit vorhanden, angeführt werden, sodass die CD zweifelsfrei identifiziert werden kann. In jedem Fall sollten Sie nach dem Erscheinungsort (soweit dieser angegeben ist) das CD-Label anführen.

- CD-Track: Frank Zappa, *Night School*, in: *Jazz form Hell*, CD, Rykodisc 1985.
- Booklet: Mike Stock, Matt Aitken und Pete Waterman, *Hang on to your Love*, in: Jason Donovan, *Greatest Hits*, CD, PWL Records, 1991, S. 5.

Film- und Videomaterial / audiovisuelles Material

Für das Zitieren von DVDs, Videos oder anderen audiovisuellen Medien sind Angaben zum Titel, der Produzentin und dem Produzenten, der Regie, der Art des Mediums, Label und Jahr vorzunehmen. Bei Bedarf sind Zusätze wie »Director's Cut« oder »Special Edition« anzugeben.

- DVD: Martin Fraudreau, *Cadmus & Hermione. Tragédie lyrique de Lully et Quinault*, DVD, Alpha, 2008.

Literatur- und Quellenangaben im Fließtext

Formale Gestaltung der Zitation

Die formale Gestaltung der Zitation im Fließtext orientiert sich im vorliegenden Fall an den Vorgaben der American Psychological Association.[47] Bei dieser Zitierweise werden der Nachname der Autorin oder des Autors (dies gilt auch für Herausgeberin und Herausgeber), das Erscheinungsjahr und ggf. die Seitenzahl angegeben (beziehen Sie sich auf die gesamte Publikation, ist keine Seiten-

---

47 Eine ausführliche Einführung in diese Zitierweise finden Sie hier: American Psychological Association: *Publication Manual of the American Psychological Association*. Aus diesem Grund werden in diesem Abschnitt lediglich die wichtigsten Zitationsarten vorgestellt.

zahl nötig). Fußnoten dienen bei dieser Zitierweise lediglich zur Platzierung von Kommentaren, Zusatzinformationen etc., die nicht im Haupttext gebracht werden. Die Angabe im Fließtext erfolgt nach folgendem Modell: Nachname (Erscheinungsjahr), ggf. Seitenzahl.

Sie verwenden beispielsweise folgenden Aufsatz: Hallam, S. (1995). Professional Musicians' Approaches to the Learning and Interpretation of Music. *Psychology of Music, 23 (2)*, S. 111–128.

- Direktes Zitat: Susan Hallam identifiziert unterschiedliche Vorgehensweisen: »Some musicians listened extensively to develop interpretation, while, for others, particularly where works were unfamiliar (or modern), listening was an important learning strategy and acquiring an adequate schemata was the aim.« (1995, S. 123)

Sie erwähnen hier also den Namen der Autorin im Fließtext und ergänzen nach dem wörtlichen Zitat in Klammer das Erscheinungsjahr und die Seitenzahl. Wörtliche Zitate, die mehr als 40 Wörter umfassen, werden nicht mehr in Anführungszeichen, sondern als Absatz in einem frei stehenden Block, formatiert.

- Indirektes Zitat: Hallam (1995, S. 123) kommt zu dem Schluss, dass die Verwendung ...

Je nachdem was also bereits im Haupttext verwendet wurde, sind in der Klammer nur noch die Angaben, Name, Jahr und Seite zu nennen, die nicht im Haupttext vorgekommen sind.

Formale Gestaltung des Literaturverzeichnisses

Der vollständige Nachweis der Literatur oder Quelle erfolgt bei dieser Zitation durch detaillierte Angaben im jeweiligen Verzeichnis. Das Literaturverzeichnis ist alphabetisch nach Nachnamen geordnet. Verwenden Sie von einer Autorin oder einem Autor mehrere Publikationen, so sind diese aufsteigend nach dem Erscheinungsjahr zu ordnen. Sind von einer Person mehrere Beiträge im selben Jahr erschienen, so sind diese durch Kleinbuchstaben (a, b, c etc.) zu ergänzen: Hallam, S. (1995a/b/c etc.).

Selbstständige Publikationen

Monographien

Modell: Nachname, Initial des Vornamens (Jahr). *Titel des Buches: Untertitel.* Ort: Verlag.

Bei mehreren Autoren / Autorinnen:
Modell: Nachname 1, Initial des Vornamens 1., & Nachname 2, Initial des Vornamens 2. (Jahr). *Titel des Buches: Untertitel.* Ort: Verlag.

▶ Harness, K. (2006). *Echoes of Women's Voices. Music, Art, and Female Patronage in Early Modern Florence.* Chicago: University of Chicago Press.

Reihenpublikationen

Reihentitel werden bei dieser Zitierweise generell nicht angeführt. Allerdings müssen Titel und Band genannt werden, wenn es sich um ein mehrbändiges Werk handelt.
Modell: Nachname, Initial des Vornamens (Jahr). *Titel der Gesamtpublikation: Bd. [Nr. des Bandes einfügen]. Titel des Buches: Untertitel.* Ort: Verlag.

Sammelbände

Modell: Nachname, Initial des Vornamens (Hg.). (Jahr). *Titel des Buches: Untertitel.* Ort: Verlag.

Bei mehreren Herausgebern oder Herausgeberinnen:
Modell: Nachname 1, Initial des Vornamens 1., & Nachname 2, Initial des Nachnamens 2. (Hgg.). (Jahr). *Titel des Buches: Untertitel.* Ort: Verlag.

Unselbstständige Publikationen

Beitrag in einem Sammelband

Modell: Nachname, Initial des Vornamens. (Jahr). Titel des Beitrages. In Initial des Vornamens Nachname des/der Herausgeber/in (Hg.), *Titel des Buches* (S. x–y). Ort: Verlag.

Beitrag in einem Periodikum (Fachzeitschrift, Jahrbuch, Zeitung etc.)

Modell: Nachname, Initial des Vornamens. (Jahr). Titel des Beitrages. *Titel der Zeitschrift, Jahrgang,* S. x–y.

Layout

Liegt Ihre Arbeit inhaltlich und mit dem wissenschaftlichen Apparat versehen in der endgültigen Fassung vor, können Sie sich mit der Frage des Layouts beschäftigen. Dabei bleibt es in der Regel Ihnen überlassen, wie Sie Ihre Arbeit gestalten. Gibt es keine festen Vorgaben von Seiten der Lehrenden, achten Sie dennoch auf einige Punkte und reichen Sie keine gänzlich ungelayoutete Arbeit ein:

- Die gute und leichte Lesbarkeit muss bei Ihrem Layout an erster Stelle stehen. Verwenden Sie daher eine proportionale Serifenschrift wie Garamond oder Times New Roman für Fließtext und Fußnoten, da dadurch das Lesen längerer Textzeilen erleichtert wird. Als Größe wählen Sie am besten 12 oder 14 pt. für die fett gedruckten Überschriften, 12 pt. für den Fließtext und 10 pt. für die Fußnoten. Als Zeilenabstand ist für den Fließtext 1,5-fach üblich. Damit der Satzspiegel nicht zerrissen aussieht, sollten Sie sich für Blocksatz mit Silbentrennung entscheiden. Flattersatz oder Blocksatz ohne Silbentrennung lässt das Schriftbild bei längeren Texten unruhig erscheinen.
- Da die Lesbarkeit Ihres Textes Vorrang hat und die Gestaltung nicht vom Inhalt ablenken darf, sollten Sie sich für ein schlichtes und unaufdringliches Layout entscheiden. Überlegen Sie genau, wieso Sie innerhalb Ihres Textes Hervorhebungen durch Fett- oder Kursivdruck vornehmen. Wenn Sie ein

- anspruchsvolleres Layoutkonzept verfolgen wollen, achten Sie darauf, dass dies konsistent umgesetzt werden muss.
- Verwenden Sie mindestens die in Ihrem Textverarbeitungsprogramm standardmäßig eingestellten Seitenränder (meist: oben, links und rechts 2,5 cm, unten 2 cm). Sie können den Korrekturbereich auf der rechten Seite auch etwas vergrößern. Gehen Sie dafür jedoch nicht über 3 bis 4 cm Seitenrand hinaus, da Sie sonst nur noch sehr wenig Fließtext auf der Seite unterbringen können.
- Zitate von mehr als drei Druckzeilen werden üblicherweise vom restlichen Druckbild abgehoben. Standard ist hier, den Zitattext einzurücken und den Zeilenabstand von 1,5- auf 1-fach umzustellen sowie die Schriftgröße auf 10 pt. zu reduzieren. Vergessen Sie nicht, Seitenzahlen einzufügen. Für gewöhnlich gilt, dass das Deckblatt und Inhaltsverzeichnis nicht paginiert werden, sondern die Seitenzählung auf der ersten Seite des Haupttextes beginnt.

Korrekturlesen und Abgabe

Wenn Sie Ihre Hausarbeit fertig geschrieben haben, müssen Sie sie korrekturlesen. Dafür empfehlen sich vier voneinander getrennte Durchgänge: Im ersten lesen Sie den Inhalt Korrektur. Überprüfen Sie dabei, ob alle Fakten sowie Daten stimmen und ob aufgestellte Behauptungen oder Interpretationen widerspruchsfrei und begründet sind. Fragen Sie sich außerdem, ob die Arbeit inhaltlich auf ein klares Ziel ausgerichtet ist und ob der Text logisch und in sich schlüssig ist. Überlegen Sie, ob die Abfolge der Abschnitte stimmt oder ob Sie bestimmte Informationen nicht doch noch bündeln sollten. Im zweiten Durchgang steht die Stilkorrektur im Vordergrund. Achten Sie hierbei darauf, ob Sie auch alles wirklich so meinen, wie Sie es formuliert haben oder ob Ihre Formulierung Interpretationen zulässt, die Sie nicht intendiert haben. Prüfen Sie außerdem, ob alle Fachbegriffe sinnvoll eingesetzt wurden und ob die Logik der Satzanschlüsse stimmt. Im dritten Korrekturgang überprüfen Sie Grammatik, Zeichensetzung und Rechtschreibung. Im letzten Durchgang sollten Sie die formalen Anforderungen an die Arbeit überprüfen. Schauen Sie beispielsweise, ob der wissenschaftliche Apparat ordnungsgemäß dargestellt wurde und ob es Fehler im Layout gibt. Wenn Sie die Arbeit abschließend korrigiert haben, empfiehlt es sich eine Kollegin oder einen Kollegen zu bitten, die Hausarbeit zu lesen. Oft ergeben sich aus einem solchen Feedback noch nützliche Hinweise. Bevor Sie die Arbeit letztendlich einreichen, empfiehlt es sich noch zu kontrollieren, ob auch alle Bestandteile der Hausarbeit (Titelblatt, Inhaltsverzeichnis, Fließtext, Literaturverzeichnis, ggf. Abstract sowie Selbstständigkeitserklärung) im endgültigen Exemplar vorhanden sind.

3. Historische Musikwissenschaft

3.1 Einführung und Standortbestimmung (Federico Celestini)

Zwischen der Definition eines Faches und dem, was es im Laufe seiner Existenz tatsächlich tut oder hervorbringt, herrscht eine gewisse Spannung, über die es sich lohnt nachzudenken. Wenn die Musikwissenschaft das »Studium musikalischer Phänomene samt ihrer außermusikalischen materiellen, personellen und gesellschaftlichen Rahmenbedingungen in allen ihren Aspekten«[1] umfasst, meint die Bezeichnung »Historische Musikwissenschaft« in der akademischen Praxis weniger als das, was die begriffliche Logik verspricht, nämlich die Geschichte der westlichen Kunstmusik allein. Ausgeschlossen bleiben weite Bereiche wie die außereuropäische Musik, die Volksmusik sowie Popularmusik und Jazz, deren historische Dimension kaum geleugnet werden kann. Es wundert daher nicht, dass über Umfang, Methode und Ziel der Historischen Musikwissenschaft – um Guido Adlers grundlegende Schrift von 1885 zu paraphrasieren[2] – immer noch sehr viel diskutiert wird. Entwicklungen der Geschichtswissenschaft im 20. Jahrhundert haben zur Einsicht geführt, dass objektive Erkenntnis von Vergangenheit nicht möglich ist, weshalb sich der Wissenschaftscharakter der historischen Forschung in der stetigen Infragestellung des eigenen Tuns äußert. Daraus ergibt sich die Konsequenz, dass die Erforschung von geschichtlichen Phänomenen, in unserem Fall von vergangenen Musikkulturen, und die kritische Selbstreflexion der Historikerin und des Historikers sich unauflöslich durchdringen: Das Eine stellt das Ergebnis des Anderen und umgekehrt dar. Wenn das historische Wissen nicht abgeschlossen werden kann, weil es vom Standpunkt und der Perspektive seiner Formulierung abhängig ist, dann kann es auch nicht schlüssig vermittelt werden. Das Studium der (Musik-)Geschichte ist keine passive Aneignung eines vorhandenen Wissens, sondern ein kreativer Prozess, in dem die Durchdringung von Forschungsergebnis und methodischer Reflexion jedes Mal von Neuem erfolgen soll. Dieser Offenheit entsprechend wird hier keine ge-

---

1 Rainer Cadenbach, Art. *Musikwissenschaft*, Sp. 1790.
2 Vgl. Guido Adler, *Umfang, Methode und Ziel der Musikwissenschaft*.

schlossene Darstellung einer Teildisziplin geboten, sondern vielmehr ein Bündel problematischer Momente angesprochen, aus denen heraus die musikhistorische Forschung als kritisches sowie der Kritik bedürftiges Unterfangen beleuchtet werden soll.

Ästhetik und Geschichte

Ästhetik und Geschichte gründen jeweils auf Formen von Zeitlichkeit, die zueinander in Widerspruch stehen. Denn die ästhetische Erfahrung lebt im Augenblick, wobei ein durch die ästhetische Erfahrung erfüllter Augenblick das zeitliche Kontinuum, aus dem Geschichte besteht, sprengt. Eine Musikgeschichte, welche die ästhetische Dimension von Musik nicht ausblenden will, muss sich mit diesem Widerspruch befassen. Der traditionelle Weg, das von Musik beinhaltete Potenzial an ästhetischer Erfahrung in sprachlicher Form zu reflektieren, besteht in der analytischen, interpretierenden (hermeneutischen) oder erklärenden (explikatorischen) Auseinandersetzung mit musikalischen Werken. Je tief greifender die Ergebnisse einer solchen Auseinandersetzung die historische Darstellung prägen, desto überzeugender wird die Durchdringung von Ästhetik und Geschichte sein. Der deutsche Musikwissenschaftler Carl Dahlhaus (1928–1989) hat einen diesbezüglichen Versuch zunächst in einer theoretischen Grundlegung, dann in der Praxis der Musikgeschichtsschreibung durch das Konzept einer *Werkgeschichte* dargestellt und umgesetzt.[3] Diese beruht auf der »Idee autonomer Kunst«, nämlich einer Kunst, die sich unabhängig von gesellschaftlichen und kulturellen Konfigurationen nach ihren eigenen und ihr innewohnenden künstlerischen Gesetzen entwickelt. Im Konzept Dahlhaus' stellt diese am Anfang des 19. Jahrhunderts im deutschsprachigen Raum entstandene Idee die ordnende Perspektive dar, in deren Fokus sich die musikhistorische Erzählweise formiert: Musikhistoriker beschreiben »die Entwicklung der Musik als Ursprungsgeschichte des autonomen, individuellen, unwiederholbaren, in sich selbst begründeten und um seiner selbst willen existierenden Kunstwerks«.[4]

Die Ergänzung einer so verstandenen Werkgeschichte stellt Dahlhaus zufolge eine Kompositionsgeschichte dar, die sich »an der Herausbildung der ›musi-

---

3   Vgl. Carl Dahlhaus, *Grundlagen der Musikgeschichte*; ders., *Die Musik des 19. Jahrhunderts*.
4   Carl Dahlhaus, *Grundlagen der Musikgeschichte*, S. 23 f.

kalischen Logik< orientiert«. Damit meint er den »Prozeß der Entstehung und Differenzierung der formbildenden harmonischen Tonalität und der thematisch-motivischen Arbeit«.[5] Die postulierte musikhistorische Zentralität dieses Prozesses liege darin, dass eine so aufgefasste »musikalische Logik« den von der Kunstmusik erhobenen Anspruch auf Autonomie ästhetisch rechtfertigt. Denn das in sich geschlossene, weil »logisch« aufgebaute musikalische Werk ist von jeglicher funktionalen Bestimmung, sei es kultischer oder gesellschaftlicher Art, emanzipiert.

Die Meistererzählung

Dahlhaus' einflussreiches Konzept einer Werk- und Kompositionsgeschichte sowie dessen praktische Umsetzung warfen eine Reihe von methodischen Fragen auf und riefen zahlreiche Reaktionen hervor. Aus heutiger Sicht liegt ein grundsätzliches Problem im Charakter der *Meistererzählung*, welche die Dahlhaussche Werkgeschichte geradezu exemplarisch zu verkörpern scheint: Eine auf die allmähliche Verwirklichung der »Idee der autonomen Kunst« zielende Musikgeschichtsschreibung stellt ein klares Beispiel einer zielgerichteten Erzählweise dar, in der die empirischen Daten und Quellen – im Fall Dahlhaus' hauptsächlich musikalische Werke – nach einem feststehenden Kriterium ausgewählt, gedeutet und gewertet werden. Das wichtigste Moment in der Kritik am historiographischen Typus der Meistererzählung betrifft die gewaltige Reduktion, welche mit der Auswahl einer einzigen Perspektive in der (musik-)historischen Betrachtung der vielfältigen Vergangenheit einhergeht. Es wundert daher nicht, dass in Bezug auf Dahlhaus' Konzept die meisten kritischen Reaktionen darauf zielten, die Unterbeleuchtung oder sogar Ausblendung jener Musikkulturen und -traditionen zu beklagen, die wie die italienische und französische Oper oder die nicht deutsche Instrumentalmusik durch die Idee der autonomen Musik nicht oder nur teilweise erfasst werden können oder eine von der von Dahlhaus gemeinten abweichende »musikalische Logik« aufweisen.[6] Da diese beiden Kriterien

---

5   Carl Dahlhaus, *Grundlagen der Musikgeschichte*, S. 25.
6   Vgl. Arnold Whittalls Rezension, *Carl Dahlhaus, the Nineteenth Century and Opera*, in der auch andere Rezensionen erwähnt werden. Freilich erkannte Dahlhaus, dass im 19. Jahrhundert auch andere Musiktraditionen existierten. Er thematisierte unter anderem die Musikpro-

der deutsch-österreichischen symphonischen Tradition sowie der auf diese bezogenen ästhetischen Reflexion entstammen, ist die Gefahr einer germanozentrischen Betrachtungsweise zweifellos vorhanden. Unter einem grundsätzlich aus den Klaviersonaten und Symphonien Ludwig van Beethovens entwickelten analytischen Instrumentarium leiden jedoch nicht nur Étienne Nicolas Méhuls Opern aus der Revolutionszeit oder Giovanni Battista Viottis zur selben Zeit in London komponierten Violinkonzerte,[7] sondern auch die kammermusikalische und symphonische Produktion des in Wien neben Beethoven wirkenden Franz Schubert, dem traditionell vorgeworfen wird, mit der Sonatenform anders als Beethoven umzugehen.

Werkcharakter und Schriftlichkeit

Die Annahme, dass in der Musikgeschichtsschreibung dem Werkbegriff eine zentrale Rolle zukomme, ist in den letzten Jahrzehnten zunehmend in die Kritik geraten. Selbst Dahlhaus, der das Konzept einer Werkgeschichte entwickelte, sprach schon am Ende der 1970er Jahre von einer Krise dieser Kategorie. Bereits am Beginn des 20. Jahrhunderts sind die Anzeichen einer solchen Krise unübersehbar: Eine die Geschlossenheit des Werkes sprengende Vielfalt von Idiomen und Stilen in der symphonischen Musik der Moderne, Strawinskys epochemachende Musik für Djagilews *Ballets Russes*, das Schrumpfen der musikalischen Form auf wenige Takte in Schönbergs und Weberns atonaler Musik, die Hinwendung zum Jazz, dem Alltag und den Formen der Unterhaltungsmusik in der europäischen Musik nach dem Ersten Weltkrieg sind nur die Wichtigsten davon. Diese nehmen nach dem Zweiten Weltkrieg zusätzlich zu: Stockhausens Momentform, das aleatorische und offene Werk, die wachsende Rolle der Im-

---

duktion in den europäischen Großstädten an der Wende zum 19. Jahrhundert (Carl Dahlhaus, *Europäische Musikgeschichte im Zeitalter der Wiener Klassik*), Rossinis Opern (ders., *Die Musik des 19. Jahrhunderts*, S. 7–13, 47–52) sowie den musikalischen Realismus in der zweiten Hälfte des Jahrhunderts (ders., *Musikalischer Realismus zur Musikgeschichte des 19. Jahrhunderts*). Diese bleiben jedoch der österreichisch-deutschen symphonischen Tradition deutlich untergeordnet. Somit bleibt die historische Narrative grundsätzlich unifokal.

7   Vgl. Michael Fend, *The Problem of the French Revolution in Music Historiography and History*; Federico Celestini, *Viotti and the London Violin Concertos*.

provisation, der Happeningscharakter, die kompositorische Nutzung des Raumes oder verschiedener Räume, die in der Aufführung vorgesehene Bewegung der Interpretinnen und Interpreten auf der Bühne, die Involvierung des Publikums, das instrumentale Theater, die Verwendung multimedialer Techniken sowie der Live-Elektronik. All diese Momente und Tendenzen laufen dem im 19. Jahrhundert entstandenen Werkbegriff diametral entgegen. Die Konsequenzen für die Musikgeschichtsschreibung sind erheblich: Eine auf diesen Begriff zentrierte Musikgeschichte würde nicht aus der Gegenwart, sondern aus dem Musikdenken des 19. Jahrhunderts »sprechen«. Ein solcher Begriff würde somit aus seiner geschichtlichen Einbettung gerissen und in eine Art mythische Zeitlosigkeit entrückt werden. Das Paradoxon einer ahistorischen Musikgeschichte wäre die Folge.

Auf analoge Weise wird die Frage heftig diskutiert, ob der Werkbegriff auf die ältere Musik adäquat angewendet werden kann.[8] Zweifellos ist es möglich, die ältere Musikgeschichte Europas als eine allmähliche Annäherung zur Idee des in sich geschlossenen, autonomen Werkes zu betrachten und zu erzählen. Jedoch steht wiederum außer Zweifel, dass durch eine solche Erzählweise die Vergangenheit, in der viele unterschiedlichen Traditionen und Tendenzen zum Tragen kamen, auf eine einseitige Entwicklungslinie reduziert wird.

Der amerikanische Musikwissenschaftler Richard Taruskin, der seit den 1990er Jahren an der Kritik gegen die Verabsolutierung des Werkbegriffes wesentlich beteiligt ist, traf mit seiner im Jahr 2005 erschienenen sechsbändigen »Oxford History of Western Music« die methodische Entscheidung, seine Musikgeschichte einerseits auf Europa mit der Erweiterung ab dem dritten Band auf Amerika, andererseits auf jene musikalischen Gattungen einzuschränken, deren Verbreitung hauptsächlich durch das Medium der Schrift erfolgte.[9] Freilich ermöglicht das Kriterium der Schriftlichkeit es Taruskin, eine Musikgeschichte zu verfassen, die nicht länger auf einen idealen Endzustand (die Vollendung des Werkcharakters) gerichtet ist. Die Schriftlichkeit stellt nämlich für ihn kein Ziel dar, worauf sich die »Entwicklung« der abendländischen Musikgeschichte hinbewegt, sondern eben ein Auswahlkriterium, nach dem die Selektion des zu be-

---

8   Repräsentativ für diese Diskussion sind Lydia Goehr, *The Imaginary Museum of Musical Works* und Reinhard Strohm, *Looking Back at Ourselves*.

9   Vgl. Richard Taruskin, *The Oxford History of Western Music*, Bd. 1, S. XIV. Dementsprechend fängt seine Musikgeschichte nicht mit der klassischen Antike an, sondern mit dem Beginn der musikalischen Notation in der Karolingischen Zeit.

trachtenden Materials durchgeführt wird. Dennoch bleibt die Frage offen, ob die Ausschließung der mündlich überlieferten Musik, dies heißt, einer weiten Dimension in den Musikkulturen des Abendlandes sowie der außereuropäischen Musik doch das historische Bild der in Europa schriftlich überlieferten Gattungen nicht verzerrt, denn zwischen diesen Sphären gibt es wichtige und tiefe Beziehungen.

Werk und Performanz

Schriftlichkeit und Werkbegriff heben beide den textuellen Charakter von Musik hervor. Die ästhetische Erfahrung entzündet sich jedoch nicht so sehr am Notenmaterial, sondern vielmehr an der Musik als klingenden Materialität. Legt man dementsprechend das Augenmerk auf den performativen Charakter von Musik (d. h. deren Aus- und Aufführung), dann kommt eine ganze Dimension zutage, die durch die Ausrichtung auf die Textualität beinahe vollkommen ausgeblendet wurde. In dieser Dimension spielt der Körper eine zentrale Rolle, denn Musik wirkt unmittelbar auf den Körper und wird durch körperliche Tätigkeit produziert. Die anthropologischen Wurzeln des Verhältnisses zwischen Musik und Körperlichkeit liegen bei Tanz und Ritual, in denen der Körper wohl über die bloße Musikproduktion hinaus involviert wird. Als Schnittstelle zwischen den herkömmlichen Kategorien *Geist* und *Natur* ermöglicht die Thematisierung von Körperlichkeit in der Musikbetrachtung die im Westen traditionelle Trennung zwischen Sinnlichkeit und Rationalität, wenn nicht zu überwinden, so zumindest zu überbrücken. Die Berücksichtigung des Körpers in der Musikbetrachtung soll keine Eliminierung des kognitiven Momentes bedeuten, sondern dessen Anbindung an Körperlichkeit und affektive Sinnlichkeit in der ästhetischen Erfahrung ermöglichen.[10] Mit der Dimension des Performativen werden ferner die ebenso von der auf Textualität ausgerichteten Musikbetrachtung vernachlässigten Momente der Ereignishaftigkeit und des Entstehens von Sinn und Bedeutung thematisiert. All diese Aspekte fordern wegen ihres Kontingenzcharakters die Musikgeschichtsschreibung heraus und eröffnen zugleich neue und interessante Perspektiven wie die Erforschung von Ritual, Virtuosität,

---

10 Vgl. Ursula Brandstätter, *Grundfragen der Ästhetik*, S. 111–115, 172–175.

Aufführungspraxis und -ästhetik in den unterschiedlichen Musikkulturen der Vergangenheit und Gegenwart.

Kunst und Gesellschaft

Dahlhaus' Auffassung von Musikgeschichte als Werkgeschichte entstand im Kontext der in den 1960er und 70er Jahren hart durchgeführten methodischen und ideologischen Auseinandersetzung mit der marxistisch orientierten Musikgeschichtsschreibung in Osteuropa und insbesondere in der DDR. Deren angesehenster Vertreter, der aus Österreich stammende, nach 1949 in Ost-Berlin lebende Musikhistoriker Georg Knepler (1906–2003), entwickelte das Konzept einer Musikgeschichte, in der Musik nicht als autonomes Werk wie bei Dahlhaus, sondern als menschliches Handeln und Kommunikationssystem aufgefasst und betrachtet wird.[11] Angesichts des politischen und kulturellen Scheiterns des Realsozialismus mag es vielleicht überraschen, dass ausgerechnet in Kneplers Konzept manche Ansätze den Tendenzen der musikwissenschaftlichen Forschung, welche sich ab der Mitte der 1980er Jahre vor allem im angelsächsischen Raum durchgesetzt haben, entsprechen.[12] Im Allgemeinen fand in den letzten Jahrzehnten eine klare Wende zur Betrachtung von Musik als Teil von politischen, kulturellen und gesellschaftlichen Zusammenhängen statt. Dabei wird das Augenmerk verstärkt auf Fragen der Geschlechterdifferenz (Gender) in der Musikproduktion, -reproduktion und -rezeption, der Bildung von Subjektivität in und durch Musik, der Rolle von Musik in der Befestigung und Infragestellung kultureller und politischer Identitäten, des Entstehens von Bedeutung in der Musik und deren Rezeption im kulturellen und sozialen Kontext, der Repräsentation und Aneignung von kultureller Andersheit in und durch Musik, der Rolle von Musik in der Subversion repressiver und autoritärer Machtstrukturen so-

---

11 Vgl. Georg Knepler, *Geschichte als Weg zum Musikverständnis*.

12 Die amerikanische Musikwissenschaftlerin Anne C. Shreffler, die sich mit diesem Methodenstreit vor kurzem befasst hat, hebt bei Knepler die Aufmerksamkeit auf Volks- und Popularmusik, das Plädoyer für die Integration von außereuropäischer Musik in die Musikgeschichte, die Aufwertung von musikpsychologischer Forschung, die Thematisierung von Musikwahrnehmung und kognitiven Prozessen sowie die Anwendung von Semiotik und Informationstheorie auf Musik hervor. Vgl. Anne C. Shreffler, *Berlin Walls*.

wie bei deren Etablierung und Konsolidierung gelegt. Bei diesen Ansätzen spielt das Denken der aus Frankreich stammenden Philosophen wie Michel Foucault, Jacques Derrida, Jacques Lacan, Jean-François Lyotard und Gilles Deleuze eine wichtige Rolle.[13] Diese Autoren haben auch unterschiedliche Versuche unternommen, die Dimensionen des Ästhetischen, Soziokulturellen und Historischen in der Kunst aufeinander zu beziehen.

Geschichte und Geschichten

Eine globale Musikgeschichte, welche sämtliche Musikkulturen der Welt adäquat beschreibt und dabei sowohl die individuelle als auch die soziale Dimension von Musik, deren Werkcharakter und deren Wirken als Kommunikationssystem berücksichtigt, ist nicht realisierbar. Die Kritik am Typus der Meistererzählung hat gezeigt, dass die Subsumption dieser überwältigenden Vielfalt unter eine ordnende Perspektive keine zufriedenstellende Lösung darstellt. Eine einheitliche und kohärente Geschichte ist nur durch Reduktion von Komplexität möglich und erscheint daher als eine fiktionale Konstruktion. Andererseits kann die historische Erzählweise die Fülle, aus der Wirklichkeit besteht, weder vollkommen erfassen noch erschöpfend repräsentieren. Die einzig praktikable Lösung besteht darin, auf die Vorstellung einer vereinheitlichenden (Musik-)Geschichte zu verzichten und anstelle dessen an vielen partiellen, unterschiedlich ausgerichteten und mit unterschiedlichen Methoden operierenden (Musik-)Geschichten zu arbeiten. Die Pluralität von thematischen Perspektiven und methodischen Ansätzen erscheint heutzutage als der einzige Weg, dem irreduzibel pluralen Charakter von Vergangenheit gerecht zu werden. Auf große Synthese wird verzichtet, das Augenmerk verlegt sich von der Makro- zu den Mikrohistorien, von der Betonung von Kontinuitäten auf die Untersuchung von Unterbrechungen, Brüchen und Differenzen. Historische Phänomene erscheinen nicht länger in kausale Zusammenhänge eingegliedert, sondern vielmehr an Konstellationen beteiligt, in denen unterschiedliche und zu unterscheidende Verhältnisse walten. Aufgrund der Vermehrung der Perspektiven und Methoden sind Musikhistorikerinnen

---

13 Mehrere dieser Ansätze werden von Gary Tomlinson in seiner Rezension über Taruskins *The Oxford History of Western Music* angesprochen (Gary Tomlinson, *Monumental Musicology*). Vgl. in Bezug auf Lyotard: Susanne Kogler, *Von der großen Erzählung zur Mikrologie?*.

und Musikhistoriker zunehmend auf intra- und interdisziplinäre Diskussion angewiesen. Der Formulierung von Fragestellungen kommt eine entscheidende Wichtigkeit zu. Das Studium der *Musik-Geschichten* weist immer mehr einen experimentellen und kreativen Charakter auf.

3.2 Arbeitstechniken und Methoden
(Kordula Knaus)

Was ist musikhistorisches Arbeiten?

Die Historische Musikwissenschaft möchte Erkenntnisse über die Musik der Vergangenheit erlangen. Dies schließt prinzipiell jede Form musikalischer oder musikbezogener Äußerung ein, sei es, dass sie vor sehr langer Zeit oder vor Kurzem stattgefunden hat, sei diese musikalische Äußerung eine Klaviersonate oder ein Wiegenlied. Die Historische Musikwissenschaft hat sich seit ihrem Entstehen dabei vornehmlich auf die sogenannte »europäische Kunstmusik« konzentriert – eine Einschränkung, die in den letzten Jahrzehnten vermehrt kritisiert und auch aufgeweicht wurde. Auch außereuropäische Musik oder Popularmusik wurde und wird musikhistorisch bearbeitet.

Üblicherweise werden, wenn ein Erkenntnisinteresse vorliegt, zunächst Fragen bzw. (da es sich bei Musikwissenschaft um eine wissenschaftliche Disziplin handelt) Forschungsfragen gestellt. Studienanfängerinnen und -anfängern werden Themen und Fragestellungen meist von Lehrenden vorgegeben. Im Laufe des Studiums sollte hierin eine gewisse Eigenständigkeit erlangt werden.

Eine FORSCHUNGSFRAGE formuliert ein bestimmtes Erkenntnisinteresse (siehe Abschnitt »Fragestellung«, Kapitel 2, S. 38). Beispielsweise könnte die Frage gestellt werden: Wie reagierte das Publikum auf die erste Aufführung von Richard Wagners *Der Ring des Nibelungen*, die 1876 in Bayreuth stattgefunden hat, und inwieweit ist diese Publikumsreaktion auf die Konzeption des Werkes zurückzuführen? Ich werde im Folgenden auf diese Frage immer wieder zurückkommen und verschiedene Bereiche des musikhistorischen Arbeitens daran erläutern. Die Auswahl dieser Forschungsfrage ist einerseits eine pragmatische Entscheidung (da sich viele Möglichkeiten des historischen Arbeitens gut an diesem Beispiel erklären lassen), andererseits tauchen derartige Fragen, wie noch zu zeigen sein wird, nicht zufällig auf.

Die Fragen, die in der Historischen Musikwissenschaft gestellt werden, können sehr unterschiedlich sein. Sie stehen immer in Zusammenhang mit einem bestimmten Wissensstand der gegenwärtigen Musikwissenschaft. Am Beginn einer jeden Auseinandersetzung mit einer Forschungsfrage gilt es herauszufinden, ob (und wenn ja, wie) diese Frage von anderen Wissenschaftlerinnen und Wissenschaftlern bereits behandelt und beantwortet wurde. Zudem spiegelt eine Forschungsfrage wider, was in einer jeweiligen Zeit oder einer jeweiligen Forschungstradition als wichtig erachtet wird. Die eben gestellte Frage zum Publikum des *Ring des Nibelungen* stammt aus dem Bereich der Rezeptionsforschung, die am Beginn der akademischen Musikwissenschaft vor über hundert Jahren wenig zentral war, aber in den letzten Jahrzehnten vermehrt an Bedeutung gewonnen hat. Fragen entstehen also nicht zufällig, sondern sind durch Wissenstraditionen geprägt. Mit den Fragen, die wir an die Musik der Vergangenheit stellen, bestimmen wir zugleich, was wir über Musik erfahren können, denn die Fragen, die wir nicht stellen, können auch zu keiner entsprechenden Erkenntnis führen. Es kommt also nicht selten vor, dass wir zur Einsicht kommen, dass wir die »falschen« Fragen gestellt haben, dass wir unsere Fragen adaptieren müssen, dass wir andere Fragen entdecken oder dass wir erkennen müssen, dass wir unsere Fragen nicht beantworten können. Ob und wie Fragen beantwortet werden können, hängt damit zusammen, welche Informationen zur Verfügung stehen. Im Idealfall werden alle Informationen erlangt, die zur Beantwortung einer Frage dienlich sind. Zugleich gibt es diesen Idealfall eigentlich nie, und mit zunehmender Komplexität der Frage wird er auch immer unwahrscheinlicher.

Wenn wir zur oben gestellten Frage zurückkehren, so zeigt sich dies ganz deutlich. Zunächst müsste präzisiert werden, was unter Publikumsreaktion überhaupt verstanden werden kann: Meinen wir hör- und spürbare Reaktionen während der Aufführung, meinen wir Pausengespräche unter den Zuhörerinnen und Zuhörern, meinen wir Zustimmungs- oder Missfallensbekundungen nach der Aufführung, meinen wir das, was vielleicht irgendjemand nach der Aufführung in ein Tagebuch geschrieben hat? Wie können sich solche Reaktionen noch äußern? Wie können wir überhaupt »das Publikum« als eine Gruppe erfassen? Wie können wir Reaktionen messen? Können wir überhaupt irgendwelche Informationen über Publikumsreaktionen auf eine Aufführung von 1876 erlangen? Was verstehen wir unter Werkkonzeption? Wie können wir sie erfassen, und können wir sie so erfassen, dass wir damit Rückschlüsse auf die Wahrnehmung des Publikums ziehen können?

Ein Begriff, der in Zusammenhang mit dem Erlangen von Informationen über die Vergangenheit wohl am häufigsten gebraucht wird, ist derjenige der QUELLE. Informationen über die Vergangenheit werden über die Auswertung und Interpretation von Quellen erlangt. Sie sind demnach unsere Informationsgrundlage. Eine musikhistorisch relevante Quelle kann alles sein, was zur Beantwortung einer musikbezogenen wissenschaftlichen Frage dient.

Zur Beantwortung unserer Frage nach der Publikumsreaktion und Werkkonzeption bräuchten wir somit irgendwelche Arten von Quellen, die uns darüber Auskunft geben. Dabei sehen wir sofort, dass gewisse Einschränkungen auftreten, die mit der Art der Fragestellung, der Beschaffenheit von Musik an sich und den medialen Vermittlungsmöglichkeiten zu tun haben. Zunächst müssten wir »das Publikum« von 1876 erfassen können, d. h., wir müssten herausfinden, wer diese Aufführungen besucht hat und ob von diesen Personen irgendeine Form von Reaktion als eine Art von Quelle, die wir untersuchen können, vorliegt. Dann müssten wir herausfinden, was in dieser Aufführung erklungen ist und gehört wurde. Dies führt uns zu dem Problem, dass eine musikalische Aufführung ein flüchtiges Ereignis ist, das an sich keine Quelle hinterlässt. Musik als klingendes Ereignis kann also nicht als Quelle von Information untersucht werden, da Musik immer durch irgendeine Art von Medium vermittelt werden muss, um uns als Quelle zur Verfügung stehen zu können.

Für die Frage nach Publikumsreaktion und Werkkonzeption einer Aufführung von 1876 können nicht alle Möglichkeiten für medial vermittelte Quellen in Betracht gezogen werden: Es können keine Audio- oder Videoaufzeichnungen des musikalischen Ereignisses existieren, die etwas über die Publikumsreaktion aussagen würden; die mit dem Ereignis verbundenen Gegenstände (z. B. das Festspielhaus in Bayreuth) vermitteln wenig Informationen über die Aufführung (am Festspielhaus selbst könnten sich aber die Anordnung des Publikums im Raum, die klanglichen Möglichkeiten im Raum oder ähnliche Dinge zeigen[14]); wir können das Publikum nicht mehr über diese Ereignisse befragen; und somit bleiben uns in diesem Fall wohl nur Quellen, die in textlicher oder bildlicher Form Reaktionen auf das Ereignis der Aufführung darstellen sowie schriftlich überlieferte Angaben zur Ausführung der Musik (wie beispielsweise ein Notentext).

Die eben genannten ARTEN VON QUELLEN werden in der Geschichtswissenschaft häufig nach dem Medium ihrer Vermittlung systematisiert.[15] Demnach gibt es:

---

14 Vorausgesetzt es haben seit 1876 keine wesentlichen baulichen Veränderungen stattgefunden.

15 Eine sehr hilfreiche Plattform zu diesen grundlegenden historischen Arbeitstechniken ist: http://www.geschichte-online.at. Dort können die im folgenden Abschnitt zusammengefassten Arbeitsmethoden im Umgang mit Quellen auch interaktiv erarbeitet werden.

- Texte
- Bilder
- Gegenstände
- Ton- und Filmmaterial

Zur Beantwortung musikwissenschaftlicher Fragestellungen können alle hier genannten Quellenarten relevant sein. Als eine spezifische Form von textlicher Quelle kann ein Notentext aufgefasst werden, der in der Musikwissenschaft sicherlich größeren Stellenwert als in anderen historischen Arbeitsgebieten hat.[16]

Mehrere Arbeitsschritte sind im Umgang mit Quellen notwendig: Die Quelle muss zunächst gefunden, ihre Aussagekraft beurteilt und ihr Entstehungsumfeld untersucht werden; sie muss interpretiert und kontextualisiert werden, sodass dann versucht werden kann, die Forschungsfrage mithilfe der gewonnenen Erkenntnisse zu beantworten.

Das Auffinden von Quellen

Das Auffinden von Quellen bedingt, dass Quellen überliefert worden sind.[17] Wenn wir also etwas über ein Ereignis aus dem Jahr 1876 herausfinden möchten, so müssen wir nach entsprechenden Quellen aus diesem Zeitraum suchen, die Informationen zur Beantwortung unserer Frage beinhalten. Viele Bereiche der

---

16 Nicole Schwindt-Gross fasst musikalisch notierte Quellen deshalb als separate Gruppe auf. Sie identifiziert insgesamt fünf Quellengruppen: Schallquellen, Sachquellen, Bildquellen, wortsprachliche Quellen und musikalisch notierte Quellen. Vgl. Nicole Schwindt-Gross, *Musikwissenschaftliches Arbeiten*, S. 29–46.

17 In den meisten Fällen produzieren wir beim historischen Arbeiten selbst kein neues Informations- oder Quellenmaterial, sondern beschäftigen uns mit bereits existierenden Quellen. Insbesondere für aktuellere Themen können aber durchaus auch Methoden zur Anwendung kommen, bei denen wir neues Quellenmaterial, beispielsweise durch das Führen von Interviews, Aufnehmen, Photographieren oder Filmen von musikalischen Ereignissen etc., herstellen. Viele dieser Methoden werden heute im Bereich der Ethnomusikologie angewendet und werden an anderer Stelle in diesem Buch (siehe Abschnitt »Empirische Quellenarbeit: Qualitative Forschung«, Kapitel 5.2, S. 222) im Detail behandelt.

musikhistorischen Forschung stützen sich dabei auf Quellen, die mehr oder weniger systematisch von verschiedenen Institutionen gesammelt werden. Wenn wir etwas über eine Aufführung im Bayreuther Festspielhaus aus dem Jahr 1876 erfahren möchten und wissen, dass es dieses Festspielhaus auch heute noch gibt, so können wir zunächst versuchen herauszufinden, ob vor Ort entsprechende Quellen gesammelt und aufbewahrt werden. Häufig geschieht dies in Archiven und Bibliotheken. Durch Recherche mit einer Suchmaschine im Internet finden wir schnell heraus, dass es ein Nationalarchiv der Richard-Wagner-Stiftung gibt, das dafür bestimmt ist »Dokumente in Schrift und Bild sowie Druckwerke und Gegenstände, die Leben, Schaffen und Nachwirkung Richard Wagners betreffen, zu sammeln und zu bewahren«[18]. Dies scheint zunächst ein guter Ausgangspunkt für unsere Quellenrecherche zu sein, dennoch bringt uns diese Erkenntnis vorerst wenig weiter, da uns kein Onlinekatalog oder sonstige Informationen zu diesem Archiv zur Verfügung stehen. Eine Konsultation vor Ort wäre daher notwendig.

Bei der QUELLENRECHERCHE führt der Weg aber für gewöhnlich eher über die Informationen, die aus bisherigen Forschungen erlangt werden können, als dass (angehende) Musikwissenschaftlerinnen und Musikwissenschaftler sich sofort in das entsprechende Archiv setzen würden. In vielen Fällen ist dies ohnehin nicht möglich, da der Ausgangspunkt von Fragen und mögliche überlieferte Quellen weniger direkt zusammenhängen (d. h., selten gibt es *ein* Archiv, das *alle* Quellen zu *einer* bestimmten Fragestellung verfügbar hat). Beim Auffinden von Quellen kann daher auf die Forschungsergebnisse von Wissenschaftlerinnen und Wissenschaftler zurückgegriffen werden (siehe Abschnitt »Musikwissenschaftliche Recherchen«, Kapitel 2, S. 39). Zugleich sind die bisherigen Befunde auch immer einem KRITISCHEN BLICK zu unterziehen. Dies betrifft ganz generelle Probleme, wie z. B. Einschränkungen bei der Überlieferung. Ob jemand es für wichtig befunden hat, gewisse Quellen zu sammeln, zu archivieren und zugänglich zu machen und andere nicht, hängt von verschiedenen Faktoren ab, die häufig mit der Organisation unserer Gesellschaft generell oder auch mit ganz individuellen Befindlichkeiten die einzelnen Quellen betreffend zu tun haben. In Zusammenhang mit unserem Wagner-Thema werden wir uns beispielsweise fragen müssen, wie viele Reaktionen auf die Uraufführung des *Ring* nicht überliefert sind (beispielsweise mündliche Aussagen), nicht überliefert werden konnten (wie etwa private Aufzeichnungen, die niemand gesammelt hat) oder

---

18 Richard Wagner Museum, *Informationen. Nationalarchiv*.

auch nicht überliefert werden sollten (beispielsweise Aussagen, die jemandem nicht »gepasst« haben). Wir können folglich durch Quellen nur über bestimmte Lebens- und Musikwelten Informationen erlangen.

Eine große Diskrepanz im Hinblick auf das Auffinden von Quellen besteht in der musikhistorischen Forschung etwa zwischen »öffentlicher« und »privater« Musikausübung. Zur Erforschung von Musik und musikbezogenen Handlungen, die an Institutionen im weitesten Sinne passiert sind, stehen meist viel mehr Quellen zur Verfügung als für solche, die in nicht-institutionalisierten Kontexten stattfinden. Über die Uraufführung des *Rheingold* am 13. August 1876 können wir also wesentlich mehr Quellen finden als über die Lieder, die vielleicht zeitgleich wenige Meter davon entfernt in einer Bayreuther Stube gesungen wurden.

Die Quellen, die existieren und zugänglich sind, bestimmen aber nicht nur die Antworten, die auf Forschungsfragen gefunden werden können, sondern bereits die Fragen selbst. Dass ich eingangs die Frage nach der Uraufführung des *Ring* formuliert habe, ist bereits durch Vorannahmen geprägt. Zum einen setzt es die Kenntnis voraus, dass dieses Ereignis stattgefunden hat, d.h., ich beziehe mich auf bereits existierende Informationen. Zum anderen messe ich diesem Ereignis Bedeutung bei, indem ich eine entsprechende Forschungsfrage generiere. Warum habe ich eben nicht die Frage gestellt, welches Lied am 13. August 1876 in einer Bayreuther Stube gesungen wurde?

Welches Wissen über welche Musik erlangt werden kann, hängt also einerseits damit zusammen, welche Bedeutung welchen Formen der Musikausübung beigemessen wird; andererseits sind die Forschenden immer bereits mit einer vorhergehenden zufälligen oder absichtlichen ÜBERLIEFERUNG VON QUELLEN konfrontiert. Beim Auffinden von Quellen müssen derlei Einschränkungen mitbedacht werden. Für die Bayreuther Uraufführung werden wir herausfinden können, dass Victor K. Schembera im »Neuen Wiener Tagblatt« einen Begeisterungssturm des Publikums am Ende der Aufführung der *Götterdämmerung* beschreibt,[19] weil Exemplare dieser Zeitung überliefert sind; wir werden aber vielleicht nicht herausfinden können, ob die Person x, die in der Reihe y gesessen hat, einen Brief an eine Person z geschrieben hat und darin die Aufführung als ganz scheußlich geschildert hat, wenn wir eine solche Quelle nicht mehr auffinden

---

19 »Und als der letzte Ton verklang, da brach die so lange niedergehaltene Begeisterung los […]«, Victor K. Schembera, *Das Bühnenfestspiel zu Bayreuth*, in: *Neues Wiener Tagblatt*, Nr. 229 vom 30. 8. 1876, zitiert nach Susanna Großmann-Vendrey, *Bayreuth in der deutschen Presse*, Bd. 1, S. 140.

können, weil sie entweder nicht mehr existiert oder irgendwo liegt, wo wir sie nicht finden (können). Zudem werden wir feststellen, dass die Notentexte (die Partitur und Einzelstimmen) des *Ring des Nibelungen*, aus denen 1876 musiziert wurde, großteils nicht erhalten sind.

Arbeitsmittel zum Auffinden von Quellen

Für das Auffinden von Quellen stehen ARBEITSMITTEL unterschiedlicher Art zur Verfügung. Es handelt sich in den meisten Fällen um Datenbanken, Kataloge oder Verzeichnisse.[20] Die Arbeitstechniken können sich hier auch – je nach Fragestellung – mit denen der Recherche nach Musikliteratur und Notenausgaben überschneiden, die bereits erläutert wurden (siehe Abschnitt »Musikwissenschaftliche Recherchen«, Kapitel 2, S. 39).

Musikspezifische Verzeichnisse

In musikspezifischen Verzeichnissen wird versucht, musikhistorisch relevante Quellen zu erfassen, entweder ganz allgemein musikbezogen oder (und das ist der häufigere Fall) auf eine gewisse Quellensorte oder bestimmte inhaltliche Kriterien beschränkt. Vielfach liegen solche Verzeichnisse gedruckt vor, in jüngerer Zeit werden sie mehr und mehr durch digitale Datenbanken ergänzt oder ersetzt. Verzeichnisse oder Datenbanken erfassen häufig:

- bestimmte Quellenarten (Texte, Bilder, Notentexte, Tonmaterial etc.)
- bestimmte Überlieferungsformen (Handschriften, Drucke etc.)
- bestimmte Gebiete

---

20 Einen in vielen Fällen detaillierteren Überblick über Datenbanken, Verzeichnisse und Kataloge als dies im Nachfolgenden möglich ist, bietet Laurie J. Sampsel, *Music Research*. Jüngst hat auch Burkhard Meischein in seiner *Einführung in die historische Musikwissenschaft* umfangreiche Literaturlisten für verschiedene musikhistorisch relevante Themen zusammengestellt.

- bestimmte Zeiträume
- bestimmte Gattungen
- bestimmte Personen

Der große Vorteil dieser Verzeichnisse und Datenbanken ist, dass sie Daten über existierende Quellen unabhängig von ihrem jeweiligen Standort in einer Bibliothek oder in einem Archiv sammeln und im Idealfall eine Information über den Standort auch mitliefern.

Verzeichnisse für Notentexte

Spezifische und für die Historische Musikwissenschaft für viele Fragestellungen relevante Verzeichnisse existieren insbesondere zur Quellenart der Notentexte:

Répertoire International des Sources Musicales (RISM)

Das Verzeichnis beziehungsweise die Datenbank RISM erfasst hauptsächlich Notentexte aus verschiedenen Archiven und Bibliotheken und liegt in drei verschiedenen Serien vor: Serie A umfasst Quellen von Einzelpersonen, Serie B umfasst Quellen von mehreren Personen sowie thematisch ausgerichtete Verzeichnisse, Serie C bietet ein Verzeichnis von Musikbibliotheken. Innerhalb der Serien sind die Verzeichnisse wiederum zeitlich, nach Überlieferungsform, geographisch oder in anderer Form thematisch geordnet oder beschränkt. Mit Hilfe von RISM kann somit sehr schnell erfasst werden, welche Notentexte als Quelle in welcher Bibliothek oder welchem Archiv vorhanden sind.[21]

- RISM A/I beinhaltet ein Verzeichnis von Einzeldrucken von Musikwerken vor 1800 und liegt in gedruckter Form in 15 Bänden vor.[22] Es ist alphabetisch nach Namen der Komponistin oder des Komponisten geordnet, innerhalb des jeweiligen Oeuvres der Person dann nach Gattungen. Zu jedem Druck werden Titel, Erscheinungsort und -jahr, Verlag, Standorte sowie

---

21 Vorausgesetzt die Bibliothek oder das Archiv hat die Daten in RISM eingespeist, was leider nicht für alle Institutionen der Fall ist.

22 Vgl. *Répertoire International des Sources Musicales. Einzeldrucke vor 1800.*

eine RISM-Identifikationsnummer bereitgestellt. RISM A/II beinhaltet ein Verzeichnis von handschriftlich überlieferten Musikwerken nach 1600 und liegt als Datenbank vor. Dieses Verzeichnis wurde über lange Zeit als CD-ROM-Version vertrieben, seit Kurzem ist die Datenbank jedoch auch online zugänglich, was den Vorteil hat, dass immer die aktuellste Version zur Verfügung steht.[23] Neben den Möglichkeiten der Suchmaske, die denen der Literaturrecherche ähneln, steht bei RISM A/II auch die Suche nach dem Notenanfang (auch als musikalisches Incipit bezeichnet) zur Verfügung.

- RISM B/I und II beinhalten Verzeichnisse von Sammeldrucken von Musikwerken bis zum Jahr 1801 und liegen in zwei Bänden vor.[24] Im Unterschied zu RISM A/I handelt es sich um Drucke, die nicht Kompositionen von einer, sondern von mehreren Personen umfassen. RISM B/III beinhaltet im Unterschied zu den bisher genannten kein Verzeichnis von Notentexten, sondern ein Verzeichnis von musiktheoretischen Schriften in lateinischer Sprache bis etwa zum Jahr 1500. Die sechs erschienenen Bände sind nach geographischen Gesichtspunkten geordnet. RISM B/IV–XV enthalten jeweils Verzeichnisse, die spezifische Gattungen, geographische Räume oder Überlieferungsformen behandeln.

Weitere Verzeichnisse für Notentexte

Neben RISM gibt es noch zahlreiche andere Verzeichnisse, die jeweils spezifische Ausrichtungen haben und auch Quellen verzeichnen, die in RISM nicht erfasst werden. Die folgenden Beispiele zeigen mögliche inhaltliche Abgrenzungen:

- Robert Eitner, *Bibliographie der Musiksammelwerke des 16. und 17. Jahrhunderts*, Berlin 1877; erfasst einen bestimmten Zeitraum, eine bestimmte Überlieferungsform.
- Emil Vogel, *Bibliothek der gedruckten weltlichen Vokalmusik Italiens aus den Jahren 1500–1700. Enthaltend die Litteratur der Frottole, Madrigale, Canzonette, Arien, Opern etc.*, 2 Bde., Berlin 1892; erfasst einen bestimmten

---

23 RISM A/II ist frei verfügbar über http://opac.rism.info oder über das Datenbank-Infosystem der jeweiligen Universität.

24 Vgl. François Lesure, *Recueils imprimés XVIe-XVIIe siècles* und François Lesure, *Recueils imprimés XVIIIe siècle*.

Zeitraum, ein bestimmtes Gebiet, eine bestimmte Überlieferungsform, eine bestimmte Gattung.
- Howard Mayer Brown, *Instrumental Music Printed Before 1600. A Bibliography*, Cambridge 1965; erfasst einen bestimmten Zeitraum, eine bestimmte Überlieferungsform, eine bestimmte Gattung.
- Franz Pazdirek, *Universal-Handbuch der Musikliteratur aller Zeiten und Völker*, 14 Bde., Wien 1904–1910; erfasst eine bestimmte Überlieferungsform, der Zeitraum ist durch das Erscheinungsdatum vorgegeben.
- Felix Mendelssohn Bartholdy, *Thematisches Verzeichniss im Druck erschienener Compositionen von Felix Mendelssohn Bartholdy*, 3., vervollständigte Ausgabe, Leipzig 1882; erfasst eine bestimmte Person, eine bestimmte Überlieferungsform.

Personenbezogene Musikalienverzeichnisse (wie in dem letztgenannten Beispiel) erfassen in der Regel die Werke einzelner Personen. In diesem Fall spricht man von einem Werkverzeichnis. Eine für musikhistorische Zwecke besonders nützliche Form des Werkverzeichnisses ist der THEMATISCHE KATALOG, der bestimmte Kriterien erfüllt:

- Nummerierung der Werke
- musikalisches Incipit zu jedem Werk
- Informationen zu Entstehung und Überlieferungsformen der Werke
- Informationen zu Standorten von Quellen zu den Werken
- Informationen zu Literatur über die Werke

> AUFGABE: Suchen Sie in Ihrer Bibliothek nach einem Werkverzeichnis oder einem Thematischen Katalog zu Richard Wagner und, überprüfen Sie die oben genannten Kriterien.

Bei der Suche nach Notentexten, die einer bestimmten Person zugeordnet werden können, sind Thematische Kataloge somit ein sehr nützliches Hilfsmittel. Es ist allerdings zu bedenken, dass das Konzept eines Thematischen Kataloges ein Denken von Werk und Autorschaft eines Werkes voraussetzt – Bedingungen, die nur für einen kleinen Ausschnitt musikbezogener Vergangenheit relevant sind. Die meisten existierenden Thematischen Kataloge beziehen sich auch aus diesem Grund auf Komponisten des 18. und 19. Jahrhunderts. Um herauszufinden, für welche Personen Thematische Kataloge existieren, können die Recherchetechniken aus dem Bereich der Literaturrecherche (siehe Abschnitt »Musikwissenschaftliche Recherchen«, Kapitel 2, S. 39) adaptiert werden. Prominente Beispiele für Thematische Kataloge sind:

- Wolfgang Schmieder, *Thematisch-systematisches Verzeichnis der musikalischen von Werke Johann Sebastian Bach*, 2., überarbeitete und erweiterte Ausgabe, Wiesbaden 1990; als Bach-Werke-Verzeichnis (BMV) bekannt.
- Peter Ryom, *Antonio Vivaldi. Thematisch-systematisches Verzeichnis seiner Werke*, Wiesbaden 2007; als Ryom-Verzeichnis (RV) bekannt.
- Ludwig A. F. Ritter von Köchel, *Chronologisch-thematisches Verzeichnis sämtlicher Tonwerke Wolfgang Amadé Mozarts. Nebst Angabe der verlorengegangenen, angefangenen, von fremder Hand bearbeiteten, zweifelhaften und unterschobenen Kompositionen*, 6. Auflage bearbeitet von Franz Giegling, Alexander Weinmann und Gerd Sievers, Wiesbaden 1964; als Köchel-Verzeichnis (KV) bekannt.
- Anthony van Hoboken, *Joseph Haydn. Thematisch-bibliographisches Werkverzeichnis*, 3 Bde., Mainz 1957–78; als Hoboken-Verzeichnis (Hob.) bekannt.
- Georg Kinsky, *Das Werk Beethovens. Thematisch-bibliographisches Verzeichnis seiner sämtlichen vollendeten Kompositionen*, nach dem Tode des Verfassers abgeschlossen von Hans Halm, München 1955; nach Opuszahlen und Werke ohne Opuszahl (WoO) gegliedert.
- Otto E. Deutsch, *Schubert. Thematic Catalogue of All His Works in Chronological Order*, London 1951; als Deutsch-Verzeichnis (D) bekannt.

Für unsere Frage nach der ersten Aufführung des *Ring des Nibelungen* wird es sinnvoll sein, das Werkverzeichnis von Wagner heranzuziehen.[25] Hier erfahren wir, ob und welche Notentexte zum Werk überliefert sind, auf die wir unsere Analyse der Werkkonzeption stützen können. Wir sehen im Werkverzeichnis außerdem, dass *Der Ring des Nibelungen* bereits mehrere Jahre und (im Falle der ersten Teile der Tetralogie) Jahrzehnte vor der Aufführung von 1876 in gedruckten Textbüchern, Klavierauszügen und Partituren vorlag, sodass davon auszugehen ist, dass Teilen (oder vielleicht sogar großen Teilen) des Publikums das Werk nicht unbekannt war.

Während Verzeichnisse von Notentexten durch die Spezifität ihrer musika-

---

25 Vgl. John Deathridge, Martin Geck und Egon Voss, *Wagner Werk-Verzeichnis (WWV)*. Der Eintrag zum *Ring des Nibelungen* findet sich unter der Nummer WWV 86, S. 348–419.

lischen Ausrichtung relativ einfach zu erfassen und zu recherchieren sind, trifft man bei anderen Quellenarten häufig auf Schwierigkeiten. Eine relativ gute Ausgangslage liegt für textliche Quellen vor, deren Musikbezug eindeutig ist, wie etwa für Musikzeitschriften.

Verzeichnisse für Musikzeitschriften

Im Bereich der Musikzeitschriften können Recherchemethoden eingesetzt werden, die aus dem Bereich der Literaturrecherche bekannt sind (IIMP, MI etc.), sofern die in den Verzeichnissen und Datenbanken behandelten jüngeren Zeiträume für die Quellenrecherche relevant sind. Für ältere Zeitschriften oder bestimmte thematische Schwerpunkte stehen weitere Verzeichnisse zur Verfügung.

Répertoire Internationale de la Presse Musicale (RIPM)

RIPM umfasst ein Verzeichnis der Inhalte von über 100 Musikzeitschriften, die zwischen 1800 und 1950 erschienen sind.[26] Mit RIPM kann also festgestellt werden, welche Artikel in welchen Musikzeitschriften in diesem Zeitraum veröffentlicht wurden. Die Zeitschriften sind jedoch häufig nicht im Volltext zugänglich, d. h., wenn recherchiert wurde, was zu welchem Thema wo erschienen ist, muss dieser Artikel erst in der Bibliothek gesucht werden. RIPM ist bisher in über 250 gedruckten Bänden erschienen. Seit dem Jahr 2000 steht eine digitale Datenbank zur Verfügung, die ständig erweitert und erneuert wird. Es ist daher anzuraten, diese zu verwenden, auch weil die Recherchemöglichkeiten wesentlich einfacher sind als für die Printversion. Einige der online verzeichneten Artikel sind über RIPM auch im Volltext zugänglich. Für die Frage nach Publikumsreaktionen auf den *Ring des Nibelungen* wäre demnach auch von Relevanz nachzusehen, ob in Musikzeitschriften darüber berichtet wurde.

AUFGABE: Recherchieren Sie in RIPM Zeitschriftenartikel aus dem Jahr 1876, in denen *Der Ring des Nibelungen* erwähnt wird.

---

26 Nähere Informationen auf http://www.ripm.org.

Mit entsprechenden Suchbegriffen und einer Beschränkung auf das Jahr 1876 werden wir in der Onlineversion von RIPM schnell fündig und machen auch Berichte ausfindig, die in der Volltextausgabe sofort zugänglich sind. So können wir etwa nachlesen, dass der Korrespondent der »Revue et Gazette musicale de Paris« am Beginn der Aufführung des *Rheingold* von einem »[...] milieu d'un profond silence et d'une obscurité presque complète«[27] schreibt und uns somit einen Hinweis auf das Publikumsverhalten am Beginn der Aufführung gibt. Für andere in RIPM recherchierte Zeitschriftenartikel, die nicht online über RIPM selbst verfügbar sind, empfiehlt sich die Suche nach gedruckten Exemplaren, Mikrofilmen oder Digitalisierungen der Zeitschrift in Bibliotheken oder die Suche nach anderen online verfügbaren Digitalisierungen. In den letzten Jahren ist eine große Anzahl historischer Zeitschriften von Bibliotheken oder anderen Anbietern digitalisiert worden. Einen Überblick geben entsprechende Portale und Linklisten (beispielsweise die bereits erwähnte ViFa Musik; siehe Abschnitt »Fachportale«, Kapitel 2, S. 62).

Weitere Verzeichnisse für Musikzeitschriften

Weitere nützliche gedruckte Verzeichnisse, die auch Zeiträume vor 1800 behandeln, sind:

- Imogen Fellinger, *Periodica musicalia 1789–1830*, Regensburg 1986 (Studien zur Musikgeschichte des 19. Jahrhunderts 55); verzeichnet Zeitschriften, in denen musikalische Werke enthalten sind.
- Imogen Fellinger, *Verzeichnis der Musikzeitschriften des 19. Jahrhunderts*, Regensburg 1968 (Studien zur Musikgeschichte des 19. Jahrhunderts 10); verzeichnet Zeitschriften, die musikalische Inhalte haben, allerdings – im Unterschied zu RIPM – nicht die Inhalte und Artikel im Einzelnen.
- Laurenz Lütteken (Hg.), *Die Musik in den Zeitschriften des 18. Jahrhunderts. Eine Bibliographie*, Kassel u. a. 2004 (Catalogus musicus 18); verzeichnet musikbezogene Beiträge in deutschsprachigen Zeitschriften des 18. Jahrhunderts und macht durch die beiliegende CD-ROM auch Schlagwortsuchen etc. möglich.

---

27 *Les représentations de Bayreuth. Correspondence*, S. 284. Übersetzung: »[...] einer Umgebung von tiefer Stille und beinahe vollständiger Dunkelheit«.

Es empfiehlt sich, bei der Suche nach weiteren gedruckten Verzeichnissen auf die Techniken der Literaturrecherche mit entsprechenden Suchbegriffen zurückzugreifen.

Verzeichnisse für musikbezogene Bilder

Musikbezogene Bilder sind weniger gut erschlossen als musikbezogene Textquellen. Eine umfangreiche Datenbank ist hier noch im Aufbau:

Répertoire International d'Iconographie Musicale (RIdIM)

RIdIM möchte eine Onlinedatenbank zur musikalischen Ikonographie entwickeln, die neben Standorten auch Links zu Reproduktionen von musikbezogenen Bildern liefert.[28] Derzeit ist dieser Service allerdings noch im Aufbau und nur in einer Testversion zugänglich. RIdIM versucht auch, Klassifikationen für die Suche nach musikbezogenen Bildern zu entwickeln, um die Suche im Onlinekatalog nach bestimmten Themenfeldern zu erleichtern.

Weitere Verzeichnisse für musikbezogene Bilder

Bildquellen sind in der Musikwissenschaft weniger durch Verzeichnisse, als vielmehr durch Sammlungen mit entsprechenden beigefügten Reproduktionen der Abbildungen verfügbar. Eine gedruckte Bibliographie zur musikalischen Ikonographie liegt von Frederick Crane vor.[29] Eine der umfangreichsten Bildsammlungen ist die »Musikgeschichte in Bildern«.[30] Die Bände sind teils geographisch und innerhalb Europas nach den im Bild dargestellten Topoi thematisch geordnet. Daneben existieren zahlreiche Editionen mit Illustrationen von Musikinstrumenten, zu einzelnen Komponisten oder anderen inhaltlichen Schwerpunkten, die durch entsprechende Literaturrecherchen eruiert werden können.

---

28   Nähere Informationen auf http://www.ridim.org.
29   Vgl. Frederick Crane, *A Bibliography of the Iconography of Music*.
30   Vgl. Heinrich Besseler und Max Schneider (Hgg.), *Musikgeschichte in Bildern*.

Zu Wagner und der Bayreuther Uraufführung von 1876 wären in diesem Sinne Dokumentationsbände heranzuziehen und auf Abbildungen zu diesem Ereignis zu prüfen, wie beispielsweise:

- Dietrich Mack und Egon Voss (Hgg.), *Richard Wagner. Leben und Werk in Daten und Bildern*, Frankfurt am Main ²1983.
- Solveig Weber, *Das Bild Wagners. Ikonographische Bestandsaufnahme eines Künstlerkults*, 2 Bde., Mainz u. a. 1993.

Verzeichnisse für musikbezogene Tonträger

Auch TONTRÄGER sind im Vergleich zu Textquellen zur Musik bedeutend weniger gut durch Verzeichnisse erschlossen. Erst seit wenigen Jahren interessiert sich die Historische Musikwissenschaft vermehrt für Fragestellungen, die durch die Auseinandersetzung mit Tonaufnahmen beantwortet werden können. Eine systematische Erfassung erfolgte bisher nur innerhalb der »International Bibliography of Printed Music, Music Manuscripts and Recordings«[31]. Eine weitere Datenbank für historische Tonaufnahmen wurde in den letzten Jahren durch das Center for the History and Analysis of Recorded Music initiiert.[32] Darüber hinaus existieren gedruckte Diskographien zu zahlreichen Genres, Themen, Zeiträumen oder Einzelpersonen, die am besten durch entsprechende Recherche eruiert werden können (siehe Abschnitt »Diskographien und Filmographien«, Kapitel 2, S. 51).

Weitere musikbezogene Verzeichnisse

Neben Notentexten und Musikzeitschriften gibt es noch weitere musikbezogene Verzeichnisse von Textquellen. Einige wurden bereits in Zusammenhang mit RISM erwähnt, da die Serie B III–XV auch Verzeichnisse von musiktheoreti-

---

31 Dies ist ein kostenpflichtiges Datenbankangebot, das Ihnen in der Regel über das Datenbank-Infosystem Ihrer Bibliothek zur Verfügung steht.
32 http://www.charm.rhul.ac.uk/discography/disco.html.

schen Texten etc. enthält.[33] Daneben gibt es Verzeichnisse von Textbüchern und Libretti von Musikwerken,[34] Briefverzeichnisse von Komponisten und zahlreiche Verzeichnisse anderer thematischer Ausrichtungen. Für unsere Fragestellung nach den Reaktionen auf die Uraufführung des *Ring des Nibelungen* wird es sinnvoll sein, das Wagner-Briefe-Verzeichnis auf entsprechende Briefe aus dem Jahr 1876 hin zu untersuchen.[35]

> AUFGABE: Suchen Sie im Wagner-Briefe-Verzeichnis nach Briefen aus dem zeitlichen Umfeld der *Ring*-Aufführung von 1876.

Je unklarer jedoch der Musikbezug einer Quelle, desto weniger wahrscheinlich ist die Möglichkeit, dass diese in musikbezogenen Verzeichnissen auch erfasst wird. Beim musikhistorischen Arbeiten können Musikwissenschaftlerinnen und Musikwissenschaftler deshalb auf Kataloge, Verzeichnisse und Datenbanken aus anderen Fächern (beispielsweise den Geschichtswissenschaften, Kunstwissenschaften oder Literaturwissenschaften) nicht verzichten. Je nach Fragestellung empfiehlt es sich, auf Leitfäden und Hilfsmittel aus diesen Fächern bzw. auf allgemeine bibliographische und andere Hilfsmittel zurückzugreifen. Für die Frage der Wagner-Uraufführung werden wir nicht nur in Musikzeitschriften nach Bemerkungen über das Publikum suchen, sondern vielmehr in den Feuilletons der nationalen und internationalen Tagespresse. Größere Bibliotheken besitzen eine Vielzahl von Tageszeitungen auf Mikrofilm, Mikrofiche oder als digitale Kopie. Auch hier gilt es, auf aktuelle Informationen zu Digitalisierungen, die am besten über Portale (beispielsweise das Fachportal für Geschichtswissenschaften: http://www.clio-online.de) oder die Internetseiten der Bibliotheken selbst erlangt werden, zuzugreifen.

---

33 Für musiktheoretische Texte ferner von Relevanz sind folgende Bibliographien: C. Matthew Balensuela und David R. Williams, *Music Theory From Boethius to Zarlino* sowie David Damschroder und David R. Williams, *Music Theory From Zarlino to Schenker*.
34 Vgl. beispielsweise Claudio Sartori, *I libretti italiani a stampa dalle origini al 1800*.
35 Vgl. Werner Breig, Martin Dürrer und Andreas Mielke, *Wagner-Briefe-Verzeichnis*.

Verzeichnisse von Archiven und Bibliotheken

Musikhistorisch relevante Quellen sind jedoch häufig nicht nach inhaltlichen Kriterien in Verzeichnissen erfasst, sondern nach dem Standort der Quellen, d. h., in einem Katalog oder einem Verzeichnis wird erfasst, was in einem Archiv oder in einer Bibliothek vorhanden ist. Ein solches Verzeichnis kann darüber hinaus auch wieder einer inhaltlichen Systematisierung folgen. Die folgenden Beispiele zeigen mögliche Ausrichtungen:

- Gottwald Clytus, *Die Handschriften der Universitätsbibliothek München*. Band 2: *Die Musikhandschriften der Universitätsbibliothek München*, hg. von Gerhard Schott, Wiesbaden 1968; erfasst einen bestimmten Standort, eine bestimmte Quellenart und eine bestimmte Überlieferungsform.
- *Catalogo dei fondi storici della Biblioteca del Conservatorio di Musica Benedetto Marcello, Venezia*, 11 Bde., Florenz 1990–1999; erfasst einen bestimmten Standort, der thematische Rahmen ist durch die Institution gegeben.
- Georg Günther, *Musikalien des 18. Jahrhunderts aus den Klöstern Rot an der Rot und Isny. Katalog*, Stuttgart und Weimar 1997; erfasst einen bestimmten Standort und Ort, eine bestimmte Quellenart und einen bestimmten Zeitraum.

In diesen Fällen handelt es sich um gedruckte Kataloge, die einen Bestand zu einem bestimmten Zeitpunkt beschreiben. Sollte also die Universitätsbibliothek München nach 1968 Handschriften erworben haben, so ist dies aus dem gedruckten Verzeichnis nicht erschließbar. Im Falle der Musikalien aus den Klöstern Rot an der Rot und Isny haben wir es mit einer Migration eines ganzen Bestandes zu tun. Die ursprünglich in diesen Klöstern aufbewahrten Notentexte befinden sich heute im Schwäbischen Landesmusikarchiv, dessen Bestände dieser Katalog umfasst.

Die Form des gedruckten Kataloges ist nicht die häufigste Form der Verzeichnisse von Quellenbeständen der Bibliotheken und Archive. Vielfach machen Archive und Bibliotheken ihre Bestände durch Zettelkataloge oder Onlinekataloge zugänglich, da hier ständige Erweiterungen und Anpassungen vorgenommen werden können. Der Druck von Katalogen eignet sich somit eher für abgeschlossene Bestände. Welche Quellenbestände in welcher Bibliothek durch welche Art von Verzeichnis erschlossen sind, kann heute sehr einfach recherchiert werden, da viele Bibliotheken und Archive eine Internetpräsenz haben.

Häufig werden Bestände nach Quellenart und Überlieferungsform systematisch erfasst. Es gibt daher in vielen Fällen separate Kataloge für Texte, Bilder oder Tonträger sowie für Handschriften oder Drucke.

(Re)produktionen von Quellen

In der musikhistorischen Forschung stellen die Forscherinnen und Forscher üblicherweise das verwendete Quellenmaterial nicht selbst her (im Gegensatz etwa zu den Ethnomusikologinnen und Ethnomusikologen, die Interviews führen oder Tonaufnahmen herstellen, siehe Abschnitt »Empirische Quellenarbeit: Qualitative Forschung«, Kapitel 5.2, S. 222), sondern arbeiten mit Quellen, die bereits überliefert sind, bevor mit der Aufarbeitung einer Fragestellung begonnen wird. Trotzdem verwenden die musikhistorisch Forschenden heute sehr oft Material, das sie selbst produzieren und herstellen, aber als eine Quelle, die etwas über die Vergangenheit vermittelt, behandeln. Gemeinhin spricht man dabei von Reproduktionen, vielleicht sollte in vielen Fällen aber auch von Produktionen gesprochen werden, da der Anteil an aktiver Leistung häufig sehr hoch ist. Die Forschung befindet sich hier in einem Dilemma, das die gesamte Geschichtsschreibung und somit auch die Musikgeschichtsschreibung betrifft: Geschichte zu erzählen heißt, Geschichte und nicht Vergangenheit herzustellen. Beim Reproduzieren von Quellen produzieren wir neue Quellen und stellen nicht die Quellen selbst her. In vielen Fällen befinden Musikwissenschaftlerinnen und Musikwissenschaftler jedoch (und auch das hängt wieder von der Fragestellung ab), dass die reproduzierte Quelle als Informationsmedium für die Vergangenheit herangezogen werden soll und kann. Wenn wir also herausfinden möchten, ob Richard Wagner sich nach der Bayreuther Aufführung des *Ring des Nibelungen* in einem Brief über Reaktionen des Publikums geäußert hat, so werden wir dafür nicht zuerst ins Archiv gehen und nach entsprechenden Dokumenten suchen, sondern wir werden zunächst eine bereits publizierte Briefausgabe heranziehen, nachdem wir im Briefverzeichnis recherchiert haben, ob entsprechende relevante Briefe vorhanden sind.[36] Auch wenn wir wissen möch-

---

36 Da die Gesamtausgabe der Briefe Wagners erst für Briefe bis zum Jahr 1861 fertiggestellt ist, müssen wir entsprechend der Angaben im Wagner-Briefe-Verzeichnis andere Ausgaben heranziehen. Vgl. Werner Breig, Martin Dürrer und Andreas Mielke, *Wagner-Briefe-Verzeichnis*.

ten, was Wagners Frau, Cosima Wagner, in ihrem Tagebuch über die Aufführung berichtet, können wir die gedruckte Ausgabe der Tagebücher heranziehen.[37]

> AUFGABE: Lesen Sie in Cosima Wagners Tagebuch die Einträge zum August 1876 und suchen Sie dabei nach Bemerkungen über das Bayreuther Publikum.

Gerade für Forschungsgegenstände, mit denen sich bereits viele Wissenschaftlerinnen und Wissenschaftler auseinandergesetzt haben, steht meist eine Fülle an reproduzierten Quellen zur Verfügung. Reproduktionen von Quellen müssen bestimmte Kriterien erfüllen, um als »Ersatz« für Quellen zu dienen. In jedem Fall müssen sie vollständig und korrekt wiedergegeben werden, was mit unterschiedlichen Schwierigkeiten verbunden sein kann. Zwei Beispiele:

- Wagner hat manche Briefe nur in Kleinschreibung verfasst. Soll dies in einer Reproduktion in Groß- und Kleinschreibung geändert werden?
- Im Erstdruck von Wagners *Götterdämmerung* ist im zweiten Akt für das Violoncello in Takt 1610 fälschlicherweise c statt a notiert. Soll dies in einer Reproduktion korrigiert werden?

Wenn eine reproduzierte Quelle herangezogen wird, muss zunächst die Frage beantwortet werden, welche Art von Reproduktion vorliegt, und nach welchen Kriterien in die Quelle eingegriffen wurde. Für bestimmte Quellenarten gibt es verschiedene Arten von Reproduktionen.

Das Faksimile

Das FAKSIMILE ist eine photomechanische Kopie einer Quelle. Technisch gesehen ist das Faksimile dadurch auf Quellen beschränkt, die auf beschriebenem oder bedrucktem Papier überliefert sind. Dabei wird versucht, die Reproduktion dem Original möglichst in allen Details (zum Beispiel in Farbgebung, Ausgabengröße oder Papierwahl) anzunähern. Würde uns von Wagners oben genanntem Brief also ein Faksimile zur Verfügung stehen, so würde die Kleinschreibung genau wie im Original aufscheinen und das falsche c würde in einer faksimilierten Partitur genau wie im Erstdruck aufscheinen. Faksimileausgaben sind somit

---

37 Vgl. Cosima Wagner, *Die Tagebücher.*

für das musikhistorische Arbeiten sehr nützlich, weil sie bei der Anfertigung der Kopie versuchen, Eingriffe in die ursprüngliche Quelle so minimal wie technisch möglich zu halten.

Digitalisierungen

DIGITALISIERUNGEN sind nicht auf Text- oder Bildquellen beschränkt, sondern können auch von Tonträgern, Filmen und Videos hergestellt werden. Digitale Kopien von Text- oder Bildquellen erfüllen gewisse Kriterien einer Faksimilierung. Allerdings findet bei der Digitalisierung eine Übertragung in ein anderes Medium bzw. keine Rückübertragung in das ursprüngliche Medium statt, wodurch beispielsweise die oben genannten Details wie Farbgebung, Ausgabengröße oder Papierwahl nicht mehr berücksichtigt werden können. Die Digitalisierung von Tonträgern, Filmen und Videos ist insbesondere bei Aufnahmen, die eine geringe Lebensdauer haben und für die funktionstüchtige Abspielgeräte immer rarer werden, ein zentrales Thema von entsprechenden Archiven und Bibliotheken. Auch hier wird versucht, Eingriffe in die ursprüngliche Quelle im Zuge des Digitalisierungsverfahrens so gering wie möglich zu halten.

Nachdruck, Reprint und Faksimile-Nachdruck

Ein NACHDRUCK ist die photomechanische Kopie einer gedruckten Quelle. Nachgedruckt werden kann also nur etwas, das bereits gedruckt wurde. Prinzipiell könnte man beim Nachdruck auch vom Faksimile eines Druckes sprechen; häufig zu finden sind auch die Begriffe REPRINT oder FAKSIMILE-NACHDRUCK. Da gedruckte Quellen üblicherweise in mehreren Exemplaren existieren, werden hier meist weniger hohe Ansprüche an eine detailgetreue Nachbildung der Quelle (beispielsweise den Umschlag oder das Papier betreffend) gestellt.

Neudruck, Neuedition und Kritische (Gesamt-)Ausgabe

Bei Neudruck oder Neuedition einer Quelle handelt es sich nicht um eine photomechanische Kopie, sondern um die Herstellung eines neuen Drucksatzes auf Basis der Quelleninformationen. Die gedruckte Ausgabe der Briefe Richard

Wagners beinhaltet demnach nicht Kopien der handschriftlichen Quellen, sondern gibt die Briefe in einem neu gedruckten Satz wieder. Das Ausmaß, in dem der Neudruck von der Quelle abweicht, kann dabei sehr unterschiedlich sein. Ist er zu hoch, kann eigentlich nicht mehr von einer Reproduktion gesprochen werden, sondern es handelt sich um eine neue Quelle.

Insbesondere für Neudrucke tauchen also die oben genannten Fragen auf. Soll die Orthographie geändert werden? Soll die falsche Note korrigiert werden? Mit solchen Fragen haben sich seit dem 19. Jahrhundert viele Wissenschaftlerinnen und Wissenschaftler auseinandergesetzt und dabei Kriterien entwickelt, wonach Neueditionen mit wissenschaftlichem Anspruch hergestellt werden sollen. Dabei spricht man häufig von KRITISCHEN AUSGABEN.

Die Kritische Ausgabe versucht eine Quelle oder mehrere zusammenhängende Quellen unter Kennzeichnung und Diskussion von Veränderungen, Unklarheiten, unterschiedlichen Textversionen, Fehlern etc. zu edieren. In einer Kritischen Ausgabe der Briefe Wagners würde es demnach einen Verweis geben, falls die Orthographie geändert würde, und in der Kritischen Ausgabe der Partitur würde die Note mit dem Hinweis, dass sie im Erstdruck falsch ist, korrigiert werden. Auskünfte darüber geben entweder ein KRITISCHER BERICHT, der im Anhang zur Wiedergabe der Quelle beigefügt wird, oder KOMMENTARE am jeweiligen Seitenende. Hinweise zur Beschaffenheit der herangezogenen Quellen und eine generelle Diskussion der Quellen finden sich meist im Vorwort zur Edition. Die Kritische Ausgabe ist für das historische Arbeiten besonders nützlich, da sie eine wissenschaftliche Auseinandersetzung mit Quellen darstellt und über den Herstellungsprozess der Edition Auskunft gibt. Zugleich ist der aktive Produktionsanteil der Wissenschaftlerin oder des Wissenschaftlers sehr hoch, sodass es sich hier mehr um eine Produktion als eine Reproduktion handelt. Anspruch und Intention der Edition müssen daher auch immer kritisch befragt werden. Dies gilt insbesondere für die Edition von Texten und Notentexten mit Werkcharakter. Die Werkedition versucht nicht, eine einzige Quelle zu edieren, sondern anhand verschiedener vorhandener Quellen (z. B. Handschriften und Drucke) ein Werk herzustellen, von dem angenommen wird, dass es den Intentionen der Autorin oder des Autors dieses Werkes entspricht. In den letzten Jahren wird dabei mithilfe digitaler Techniken versucht, Editionen herzustellen, die eine gewisse Hybridität aufweisen, d. h., man geht hier nicht mehr davon aus, dass es ein Werk in einer letztgültigen Fassung gibt.[38]

---

38 Vgl. hierzu beispielsweise die Plattform Edirom: http://www.edirom.de. Vermehrt werden auch Werke in einer Druckausgabe und einer digitalen Hybridversion zur Verfügung gestellt,

Eine Sonderform der Kritischen Werkausgabe ist die KRITISCHE GESAMTAUSGABE. Im Bereich der Musikforschung wird hierbei versucht, alle Kompositionen einer Komponistin oder eines Komponisten in einer Kritischen Werkausgabe vorzulegen, d. h. das Gesamtwerk zu edieren. Kritische Gesamtausgaben liegen von verschiedenen Personen vor oder sind gerade im Entstehen begriffen. In manchen Fällen werden hierbei nicht nur musikalische Werke ediert, sondern auch Skizzen, Briefe oder anderes Dokumentationsmaterial; im Regelfall sind Gesamtausgaben nach Werkgattungen in verschiedenen Serien geordnet. Beispiele für prominente Gesamtausgaben sind:

- Wolfgang Amadeus Mozart, *Neue Ausgabe sämtlicher Werke*, Kassel u. a. 1955– (bisher ca. 120 Bände erschienen).
- Arnold Schönberg, *Sämtliche Werke*, Mainz 1969– (bisher ca. 70 Bände erschienen).
- Franz Schubert, *Neue Ausgabe sämtlicher Werke*, Kassel u. a. 1967– (bisher ca. 80 Bände erschienen).
- Richard Wagner, *Sämtliche Werke*, Mainz 1968– (bisher ca. 60 Bände erschienen).

Für unsere Fragestellung ist die Edition des *Ring des Nibelungen* im Rahmen der Gesamtausgabe eine relevante Quelle.

AUFGABE: Suchen Sie die Ausgabe des *Ring des Nibelungen* der Richard-Wagner-Gesamtausgabe und lesen Sie im Vorwort nach, welche Quellen für die Edition herangezogen wurden.

Wir haben mit diesem Band einen Notentext zur Verfügung, der das zur Uraufführung überlieferte Material berücksichtigt (beispielsweise wurden hier auch Eintragungen zur Uraufführung, die sich in Klavierauszügen von an der Aufführung Beteiligten fanden, in die Anmerkungen aufgenommen) und somit zur Untersuchung der Werkkonzeption herangezogen werden kann. Zudem erscheinen als Band 29 der Gesamtausgabe drei Teilbände mit Dokumenten zum *Ring des Nibelungen*.[39]

---

wie beispielsweise im Rahmen der Max Reger Gesamtausgabe.

39 Bisher ist nur Band 29, I erschienen: Vgl. Werner Breig und Hartmut Fladt (Hgg.), *Dokumente zur Entstehungsgeschichte des Bühnenfestspiels »Der Ring des Nibelungen«*.

Eine weitere Sonderform der Neuedition ist die sogenannte DENKMÄLER-
AUSGABE. Die Bezeichnung bezieht sich auf traditionelle Reihen, die seit Ende
des 19. Jahrhunderts entstanden sind:

- *Denkmäler deutscher Tonkunst*, 1892–
- *Denkmäler der Tonkunst in Österreich*, 1894–
- *Denkmäler der Tonkunst in Bayern*, 1900–
- *Schweizerische Musikdenkmäler*, 1955–

Unschwer ist an den Titeln das nationale Interesse dieser Ausgaben zu erkennen. In einer umfassenden Reihe soll das nationale musikalische »Erbe« (auch dies ist ein Begriff, der in diesem Zusammenhang immer wieder auftaucht) verfügbar gemacht werden. Häufig werden dabei Werke aus der Zeit vor 1800 ediert, die in anderen Ausgaben nicht verfügbar sind. Weitere prominente Reihen sind:

- *Musica britannica*, 1951–
- *Monumentos de la música española*, 1941–
- *Monumenti musicali italiani*, 1975–

Die meisten Denkmälerausgaben folgen den editorischen Kriterien von Kritischen Ausgaben.

Quellenlesebücher und Dokumentensammlungen

Neueditionen können nicht nur in der Art erfolgen, dass eine einzige Quelle oder eng zusammenhängende Quellen ediert werden, sondern in einer Neuedition können auch unterschiedliche Quellen ediert werden (wie das in manchen Bänden von Denkmälerausgaben beispielsweise auch der Fall ist). Meist werden dabei Quellen zu bestimmten inhaltlichen Schwerpunkten zusammengefasst, sodass man bei Textquellen von Quellenlesebüchern und Dokumentensammlungen[40] spricht. Ein QUELLENLESEBUCH wäre beispielsweise:

- David Brackett, *The Pop, Rock, and Soul Reader. Histories and Debates*, New York ²2009.

---

40 Die Dokumentensammlungen innerhalb von Gesamtausgaben wären hier hinzuzuzählen.

In diesem Buch wurden von David Brackett verschiedene Textquellen von den 1920er Jahren bis in die 1990er Jahre publiziert, die sich mit den Genres Pop, Rock und Soul beschäftigen.

Besonders im englischsprachigen Raum werden Quellentexte für die Publikation in einem Quellenlesebuch häufig ins Englische übersetzt. So sind beispielsweise zwei der umfangreichsten Sammlungen nur in Englisch zugänglich und geben die Texte nicht in Originalsprache wieder:

- Oliver Strunk (Hg.), *Source Readings in Music History*, New York 1950, revidierte Ausgabe hg. von Leo Treitler, New York und London 1998.
- Piero Weiss und Richard Taruskin, *Music in the Western World. A History in Documents*, New York ²2008.

Andere wiederum entscheiden sich für zweisprachige Ausgaben:

- Margaretha Landwehr von Pragenau, *Schriften zur Ars musica. Ausschnitte aus Traktaten des 5.–11. Jahrhunderts,* lateinisch und deutsch, Wilhelmshaven 1986 (Taschenbücher zur Musikwissenschaft 86).

Auch bei Quellenlesebüchern stellt sich also die Frage, inwieweit sich die Reproduktion an der Quelle noch orientiert. Eine Übersetzung stellt bereits einen sehr weitreichenden Eingriff in die Substanz einer Quelle dar, da es immer mehrere Möglichkeiten zur Übersetzung gibt und hier bereits eine interpretierende Leistung der Übersetzerin oder des Übersetzers vorliegt. Häufig arbeiten Quellenlesebücher auch mit Ausschnitten aus Quellentexten und es wäre von Fall zu Fall nachzuprüfen, welche Auslassungen vorgenommen wurden. In einem Vorwort oder in anderen erklärenden Texten werden von den Herausgeberinnen und Herausgebern der Texte häufig Kommentare zu den Texten abgegeben oder Zusammenhänge zwischen den Quellen hergestellt.

Während Quellenlesebücher in der musikhistorischen Forschung meist musiktheoretische, musikästhetische oder musikliterarische Texte als Sammlung vorlegen, beinhalten Dokumentensammlungen oft unterschiedliche Quellensorten (beispielsweise Zeitungsausschnitte, Briefe, Bilder etc.). Für unsere Fragestellung nach der Uraufführung von Wagners *Ring* wären auf Richard Wagner oder den *Ring des Nibelungen* bezogene Dokumentensammlungen von Relevanz, die teilweise bereits erwähnt wurden:

- Egon Voss (Hg.), *Richard Wagner. Dokumentarbiographie*, München und Mainz 1982.
- Susanna Großmann-Vendrey, *Bayreuth in der deutschen Presse. Beiträge zur Rezeptionsgeschichte Richard Wagners und seiner Festspiele.* Dokumentenband 1: *Die Grundsteinlegung und die ersten Festspiele (1872–1876)*, Regensburg 1977.
- Walter Beck, *Richard Wagner. Neue Dokumente zur Biographie*, Tutzing 1988.
- Werner Breig und Hartmut Fladt (Hgg.), *Dokumente zur Entstehungsgeschichte des Bühnenfestspiels »Der Ring des Nibelungen«*, Mainz 1976 (Richard Wagner. Sämtliche Werke 29, I).

> AUFGABE: Suchen Sie in der Bibliothek nach diesen Dokumentensammlungen und eruieren Sie relevante Dokumente, die Auskunft über die Bayreuther Uraufführung geben.

Quellenlesebücher und Dokumentensammlungen sind durch die aus der Literaturrecherche bekannten Methoden in Bibliotheken aufzufinden und in vielen Fällen sehr nützlich, da sie auf einem Blick für eine Fragestellung relevante Quellen reproduzieren. Es ist jedoch für diese Textsorten in besonderem Maße auch auf Ein- oder Ausschlusskriterien der Herausgeberinnen und Herausgeber zu achten. Folgende Fragen wären diesbezüglich wichtig: Welche Quellen wurden reproduziert, welche nicht, und nach welchen Kriterien erfolgte diese Entscheidung? Ein Vorwort oder eine Einleitung der Herausgeberinnen oder Herausgeber in diesen Publikationen kann hierfür wichtige Informationen bieten.

Quellen im Internet

Die musikhistorische Arbeit hat sich durch die zunehmende Verfügbarkeit DIGITALER QUELLEN sehr stark verändert. Was vor einigen Jahren einen mühsamen Such-, Bestell-, Aushebe- und Einsichtnahme-Vorgang vonseiten des Archivs oder der Bibliothek und den Benutzerinnen und Benutzern erforderte, kann heute in vielen Fällen per Mausklick erledigt werden. Millionen von Quellen sind in den letzten Jahren digital gespeichert worden und stehen häufig kostenlos zur Verfügung. Sich in diesem Datendschungel zurechtzufinden, stellt jedoch eine neue und besondere Herausforderung dar. Oft werden Quellen im Zuge einzelner Forschungsprojekte digital zugänglich gemacht und sind nicht immer einfach zu finden. Das liegt vor allem daran, dass es kein zentrales Verzeichnis im Internet gibt, das alle digitalen Quellenbestände zusammenführt. Bisweilen decken die großen Internetportale nicht alle fachwissenschaftlichen Bereiche gleich gut ab.[41] Neben der Suche in der Europeana oder im Bam-Portal seien die Verzeichnisse digitaler Sammlungen der ViFa Musik (http://www.vifamusik.de) und der Fachbibliothek für die Geschichtswissenschaften (http://www.clio-online.de) erwähnt. Hilfreiche Linklisten zu digitalen Quellen im Bereich der Musik bietet darüber hinaus die American Musicological Society (http://www.ams-net.org) oder die Golden Pages for Musicologists (http://goldenpages.jpehs.co.uk). Diese Portale und Linklisten werden fortlaufend aktualisiert, und es kann vorausgesetzt werden, dass die verlinkten Digitalisierungsprojekte wissenschaftlichen Qualitätsstandards genügen.

Es ist zudem wichtig, sich die Möglichkeiten und Grenzen digitaler Quellen bei ihrer Verwendung immer zu vergegenwärtigen:

- Selektion: Was digital gespeichert und zur Verfügung gestellt wird, unterliegt einer starken und häufig zufälligen Selektion. Die Arbeit mit digitalen Quellen kann daher die Arbeit mit anderen Quellen nicht ersetzen.
- Transformation: Die digitalisierte Quelle, die ursprünglich in einem anderen Medium überliefert wurde, ist nie identisch mit der ursprünglichen Quelle. Je nach Fragestellung muss dies in entsprechender Form berücksichtigt werden.
- Qualität: Die Qualität im Internet verfügbarer digitaler Quellen kann sehr unterschiedlich sein. Dies beginnt bei der Frage der Auflösung der Scans oder der Audio-Qualität und endet bei der Möglichkeit, dass Seiten fehlen oder Quellen unvollständig sind. Eine grundlegende Qualitätskontrolle (mit dazugehöriger Quellenkritik) sollte daher der erste Schritt beim Heranziehen digitalisierter Quellen sein.

---

41 Zu den großen Portalen für digitalisierte Quellen zählen: http://www.bam-portal.de, http://www.europeana.eu/portal.

Quellenkritik

Wenn Quellen zur Bearbeitung eines Forschungsthemas gefunden wurden, müssen sie zunächst ganz generell eingeordnet werden, d. h., es gilt herauszufinden, wann und wo sie entstanden sind, wer sie verfasst hat und welche anderen (z. T. technischen) Merkmale sie aufweisen.[42] Die Quellenkritik stellt die Quelle in Beziehung zur Forschungsfrage und versucht den Kontext der Quelle näher zu prüfen, um ihre Aussagekraft einschätzen zu können. Vielfach hat das in der Musikforschung zu Hierarchisierungen geführt: Manche Quellen sind besser als andere; manche sind echt und andere unecht, manche sind verlässlich und andere nicht. Dies lässt sich sehr deutlich am Umgang der Musikwissenschaft mit Notentexten erkennen. Dem Autographen (das ist ein Notentext, der von der Verfasserin oder dem Verfasser eines Musikwerkes selbst hergestellt wurde) wird meist mehr Wert beigemessen als einer Abschrift von einer anderen Person. In der Quellenkritik sollten solche Generalisierungen allerdings vermieden werden, denn die Wichtigkeit, die eine Quelle erlangt, hängt mit der spezifischen Fragestellung zusammen und nicht mit der Quelle selbst. Eine Quelle kann unterschiedliche Bedeutung für die Beantwortung verschiedener Fragen haben. Diese Bedeutung aber stellen Wissenschaftlerinnen und Wissenschaftler erst durch die Quellenkritik her. Wenn wir zur Erstaufführung des *Ring* also eine Zeitungskritik von Victor K. Schembera zur Verfügung haben, in der etwas über das Publikum der Aufführung geschrieben wird, so müssen wir untersuchen, in welchem Verhältnis diese Quelle zu unserer Forschungsfrage steht. Wir müssen also feststellen, ob die Quelle prinzipiell inhaltlich von Relevanz ist und in der Folge den Kontext, in dem die Quellen entstanden sind, näher untersuchen. Dies kann folgende Fragen beinhalten:

- Für welchen Zweck wurde die Quelle verfasst?
- Wer waren die Adressatinnen und Adressaten der Quelle?
- Gibt es eine Autorin oder einen Autor der Quelle, und wenn ja, welche Interessen verfolgte diese Person?
- Welchen subjektiv-individuellen oder strukturell-gesellschaftlichen Einflüssen unterlag die Autorin oder der Autor?

---

42 Detaillierte Informationen dazu gibt beispielsweise das Kapitel »Technische Analyse von Quellen« im Buch Martha C. Howell und Walter Prevenier, *Werkstatt des Historikers*, S. 56–76.

▸ In welchem Medium ist die Quelle übermittelt, und welche spezifischen Vermittlungsformen sind damit verbunden?

Für einen überlieferten Notentext muss in der Quellenkritik fast immer nach dem Verhältnis des Textes zum klingenden Ereignis Musik gefragt werden, denn häufig liegt es im Interesse der Musikforschenden, diese beiden Elemente zusammenzubringen. Im Falle des *Ring des Nibelungen* haben wir die Verbindung von klingendem Ereignis und einer Werkkonzeption, die sich heute vornehmlich durch die Untersuchung überlieferter Notentexte erschließt, bereits in der Forschungsfrage formuliert. In der Quellenkritik werden wir uns fragen müssen, ob und welches Nahverhältnis ein überlieferter Notentext zum 1876 erklungenen Ereignis hat.

Für eine textlich überlieferte Quelle, wie den Bericht von Schembera im »Neuen Wiener Tagblatt«, wäre zunächst die generelle Ausrichtung der Zeitung zu befragen, Informationen über den Autor einzuholen und der Text insgesamt auf die Position des Autors hin zu prüfen.[43] Zudem müssen wir abwägen, ob und in welcher Form ein Zeitungsbericht als relevante Quelle für unsere Fragestellung fungieren kann. Schembera ist Teil des Publikums, hat aber zugleich eine spezifische Position, da er für den Zweck der Berichterstattung für eine Zeitung im Publikum sitzt. Welche Auswirkungen hat das auf seine Wahrnehmung und auf den von ihm produzierten Text? Für die Zeitungsrezension wird Schembera seine persönliche emotionale Reaktion auf die Aufführung eher zurückhaltend oder verschleiert einbringen, indem er objektivierend agiert und allgemeine Aussagen über das Werk tätigt. Solche oder ähnliche Aspekte müssen in der Quellenkritik eine Rolle spielen.

---

43 Viele dieser Fragen hat Susanna Großmann-Vendrey bereits in ihrem Dokumentenband beantwortet, vgl. Susanna Großmann-Vendrey, *Bayreuth in der deutschen Presse*, Bd. 1, S. 137–138.

Quellen interpretieren – Geschichte denken und erzählen

Das Auffinden von Quellen sowie die Quellenkritik sind notwendige Vorbedingungen für das Beantworten wissenschaftlicher Fragen. Erst wenn klar ist, welche Quellen zur Verfügung stehen und wie ihre Aussagekraft eingeordnet werden kann, beginnt die Erschließung der historischen Bedeutung der entsprechenden Befunde. Um die Quellen, die wir zur Uraufführung von Wagners *Ring des Nibelungen* gefunden haben, entsprechend lesen und INTERPRETIEREN zu können, müssen wir sie einer sehr genauen Analyse unterziehen. In der Analyse vollbringen die Forscherinnen und Forscher unter Einbeziehung quellenkritischer Erkenntnisse eine Auswahl-, Übersetzungs- und Interpretationsleistung. Sie filtern aus den Quellen, die vorliegen, jene Informationen heraus, die Ihnen relevant erscheinen und interpretieren diese Textpassagen oder Ausschnitte, indem Sie ihnen eine zur Beantwortung einer Forschungsfrage notwendige Bedeutung beimessen und dies in Worten auch formulieren.[44] Die historische Distanz zum Untersuchungsgegenstand macht dies zu einer besonderen Herausforderung, da davon auszugehen ist, dass Musik in vergangenen Zeiten anders erlebt, verstanden, gehört etc. wurde. Die Analyse und Interpretation musikbezogener Quellen benötigt daher auch »Imagination und Vorstellungskraft«.[45]

Für die Analyse von Notentexten hat die Musikwissenschaft besondere Methoden entwickelt, die zum grundlegenden Handwerkzeug der Historischen Musikwissenschaft gehören.[46] Zugleich zählt die Frage, wie man musikalische Analyse betreiben sollte, zu den zentralen methodischen Auseinandersetzungen des Faches und wird in großem Umfang und in sehr kontroversen und komplexen Diskussionen ständig neu verhandelt.

Eine Quelleninterpretation im Falle der Publikumsreaktion auf die Aufführung von 1876 würde so aussehen, dass wir durch das Zusammenfügen und Interpretieren verschiedener Quellen eine These bilden. Eine solche interpretierende Leistung und damit generelle These wäre beispielsweise, dass das Pub-

---

44 Die Analyse und Interpretation von Quellen können sehr unterschiedliche methodische Ansätze verfolgen. Grundlegende Informationen hierfür finden Sie auf http://www.geschichte-online.at.

45 Natalie Z. Davis, *Imagination*, S. 107.

46 Zur musikalischen Analyse existieren zahlreiche Lehrbücher, vgl. z. B. Nicholas Cook, *A Guide to Musical Analysis* oder Clemens Kühn, *Analyse lernen*.

likum (nicht von allen Teilen der Tetralogie und nicht jede Person im Publikum gleichermaßen, aber dennoch) großteils begeistert war und die Aufführung als außergewöhnliches Ereignis wahrnahm. Im zweiten Teil der Forschungsfrage habe ich eingangs bereits eine These zu einem Begründungszusammenhang formuliert: Die Publikumsreaktion könnte mit der Werkkonzeption zu tun haben. Damit habe ich bereits in der Formulierung der Forschungsfrage versucht, ein Ereignis in einen geschichtlichen Zusammenhang einzubetten, indem ich nach den Ursachen frage. Ausgehend vom Ergebnis der Frage nach dem Publikum würden wir die Quellen zur Werkkonzeption (das sind vornehmlich die Notentexte) mithilfe musikanalytischer Methoden auf Besonderheiten, die zu dieser Publikumsreaktion führen könnten, überprüfen. Um überhaupt festzustellen, was eine Besonderheit ist, müssen wir einen vergleichenden Ansatz wählen, indem das Werk in einen breiteren musikhistorischen Kontext eingebettet wird.

In der Historischen Musikwissenschaft geht es also meist nicht nur darum, dass Informationen über gewisse musikbezogene Ereignisse in der Vergangenheit erlangt werden, sondern die Forschung geht von historischer Veränderlichkeit aus, die als solche auch meistens erzählt werden soll. Die Publikumsreaktion von 1876 fand unter spezifischen historischen Bedingungen statt, deren Bedeutung wir durch das Sammeln und Interpretieren der Quellen zu diesem Ereignis noch nicht erschlossen haben. Die Historische Musikwissenschaft sucht also nach Bedeutungen, Einflüssen, Veränderungen, Zusammenhängen, Ursachen und Wirkungen. Die Informationen, die durch die Analyse von Quellen erlangt werden, führen folglich wieder zu weiteren Fragen, die es zu beantworten gilt, und durch das interpretierende Zusammensetzen all dieser Informationen wird Geschichte hergestellt.

Was bedeutet das denn nun, wenn das Publikum von der Aufführung begeistert war? Ist diese Begeisterung überhaupt als etwas Besonderes anzusehen? Wenn ja, hatte sie mit den spezifischen Bedingungen der Aufführung zu tun? Bestand das Publikum hauptsächlich aus Wagner-Anhängerinnen und -Anhängern, sodass die Reaktion mit der spezifischen Zusammensetzung des Publikums zusammenhängt? Welche Faktoren spielen bei der Untersuchung der Publikumszusammensetzung noch eine Rolle (beispielsweise soziale Struktur oder musikalischer Bildungsstand)? Welche Bedeutung entfaltete die Aufführung unter den in Deutschland herrschenden politischen Bedingungen? Hatte die Außergewöhnlichkeit dieser Publikumserfahrung tatsächlich ihre Ursache in der Werkkonzeption des *Ring des Nibelungen,* und welche Faktoren müssten hier noch berücksichtigt werden? Wie ist diese Werkkonzeption vor dem Hintergrund gattungsgeschichtlicher Normen zu sehen? Welche Funktion erfüllte diese Begeisterung für die Anwesenden im Publikum? Wovon war das Publikum im Speziellen begeistert und wovon nicht, und in welche musikbezogenen, sozialen, politischen, moralischen oder anderen Kontexte wären diese Befunde einzubetten?

Mit der Beantwortung dieser oder ähnlicher Fragen stellen diejenigen, die Historische Musikwissenschaft betreiben, Geschichte her, indem der Befund, der aus den Quellen generiert wird, aus einem bestimmten Blickwinkel und unter Heranziehung anderer Quellen, Thesen, Theorien oder bereits erzählter Geschichten betrachtet wird. Die Einnahme eines Blickwinkels ist eine subjektive Leistung der Musikhistorikerinnen und Musikhistoriker, die wiederum stark von den Wissenstraditionen, in denen sie sich bewegen, abhängt.[47] Auch deshalb ist Musikgeschichte nicht einfach Musikgeschichte, sondern sie wird immer wieder neu und anders hergestellt und erzählt. Vergangenheit wird immer wieder neu gedacht, und mit jedem Stück Geschichte erzählt die Historische Musikwissenschaft immer auch ein Stück ihrer jeweils gegenwärtigen Denkformen über Geschichte mit.

---

[47] Wie sich die Geschichtsschreibung verändern kann und im 20. Jahrhundert verändert hat, wird beispielsweise in folgendem Band erläutert: Christoph Conrad und Martina Kessel (Hgg.), *Geschichte schreiben in der Postmoderne*.

4. Systematische Musikwissenschaft

4.1 Einführung und Standortbestimmung (Jan Hemming)

Während in den Bezeichnungen »Historische Musikwissenschaft« und »Ethnomusikologie« die jeweiligen Arbeitsgebiete recht deutlich umrissen sind, gilt dies nicht in gleicher Weise für die »Systematische Musikwissenschaft«. Seitdem Guido Adler 1885 erstmals die Aufteilung des Faches Musikwissenschaft in Historische und Systematische Musikwissenschaft (unter Erwähnung der »Musikologie« für die spätere Vergleichende Musikwissenschaft oder Musikethnologie) vorgenommen hat,[1] stellt sich das Problem nach dem Selbstverständnis und der Definition der Systematischen Musikwissenschaft. Dies ist vor allem der Tatsache geschuldet, dass Adler selbst keine ausdifferenzierte Definition des Bereiches »Systematische Musikwissenschaft«, sondern lediglich eine Auflistung dazugehöriger Arbeitsbereiche oder Teildisziplinen vorlegte, die von ihm noch als »Hilfswissenschaften« bezeichnet worden waren. Genau hierin dürfte aber die Langlebigkeit des von Adler vorgelegten Schemas begründet sein, denn die graduelle Aktualisierung von Inhalten und der dazugehörigen Begrifflichkeiten hat seit dem Erscheinen des Aufsatzes an keiner Stelle nennenswerten Widerspruch hervorgerufen. So lässt sich Systematische Musikwissenschaft heute etwa durch Auflisten der Gebiete Akustik, Instrumentenkunde, Musiktheorie, Kulturtheorie, Musikästhetik, Musikinformatik, Neurophysiologie, Performanceforschung, Musikpsychologie sowie Musiksoziologie charakterisieren.

Trotzdem hat es seit Adlers Zweiteilung des Faches immer wieder Versuche gegeben, die rein summarische Charakterisierung der Systematischen Musikwissenschaft mit einer Definition zu ersetzen. An erster Stelle wäre die Unterscheidung zwischen Natur- und Geisteswissenschaften zu nennen, welche sich gegen Ende des 19. Jahrhunderts herausgebildet hatte. Da die Pioniere der Sys-

---

1 Vgl. Guido Adler, *Umfang, Methode und Ziel der Musikwissenschaft.*

tematischen Musikwissenschaft wie Hermann von Helmholtz[2] und Carl Stumpf[3] häufig auf Verfahren der Naturwissenschaft (vor allem der Physik) zurückgegriffen haben, lag es nahe, den naturwissenschaftlichen und den systematischen Zugriff gleichzusetzen. Schon im frühen 20. Jahrhundert wurden aber die Grenzen des naturwissenschaftlichen Zugangs ersichtlich, mit dessen Hilfe es z. B. nicht gelang, die Grundlagen des Dur-/Moll-tonalen Systems physikalisch herzuleiten. Zugleich wurde dieses Problem etwa mit Einführung der Atonalität durch Arnold Schönberg um 1910 von kulturellen Entwicklungen überholt und verlor damit an Relevanz. Es folgten Pionierarbeiten auf den Gebieten der Musikästhetik und der Musikpsychologie, etwa von Hugo Riemann[4], Ernst Kurth[5] und Carl E. Seashore[6], die es nahelegten, Systematische Musikwissenschaft in erster Linie als Rezeptions- bzw. Wahrnehmungsforschung zu verstehen, während die Historische Musikwissenschaft primär mit der Untersuchung der Produktion von Musikwerken und deren Autoren, kurz mit »Leben und Werk« bedeutender Komponisten befasst war. Diese Abgrenzung erwies sich aber als wenig trennscharf, und Rezeptionsgeschichte bildet heutzutage einen ebenso wichtigen Arbeitsschwerpunkt der Historischen Musikwissenschaft[7] wie etwa die Erforschung kreativer (Produktions-)Prozesse für die Systematische Musikwissenschaft.[8]

Aus Heinrich Husmanns Einführung in die (gesamte) Musikwissenschaft[9] stammt die Idee, der Systematischen Musikwissenschaft die Zuständigkeit für die Erforschung grundlegender (überdauernder) Eigenschaften von Musik zuzuweisen, während die Historische Musikwissenschaft – darauf aufbauend – mit Gegenständen befasst sei, welche sich im Wandel befänden. Ein Beispiel für eine überdauernde Grundlage der Musik ist die Bestimmung des Frequenzbereiches, innerhalb dessen das menschliche Gehör Töne wahrnehmen kann (20–20.000 Hz) und einer Vielzahl dazugehöriger, psychoakustischer Parameter

---

2 Vgl. Hermann von Helmholtz, *Die Lehre von den Tonempfindungen als physiologische Grundlage für die Theorie der Musik*.

3 Vgl. Carl Stumpf, *Tonpsychologie 1*; Carl Stumpf, *Tonpsychologie 2*.

4 Vgl. Hugo Riemann, *Ideen zu einer »Lehre von den Tonvorstellungen«*.

5 Vgl. Ernst Kurth, *Musikpsychologie*.

6 Vgl. Carl E. Seashore, *Psychology of Music*.

7 Vgl. Klaus Kropfinger, Art. *Rezeptionsforschung*.

8 Vgl. Andreas C. Lehmann, *Komposition und Improvisation*.

9 Vgl. Heinrich Husmann, *Einführung in die Musikwissenschaft*.

wie der *Hörfläche* oder der *Rauigkeit*. Hier geht man nicht davon aus, dass sich diese Eigenschaften im Verlauf der Geschichte ändern, jede Art der Musik also an diese Gesetzmäßigkeit gebunden sei. Durch eine Verallgemeinerung dieser Sichtweise würde aber eine ahistorische Vorgehensweise zum Programm der Systematischen Musikwissenschaft erhoben, die ebenso wenig angemessen wäre wie – um ein geflügeltes Wort zu bemühen – unsystematisches Arbeiten als Charakteristikum der Historischen Musikwissenschaft.

Der jüngste Definitionsversuch schließlich sieht die Systematische Musikwissenschaft als Oberbegriff all derjenigen Forschenden, die sich allgemeiner oder spezialisierter empirischer Forschungsverfahren bedienen.[10] Diese auf den ersten Blick verlockende Grenzziehung schließt aber jene aus, die sich stärker kulturtheoretischen Ansätzen wie etwa der Musikphilosophie und -soziologie Theodor W. Adornos[11] oder dem Systemdenken[12] verpflichtet sehen. Empirische Musikwissenschaft ist als Oberbegriff für Lehrbücher[13] und für abgegrenzte Forschungsfelder sicher hilfreich, vertiefte kulturelle – und damit auch geisteswissenschaftliche – Einsichten sind jedoch gerade aus der Kombination empirischer und theoretischer Verfahren zu erwarten.[14]

Im Folgenden soll eine Definition vorgestellt werden, die sowohl der Fachgeschichte Rechnung trägt und keine der bisherigen Forschungsleistungen kategorisch ausschließt, als auch hinreichend klare Kriterien zugrunde legt, um Studierenden der Musikwissenschaft eine gute Orientierung zu ermöglichen. Als zentrales Unterscheidungsmerkmal für systematische oder historische Zugangsweisen kommt die aus der Linguistik entlehnte Frage zur Anwendung, ob sich das Erkenntnisinteresse eher auf *Zeitpunkte* oder auf *Zeiträume* richtet. Hierfür können die beiden Fachtermini *synchron* und *diachron* herangezogen werden.[15]

---

10 Vgl. Henkjahn Honing, *The Comeback of Systematic Musicology*.

11 Vgl. Theodor W. Adorno, *Philosophie der neuen Musik*; Theodor W. Adorno, *Einleitung in die Musiksoziologie*.

12 Vgl. Jobst P. Fricke, *Systematische oder systemische Musikwissenschaft?*; Reiner Kluge, *Systemdenken*.

13 Vgl. Eric Clarke und Nicholas Cook, *Empirical Musicology*.

14 Vgl. Jan Hemming, *Persönlichkeit und Verhalten der Fans von Hard Rock, Punk und Gangsta Rap*.

15 Vgl. Ferdinand de Saussure, *Grundfragen der allgemeinen Sprachwissenschaft*; das Begriffspaar synchron-diachron wurde erstmals von Charles Seeger, *Introduction. Systematic (Synchronic) and Historical (Diachronic) Orientations in Musicology* zur Definition Systematischer

Demnach konzentriert sich die Systematische Musikwissenschaft tendenziell auf theoretische oder experimentelle Untersuchungen von bestimmten Zeitpunkten bzw. Querschnitten bezogen auf den Forschungsgegenstand. Vorherrschend ist hier also die *synchrone* Perspektive. Zum besseren Verständnis seien unterschiedliche Beispiele aus den Arbeitsfeldern der Systematischen Musikwissenschaft erwähnt, um deren Verortung im Modell (siehe Abb. 1) im Vergleich zur Historischen Musikwissenschaft nachvollziehbar zu machen: So erfolgen Messungen an Musikinstrumenten in einem Akustiklabor im Sekundenbereich und darunter,[16] und Detailanalysen bestimmter musikalischer Interpretationen / Realisationen eines Musikstücks durch verschiedene Instrumentalistinnen und Instrumentalisten der Performanceforschung sind in der Regel auf wenige Sekunden bis Minuten begrenzt.[17] Sofern sie nicht als (seltene und teure) Längsschnittuntersuchungen angelegt sind, liefern quantitative und qualitative Verfahren der Musiksoziologie und Musikpsychologie ebenfalls Momentaufnahmen; konsequenterweise wird z. B. (musikalische) Präferenz dann als Grad des »aktuellen subjektiven Gefallens bzw. Missfallens bezüglich eines konkreten Musikstücks«[18] definiert.

Empirische Verfahren haben in den letzten Jahrzehnten kontinuierlich an Bedeutung innerhalb der Systematischen Musikwissenschaft hinzugewonnen und sind gegenwärtig die aktivsten Arbeitsfelder. Aber auch der Bereich der Theorieentwicklung ist weiterhin von Relevanz: Dies betrifft die Funktionsweise (musik-)kultureller Systeme ebenso wie etwa das Verhältnis von Musik und Bedeutung, welches von der Musiksemiotik[19] thematisiert wird. Erwähnenswert sind auch transdisziplinäre Theoriemodelle wie die *Gender Studies* und das damit verbundene Konzept der Performativität bzw. Performanz. Demzufolge erfordert eine kulturelle Handlung wie das Verkörpern einer bestimmten Geschlechtsidentität keine vorangestellte theoretische Legitimation, sondern liefert diese in ihrem eigenen Vollzug. Dies kann am Beispiel von Musik-Videoclips besonders plastisch nachvollzogen werden.[20] Methodisch stark von der Ethno-

---

Musikwissenschaft herangezogen. Die Aktualität der Termini belegt Ole Petras, *Wie Popmusik bedeutet*.

16 Vgl. Christoph Reuter, *Der Einschwingvorgang nichtperkussiver Musikinstrumente*.
17 Vgl. Bruno H. Repp, *Expressive Timing in Schumann's »Träumerei«*.
18 Heiner Gembris und Jan Hemming, *Musikalische Präferenzen*, S. 280.
19 Vgl. Philip Tagg, *Introductory Notes to the Semiotics of Music*.
20 Vgl. Monika Bloss, *Musik(fern)sehen und Geschlecht hören?*

graphie beeinflusst ist die Forschungspraxis der teilnehmenden Beobachtung in abgegrenzten Teilkulturen wie z. B. die Untersuchung von Fans der Heavy-Metal-Musik.[21] Eine Synthese kulturtheoretischer Modelle und empirischer Befunde leistet das Konzept der musikalischen Selbstsozialisation.[22]

In der Historischen Musikwissenschaft werden im Unterschied zur synchronen Sichtweise Zeiträume oder Längsschnitte in Betracht genommen. Vorherrschend ist also eine *diachrone* Perspektive. Historische und systematische Zugangsweisen sollten einander jedoch nicht ausschließen, sondern wechselseitig ergänzen, wie dies im folgenden Modell veranschaulicht wird:

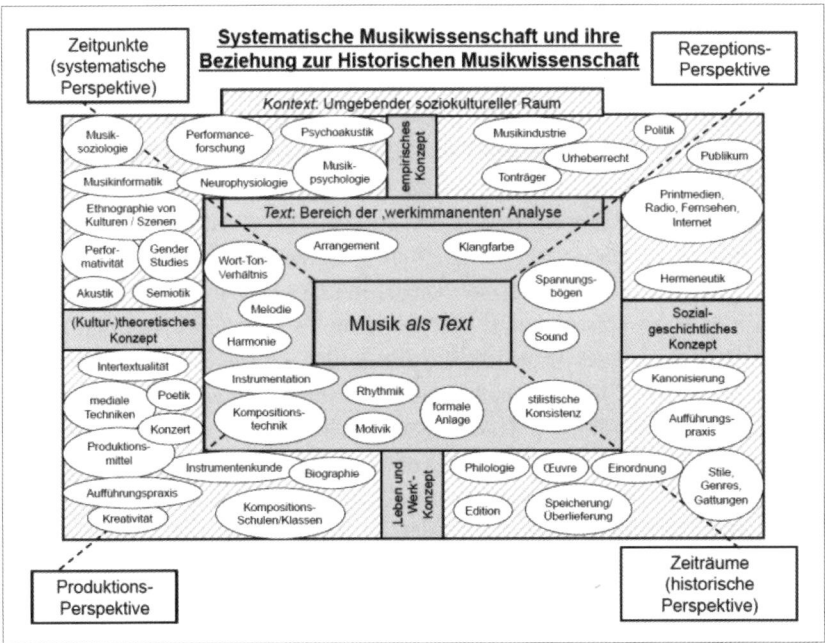

Abbildung 1: Systematische Musikwissenschaft und ihre Beziehung zur Historischen Musikwissenschaft

Im Mittelpunkt der Arbeit jeder Musikwissenschaftlerin und jedes Musikwissenschaftlers und damit auch des Modells stehen musikalische Erscheinungsformen,

---

21 Vgl. Bettina Roccor, *Heavy Metal*.
22 Vgl. Renate Müller, *Selbstsozialisation*.

dargestellt durch den inneren, rechteckigen Kasten (einheitlich graue Fläche) und beschriftet mit »Musik *als Text*«. Man mag hier zunächst an den Notentext denken, und für Kunstmusik ist diese Art der Verschriftlichung von Musik in der Tat ein zentrales Charakteristikum.[23] Zugleich wird in der Musikwissenschaft schon seit längerer Zeit die Verwendung eines an den Kulturwissenschaften orientierten, erweiterten Textbegriffes diskutiert.[24] Der Terminus *Text* bezieht sich jetzt nicht mehr nur auf die Buchstaben bzw. Noten auf dem Papier, sondern kennzeichnet jede Art kultureller Erscheinungsformen, aus denen Bedeutungen *herausgelesen* werden können. Das kann ein Kunstwerk von Joseph Beuys ebenso sein wie der Kleidungsstil eines Punks oder auch ein herkömmliches Buch. Musik *als Text* zu begreifen, heißt also, neben einem möglichen Notentext auch die klangliche Erscheinungsform in den Blick zu nehmen und dafür angemessene Herangehensweisen zu entwickeln. Damit wird zugleich das Spektrum dessen erweitert, was in Literaturwissenschaft und Historischer Musikwissenschaft schon seit längerer Zeit als »werkimmanente Analyse« bezeichnet wird – selbstverständlich ohne Anspruch auf Priorität oder Ausschließlichkeit, wie er in der Vergangenheit teilweise erhoben wurde. Innerhalb des grauen Kastens wird dargestellt, auf welche Aspekte bzw. Parameter einer Musik sich diese werkimmanente Analyse richten kann. Auf elementarer Ebene wären dies Melodie, Harmonie, Rhythmik, Instrumentation, Arrangement, Klangfarbe und Sound, auf weiterführender Ebene Wort-Ton-Verhältnis, Spannungsbögen, Kompositionstechnik, Motive und formale Anlage sowie die stilistische Konsistenz. Zugleich ermöglicht ein Fokus auf Musik *als Text* auch den direkten Vergleich zweier oder mehrerer Musikbeispiele, sodass sich Gemeinsamkeiten und/oder Differenzen als »Intertextualität« beschreiben lassen. Dies kann sowohl anhand des Notentextes[25] als auch anhand der erklingenden Musik[26] erfolgen.

Da Musik aber nicht nur an und für sich existiert, sondern stets in einem *Kontext* zu verorten ist, ergibt sich die Notwendigkeit eines äußeren, rechteckigen Kastens (grau schraffierte Fläche), der hier als »umgebender soziokultureller Raum« charakterisiert wird. Nähert man sich Musik also aus ihrem Kontext, kann dies in dem hier vorgestellten Modell entlang von vier Achsen oder aus vier

---

23 Zu den Arbeitsfeldern der Historischen Musikwissenschaft und zum Textbegriff siehe Kapitel 3.1.
24 Vgl. Hermann Danuser und Tobias Plebuch (Hgg.), *Musik als Text*.
25 Vgl. Oliver Wiener, *Intertext als analytischer Kontext*.
26 Vgl. Jan Hemming, *Semiotik und Popmusikforschung*.

Perspektiven erfolgen. Ein Zugang ist der über die Perspektive der Produktion (linke untere Ecke im Modell). Vereinfacht gesagt, stellt man sich die Frage, aus welchen Kontextbedingungen der beteiligten Komponistinnen und Komponisten die zu thematisierenden Werke jeweils hervorgegangen sind. In Betracht kommt hier die biographische Situation ebenso wie die zur Verfügung stehenden »Produktionsmittel«, um einen Begriff aus der noch nicht gänzlich überholten marxistischen Kulturtheorie heranzuziehen. So ist es von zentraler Relevanz, ob am Schreibtisch zu Hause allein mit Bleistift, Radiergummi und Notenblatt gearbeitet wird oder, ob etwa die Möglichkeiten der multimedialen Produktionsumgebung eines zeitgenössischen Studios zur Verfügung stehen. Das wechselseitige Verhältnis von Text und Kontext ist also auch dann von Belang, wenn das eigentliche Interesse der innermusikalischen Analyse von Musik im Zentrum des Modells gilt.

Neben der Produktionsperspektive spielt die Rezeptions-Perspektive (rechte obere Ecke im Modell) in der Erforschung von Musik eine zentrale Rolle. Aus diesem Bereich können beispielsweise folgende Fragen aufgeworfen werden: Wie wirkt die Musik auf die Hörerin und den Hörer? Auf welche – häufig medial vermittelte – Weise gelangt die Musik zu ihrem Publikum? Welche Rolle spielen die beteiligten kommerziellen Strukturen? Welche Zusammenhänge lassen sich zwischen dem Alltagsleben der Hörerinnen und Hörer und der jeweils bevorzugten Musik aufzeigen? Dies sind Fragen, mit denen sich die Rezeptionsforschung beschäftigt und die sowohl auf (historische) Zeiträume als auch auf (systematische) Zeitpunkte bezogen werden können. Dabei erfolgt Rezeptionsforschung in der Systematischen Musikwissenschaft fast immer *synchron*, d.h. in Form einer Momentaufnahme, indem z.B. Besucherinnen und Besucher von Konzerten empirisch befragt werden.[27] Demgegenüber kann die Historische Musikwissenschaft z.B. die Rezeptionsgeschichte eines bestimmten Werkes oder eines Komponisten *diachron* nachzeichnen, indem alle verfügbaren Darstellungen und Rezensionen des betreffenden Zeitraumes zusammengetragen und ausgewertet werden.[28] In der schematischen Darstellung veranschaulicht die Achse von links oben nach rechts unten den systematischen gegenüber dem historischen Zugang – aber nicht im Sinn einer Ausschließlichkeit, sondern im Sinn der jeweils vorherrschenden Perspektive. Auch die Systematische Musikwissen-

---

27 Vgl. Hans Neuhoff, *Die Konzertpublika der deutschen Gegenwartskultur*.
28 Vgl. Hermann Danuser und Friedhelm Krummacher (Hgg.), *Rezeptionsästhetik und Rezeptionsgeschichte in der Musikwissenschaft*.

schaft kennt Längsschnittstudien[29] oder entwickelt Theorien zu lebenslanger musikalischer Entwicklung, ähnlich wie die Historische Musikwissenschaft auf die vertiefte Betrachtung einzelner Zeitpunkte (z. B. zum internationalen Vergleich) zurückgreifen kann, die gelegentlich als *synchroner Schnitt*[30] bezeichnet wird. Beide Konstellationen sind jedoch Ausnahmen und nicht die Regel. Somit wird Systematische Musikwissenschaft definitorisch nicht streng von der Historischen Musikwissenschaft abgegrenzt, was aber hinsichtlich der Fachgeschichte sowie der alltäglichen Forschungspraxis ohnehin unrealistisch wäre. So kann der Historischen Musikwissenschaft wohl kaum die Einbeziehung empirischer Verfahren untersagt werden, wenn dies bezogen auf den Forschungsgegenstand weiterhilft. Demgegenüber lässt sich etwa die Musiksoziologie nicht auf ahistorische Erhebungen reduzieren – allein die Theoriebildung in diesem Sektor (von der Kritik an der Kulturindustrie durch Max Horkheimer und Adorno[31] über die Subkulturtheorie[32] bis hin zur Mediensoziologie[33]) dokumentiert klar die Notwendigkeit einer historischen Perspektive. Dennoch könnte das Modell sehr wohl helfen, das eingangs erwähnte definitorische Vakuum zu füllen. Mit einem Fokus auf Vertiefung entweder synchroner *oder* diachroner Forschungskompetenzen wäre vor allem gewährleistet, dass sich Musikwissenschaftlerinnen und Musikwissenschaftler künftig eindeutig spezialisieren können, und diese Spezialisierung von den Kolleginnen und Kollegen auch anerkannt würde. Denn es wäre (zu) viel verlangt, wenn von Forschenden zugleich eine Expertise etwa in Editionstechnik (eindeutig diachron) *und* in der Klangforschung (eindeutig synchron) erwartet würde – ein sinkendes Arbeitsniveau wäre die unausweichliche Folge.

Im vorgestellten Modell wird gezeigt, dass die unterschiedlichen Perspektiven, die auf den vier Achsen sichtbar werden, unterschiedliche musikbezogene Gegenstände und andere Betrachtungsweisen von Musik generieren. Damit hängt auch die Wahl von Blickwinkeln und methodischen Ansätzen zusammen, die im Modell in Form von vier verschiedenen »Konzepten« veranschaulicht werden. Aus einer Verbindung der Achse der Produktion mit der historischen

---

29 Vgl. Klaus-Ernst Behne, *Musikerleben im Jugendalter*.
30 Vgl. Simon Obert, *Synchroner Schnitt um 1910*.
31 Vgl. Max Horkheimer und Theodor W. Adorno, *Kulturindustrie, Aufklärung als Massenbetrug*.
32 Vgl. Dick Hebdige, *Subculture*.
33 Vgl. Renate Müller u. a. (Hgg.), *Wozu Jugendliche Musik und Medien gebrauchen*.

Perspektive entsteht so z. B. das bereits erwähnte »Leben und Werk-Konzept« des musikhistorischen Arbeitens. Verbindet man hingegen die Achse Rezeption mit der historischen Perspektive, wird ein »Sozialgeschichtliches Konzept« ersichtlich. Im linken und oberen Teil des Modells finden sich das »(Kultur)-theoretische Konzept« und das »Empirische Konzept«, die einer systematischen Perspektive näher liegen als einer historischen. Aus einer Verbindung der systematischen Perspektive mit der Achse der Rezeption entsteht die *empirische, oft interdisziplinäre Rezeptionsforschung*. Zu guter Letzt lenkt die Überlagerung der systematischen Perspektive mit der Achse der Produktion den Blick auf den Bereich *kultureller Praxis*, welche am treffendsten vor dem Hintergrund kulturwissenschaftlicher Theorien zu beschreiben wäre.[34] Auch diese Konzepte sollten nicht ausschließend gedacht werden. Das Sammeln von Daten obliegt keineswegs nur der Systematischen Musikwissenschaft ebenso, wie historische Veränderlichkeit auch bei empirischen Untersuchungen eine Rolle spielt. Noch einmal vereinfacht ausgedrückt: Es sind *meistens* die Historikerinnen und Historiker, die philologisch und editorisch auf Zeiträume bezogen arbeiten, während sich *meistens* die Systematikerinnen und Systematiker quantitativer und qualitativer Methoden bedienen, um bezogen auf Zeitpunkte Daten und Befunde zu generieren. Neue und gültige Erkenntnisse der Musikwissenschaft sind vor allem dann zu erwarten, wenn sich die beiden Perspektiven komplementär ergänzen, Historische und Systematische Musikwissenschaft ihre jeweils spezifische Expertise also zusammenführen.

Glücklicherweise ist es in den letzten Jahren gelungen, viele der Animositäten zu überwinden, mit denen sich diese beiden Teilbereiche der Musikwissenschaft in der Vergangenheit häufig begegneten. So sollte es keine wertende Feststellung mehr sein, Systematische Musikwissenschaft als multidisziplinäres Fach zu charakterisieren,[35] denn durch die vielfachen Bezüge zu Psychologie, Soziologie, Physik oder Ethnologie ergibt sich automatisch deren größere Nähe zum interdisziplinären Arbeiten. Zuletzt hat auch die Historische Musikwissenschaft weitgehend darauf verzichtet, ihre quantitativ weiterhin gegebene Vormachtstellung unter Rekurs auf die bedeutsame kulturelle Tradition ihres Gegenstands-

---

34 Vgl. Richard A. Peterson, *The Production of Culture*.
35 Vgl. Helmut Rösing, *Systematische Musikwissenschaft;* Wolfgang Auhagen, Veronika Busch und Jan Hemming, *Einleitung*, S. 12.

bereiches erneut zu postulieren, was in der Vergangenheit bis zur Ablehnung Systematischer Musikwissenschaft hatte führen können.[36]

Abschließend soll das Problem nicht unerwähnt bleiben, dass in diesem Schema (wie schon bei Guido Adler) die Ethnomusikologie nicht explizit erwähnt wird – lediglich die Entlehnung einiger Methoden wurde angedeutet. Möglicherweise eröffnet der »spatial turn« (die »räumliche Wende«)[37] der Kulturwissenschaften hierfür eine Lösungsmöglichkeit. Ganz allgemein kommt in diesem Begriff ein Bewusstsein für die Relevanz konkreter geographischer Räume und Orte, an denen sich historische oder kulturelle Ereignisse abspielen, zum Ausdruck. Bezogen auf das hier vorgestellte Schema eines komplementären Verhältnisses von Historischer und Systematischer Musikwissenschaft wäre also anzuregen, das Schema im Geiste dreidimensional werden zu lassen und für jeweils konkrete Räume und Orte neu mit Inhalt zu füllen. Es ginge dann ebenso um die Geschichte indischer Kunstmusik wie um eine Publikumsbefragung bei einer Veranstaltung westafrikanischer Trommler. Gelänge es, eine Vielzahl derartiger Informationen künftig nach Art eines Mosaiks zusammenzufügen, hätte zu guter Letzt auch das gelegentlich angemahnte Projekt einer »Weltgeschichte der Musik« eine Chance.[38]

---

36 Vgl. Georg Feder, *Empirisch-experimentelle Methoden in der Musikforschung*.
37 Vgl. Jörg Döring und Tristan Thielmann, *Spatial Turn*.
38 Vgl. Kurt Blaukopf, *Die Mediamorphose der Musik als globales Phänomen*.

4.2 Arbeitstechniken und Methoden
(Kathrin Schlemmer und Marco Lehmann)

Die Systematische Musikwissenschaft beheimatet eine Reihe von Forschungsbereichen mit sehr unterschiedlicher Methodik, so z. B. physikalische Messungen in der Akustik, physiologische Messungen in der musikbezogenen Neurowissenschaft, empirische Befragungen und Experimente in der Musikpsychologie oder mathematische Modellierungsmethoden in der Musikinformatik. Daneben kommen textbasierte Methoden zum Einsatz, die für alle musikwissenschaftlichen Teilbereiche bedeutsam sind. Da sowohl die hermeneutische Methode als auch allgemeinere Methoden des Lesens und Aufbereitens wissenschaftlicher Texte bereits in anderen Kapiteln dieses Bandes vorgestellt wurden, konzentriert sich dieses Kapitel auf die wissenschaftlichen Arbeitstechniken, die spezifisch für die Systematische Musikwissenschaft sind. Dabei ist zu bedenken, dass sich die einzelnen Fachgebiete der Systematischen Musikwissenschaft mittlerweile stark spezialisiert haben und sich viele Wissenschaftlerinnen und Wissenschaftler auf die Arbeit in einem Fachgebiet konzentrieren. Außerdem beziehen sich die Fachgebiete der Systematischen Musikwissenschaft vielfach auf eine Mutterdisziplin (die »Hilfswissenschaften« nach Adler[39]) und werden durch Entwicklungen der Forschungsmethoden dieser Mutterdisziplin beeinflusst. Aus diesen Gründen kann dieses Kapitel nur einen einführenden Überblick über die einzelnen Methoden bieten, verweist aber darüber hinaus auf Literatur, die zur Vertiefung herangezogen werden kann. Der Schwerpunkt dieses Kapitels ist eine Einführung in die verschiedenen Methoden der Datengewinnung und Datenverarbeitung, die in der empirischen Musikforschung zum Einsatz kommen. Daneben werden die Messmethoden der musikbezogenen Akustik, Neurowissenschaft und Informatik angesprochen.

Ähnlich wie in der historisch oder ethnologisch ausgerichteten Forschung besteht eine wichtige Forschungsmethode der Systematischen Musikwissenschaft in der Auswertung vorhandener Literatur zum interessierenden Forschungsthema. Im Kapitel 2 des vorliegenden Bandes wird die Literaturrecherche eingehend behandelt. Die dort dargestellten Rechercheschritte gelten auch für die Systematische Musikwissenschaft. Ergänzend ist darauf hinzuweisen, dass gerade in

---

39 Vgl. Guido Adler, *Umfang, Methode und Ziel der Musikwissenschaft*.

diesem Teilbereich die Suche nach Artikeln in Fachzeitschriften einen hohen Stellenwert einnimmt. Diese Artikel sind in der Systematischen Musikwissenschaft die zentrale Publikationsform und man ist vom ersten Referat an darauf angewiesen, sie mithilfe von Datenbanken zu finden. Da sich die vorgestellten Datenbanken sowohl in der Anzahl als auch im Themenspektrum ausgewerteter Fachzeitschriften sowie im Zeitraum nachgewiesener Literatur unterscheiden, gibt es für kaum eine Fragestellung der Systematischen Musikwissenschaft nur eine (optimale) Datenbank. Wir empfehlen, verschiedene Datenbanken mit denselben Suchbegriffen zu durchsuchen, um eine möglichst umfassende Bibliographie zu erstellen.

Aufbauend auf den Darstellungen in Kapitel 2 folgen zwei Übungsaufgaben für die Literaturrecherche. Inhaltlich wird auf diesen Themenbereich in den folgenden Abschnitten immer wieder Bezug genommen werden:

AUFGABE: Suchen Sie in folgenden Nachschlagewerken nach Informationen und Literatur zum Thema »Gedächtnis für Musik« und vergleichen Sie diese:
- MGG
- NGD
- Helga de la Motte-Haber (Hg.), *Handbuch der Systematischen Musikwissenschaft*.
- Herbert Bruhn, Reinhard Kopiez und Andreas C. Lehmann (Hgg.), *Musikpsychologie*.
- Thomas Stoffer und Rolf Oerter (Hgg.), *Allgemeine Musikpsychologie*.
- Thomas Stoffer und Rolf Oerter (Hgg.), *Spezielle Musikpsychologie*.[40]

AUFGABE: Suchen Sie auf der Website Ihrer Bibliothek nach dem Datenbank-Infosystem und öffnen Sie die Datenbanken PsychINFO und PSYNDEX. Geben Sie in das Suchfenster beider Datenbanken Suchwörter für das Thema »Gedächtnis für Musik« auf Deutsch und Englisch ein, und vergleichen Sie Ihre Suchergebnisse.

---

40 Die vollständigen Literaturnachweise der hier genannten Titel finden Sie in Abschnitt »Musikwissenschaftliche Lexika« und »Musikwissenschaftliche Handbücher«, Kapitel 2, S. 26–35)

Methoden der empirischen Musikforschung

Was die Systematische Musikwissenschaft von der historischen Herangehensweise abhebt, ist die Möglichkeit, die Ergebnisse empirischer Untersuchungen zu integrieren. Die Rezipientinnen und Rezipienten dieser Forschungsergebnisse benötigen dabei Grundkenntnisse der verwendeten Methoden, um beispielsweise deren Angemessenheit oder die Glaubwürdigkeit der Ergebnisse beurteilen und damit quellenkritisch arbeiten zu können. Da die Musikpsychologie seit einiger Zeit eine zentrale Disziplin der Systematischen Musikwissenschaft ist, sollen im Folgenden die EMPIRISCHEN FORSCHUNGSMETHODEN der Musikpsychologie dargestellt werden. Diese sind neben der Musikpsychologie auch für empirische Erhebungen in der Musikermedizin und Musiktherapie (z.B. Evaluation von Behandlungsverfahren), der Musiksoziologie (z.B. Erhebung der Eigenschaften unterschiedlicher Konzertpublika), der Musikpädagogik (z.B. Evaluation verschiedener Unterrichtskonzepte) und der auf Musik bezogenen Neurowissenschaft von Bedeutung. Studierende sollen mit dem hier vorgestellten Inhalt in die Lage versetzt werden, empirische Forschungsartikel kritisch lesen zu können. Um eigene Untersuchungen durchführen zu können, ist zusätzlich die Beschäftigung mit der im Text empfohlenen Fachliteratur notwendig.[41]

Grundbegriffe empirischer Studien – Das Zusammenspiel von Theorie und Empirie

Der Begriff EMPIRIE stammt aus dem Griechischen und bedeutet »Erfahrung« oder »Erfahrungswissen«. Die Wissenschaft meint mit Empirie das systematische Sammeln von Informationen mithilfe von Experimenten, Befragungen oder Beobachtungen, um Theorien zu prüfen; damit unterscheidet sich diese Methode grundsätzlich von der philosophischen Reflexion. Anhand empirischer

---

41 Eine unterhaltsame Einführung in empirische Forschungsmethoden liefert Huber. Zu vielen Konzepten hat der Autor treffende Cartoons gezeichnet: Oswald Huber, *Das psychologische Experiment*; vgl. auch Peter Sedlmeier und Frank Renkewitz, *Forschungsmethoden und Statistik in der Psychologie*.

Studien stellen wir unsere theoretischen Vorstellungen zu einem musikwissenschaftlichen Inhalt auf die Probe. Dazu übersetzen wir theoretische Aussagen wie beispielsweise zum Zusammenhang zwischen frühkindlichem Musizieren und Intelligenz in hypothetische empirische Beobachtungen, die bei Gültigkeit der Theorie auftreten sollten. Anschließend versuchen wir diese Beobachtungen wirklich herzustellen und registrieren die dabei anfallenden Daten; wir führen damit eine Datenerhebung zur Überprüfung unserer Theorie und Hypothesen durch. Die Hypothesen müssen vor der Datenerhebung aufgestellt werden, weil man sie sonst in gegebenen Daten nur zu leicht bestätigt sieht.

Musikpsychologische Theorien und Hypothesen formulieren wir als Aussagen über den Menschen, sein Erleben, sein Verhalten und auch seine Fertigkeiten, so wie sie die Musik betreffen. EMPIRISCH ÜBERPRÜFBARE THEORIEN zeichnen sich durch drei Merkmale aus: Sie sind *operationalisierbar*, *falsifizierbar* und *widerspruchsfrei*.[42] Die Operationalisierbarkeit einer Theorie besteht in der Zuordnung konkreter Beobachtungen zu den Begriffen der Theorie; die theoretischen Konstrukte müssen messbar sein. Falsifizierbar ist eine Theorie, wenn es bei der empirischen Überprüfung auch Ergebnisse geben kann, welche die Hypothese widerlegen würden. Widerspruchsfreie Theorien erlauben keine Vorhersagen zusammen mit ihrem Gegenteil; beispielsweise, dass Hintergrundmusik beim Autofahren störe und auch nicht störe.

Um Theorien und Hypothesen anhand empirischer Daten zu prüfen, müssen sie konkretisiert werden.[43] Auf der theoretischen Ebene werden dabei bestimmte Konzepte miteinander in Beziehung gesetzt, beispielsweise inwiefern Musikhören beim Autofahren die Konzentration vermindert. Diesem konzeptuellen Zusammenhang müssen auf der empirischen Ebene konkrete Situationen oder Beobachtungen zugeordnet werden, wodurch die Konzepte der theoretischen Ebene operationalisiert werden. Wie definiert man beispielsweise die Situation Musik beim Autofahren und wie stellt man bei einer Person eindeutig eine verminderte Konzentrationsleistung fest?

Das Ziel empirischer Prüfungen ist häufig, einen kausalen Einfluss zwischen zwei Konzepten einer Theorie nachzuweisen; mit anderen Worten: Das eine Konzept als UNABHÄNGIGE VARIABLE (UV) beeinflusst das andere Konzept als

---

42 Vgl. Oswald Huber, *Das psychologische Experiment*, S. 52–61.

43 Vgl. Willi Hager, *Testplanung zur statistischen Prüfung psychologischer Hypothesen*; Peter Sedlmeier und Frank Renkewitz, *Forschungsmethoden und Statistik in der Psychologie*, S. 16; Thomas Schäfer, *Statistik I*, S. 17.

ABHÄNGIGE VARIABLE (AV) oder: Beim Autofahren beeinflusst Musik (die UV) die Konzentrationsfähigkeit (die AV). Die Grundlage für kausale Schlussfolgerungen im Experiment liefern drei Voraussetzungen: 1. Veränderungen der unabhängigen Variablen kovariieren mit Veränderungen der abhängigen Variablen, 2. die UV wird zeitlich vor der AV manipuliert und 3. Alternativerklärungen für die Variation der AV können ausgeschlossen werden.[44]

Ein Experiment weist diesen kausalen Einfluss einer UV auf eine AV nach, so wie er in der theoretischen Hypothese spezifiziert wurde. Dazu müssen zwei Bedingungen erfüllt sein: 1. Die UV muss von der Versuchsleiterin oder dem Versuchsleiter manipuliert werden und 2. STÖRVARIABLEN müssen kontrolliert werden. Zwei Merkmale charakterisieren also ein *echtes Experiment*: MANIPULATION und KONTROLLE.[45] Die Manipulation der UV wird erreicht, indem eine Stichprobe bestimmter Zielpersonen zufällig auf mehrere Versuchsbedingungen aufgeteilt wird; diese Bedingungen unterscheiden sich idealerweise nur in einem Merkmal. In kontrollierten Experimenten zum Einfluss einer UV auf eine AV wird die UV in mehrere *Stufen*, *Bedingungen* oder *Versuchsgruppen* aufgeteilt, denen dann *zufällig* Versuchspersonen zugewiesen werden. Eine dieser Bedingungen ist die *Experimentalgruppe*, die üblicherweise bestimmte *Experimentalstimuli* oder *Experimentalaufgaben* erhält. Ihre Antworten auf die operationalisierte AV werden mit denen der *Kontrollgruppe* verglichen, die keine Experimentalstimuli erhalten hat.

Warum können wir bei einem echten Experiment *kausal schließen*? Haben wir alle bedeutsamen Störvariablen geeignet kontrolliert, dann können Unterschiede in den Messungen der AV nur noch auf Unterschiede in den Abstufungen der UV zurückgeführt werden. Die Studie ist damit *intern valide,* das heißt, dass Alternativerklärungen für Unterschiede auf der AV ausgeschlossen werden können. Die wichtigste Methode zur Sicherung der internen Validität ist die *Randomisierung,* das ist die zufällige Aufteilung der Versuchspersonen auf die Experimental- und Kontrollbedingung. Sie dient der Kontrolle der *personengebundenen Störvariablen,* denn man hofft, dass sich damit alle Personenmerkmale, die auch mit der AV zusammenhängen könnten, gleichmäßig auf die Versuchsbedingungen aufteilen. Ist dies nicht möglich, so handelt es sich bei dem Experi-

---

44 Vgl. Peter Sedlmeier und Frank Renkewitz, *Forschungsmethoden und Statistik in der Psychologie,* S. 127.

45 Vgl. Jürgen Bredenkamp, *Grundlagen experimenteller Methoden*; Oswald Huber, *Das psychologische Experiment,* S. 69; Thomas Schäfer, *Statistik I.*

ment um ein sogenanntes *Quasi-Experiment*.⁴⁶ Unterschiede bei den Messungen der AV können hier nicht zweifelsfrei auf Unterschiede zwischen den Stufen der UV zurückgeführt werden, weil die Personen in den zwei Bedingungen sich vielleicht systematisch in einem Personenmerkmal unterscheiden. Die interne Validität des Experimentes ist nicht gegeben. Ebenso erlauben *korrelative Studien* keine kausalen Schlussfolgerungen. Dies sind Studien, in denen der Zusammenhang zwischen zwei gemessenen Variablen untersucht wird, ohne dass eine der Variablen gezielt manipuliert wird.

In unserem Beispiel wäre ein kausaler Einfluss des Musikhörens (UV) auf die Konzentrationsleistung (AV) beim Autofahren dann nachgewiesen, wenn eine verminderte Konzentration nur *mit Musik* und nicht *ohne Musik* auftritt, wenn die Versuchsleiterin oder der Versuchsleiter vor der Messung der Konzentrationsleistung gezielt Bedingungen mit und ohne Musik hergestellt hat, und wenn die gefahrene Strecke, die Wachheit der fahrenden Person und weitere Einflussfaktoren auf die Konzentrationsleistung in den Bedingungen mit und ohne Musik vergleichbar waren.

An folgendem Beispiel werden die weiteren Inhalte der Versuchsplanung verdeutlicht (das Beispiel wird parallel zum Text weiter entwickelt):

> Ein Experiment aus der Evaluationsforschung könnte der Wirksamkeitsnachweis eines Blockflötenunterrichtsprogrammes für Grundschülerinnen und -schüler sein, das sich nicht nur auf die Fähigkeit Blockflöte zu spielen auswirkt, sondern auch die Notenlesefähigkeit und die mit Noten verbundenen Tonvorstellungen schulen soll. In einem Kontrollgruppendesign sollen Gruppen von Kindern der ersten Klasse zufällig in eine Bedingung *Experimentalprogramm (EP)* (Blockflötenunterricht für ein Jahr) und eine Bedingung *Kontrollprogramm (KP)* (gemeinsames Notenlesen zur Musik) zugewiesen werden. Wir können anhand dieser Spezifikationen folgende empirische Hypothesen aufstellen:
> 1. Nach Beendigung des einjährigen Blockflötenunterrichts zeigen die Kinder des Experimentalprogrammes bessere Leistungen beim Notenlesen und bei Tonvorstellungen als die Kinder des Kontrollprogrammes.
> 2. Dieser Effekt zeigt sich auch noch ein halbes Jahr nach Beendigung der Programme.

Für die experimentelle Verbindung zwischen UV und AV existieren verschiedene Pläne, sogenannte VERSUCHSPLÄNE.⁴⁷ Im *einfaktoriellen* Versuchsplan wer-

---

46 Vgl. Peter Sedlmeier und Frank Renkewitz, *Forschungsmethoden und Statistik in der Psychologie*, S. 132.
47 Vgl. Oswald Huber, *Das psychologische Experiment*, S. 140–146.

den die Auswirkungen einer UV untersucht, in *mehrfaktoriellen* Versuchsplänen die mehrerer UV. Ein mehrfaktorieller Versuchsplan wird auch *faktorielles Design* genannt, weil die UV auch häufig als *Faktoren* bezeichnet werden. Studiert man in einem faktoriellen Plan die Auswirkung nur einer UV auf die AV, so studiert man den *Haupteffekt* dieser UV. Dagegen ist eine *Interaktion* die gemeinsame Auswirkung mehrerer UV, beispielsweise wenn UV A auf unterschiedlichen Stufen von UV B unterschiedlich wirkt. In unserem Blockflötenbeispiel könnte zusätzlich untersucht werden, ob die Kinder die Inhalte des Programmes besser im Frontalunterricht oder in Kleingruppenarbeit lernen. In mehrfaktoriellen Versuchsplänen können damit mehrere Hypothesen getestet werden.[48]

Die Theorie, den Versuchsplan und die Operationalisierungen sollten Sie sich an jedem gelesenen Forschungsartikel verdeutlichen. Mehrere *Orientierungsfragen* können dabei hilfreich sein. Man sollte diese Fragen auch schon beim Lesen der Abstracts anwenden und dann im Haupttext gezielt nach fehlenden Informationen suchen:

- Wie lautet das Thema der Studie?
- Was ist die zentrale Theorie, Hypothese oder Aussage der Studie?
- Was beeinflusst was?
    - Was wird manipuliert?
    - Was wird gemessen?
- Um welche Situation geht es?
    - gesellschaftlich realistische Situation
    - abstrakte experimentelle Situation
- Was ist das Ziel der Datenerhebung?
    - Population beschreiben
    - Hypothesen prüfen

AUFGABE: Beantworten Sie diese Orientierungsfragen anhand der Abstracts, die Sie bei der Recherche zum Thema »Gedächtnis für Musik« gefunden haben. Können alle Fragen hinreichend beantwortet werden oder muss gezielt im Haupttext der zugehörigen Artikel gelesen werden?

---

48 Vgl. Peter Sedlmeier und Frank Renkewitz, *Forschungsmethoden und Statistik in der Psychologie*, S. 168.

Die Güte eines Experimentes wird anhand von drei VALIDITÄTEN beurteilt: *interne Validität, externe Validität* und *Konstruktvalidität* (siehe Abb. 1). Ist die interne Validität einer Studie bedroht, so sind die gewünschten kausalen Schlussfolgerungen des Einflusses der UV auf die AV vielleicht nicht möglich.[49] Wenn eine Störvariable (Stv) gemeinsam mit der eigentlichen UV eines Experimentes variiert, dann nennt man dies *Konfundierung*. In diesem Fall können die Unterschiede auf der AV nicht mehr zweifelsfrei auf die Unterschiede in den UV-Stufen zurückgeführt werden; es könnte ja auch die Störvariable für den gefundenen Effekt verantwortlich sein. Ein Experiment kann durch eine Konfundierung völlig unbrauchbar werden. In mehreren Lehrbüchern finden sich Listen mit Bedrohungen der unterschiedlichen Validitäten, die zu Konfundierungen führen können. Bedrohungen der internen Validität könnten sein:[50] *Selektion, Reifung, Regression, Kommunikation* zwischen Versuchspersonen. Interne Validität lässt sich durch verschiedene Kontrolltechniken für *personen- und situationsgebundene Störvariablen* sicherstellen, die im Methodenteil einer Studie beschrieben werden.[51] Sie bezieht sich in der Abbildung also auf die Verbindung zwischen UV und AV, aus der Störeinflüsse ferngehalten werden müssen. Die externe Validität bezieht sich auf die möglichen Verallgemeinerungen der Ergebnisse hinsichtlich anderer Personen und Situationen. Sie ist nicht gegeben, wenn beispielsweise theoretische Aussagen zur Musikrezeption allgemein nur an einer kleinen Stichprobe Studierender der Universität durchgeführt werden. In der Abbildung bezieht sich die externe Validität auf der empirischen Ebene auf die auf andere Situationen zeigenden Pfeile.

---

49 Vgl. Peter Sedlmeier und Frank Renkewitz, *Forschungsmethoden und Statistik in der Psychologie*, S. 132.
50 Vgl. Roger E. Kirk, *Experimental Design*.
51 Vgl. Peter Sedlmeier und Frank Renkewitz, *Forschungsmethoden und Statistik in der Psychologie*, S. 134–145.

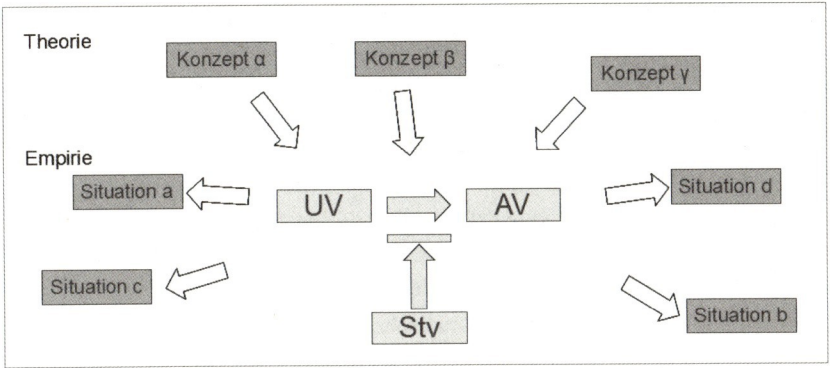

Abbildung 1: Drei Validitäten einer empirischen Studie.

In dem oft kreativen Prozess der OPERATIONALISIERUNG versuchen Forscherinnen und Forscher also, abstrakte Variablen wie z. B. Konzentration in konkrete und damit messbare Verhaltensweisen abzubilden und damit die Konstruktvalidität herzustellen. Die Qualität der Operationalisierung ist ein entscheidendes Kriterium für die Güte einer empirischen Untersuchung, denn nur wenn die Konzentration angemessen erfasst wurde, sagt das Ergebnis der empirischen Überprüfung auch etwas über Konzentration aus. Die Konstruktvalidität bezieht sich in der Abbildung auf die von der theoretischen auf die empirische Ebene zeigenden Pfeile.

Der erste Schritt der Textkritik eines empirischen Forschungsartikels ist also die Bewertung, ob sich die Forschungsfrage bzw. Hypothese schlüssig aus dem dargestellten Forschungsstand ergibt und ob die beteiligten Konzepte angemessen operationalisiert wurden. Weiterhin ist zu fragen, ob die Unterschiede auf der AV zweifelsfrei auf die Manipulation der UV zurückzuführen sind. Gelegentlich bieten Forschungsteams ihre Versuchsmaterialien und Datensätze zum Download an. Nutzen Sie diese Chance, um mit dem Material herumzuspielen und um ein besseres Gefühl für die Operationalisierung der theoretischen Begriffe zu bekommen.

Der Methodenteil

Der METHODENTEIL eines Forschungsartikels enthält die Details der Studie. Er ist hochstandardisiert und immer in die Abschnitte Versuchspersonen, Stimulus / Apparate und Durchführung gegliedert. Darin stehen alle Informationen, die für eine Replikation des Experimentes notwendig sind; schließlich sollten robuste empirische Beobachtungen nicht nur einmal auftreten, sondern an verschiedenen Orten mit anderen Versuchspersonen und anderer Versuchsleitung reproduzierbar sein. Mehrere Aspekte leiten die Beschreibungen des Methodenteils: die Gestaltung der Versuchssituation, die Messung der AV und die Maßnahmen zur Kontrolle der Störvariablen. Die Gestaltung der Versuchssituation beinhaltet die Manipulation der UV, aber auch die Planung des Ablaufes, der von der Begrüßung der Versuchsperson bis zu ihrer Verabschiedung genau geplant und beschrieben werden sollte. Auch die Messung der AV erfordert eigenständige Planungsschritte und -entscheidungen der Forscherinnen und Forscher. Ihre Messung ist beispielsweise mit etablierten oder eigens für die Studie konstruierten Testverfahren möglich. Es werden allerdings häufig bestimmte Typen von Datenerhebungsmethoden eingesetzt, und wir unterscheiden zwischen Fragebogenstudien, Interviews und der Verhaltensbeobachtung,[52] die später noch ausführlich behandelt werden.

Im Methodenteil werden auch die Kontrollmaßnahmen bezüglich der Störvariablen beschrieben, sowohl *Störvariablen der Versuchspersonen* als auch der *Untersuchungssituation*.[53] Gerade die Kontrollmaßnahmen lassen Experimente häufig artifiziell und fernab jeder gesellschaftlichen Realität erscheinen. Der entscheidende Punkt ist, dass in einem echten Experiment nicht die gesellschaftliche Relevanz bedeutsam ist, sondern die Kontrolle der Störvariablen. Diesbezüglich ist der kurze und gut lesbare Methodenteil von Schellenberg lehrreich.[54] Diese Studie widmet sich dem viel diskutierten Zusammenhang zwischen musikalischer Ausbildung und Intelligenz. Die Kritik an vielen früheren experimentellen Belegen ist, dass bislang noch nicht zweifelsfrei die behauptete kausale Verbindung nachgewiesen werden konnte, weil immer Alternativerklärungen

---

52 Vgl. Peter Sedlmeier und Frank Renkewitz, *Forschungsmethoden und Statistik in der Psychologie*.

53 Zur Beschreibung von Kontrollmöglichkeiten vgl. Oswald Huber, *Das psychologische Experiment*, S. 92–99.

54 Vgl. E. Glenn Schellenberg, *Music Lessons Enhance IQ*.

möglich waren. Die Versuchsplanung in Schellenbergs Methodenteil enthält die Beschreibung einer Reihe von Maßnahmen, mit denen solche Alternativerklärungen ausgeschlossen wurden. Das Experiment mag also artifiziell erscheinen, aber seine Qualität liegt im Ausschluss möglicher Alternativerklärungen.

In der Evaluationsstudie zum Einfluss des Blockflötenunterrichts sollen die Programme EP und KP einmal pro Woche durchgeführt werden. Wichtig ist bei ihrer Gestaltung, dass sie sich in möglichst nur einem Merkmal unterscheiden, nämlich den Unterrichtsinhalten des Experimentalprogrammes. Das Ausmaß der Zuwendung durch Lehrpersonen oder Experimentalleiterinnen und -leiter sowie die allgemeine Attraktivität der beiden Programme für Kinder dieses Alters sollten in beiden Gruppen gleich sein. In einem Vortest sollte die Fähigkeit Blockflöte zu spielen in beiden Bedingungen gleich verteilt sein; wenn es sich um ein Programm für Anfängerinnen und Anfänger handelt, dann sollten die Kinder idealerweise noch keinen Kontakt mit einer Blockflöte gehabt haben. Bezogen auf die Transferziele sollten nach einem Jahr Unterricht die Blockflötenkinder eine bessere Notenlesefähigkeit aufweisen und genauere Tonvorstellungen zu Noten haben als die Kontrollkinder. Weiterhin sollen die Effekte nach Beendigung der Intervention nicht sofort wieder verschwinden, sondern sie sollten auch an einem Follow-up Messzeitpunkt nachgewiesen werden können, wenn beispielsweise ein halbes Jahr seit Beendigung vergangen ist.

Der Ergebnisteil

Auf Grundlage der empirischen Hypothesen werden im Ergebnisteil einer empirischen Studie STATISTISCHE HYPOTHESEN aufgestellt und anhand der erhobenen Daten getestet. Bestimmte Kennwerte der Daten (z. B. Mittelwerte) werden für einen statistischen Test herangezogen. Eine Entscheidungsregel wird dann formuliert: Wenn die an den Daten berechneten Kennwerte in einen vorher festgelegten Bereich fallen, dann entscheiden wir uns dafür, an den theoretisch postulierten Zusammenhang zu glauben. Üblicherweise steht ein solcher SIGNIFIKANZTEST am Ende der statistischen Auswertung, der anhand der Entscheidungsregel also Aufschluss darüber gibt, ob der theoretisch behauptete Zusammenhang nachgewiesen oder nicht nachgewiesen wurde.

Wenn Sie einen Forschungsartikel lesen, sollten Sie klären, inwiefern anhand eines statistischen Tests die inhaltlichen Hypothesen überprüft wurden. Überzeugen Sie die verwendeten Methoden? Wurde ein angemessener statistischer Test gerechnet, der wirklich Aufschluss über die Forschungshypothese gibt?

Außerdem ist interessant inwiefern die Testergebnisse anhand der deskriptiven Statistiken nachgerechnet werden können.

Auch für die statistische Auswertung kann man anhand mehrerer Orientierungsfragen gezielt nach Informationen in Forschungsartikeln suchen.

- Welcher Art ist die statistische Hypothese (Zusammenhangshypothese / Unterschiedshypothese)?
- Welche Einflussfaktoren werden berücksichtigt?
- Welche statistischen Kennwerte werden berechnet?
- Wie lautet das Hypothesenpaar für den statistischen Test (H_0 und H_1)?
- Welche standardisierte Effektgröße ist informativ?
- Welches statistische Diagramm ist informativ?

Ein bei der Untersuchungsplanung entscheidender Schritt ist die Übersetzung der empirischen Hypothesen, die sich auf beobachtbare Variablen beziehen, in statistische Hypothesen, die mit den Kennwerten empirischer Verteilungen getestet werden. Zur Veranschaulichung kann ein ERWARTUNGSWERTDIAGRAMM entsprechend der empirischen Hypothesen dienen. Dazu entwirft man ein Diagramm, in dem auf der y-Achse die AV abgetragen wird, mit ihrer Spannweite zwischen den möglichen großen und kleinen Werten. Auf der x-Achse trägt man die Ausprägungen einer UV ein. In dieses Diagramm werden nun hypothetische Mittelwerte eingetragen, die beim Zutreffen der empirischen Hypothesen zu erwarten sind. Diese Mittelwerte können mit einer Linie verbunden werden. Daten werden hierbei noch nicht herangezogen; es geht um den Idealfall unter Gültigkeit der empirischen Hypothese. Im Falle einer weiteren UV können auch mehrere Linien für die Stufen der zweiten UV gezeichnet werden. Dies kann am Beispiel der Studie zum Blockflötenunterricht veranschaulicht werden:

> Die Hypothesen des Vortest-Nachtest-Follow-up Versuchsplanes des Blockflötenbeispiels müssen in statistische Hypothesen übersetzt werden. Dazu bieten sich Vergleiche der Erwartungswerte an, die die empirischen Hypothesen spezifizieren. Interessanterweise wird dabei »bessere Leistungen« in »durchschnittlich bessere Leistungen« übersetzt. Das Diagramm (siehe Abb. 2) zeigt die sechs erwarteten Mittelwerte (kurz: Erwartungswerte) des Versuchsplanes mit den Faktoren Programm und Messzeitpunkt. Auf der x-Achse sind die drei Messzeitpunkte abgetragen, auf der y-Achse die Kriteriumsvariablen (AV) zur Notenlesefähigkeit und zu Tonvorstellungen. Hohe Ausprägungen bedeuten bessere Leistungen. Die durchgehende Linie zeigt die drei

Erwartungswerte des Kontrollprogrammes, die gestrichelte Linie die des Experimentalprogrammes zum Blockflötenunterricht. Zum ersten Messzeitpunkt »vorher« werden noch gleiche Erwartungswerte in den Gruppen angenommen. Nachdem das Blockflötenprogramm durchgeführt wurde, zum »Nachher-Zeitpunkt«, sollte der Erwartungswert des Experimentalprogrammes über dem des Kontrollprogrammes liegen. Bei einer nachhaltigen Wirkung des Programmes sollte dieser Unterschied auch noch beim »Follow-up-Zeitpunkt« zu beobachten sein.

AUFGABE: Formulieren Sie für Ihren Themenbereich eine Interaktionshypothese des gemeinsamen Einflusses zweier UV auf eine AV. Zeichnen Sie auch das zugehörige Erwartungswertdiagramm.

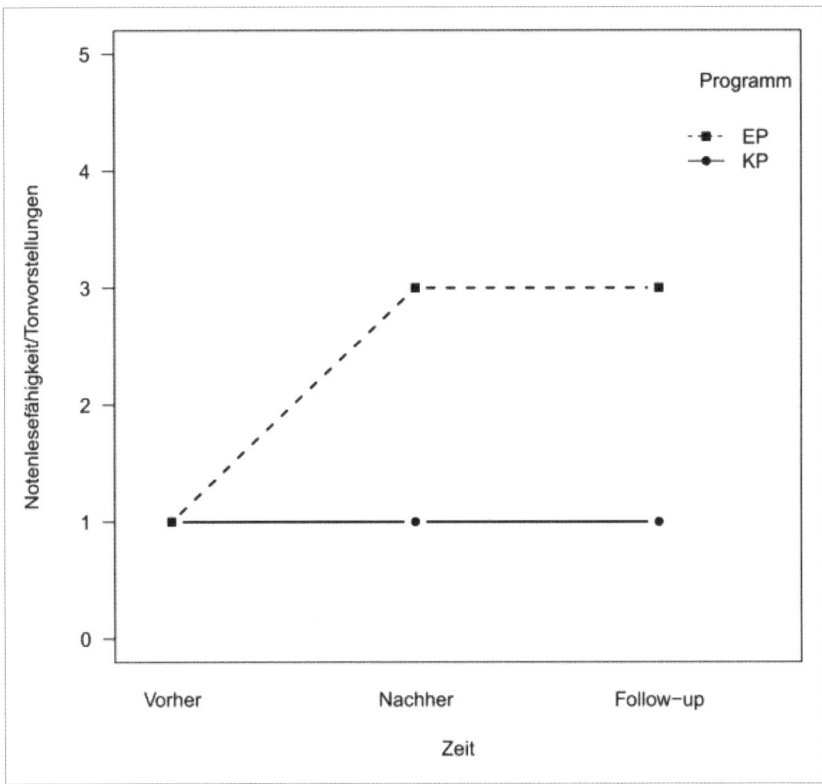

Abbildung 2: Erwartungswertdiagramm einer Evaluationsstudie zur Wirksamkeit des Blockflötenunterrichts bei Grundschülerinnen und -schülern.

Beispiel einer zweifaktoriellen Varianzanalyse

Die Spezifikation der erwarteten Ergebnisse kann nun mit den empirischen Daten verglichen werden. Dazu werden in den Ergebnisteilen vieler Studien sogenannte VARIANZANALYSEN berechnet (ANOVA, Analysis of Variance), mit denen die Einflüsse einer oder mehrerer UV auf eine AV statistisch nachgewiesen werden können. Wir betrachten hier nur das Beispiel einer zweifaktoriellen Varianzanalyse, so wie sie in vielen Studien berechnet wird. Darin werden die isolierten Wirkungen zweier UV auf eine AV geprüft, aber auch ihre gemeinsame Wirkung. Für die Berechnung einer Varianzanalyse anhand eines Datensatzes bieten viele Statistikbücher gute Übungen.[55] Wir möchten zeigen, was man mit einer gegebenen Ergebnistabelle machen kann, so wie man sie in Forschungsartikeln findet. An einem einfachen Beispiel einer zweifaktoriellen Varianzanalyse können einige Begriffe der statistischen Auswertung verdeutlicht werden. Wir verlassen dazu unser Beispiel des Blockflötenunterrichts, denn dieses Projekt wartet noch auf seine Durchführung; die nun verwendeten Beispieldaten stammen aus Hays.[56]

Darin wird der gemeinsame Einfluss der unabhängigen Variablen A und B auf eine abhängige Variable y untersucht. Viele Experimente sind so aufgebaut, dass sie die Wirkung mehrerer Einflussfaktoren auf eine abhängige Variable untersuchen. Im Beispiel haben die Einflussfaktoren A und B die Ausprägungen a1 und a2 für A und b1 bis b3 für B. Alle an dem Experiment teilnehmenden Versuchspersonen wurden zufällig einer der sechs möglichen Kombinationen der Stufen von A und B zugeordnet.

Der zu diesem Versuchsplan gehörende Ergebnisteil enthält DESKRIPTIVE STATISTIKEN und INFERENZSTATISTISCHE AUSWERTUNGEN. Die deskriptiven Statistiken sind die wichtigste Zusammenfassung der Daten (siehe Tab. 1), weil Rohdaten üblicherweise nicht in wissenschaftlichen Texten auftauchen. Die Tabelle zeigt Stichprobengrößen, Mittelwerte, Standardabweichungen und die Standardfehler der Mittelwerte, woran sich verschiedene inferenzstatistische Auswertungen anschließen lassen. Bei sogenannten Innersubjektplänen (within-subjects designs) werden zusätzlich die Korrelationen zwischen den Messzeitpunkten angegeben. Häufig werden die Mittelwerte der verschiedenen Versuchs-

---

55 Vgl. bspw. William L. Hays, *Statistics*; Peter Sedlmeier und Frank Renkewitz, *Forschungsmethoden und Statistik in der Psychologie*.

56 Vgl. William L. Hays, *Statistics*, Tabelle 12.7.1.

gruppen in einer Abbildung dargestellt, an der man nach Augenmaß vorhandene Mittelwertsunterschiede abschätzen kann (siehe Abb. 3). Dieses Diagramm ist das empirische Gegenstück zum Erwartungswertdiagramm, und es sollte eine grobe optische Übereinstimmung der Diagramme vorliegen, wenn man auf eine statistische Entscheidung zugunsten der inhaltlichen Hypothese hoffen möchte.

In Statistiklehrbüchern wird zwischen THEORETISCHEN und EMPIRISCHEN KENNWERTEN unterschieden, theoretische werden meistens mit griechischen Buchstaben bezeichnet, empirische mit lateinischen. Das griechische μ ist der Erwartungswert einer Normalverteilung, der Buchstabe M seine empirische Entsprechung, der Mittelwert. M berechnet man an empirischen Daten und man verwendet es als Schätzung für μ. Die einfachste Form statistischer Unterschiedshypothesen wird mit den μ gebildet:

$H_0: \mu_1 = \mu_2$
$H_1: \mu_1 \neq \mu_2$

Die sogenannte Nullhypothese in der oberen Zeile besagt, dass zwei Erwartungswerte gleich sind, die darunter stehende Alternativhypothese besagt, dass zwei Erwartungswerte ungleich sind. Der statistische Test prüft nun, ob der Unterschied zwischen den empirischen Mittelwerten M_1 und M_2 so groß ist, dass er in einen Bereich fällt, der unter Annahme der Gültigkeit von H_0 sehr unwahrscheinlich ist. Meistens wird die Wahrscheinlichkeit für ein Ergebnis in diesem Ablehnungsbereich auf das Signifikanzniveau $\alpha = 0{,}05$ gesetzt.

Es wird die statistische Hypothese aufgestellt, dass in den unterschiedlichen Faktorstufenkombinationen von A und B unterschiedliche Erwartungswerte für y vorliegen, was mit der Varianzanalyse (siehe Tab. 2) getestet werden soll. Die Hypothesenpaare aus H_0 und H_1 für die zwei Faktoren des Beispieles lauten:

Faktor A
$H_0: \mu_{a1} = \mu_{a2}$
$H_1: \mu_{a1} \neq \mu_{a2}$
Faktor B
$H_0: \mu_{b1} = \mu_{b2} = \mu_{b3}$
$H_1: \mu_{b1} \neq \mu_{b2} \neq \mu_{b3}$

Bedingung	Gruppengröße n	Gruppen-mittelwert M	Standard-abweichung s	Standardfehler des Mittelwertes $\frac{s}{\sqrt{n}}$
a1 × b1	10	46,4	3,24	1,02
a2 × b1	10	36,8	3,49	1,10
a1 × b2	10	30,2	3,49	1,10
a2 × b2	10	37,8	3,49	1,10
a1 × b3	10	17,8	3,52	1,11
a2 × b3	10	21,4	3,47	1,10

Tabelle 1: Beispiel deskriptiver Statistiken in einem zweifaktoriellen Versuchsplan.

	Freiheitsgrade (degrees of freedom, df)	Quadratsummen (Sum of squares, SS)	Mittlere Quadratsummen (Mean squares, MS)	F-Wert	p
Faktor A	1	4,3	4,27	0,3582	0,552
Faktor B	2	4994,1	2497,07	209,6418	≪ 0,05
Interaktion A × B	2	810,1	405,07	34,0075	≪ 0,05
Fehler (Residuals)	54	643,2	11,91		

Tabelle 2: Ergebnisse der Varianzanalyse zu den Haupteffekten der Faktoren A und B und der Interaktion.

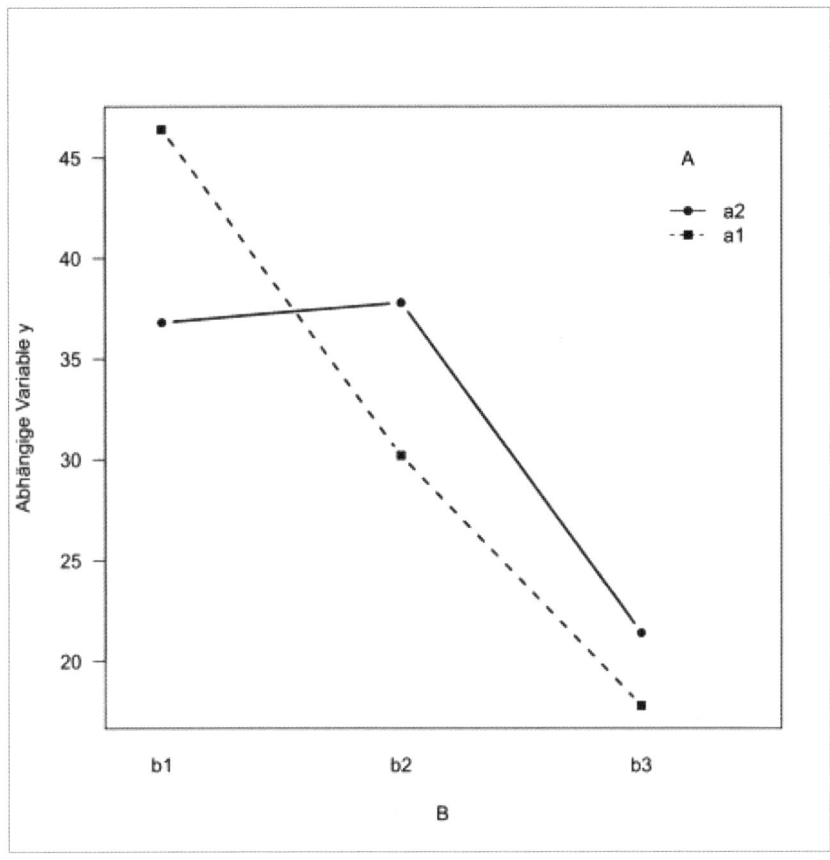

Abbildung 3: Interaktionsdiagramm des gemeinsamen Einflusses der unabhängigen Variablen A und B auf die abhängige Variable y.

Inferenzstatistische Ergebnisse werden in vielen Fällen anhand von T- ODER F-TESTS berechnet, beispielsweise in der Varianzanalyse. Leider werden die statistischen Hypothesen selten angegeben, obwohl die statistischen Testverfahren nur unter ihrer Kenntnis sinnvoll sind. Meistens werden jedoch im Ergebnisteil Mittelwerte miteinander verglichen. Unterschiede zwischen den Mittelwerten sollen darüber Aufschluss geben, ob den Stichprobenergebnissen theoretische Verteilungen mit unterschiedlichen Erwartungswerten zugrunde liegen.

Bei der Varianzanalyse werden im F-Wert zwei Varianzen ins Verhältnis gesetzt, die zur Gesamtvarianz der Daten beitragen. Die Varianz, die auf Mittelwertsunterschiede zurückgeht (siehe Tab. 2, MS der Faktoren A und B), wird durch die Varianz, die auf Versuchspersonenunterschiede innerhalb der Versuchsgruppen zurückgeht (MS Fehler), geteilt. Große F-Werte weisen auf starke Unterschiede zwischen den Gruppenmittelwerten hin, die sich gegen die Varianz innerhalb der Gruppen durchsetzen können; bei kleinen F-Werten können sich die Mittelwertsunterschiede nicht gegen die Innergruppenvarianz durchsetzen. Signifikante Mittelwertsunterschiede finden sich im Beispiel für B, da für F_B = 209,6418 ein p-Wert vorliegt, der viel kleiner als α = 0,05 ist; für A liegt mit F_A = 0,3582 und p = 0,552 dagegen kein signifikantes Ergebnis vor.

Der Signifikanztest des F-Wertes prüft, ob der empirische F-Wert in einen unwahrscheinlichen Bereich fällt, bei Gültigkeit der Annahme, dass keine Erwartungswertunterschiede existieren (spezifiziert unter der H_0). Fällt der F-Wert in diesen unwahrscheinlichen Bereich, dann wird angenommen, dass zwischen den Erwartungswerten Unterschiede existieren (spezifiziert unter der H_1); fällt der F-Wert nicht in diesen Bereich, dann kann keine Aussage hinsichtlich der Unterschiede der Erwartungswerte getroffen werden. Achtung: Damit wurde nicht die Gleichheit der Erwartungswerte nachgewiesen, so wie sie unter der H_0 spezifiziert wurde. Die Varianzanalyse beinhaltet also einen Test, der nur auf Unterschiede zwischen mehreren Erwartungswerten testet, ohne die Erwartungswerte zu kennzeichnen, zwischen denen die Unterschiede bestehen. Dafür gibt es post hoc Kontrastmethoden, die nach signifikanter Varianzanalyse Unterschiede zwischen den empirischen Mittelwerten aufdecken.

Die dargestellten deskriptiven Statistiken erlauben es den Leserinnen und Lesern, mit den Ergebnissen auch andere inferenzstatistische Auswertungen durchzuführen als die im Text angegebenen oder auch die Ergebnisse für eine Metaanalyse zu nutzen. METAANALYSEN fassen die Statistiken mehrerer vergleichbarer Studien zusammen, um Aussagen über Populationseffekte treffen zu können. Sie bauen auf den deskriptiven Effektstärken der einzelnen Studien auf. Um Studien vergleichbar zu machen, müssen Effektstärken anhand der Informationen eines Forschungsartikels gelegentlich auch erst berechnet werden.[57]

Für die statistische Auswertung eigener empirischer Erhebungen steht mittlerweile eine Reihe von Statistikprogrammen zur Verfügung, die weitgehend intuitiv zu bedienen sind. Die Interpretation der Rechenergebnisse erfordert allerdings bei allen Statistikprogrammen die Grundkenntnis der beschriebenen Logik der Signifikanztests. Erliegen Sie nicht der Tendenz zu immer komplizier-

---

[57] Vgl. Timothy L. Seifert, *Determining Effect Sizes in Various Experimental Designs*.

teren Auswertungen, nur weil sie in den Statistikprogrammen leicht verfügbar sind. Komplizierte Auswertungen sind meistens an Voraussetzungen geknüpft, die nur mit statistischem Fachwissen geprüft werden können. Orientieren Sie sich an Hays' Empfehlung zur Planung einer statistischen Auswertung: »Keep it simple«.[58] Häufig können auch im Rahmen einer explorativen Datenanalyse oder bei der Verwendung von Konfidenzintervallen sinnvolle Aussagen über die Daten getroffen werden.[59]

Verschiedene Mess- und Erhebungsmethoden

Häufig werden drei grundlegende Datenerhebungsmethoden unterschieden: Fragebogen, Interview und Verhaltensbeobachtung. Fragebogen und Interview werden auch als BEFRAGUNG zusammengefasst behandelt.[60] Sedlmeier und Renkewitz[61] diskutieren in ihrem Methodenlehrbuch auch die Merkmale qualitativer Methoden, beispielsweise hinsichtlich der Forschung in Gebieten, in denen noch keine etablierten Theorien vorliegen. Zu den qualitativen Erhebungsmethoden zählen Befragungen, Beobachtung und nonreaktive Verfahren.[62]

Fragebogenentwicklung

Ein STANDARDISIERTER FRAGEBOGEN ist nicht einfach eine Ansammlung von Fragen zu einem Inhaltsbereich, er durchläuft mehrere *Konstruktionsphasen*.[63] Beispielsweise sind die verwendeten Fragen eine an bestimmte Kriterien gebun-

---

58   William L. Hays, *Statistics*, S. 585.
59   Vgl. Geoffrey Loftus, *Psychology Will be a Much Better Science When we Change the Way we Analyze Data*.
60   Vgl. Peter Sedlmeier und Frank Renkewitz, *Forschungsmethoden und Statistik in der Psychologie*, S. 84–94.
61   Vgl. Peter Sedlmeier und Frank Renkewitz, *Forschungsmethoden und Statistik in der Psychologie*.
62   Vgl. Jürgen Bortz und Nicola Döring, *Forschungsmethoden und Evaluation*, S. 282.
63   Vgl. Peter Sedlmeier und Frank Renkewitz, *Forschungsmethoden und Statistik in der Psychologie*, S. 93 f.

dene Auswahl aus einem größeren *Item-Pool*. Eine solche Auswahl könnte sich vielleicht *faktorenanalytisch* an der Höhe der *Korrelationen* zwischen den Items in einem Testdurchlauf orientieren. Hinweise zur Fragebogengestaltung beziehen sich auf die *Formulierung der Fragen*, auf die *Abstufungen der Antwortmöglichkeiten* und auf mögliche Reihenfolgen, in denen die Fragen vorgelegt werden. Als Antwortformate können *festgelegte Antwortmöglichkeiten* von *freien* unterschieden werden.[64] Das festgelegte Format gibt die möglichen Antworten vor, das freie macht keine Vorgaben. Hinweise zur Itemformulierung liefern Mummendey und Bühner.[65] Checklisten zur Gestaltung findet man bei Sedlmeier und Renkewitz.[66]

Fragebögen sind eine ökonomische Methode, um viele Variablen in kurzer Zeit an vielen Versuchspersonen erfassen zu können. Sie können gleichzeitig mit großen Gruppen durchgeführt werden, beispielsweise einer Schulklasse. Die Fragen eines Fragebogens werden üblicherweise auch *Items* genannt. Attraktive neue Durchführungsmöglichkeiten eröffnen sich durch *E-Mail* und *Web-Fragebögen*.

Einen Spezialfall der Befragungsmöglichkeiten zu musikbezogenen Antworten stellen ELEKTRONISCHE INTERFACES dar, die die Ausprägung der natürlichen Form der Antworten auf musikalische Stimuli zu erfassen versuchen. Eine aktuelle und umfassende Übersicht zu den seit 40 Jahren in der Musikpsychologie entwickelten elektronischen Interfaces liefern Kopiez, Dressel, Lehmann und Platz.[67] Angefangen bei Manfred Clynes' *Sentographen* bis hin zum *Continuous Response Digital Interface*[68] können sich Musikforscherinnen und -forscher in der Vielfalt der Interfaces orientieren. Der Sentograph beispielsweise zeichnet den vertikalen und horizontalen Fingerdruck kontinuierlich auf; gleichzeitig zur Musik ergeben sich damit Druckverlaufsformen, die mit der emotionalen Antwort der Person auf die Musik zusammenhängen sollen. Ein emotionaler Zu-

---

64 Vgl. Peter Sedlmeier und Frank Renkewitz, *Forschungsmethoden und Statistik in der Psychologie*, S. 88 f.

65 Vgl. Hans D. Mummendey, *Die Fragebogen-Methode*; Markus Bühner, *Einführung in die Test- und Fragebogenkonstruktion*.

66 Vgl. Peter Sedlmeier und Frank Renkewitz, *Forschungsmethoden und Statistik in der Psychologie*, S. 105 f.

67 Vgl. Reinhard Kopiez u. a., *Vom Sentographen zur Gänsehautkamera*.

68 Vgl. John Geringer, Clifford Madsen und Dianne Gregory, *A Fifteen-Year History of the Continuous Response Digital Interface*.

stand manifestiere sich in jeder Körperbewegung und sollte damit auch durch einen Fingerdruck messbar sein.[69] Die Vielfalt der beschriebenen Interfaces macht deutlich, dass die Erfassung von Empfindungen beim Musikhören eine methodische Herausforderung musikpsychologischer Studien ist. Schließlich beziehen sich viele Empfindungen nicht auf ganze Musikwerke, sondern nur auf einzelne Abschnitte. Der Überblick über weitere Interfaces kann ein Startpunkt für die eigene Forschung sein.

Interview

Ein Interview ist eine *mündliche Befragung* und beispielsweise geeignet, wenn über die reine Fragenbeantwortung auch *nonverbale Signale* protokolliert werden sollen,[70] wie Zögern bei sensiblen Themen. Ein Interview kann auch anhand vollständig standardisierter Fragen durchgeführt werden, seine Vorteile als *qualitatives Verfahren* sind aber wohl in einem *Leitfaden-Interview* präsenter. Dabei werden Themen- und Fragenkomplexe zusammengestellt, deren Wortlaut und Reihenfolge jedoch für das Interview nicht streng festgelegt sind.[71] Eine Liste an *Interviewvarianten* liefern Bortz und Döring.[72]

Häufig geht es in einem Interview um die Erinnerung und die Protokollierung eines vergangenen Geschehens, wie beispielsweise eines persönlichen Erfolgserlebnisses. Die interviewte Person soll sich an das Geschehen erinnern und davon erzählen, sodass die Interviewerin oder der Interviewer bestimmte Details protokollieren kann. Vom wahren Geschehen bis zum Protokoll gibt es mehrere *Informationsverarbeitungsprozesse* der interviewten Person und der Interviewerin oder des Interviewers, die alle die Abbildung des Geschehens im Protokoll beeinflussen und auch verfälschen können.[73] Zu bekannten *Interviewfehlern* ge-

---

69 Vgl. Manfred Clynes, *Sentics*.

70 Vgl. Peter Sedlmeier und Frank Renkewitz, *Forschungsmethoden und Statistik in der Psychologie*, S. 85.

71 Vgl. Peter Sedlmeier und Frank Renkewitz, *Forschungsmethoden und Statistik in der Psychologie*, S. 85.

72 Vgl. Jürgen Bortz und Nicola Döring, *Forschungsmethoden und Evaluation*.

73 Vgl. Bernd Keßler, *Daten aus dem Interview*.

hören *Suggestivfragen* oder solche Fragen, die keine Wahlmöglichkeiten lassen.[74] Anhand von *Checklisten* und eines *Arbeitsplanes* können bei der Interviewkonstruktion Fehler vermieden werden.[75]

Verhaltensbeobachtung

Die Registrierung spontan auftretenden oder gezielt herbeigeführten Verhaltens nennt man Verhaltensbeobachtung. Sie kann *offen* oder *verdeckt* mit unterschiedlich starken Eingriffen in die Beobachtungssituation stattfinden.[76] Für eine *systematische Verhaltensbeobachtung* können also auch im Labor gezielt Situationen hergestellt und dann das anschließende Verhalten der Versuchspersonen beobachtet werden, beispielsweise durch einen *Einwegspiegel*. Weiterhin werden TEILNEHMENDE und NICHT-TEILNEHMENDE BEOBACHTUNGEN unterschieden, je nachdem, ob die Versuchsleiterin oder der Versuchsleiter sich in die beobachtete Situation begibt oder sie von außen betrachtet.

Die Datenregistrierung wird nach zwei allgemeinen Systemen vorgenommen: *Zeichen- und Kategoriensystem*.[77] Das Zeichensystem ist eine *Strichliste* genau definierter Verhaltensweisen, deren Häufigkeit registriert wird, beispielsweise wie oft ein Kind auf dem Spielplatz ein anderes schlägt. Das Kategoriensystem definiert globalere Verhaltensweisen, wie beispielsweise Aggression gegenüber anderen Kindern, die sich durch mehrere elementare Handlungen definieren lassen. Wichtig ist bei der Planung, dass sich die Kategorien nicht überlappen, sodass stets klar ist, welches Verhalten vorliegt. Das ist manchmal nicht einfach, wenn eine Handlung vielleicht als Aggression oder auch als Selbstverteidigung aufgefasst werden kann.

Unpraktisch dürfte wohl in vielen Fällen die Beobachtung über 24 Stunden an sieben Tagen sein, sodass nach bestimmten Kriterien Beobachtungszeiträume ausgewählt werden müssen. Allgemein werden dabei *Zeitstichproben* und *Er-*

---

74 Vgl. Manfred Amelang und Werner Zielinski, *Psychologische Diagnostik und Intervention*, S. 246 f.

75 Vgl. Jürgen Bortz und Nicola Döring, *Forschungsmethoden und Evaluation*; Peter Sedlmeier und Frank Renkewitz, *Forschungsmethoden und Statistik in der Psychologie*, S. 105 f.

76 Vgl. Peter Sedlmeier und Frank Renkewitz, *Forschungsmethoden und Statistik in der Psychologie*, S. 106 f.

77 Vgl. Sylvia Schaller, *Daten aus Beobachtungen*.

eignisstichproben unterschieden.[78] Bei Zeitstichproben wählt man Zeitintervalle für die Beobachtung aus, in denen auch die Aufmerksamkeitsspannen der Beobachterinnen und Beobachter berücksichtigt werden. Bei Ereignisstichproben wird die Beobachtung durch ein bestimmtes (zumeist seltenes) Verhalten ausgelöst. Auf dem Spielplatz könnte beispielsweise die Beobachtung der Aggressivität eines Kindes erst dann beginnen, wenn es mit einem anderen Kind in Streit gerät. Bei Verhaltensbeobachtungen werden mehrere *Beobachtungsfehler* unterschieden: *Haloeffekt, Logischer Fehler, Milde- und Strengefehler, Extremurteile, Zentrale Tendenz.*[79] Um diese Fehler zu vermeiden, ist in der Regel eine *Beobachterschulung* notwendig.

Evaluationsforschung

Die Evaluationsforschung beschäftigt sich mit der WIRKSAMKEIT VON INTERVENTIONSPROGRAMMEN.[80] Lässt sich beispielsweise die Wirkung der progressiven Muskelentspannung zur Verbesserung des Instrumentalspieles nachweisen? Macht ein Jahr Instrumentalunterricht intelligent? Es geht beispielsweise auch um den Beleg der *Wirksamkeit* eines neuen Instrumentaltrainings für ältere Menschen, um die Verbesserung musikpädagogischer Programme für die Grundschule oder auch um die *Überlegenheit* neuer Therapiemethoden gegenüber älteren. In der Evaluationsforschung werden die Auswirkungen von *Interventionsprogrammen* verschiedenster gesellschaftlicher Bereiche untersucht.[81] Meist wird dabei ein *Vortest-Nachtest-Follow-up-Design* verwendet, in dem *vor* der *experimentellen Manipulation* (z. B. dem Beginn des Unterrichtsprogrammes in unserem Blockflötebeispiel) die *Experimentalgruppe* und die *Kontrollgruppe* hinsichtlich ihrer Werte auf der AV verglichen werden. Sie sollten sich dann im Durchschnitt nicht voneinander unterscheiden. Dann erhält die Experimentalgruppe das Treatment (z. B. das Unterrichtsprogramm) und anschließend

---

78 Vgl. Peter Sedlmeier und Frank Renkewitz, *Forschungsmethoden und Statistik in der Psychologie*, S. 111.
79 Vgl. Manfred Amelang und Werner Zielinski, *Psychologische Diagnostik und Intervention*, S. 241 f.
80 Vgl. Peter H. Rossi, Howard E. Freeman und Mark W. Lipsey, *Evaluation*.
81 Vgl. Willi Hager, Jean-Luc Patry und Hermann Brezing (Hgg.), *Evaluation psychologischer Interventionsmaßnahmen*.

werden wieder beide Gruppen im *Nachtest* verglichen. Unterscheiden sich die Mittelwerte der Gruppen dabei signifikant voneinander, dann wird dieser Unterschied auf die Wirksamkeit des Treatments zurückgeführt; dafür muss allerdings die interne Validität gegeben sein. Der Zeitverlauf dieser Wirkung wird an einem *Follow-up Zeitpunkt* überprüft, der Wochen oder Monate nach der Beendigung des Treatments liegen kann. Geht der Effekt bis dahin zurück, bleibt er gleich oder wird er sogar noch stärker?

Es gibt in der Musikwissenschaft viele Interventionsstudien, beispielsweise zur Intelligenzförderung durch Instrumentalunterricht,[82] zum Einfluss gemeinsamen Singens auf die emotionale Befindlichkeit,[83] zur Prävention psychischer Störungen durch gemeinsame Musiktherapie in Familien[84] oder zum Abbau von ethnischen Stereotypen durch die geeignete Auswahl gesungener Lieder im Grundschulunterricht.[85] Neben der Frage nach der reinen Wirksamkeit einer Intervention wird in der Evaluationsforschung auch nach dem Wirkmodell gefragt, wie also die theoretische Beziehung zwischen Intervention und gemessenen Wirkungen aussieht. Warum, beispielsweise, sollte Musizieren intelligenter machen? Alle zugehörigen Überlegungen beziehen sich auf Forschungsfragen nach den Transferwirkungen des Musizierens. Für die Beschreibung solcher Wirkungen hält die Evaluationsforschung geeignete Begriffe bereit.[86]

---

82 Vgl. E. Glenn Schellenberg, *Music Lessons Enhance IQ*.

83 Vgl. Betty A. Bailey und Jane W. Davidson, *Effects of Group Singing and Performance for Marginalized and Middle-class Singers*.

84 Vgl. Janeen Mackenzie und Karen Hamlett, *The Music Together Program*.

85 Vgl. Maria-Do-Rosário Sousa, Félix Neto und Etienne Mullet, *Can Music Change Ethnic Attitudes Among Children?*

86 Vgl. Marcus Hasselhorn und Claudia Mähler, *Transfer*.

Weitere Forschungsmethoden der Systematischen Musikwissenschaft

Physiologische Messmethoden

Seit einigen Jahren beschäftigen sich Neurowissenschaftlerinnen und Neurowissenschaftler auch mit der Frage, wie und wo Musik im Gehirn verarbeitet wird und welche Auswirkungen Musizieren und Musikhören auf das Gehirn haben. Die Erwartungen an solche Studien sind hoch, denn neben Erkenntnissen über das menschliche Musik-Erleben wird auch erhofft, »[...] das menschliche Gehirn – und damit die Spezies Mensch – besser zu verstehen«.[87] Neurowissenschaftliche Forschungsergebnisse sagen jedoch nur etwas über die Aktivität bestimmter Gehirnbereiche bei musikbezogenen Tätigkeiten aus. Über die geistigen Prozesse, die mit dieser Aktivität zusammenhängen, kann nur mithilfe psychologischer Theorien und Methoden etwas ausgesagt werden.

Zu den wichtigsten Methoden der musikbezogenen Neurowissenschaft zählen das Elektro-Enzephalogramm (EEG), die funktionelle Magnetresonanz-Tomographie (fMRT), die Positronen-Emissions-Tomographie (PET) und das Magnet-Enzephalogramm (MEG). Weitere Messmethoden sowie deren Vor- und Nachteile finden sich bei Koelsch und Schröger.[88] Mit dem EEG wird die elektrische Aktivität des Gehirns an der Kopfoberfläche gemessen. Charakteristische Veränderungen dieser Aktivität können z. B. mit gehörter Musik in Zusammenhang gesetzt werden. So konnte Koelsch beispielsweise zeigen, dass auch Menschen ohne formale musikalische Ausbildung auf unerwartete Akkordfolgen mit einer charakteristischen Potenzial-Veränderung reagieren.[89] Er schließt daraus auf ein implizit vorhandenes Wissen über die harmonische Struktur oft gehörter Musik. Die anderen drei genannten Methoden geben Aufschluss über die Aktivität von Nervenzellen in bestimmten Gehirnregionen bei Tätigkeiten wie z. B. Musikhören. In der FMRT dient der Sauerstoffgehalt im Blut als Indikator,

---

87 Stefan Koelsch und Erich Schröger, *Neurowissenschaftliche Grundlagen der Musikwahrnehmung*, S. 393.

88 Vgl. Stefan Koelsch und Erich Schröger, *Neurowissenschaftliche Grundlagen der Musikwahrnehmung*, S. 410 f.

89 Vgl. Stefan Koelsch u. a., *Brain Indices of Music Processing*.

in der PET die relative Durchblutung von Gehirnarealen, und im MEG wird die elektrische Aktivität von Nervenzellen mithilfe magnetischer Felder bestimmt. Hypothesen über die Bedeutsamkeit bestimmter Gehirnregionen bei bestimmten Aufgaben werden über einen Vergleich der Aktivierungen während der Aufgabenbearbeitung und während einer Kontrollbedingung überprüft.

Insbesondere bei der Erforschung von Emotionen, die auf Musik bezogen sind, aber auch bei anderen Fragestellungen, können physiologische Messmethoden zum Einsatz kommen, die sich nicht auf das Gehirn, sondern auf andere Bereiche des menschlichen Körpers beziehen. Beispielsweise kann mithilfe von Elektroden die Hautleitfähigkeit gemessen werden, die als Indikator für physiologische Erregung, z. B. im Zusammenhang mit Emotionen, gilt. Weitere diesbezügliche Indikatoren sind die Herzrate und die Aktivität bestimmter Muskeln (z. B. der Gesichtsmuskeln als Hinweis auf erlebte Emotionen).

Physiologische und insbesondere neurowissenschaftliche Untersuchungen sind aufwendig und zum Teil sehr teuer, können in Kombination mit psychologischen Theorien aber interessante Ergebnisse liefern. Da die technischen Voraussetzungen eher in psychologischen oder medizinischen Instituten vorhanden sind, die Planung von Untersuchungen aber auch psychologische und musikwissenschaftliche Expertise erfordert, werden entsprechende Forschungsprogramme vor allem in interdisziplinären Teams durchgeführt. Einen Überblick über neuere Forschungsergebnisse liefern Spitzer und Drösser, eine Einführung in die zentralen Methoden gibt Schandry.[90]

Methoden der musikalischen Akustik

In der musikalischen Akustik werden vorrangig Fragen untersucht, die sich auf die Klangeigenschaften von Musikinstrumenten, Singstimmen und Räumen oder auf die Eigenschaften von Tonsystemen sowie Stimmungs- und Intona-

---

90 Vgl. Manfred Spitzer, *Musik im Kopf*; Christoph Drösser, *Hast du Töne? Warum wir alle musikalisch sind*; Rainer Schandry, *Biologische Psychologie*.

tionsphänomene beziehen.[91] Das Forschungsfeld Akustik wird im Überblick im Band »Musikalische Akustik«[92] der »Kompendien Musik« dargestellt.

Bei der Bestimmung von *Eigenschaften des Tonsystemes* geht es darum festzustellen, welches Tonmaterial in einer bestimmten musikalischen Kultur genutzt wird. Eine musikalische Kultur ist dabei sowohl räumlich (z. B. verschiedene Länder) als auch zeitlich (z. B. Musik der Renaissance vs. Musik der Gegenwart) bestimmt. Die grundsätzliche Messmethode besteht in der BESTIMMUNG DER GRUNDFREQUENZEN von Tönen, die entweder durch ein Instrument oder eine Singstimme produziert werden. Man misst die Grundfrequenzen, weil diese das menschliche Tonhöhenurteil stark prägen.[93] Zum Einsatz kommen dabei Computerprogramme, die bestimmte (markierte) Zeitbereiche einer Audiodatei hinsichtlich der Periodendauer enthaltener Schwingungen analysieren. Dies ist ein mathematisches Problem, das in vielen Programmen durch die sogenannte Autokorrelationsfunktion (eine Art Vergleich des Signales mit sich selbst, um Regelmäßigkeiten zu erkennen) gelöst wird. Ist die Periodendauer bekannt, so kann daraus die Grundfrequenz abgeleitet werden. Dass die Bestimmung der Grundfrequenzen gerade bei komplexen musikalischen Klängen keine triviale Aufgabe ist, lässt sich daran erkennen, dass es bis heute kein Computerprogramm gibt, das diese Analyse für mehrstimmige Musik zufriedenstellend vornehmen kann (z. B. Erstellung einer Partitur aus einem Konzertmitschnitt). Dieses Problem wird aktuell in der musikbezogenen Informatik bearbeitet.[94]

Sind die Grundfrequenzen einzelner Töne bestimmt, so können die Verhältnisse zwischen Tönen festgestellt werden, dadurch lassen sich letztlich TON- UND STIMMUNGSSYSTEM charakterisieren. Ein Vergleich der Tonsysteme verschiedener Kulturen ist beispielsweise für die Fragestellung relevant, ob es »natürliche« Tonsysteme oder zumindest Elemente von Tonsystemen gibt. So hat sich gezeigt, dass in vielen Musikkulturen das Intervall der Oktave (mit einem Schwingungsverhältnis von 2:1, also z. B. 880 Hz und 440 Hz) auftritt, andere Intervalle sich zwischen Musikkulturen jedoch erheblich unterscheiden. Der Vergleich verschiedener Tonsysteme zeigt außerdem, dass das in einer bestimmten Epoche oder

---

91   Vgl. Wolfgang Auhagen, Veronika Busch und Jan Hemming (Hgg.), *Systematische Musikwissenschaft*, S. 40.

92   Vgl. Wolfgang Auhagen und Christoph Reuter (Hgg.), *Musikalische Akustik*.

93   Vgl. Wolfgang Auhagen, Veronika Busch und Jan Hemming (Hgg.), *Systematische Musikwissenschaft*, S. 40.

94   Vgl. z. B. Anssi P. Klapuri, *Automatic Music Transcription as we Know it Today*.

Musikkultur verwendete Tonsystem mit der Art der gespielten Musik zusammenhängt. Beispielsweise hat sich in der abendländischen Musikkultur das Stimmungssystem mit der Entwicklung der Mehrstimmigkeit und der Dur-moll-tonalen Harmonik in charakteristischer Weise verändert. Die heute übliche gleichstufig temperierte Stimmung ermöglicht mehrstimmiges Musizieren in allen Tonarten des Quintenzirkels, verzichtet dabei aber z. B. auf rein gestimmte Terzen.[95]

Die Ergebnisse der Untersuchung von Tonsystemen, Stimmungen und Intonation sind nicht nur von theoretischem Interesse, sondern auch für Fragen der Aufführungspraxis relevant. Dabei geht es beispielsweise um die Stimmungssysteme historischer Instrumente (insbesondere Tasteninstrumente) oder um die Einheitlichkeit der Intonation beim Chorgesang.[96] Daneben sind sowohl bei historischen als auch bei modernen Instrumenten ihre *Klangeigenschaften* von Interesse. Für deren Charakterisierung hat sich das FREQUENZSPEKTRUM gespielter bzw. gesungener Töne als wichtig erwiesen. Das Frequenzspektrum lässt sich mithilfe der Fourier-Transformation[97] bestimmen, einem nach seinem Erfinder benannten Verfahren zur Analyse komplexer Schwingungen.[98] Es berechnet für einen definierten Zeitabschnitt einer Audiodatei die Intensität einzelner Frequenzbereiche. Abbildung 4 zeigt die Spektren zweier Instrumentalklänge. Dabei sind auf der x-Achse die Frequenzen abgetragen und auf der y-Achse die jeweiligen Intensitäten. Eine Zeitachse gibt es in dieser Darstellung nicht, es werden die über einen kurzen Zeitabschnitt gemittelten Werte gezeigt. Beide Instrumente spielen ein a', die Grundfrequenz ist in beiden Spektren durch die senkrechte gestrichelte Linie (440,40 Hz bzw. 439,32 Hz) und ihre Lautstärke durch die waagerechte Linie (112,6 dB bzw. 103,1 dB) markiert. Man erkennt bei dem Violinenklang besonders in den höheren Teiltönen deutlich das Vibrato: Die höheren Teiltöne werden nicht durch eine einzelne Frequenz, sondern durch einen kleinen Frequenzbereich definiert. Man erkennt außerdem, dass bei dem Oboenklang die ersten vier Teiltöne annähernd die gleiche Intensität haben. Die zwischen den Teiltönen vorhandenen Frequenzanteile mit geringerer Lautstärke sind auf Bogen- bzw. Anblasgeräusche zurückzuführen.

---

95   Zu den Grundlagen musikalischer Stimmung und Temperatur vgl. Wolfgang Auhagen, Art. *Stimmung und Temperatur*.

96   Vgl. Harald Jers und Sten Ternström, *Intonation Analysis of a Multi-channel Choir Recording*.

97   Vgl. Jean-Baptiste Fourier, *Théorie analytique de la chaleur*.

98   Vgl. Wolfgang Auhagen, Veronika Busch und Jan Hemming (Hgg.), *Systematische Musikwissenschaft*, S. 42.

Weitere Forschungsmethoden der Systematischen Musikwissenschaft

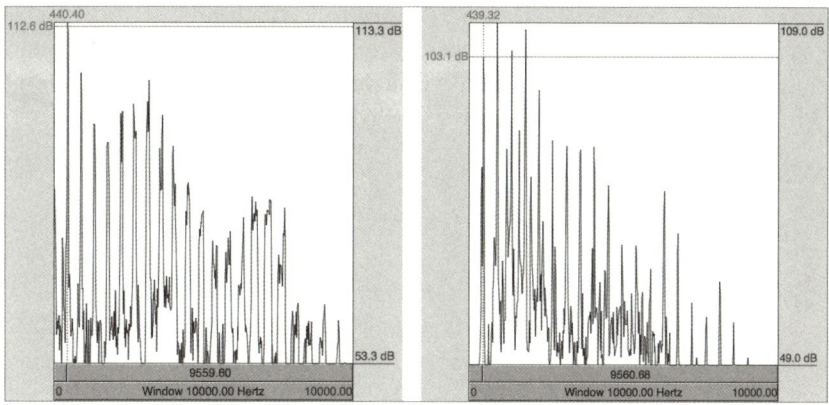

Abbildung 4: Spektren eines Violinenklanges (links) und eines Oboenklanges (rechts).

Ähnliche Analysen gibt es auch über längere Zeiträume, in diesem Fall erfolgt die Darstellung der Frequenzen (y-Achse) über die Zeit (x-Achse) und man kann die Intensität einer Frequenz an ihrer Farbintensität erkennen. Abbildung 5 zeigt ein sogenanntes SPEKTROGRAMM des bereits erwähnten Violinenklanges über 2,7 Sekunden. In der oberen Hälfte der Abbildung sind die Lautstärkeschwankungen erkennbar, in der unteren Hälfte der Abbildung sieht man wieder, vor allem in den höheren Teiltönen, das Frequenzvibrato.

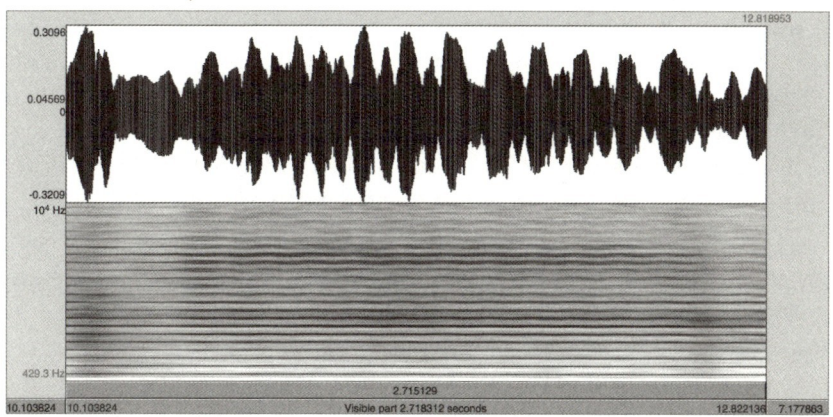

Abbildung 5: Spektrogramm eines Violinenklanges mit Vibrato.

Analysen von Instrumentalklängen haben gezeigt, dass für die Wahrnehmung von Klangfarben die Anzahl und Intensität enthaltener Frequenzen, der Anteil an Geräuschen, die Intensitäts- und Frequenzschwankungen der Teiltöne sowie der Einschwing- und Ausschwingvorgang bedeutsam sind.[99]

Für die Klanganalyse mithilfe der FOURIER-TRANSFORMATION sind verschiedene Computerprogramme und dazugehörige Anleitungen verfügbar.[100] Demgegenüber ist die *Analyse musikalischer Räume* (z. B. Kirchen oder Konzertsäle) nur mit den Methoden der Raumakustik möglich. Dabei wird die Schallausbreitung durch die Aufnahme von Klangimpulsen im Konzertsaal gemessen, um Parameter wie den Nachhall des Raumes oder die Verzögerung indirekter Schallanteile zu bestimmen. Die Nachhallzeiten können dann mit den Urteilen von Hörerinnen und Hörern über die Klangqualität eines Raumes verglichen werden. Entsprechende Untersuchungen haben gezeigt, dass Konzertsäle dann als positiv beurteilt werden, wenn sie eine Nachhallzeit von 1,7 bis 2 Sekunden aufweisen.[101] Sowohl die Nachhallzeit als auch die Verzögerung indirekter Schallanteile lassen sich durch die Gestaltung von Wänden und Decken (Anbringung Schall reflektierender bzw. Schall absorbierender Materialien) beeinflussen. Die Planung größerer Konzertsäle erfolgt mittlerweile mithilfe von Raumsimulationsprogrammen.[102]

Insgesamt orientieren sich die Forschungsmethoden der auf Musik bezogenen Akustik stark an der allgemeinen Akustik und damit auch an der Physik. Eine Sonderrolle nimmt die PSYCHOAKUSTIK ein, in der Wahrnehmungsphänomene wie z. B. die Wahrnehmung von Lautstärke oder Tonhöhe mit den beschriebenen Methoden der Musikpsychologie untersucht werden.[103] Demnach nähern sich Akustik und Psychoakustik der Musik von zwei Seiten: Die Akustikforschung beschreibt detailliert die Mechanismen der Klangerzeugung und -ausbreitung, während sich die Forschung zur Psychoakustik mit dem Vergleich zwischen Schallreizen und subjektiven Empfindungen beschäftigt.

---

99 Vgl. Wolfgang Auhagen, Veronika Busch und Jan Hemming (Hgg.), *Systematische Musikwissenschaft*, S. 41 f., siehe auch Christoph Reuter, *Klangfarbe und Instrumentation*.
100 Vgl. beispielsweise Paul Boersma und David Weenink, *Praat*.
101 Vgl. Jürgen Meyer, *Akustik und musikalische Aufführungspraxis*.
102 Vgl. Wolfgang Auhagen, Veronika Busch und Jan Hemming (Hgg.), *Systematische Musikwissenschaft*, S. 45.
103 Im Überblick: Juan G. Roederer, *Physikalische und psychoakustische Grundlagen der Musik*.

Statistische Methoden der Musikanalyse

Statistische Methoden werden nicht nur im Rahmen von Signifikanztests in der empirischen Musikforschung genutzt, sondern auch zur ANALYSE DER STRUKTUR von Musik. Dieses Forschungsgebiet ist an zwei Voraussetzungen geknüpft, nämlich an die Verfügbarkeit leistungsfähiger Computer und an die Verfügbarkeit von Musikdateien in einem geeigneten, meist symbolischen Format. Mit einem symbolischen Format ist gemeint, dass die Musik in Form von Noten repräsentiert (symbolisiert) ist.[104] Ein Beispiel ist das MIDI-Format,[105] das u. a. die Tonhöhe, den Beginn und das Ende von Tönen, die Lautstärke, die Klangfarbe sowie ggf. den Liedtext und Tonhöhenschwankungen kodiert. Im Unterschied zu Audiodateien wird der Klang hier nicht als komplexe Wellenform dargestellt, die hinsichtlich akustisch bedeutsamer Parameter untersucht werden kann. Inzwischen ist der Korpus an Musik in symbolischen Formaten sehr umfangreich und bezieht verschiedene musikalische Genres ein, beispielsweise Volkslieder[106], klassische Musik[107] und Popmusik[108].

In der Regel werden die genutzten ALGORITHMEN speziell für bestimmte Fragestellungen entwickelt. So gibt es z. B. Algorithmen zur Segmentierung von Phrasen oder zur Häufigkeitsbestimmung bestimmter musikalischer Merkmale (z. B. Tonarten). Einen Überblick über Klassifikationsmethoden für Musik geben Weihs, Ligges, Mörchen und Müllensiefen.[109] Das Ergebnis kann als Quantifizierung musikalischer Strukturen sowohl für die Forschung interessant als auch für angewandte Fragestellungen relevant sein, beispielsweise für die computergestützte Ähnlichkeitsbeurteilung im Rahmen von Plagiatsgutachten.[110]

---

104 Vgl. Daniel Müllensiefen, Geraint A. Wiggins und David Lewis, *High-level Feature Descriptors and Corpus-based Musicology*, S. 133.
105 International MIDI Association, Standard MIDI Files 1.0.
106 Helmut Schaffrath, *The Essen Folksong Collection in Kern Format*.
107 http://www.classicalmidiconnection.com.
108 http://mididatabase.com.
109 Vgl. Claus Weihs u. a., *Classification in Music Research*.
110 Vgl. Daniel Müllensiefen und Marc Pendzich, *Court Decisions on Music Plagiarism and the Predictive Value of Similarity Algorithms*.

5. Ethnomusikologie

5.1 Einführung und Standortbestimmung (Gerd Grupe)

Im deutschen Sprachraum existieren verschiedene Bezeichnungen für das Fachgebiet, das sich insbesondere der Erforschung der verschiedenen Musikkulturen der Welt widmet, darunter »Vergleichende Musikwissenschaft«, »Musikethnologie« und »Ethnomusikologie«. Letzteres ist die heute – in der jeweils landessprachlichen Form – international übliche (z. B. engl. *ethnomusicology*, frz. *ethnomusicologie*).[1] Es gibt sowohl fachgeschichtliche als auch inhaltliche Gründe für diese Begriffsvielfalt. Guido Adler hat in seiner Abhandlung über »Umfang, Methode und Ziel der Musikwissenschaft« von 1885 die Musikwissenschaft in einen historischen und einen systematischen Zweig gegliedert.[2] Als Teilgebiete der Systematischen Musikwissenschaft nannte er die Musiktheorie, die Musikästhetik, die Musikpädagogik und -didaktik und schließlich die »Musikologie« oder »vergleichende Musikwissenschaft«. Dazu schrieb er: »Ein neues und sehr dankenswertes Nebengebiet dieses systematischen Theiles ist die *Musikologie*, d. i. die vergleichende Musikwissenschaft, die sich zur Aufgabe macht, die Tonproducte, insbesondere die Volksgesänge verschiedener Völker, Länder und Territorien behufs ethnographischer Zwecke zu vergleichen und nach der Verschiedenheit ihrer Beschaffenheit zu gruppiren und sondern.«[3]

Diese Hervorhebung des Vergleichens findet sich auch in einem programmatischen Aufsatz Erich M. von Hornbostels, einem der Pioniere des Faches, aus dem Jahr 1905. »Stichproben«[4] musikalischer Darbietungen aus den verschiedensten Teilen der Welt sollten einer systematischen musikalischen Analyse hinsichtlich musikalischer Parameter wie Tonsystem, Rhythmus, Form etc.

---

1   Eine inhaltliche Unterscheidung zwischen Musikethnologie und Ethnomusikologie wird faktisch nicht gemacht. Beide Bezeichnungen gelten im deutschen Sprachraum als Synonyma.
2   Vgl. Guido Adler, *Umfang, Methode und Ziel der Musikwissenschaft*, S. 8.
3   Guido Adler, *Umfang, Methode und Ziel der Musikwissenschaft*, S. 14; Hervorhebung im Original.
4   Erich M. von Hornbostel, *Die Probleme der vergleichenden Musikwissenschaft*, S. 43.

unterzogen werden. Neben der von Alexander John Ellis entwickelten sogenannten Cents-Rechnung, die zum ersten Mal eine praktikable und bis heute allgemein gebräuchliche Maßeinheit für die Größe musikalischer Intervalle lieferte,[5] war es vor allem die Erfindung des Phonographen durch Thomas Edison (1877), die sich im Hinblick auf die Erforschung fremder Musik als entscheidende Errungenschaft erwies.[6] Der Phonograph machte es nämlich erstmals möglich, klingende Musik aufzuzeichnen und beliebig oft wiederzugeben. Da in den vielen Musikkulturen der Welt Notenschriften – anders als in der abendländischen Kunstmusiktradition mit ihren detaillierten Partituren – oft keine oder wenn, dann nur eine eingeschränkte Rolle spielen, sodass in jedem Fall die tatsächliche Aufführungspraxis eine unerlässliche Quelle darstellt, sind reproduzierbare Tonaufnahmen hier die zentrale Voraussetzung für eine genauere Untersuchung der Musik. Diese wurden ab dem Beginn des 20. Jahrhunderts in neu gegründeten Phonogrammarchiven gesammelt, insbesondere in den bis heute existierenden Archiven in Wien und Berlin. Für Hornbostel waren Fragen nach den Gelegenheiten, bei denen musiziert wird, nach der Stellung der Musikerinnen und Musiker, der Art der Tradierung der Musik etc. zwar durchaus relevant, er sah deren Untersuchung jedoch eher als Aufgabe für die Ethnologie.[7]

Aufgrund der Machtübernahme der Nationalsozialisten mussten in den 1930er Jahren sehr viele damals führende Fachvertreter, darunter auch Hornbostel, emigrieren. Viele gingen in die USA, wohin sich das Zentrum der Entwicklung des Faches nun verlagerte, während vorher der deutschsprachige Raum maßgeblichen Einfluss gehabt hatte. Es vollzog sich ein Wandel hin zu einer wesentlich stärkeren Orientierung auf die Kulturanthropologie. Die Idee, Musik losgelöst von ihrem kulturellen Zusammenhang als reines Klangphänomen mit bestimmten musikalischen Parametern betrachten zu können, wurde zunehmend infrage gestellt. Es war allerdings der niederländische Musikforscher

---

5   Vgl. Alexander J. Ellis, *On the Musical Scales of Various Nations*. Die Oktave wird dabei in 1200 Cents geteilt, ein Halbtonschritt hat also bei gleichstufig-temperierter Chromatik 100 Cents.

6   Von Jaap Kunst (s. dazu unten) stammt der Satz: »Ethnomusicology could never have grown into an independent science if the gramophone had not been invented.« (Jaap Kunst, *Ethnomusicology*, S. 12.)

7   »Die Sammlung und Verarbeitung des Materials fällt hier [bezüglich der ›praktischen Musik verschiedener Völker‹] zum Teil mehr in die Kompetenz des Ethnologen als des Musikforschers.« (Erich M. von Hornbostel, *Die Probleme der vergleichenden Musikwissenschaft*, S. 55).

Jaap Kunst, der den entscheidenden Schritt vollzog, indem er in den 1950er Jahren »Ethnomusicology« als neue Bezeichnung für das Fachgebiet propagierte.[8] Dies wurde in den USA sofort aufgegriffen, wie sich an der Gründung der Society for Ethnomusicology und der bis heute führenden Fachzeitschrift »Ethnomusicology« zeigte. Als Begründung für den Namenswechsel führte Kunst an, die Vergleichende Musikwissenschaft vergleiche nicht mehr als irgendeine andere Wissenschaft, daher sei der Name unpassend.[9] Mit dieser Umbenennung wurde aber gleichzeitig ein Paradigmenwechsel zum Ausdruck gebracht, der den gesamten Ansatz des Fachgebietes betraf. Dies zeigt sich exemplarisch in Kunsts eigener Arbeitsweise, der jahrelang in Indonesien gelebt und dort vor Ort detaillierte Musikstudien betrieben hat. Die aus der Ethnologie stammende Feldforschung, also die teilnehmende Beobachtung als wichtigste Methode der Datengewinnung, und die damit einhergehende Konzentration auf geographisch und kulturell abgrenzbare Regionen stellen markante Veränderungen gegenüber der später als »armchair ethnomusicology«[10] kritisierten Vorgehensweise Hornbostels dar. Zugleich forderte Kunst die Einbeziehung soziologischer Aspekte bei der Erforschung von Musik.[11]

Einen bis heute prägenden Einfluss auf die weitere Entwicklung des Faches hatte der US-amerikanische Kulturanthropologe und Musikforscher Alan P. Merriam mit seinem bis heute als Standardwerk geltenden Buch »The Anthropology of Music« (1964), in dem er die Ethnomusikologie neu bestimmte. Für ihn bestand sie aus zwei gleichberechtigten Anteilen: dem kulturanthropologischen und dem musikologischen. Damit wäre die Ethnomusikologie nicht mehr eines der verschiedenen musikwissenschaftlichen Teilgebiete, sondern ein interdisziplinäres Fach mit sowohl geistes- wie auch sozialwissenschaftlichen Anteilen. In

---

8   In der ersten Ausgabe seiner Publikation von 1950 unter dem Titel *Musicologica. A Study of the Nature of Ethno-musicology, its Problems, Methods and Representative Personalities* wird der neue Name noch mit Bindestrich geschrieben. Erst in der dritten Auflage (1959) lässt Kunst ihn weg.

9   Vgl. Jaap Kunst, *Ethnomusicology*, S. 1. Diese Kritik geht auf Curt Sachs zurück, der sich bereits 1930 in seiner Schrift *Vergleichende Musikwissenschaft* ebenso geäußert hatte (S. 1). Das Hornbostelsche Konzept einer der Vergleichenden Literatur- oder Sprachwissenschaft parallelen wissenschaftlichen Disziplin wurde damit aufgegeben. Die Methode des Vergleichens hat aber durchaus ihren Stellenwert behalten (s. dazu Nettl weiter unten).

10 Alan P. Merriam, *The Anthropology of Music*, S. 39.

11 Vgl. Jaap Kunst, *Ethnomusicology*, S. 1.

seinem »theoretical research model«[12] ging er von drei Ebenen aus: den Vorstellungen, was Musik ist (»conceptualization about music«), dem daraus resultierenden menschlichen Verhalten (»behavior in relation to music«), das beobachtet werden kann, und schließlich dem klanglichen Ergebnis (»music sound itself«) als dem Produkt menschlicher Aktivität. Zusammenfassend definierte er Ethnomusikologie als »the study of music in culture«[13].

Diese Betonung des soziokulturellen Kontextes der Musik im Ansatz Merriams ließ manche Kollegen befürchten, die Erforschung der »Musik selbst« könne womöglich zu kurz kommen. So sah sich Mantle Hood, der bei Kunst promoviert hatte und maßgeblich die Einführung eines ethnomusikologischen Studiums an der University of California in Los Angeles (UCLA) betrieben hat, veranlasst, in seiner ebenfalls zu einem klassischen Text gewordenen Einführung »The Ethnomusicologist« von 1971 zu schreiben: »[…] the primary *subject* of study in ethnomusicology is *music*«[14]. Anknüpfend an Charles Seeger unterschied er bezogen auf Musik »[…] two modes of discourse«[15], das Sprechen über Musik und das Musizieren, und erklärte: »[…] *making* music is the most direct mode of music discourse«[16]. Er riet seinen Studierenden deshalb, ihre musikalischen Fertigkeiten und Kenntnisse durch intensive Beschäftigung mit anderen musikalischen Systemen und Gestaltungsweisen zu erweitern. Die Methode des »learning to perform«[17] wurde bei ihm zu einem wichtigen Bestandteil der Forschung, und er bot den Studierenden an der UCLA die Möglichkeit, im Rahmen ihres Studiums verschiedene Musiktraditionen der Welt bei ausgewiesenen Meistern aus den betreffenden Ländern kennenzulernen.

Diese Spannung zwischen »contextualists« und »musicians«, also der Betonung entweder des kulturellen Zusammenhangs oder der musikalischen Gestaltung in der Forschung, prägte die Ethnomusikologie längere Zeit,[18] da es unmöglich schien, beide Aspekte auf angemessene Weise zu verbinden. Ab den

---

12   Alan P. Merriam, *The Anthropology of Music*, S. 32 f.
13   Alan P. Merriam, *The Anthropology of Music*, S. 6 f.
14   Mantle Hood, *The Ethnomusicologist*, S. 4. Hervorhebung im Original.
15   Mantle Hood, *The Ethnomusicologist*, S. 20.
16   Mantle Hood, *The Ethnomusicologist*, S. 35. Hervorhebung im Original
17   Mantle Hood, *The Ethnomusicologist*, S. 242. Vgl. dazu auch John Baily, *Learning to Perform as a Research Technique in Ethnomusicology*.
18   Vgl. Bruno Nettl, *The Study of Ethnomusicology*, 1983, S. 5.

1980er Jahren zeichnete sich jedoch ein erneuter Paradigmenwechsel in mehrfacher Hinsicht ab. Während man vorher die Ethnomusikologie im Wesentlichen über den Forschungs*gegenstand* zu definieren versucht hatte, in der Regel als die Untersuchung »außereuropäischer Musik und europäischer Volksmusik«[19], traten nun die Forschungs*methoden*, der *Ansatz*, in den Vordergrund. So charakterisiert Bruno Nettl, den man als den Nestor der Ethnomusikologie in der zweiten Hälfte des 20. Jahrhunderts bezeichnen kann, in seinem 2005 überarbeitet erschienenen, maßgeblichen Werk »The Study of Ethnomusicology. Thirty-one Issues and Concepts« das Fach durch folgende vier Punkte:[20] Ethnomusikologie ist

1) »the study of music in culture. [...] music must be understood as a part of culture, as a product of human society«;

2) »the study of the world's musics from a comparative and relativistic perspective. [...] comparative study, properly carried out, provides important insights. But we study each music in its own terms«;

3) »study with the use of fieldwork. [...] we prefer concentration on intensive work with small numbers of individual informants to surveys of large populations«;

4) »the study of all of the musical manifestations of a society. [...] We believe that we must [...] study all of the world's music«.

Daraus ergeben sich weitreichende Konsequenzen. Hatte noch Kunst die Beschäftigung mit westlicher Kunst- und Popularmusik ausdrücklich ausgeschlossen, so stammen zwei der wichtigsten Beiträge zur neueren Jazzforschung von einer amerikanischen Ethnomusikologin und einem amerikanischen Ethnomusikologen.[21] Überhaupt wird Popularmusik jetzt als legitimer Forschungsgegenstand angesehen[22] und selbst die europäische Kunstmusik gerät nun in den ethnomusikologischen Blick.[23] Zudem versucht man, die vorhin angesprochene Aufspaltung in musikbezogene und kontextorientierte Studien aus zwei Richtun-

---

19 Im Englischen: »non-Western and folk music« (Bruno Nettl, *The Study of Ethnomusicology*, 1983, S. 4).

20 Bruno Nettl, *The Study of Ethnomusicology*, 2005, S. 12 f.

21 Vgl. Paul F. Berliner, *Thinking in Jazz*; Ingrid T. Monson, *Saying Something*; vgl. dazu Gerd Grupe, *Ethnomusikologische Ansätze in der neueren Jazzforschung*.

22 Vgl. Peter Manuel, *Popular Musics of the Non-Western World*; Christopher A. Waterman, *Jùjú*.

23 Einige Literaturhinweise finden sich bei Bruno Nettl, *The Study of Ethnomusicology*, 2005.

gen aufzuheben. Zum einen entstehen vermehrt sogenannte musikalische Ethnographien: Monographien, die eine ganze Musikkultur – oder einen wesentlichen Teil davon – als Ganzes darstellen und dabei die Einbindung der Musik in die jeweilige Gemeinschaft, die Interdependenzen zwischen Musik und »Kontext« thematisieren.[24] Zum anderen werden detaillierte musikalische Analysen wie in Michael Tenzers bemerkenswertem Sammelband »Analytical Studies in World Music« von 2006 durch ein sehr tief gehendes Verständnis der zugrunde liegenden emischen Konzepte gestützt. Dieses Prinzip, die Musik aus der Eigensicht der jeweiligen Kultur heraus verstehen zu wollen, wird heute in der Ethnomusikologie allgemein anerkannt (s. o. Nettl) und ist ein typisches Beispiel dafür, dass neue Entwicklungen in anderen relevanten Wissenschaften – z. B. der Ethnologie, der Linguistik, den Cultural Studies – den ethnomusikologischen Diskurs oft stark geprägt haben. So stammt die Unterscheidung zwischen emischer (d. h. kulturinterner, auf Verstehen beruhender) und etischer (d. h. aus einer »neutralen« Außenseiterperspektive beschreibenden) Perspektive auf kulturelle Phänomene ursprünglich aus der Linguistik[25] und hat zu fruchtbaren Diskussionen über die Interpretation fremder Kulturen geführt.[26] Auch andere Debatten, wie etwa über Musik und Gender[27], Folgen der Globalisierung[28] und Fragen der Ethik[29], die in der Ethnomusikologie heute eine zentrale Rolle spielen, verdanken wichtige Impulse benachbarten Fachgebieten. Generell kann man sagen, dass schon seit den Zeiten Hornbostels, der sich intensiv auch mit musikpsychologischen Fragen befasst hat, eine besondere Offenheit für interdisziplinäres Arbeiten existiert und zum Teil zu eigenständigen Ansätzen wie der *Wiener Schule der vergleichend-systematischen Musikwissenschaft*[30] geführt hat.

Sofern bei ethnomusikologischen Untersuchungen akustische oder psycho-

---

24 Beispiele: Steven Feld, *Sound and Sentiment*; Anthony Seeger, *Why Suyá Sing*; Eric Charry, *Mande Music*.

25 Vgl. Kenneth L. Pike, *Language in Relation to a Unified Theory of Human Behavior*; vgl. dazu Gerhard Kubik, *Emics and Etics*.

26 Vgl. dazu den Kulturanthropologen Clifford Geertz (u. a. *The Interpretation of Cultures*), dessen Ansatz einer »interpretativen Anthropologie« auch in der Ethnomusikologie nachhaltig rezipiert worden ist.

27 Vgl. Margaret Sarkissian, *Gender and Music*.

28 Vgl. Mark Slobin, *Micromusics of the West*.

29 Vgl. Mark Slobin, *Ethical Issues*.

30 Vgl. Franz Födermayr, *Zum Konzept einer vergleichend-systematischen Musikwissenschaft*.

akustische Phänomene zu klären sind, ist oft eine Kooperation mit entsprechenden Fachleuten erforderlich. Mit der Historischen Musikwissenschaft verbindet die Ethnomusikologie das Interesse an einer (auch) diachronen Sicht. Die Vorstellung von vermeintlich geschichtslosen Gesellschaften hat man längst aufgegeben. Vor allem bei Studien zur Musikgeschichte von Traditionen mit schriftlichen und/oder ikonographischen Quellen wie sie beispielsweise in vielen asiatischen Ländern und dem persisch-arabischen Raum zu finden sind, gibt es Parallelen zur Historischen Musikwissenschaft durch die Anwendung philologisch-textkritischer Methoden. Die klangliche Dimension der untersuchten Musik ist inzwischen seit teilweise immerhin über 100 Jahren auf Tonträgern dokumentiert, was aufschlussreiche Vergleiche über den musikalischen Wandel ermöglicht. Im Bereich der Interpretationsforschung[31] zieht die Historische Musikwissenschaft heute verstärkt auch Tonträger als Dokumente tatsächlicher Performances heran, was in der Ethnomusikologie praktisch seit ihrer Entstehung Standard ist.

Im Bereich der Musikästhetik steht für die Ethnomusikologie die Erkenntnis im Vordergrund, dass es in den verschiedenen Musikkulturen der Welt sehr unterschiedliche Vorstellungen darüber gibt, was Musik ist und wie sie klingen sollte. Da wo es keine expliziten Musiktheorien gibt, muss das implizite musikbezogene Wissen einer Gemeinschaft ermittelt werden. Im Gegensatz zu ebenfalls empirisch arbeitenden Wissenschaften wie der Musiksoziologie und der Musikpsychologie spielen quantitative, auf statistischer Auswertung beruhende Verfahren in der Ethnomusikologie kaum eine Rolle. Die teilnehmende Beobachtung bis hin zum aktiven Erlernen der untersuchten Musik steht hier im Vordergrund einschließlich Methoden qualitativer Sozialforschung wie Expertinnen- und Experteninterviews, Leitfaden-gestützter Interviews. Die Entwicklung einer interkulturellen Musikpsychologie steht noch ganz am Anfang.

Die heute übliche Spezialisierung auf eine oder manchmal zwei verschiedene Musikkulturen ergibt sich schon allein aus den hohen Ansprüchen bezüglich fundierter Kenntnisse der Sprache, Landeskunde, Geschichte etc. der jeweiligen Region. Es ist empfehlenswert, zu einem möglichst frühen Zeitpunkt des Studiums hier eine Entscheidung zu fällen und auch Lehrveranstaltungen aus einer passenden Studienrichtung mit philologischem und/oder landeskundlichem Schwerpunkt (wie z.B. Afrikanistik, Arabistik, Indologie, Lateinamerikanistik, Sinologie) zu besuchen. Eine ebenfalls sinnvolle Kombination kann das Studium

---

31 Vgl. Daniel Leech-Wilkinson, *The Changing Sound of Music*.

der Ethnologie/Kulturanthropologie sein. Typische Werdegänge international prominenter Ethnomusikologinnen und Ethnomusikologen finden sich in dem von Ruth Stone herausgegebenen Band 10 der Reihe »The Garland Encyclopedia of World Music«. Diese 10-bändige Reihe bietet zusammen mit »The New Grove Dictionary of Music and Musicians« sehr gute Möglichkeiten, um sich zu ethnomusikologischen Fragen schnell und zuverlässig einen Überblick zu verschaffen (siehe Abschnitt »Musikwissenschaftliche Lexika«, Kapitel 2, S. 26).

Die allgemeine Wissenschaftssprache ist für die Ethnomusikologie inzwischen eindeutig Englisch, sowohl was die Literatur als auch internationale Konferenzen betrifft. Auf Englisch zu publizieren ist heute vielfach notwendig, um in der *scientific community* wahrgenommen zu werden. Darüber hinaus ergibt sich aus der oben skizzierten regionalen Spezialisierung oft die Notwendigkeit, zusätzlich auch Literatur in der jeweiligen Landessprache lesen und ggf. in ihr publizieren zu können. Die Belohnung für diese vielen Mühen liegt darin, dass sich so ein enorm vielfältiges und dynamisches Fachgebiet eröffnet, das unterschiedlichste Schwerpunktbildungen und Themenwahlen möglich macht und das wohl noch mehr grundlegende offene Fragen zu klären hat als manch anderer Bereich der Musikwissenschaft.

5.2 Arbeitstechniken und Methoden
(Britta Sweers)

Was ist ethnomusikologisches Arbeiten?

Die Ethnomusikologie möchte über die Auseinandersetzung mit der Musik ein tiefer greifendes Verständnis von der allgemeinen menschlichen Wahrnehmung, Kultur und Gesellschaft erlangen. Im Mittelpunkt steht dabei der Musik machende und erfahrende Mensch sowie die Bedeutung und Funktion der Musik für den Menschen. Dazu werden Musik und Musizierende in ihren unterschiedlichsten (sozialen, kulturellen, politischen, historischen) Ausprägungen untersucht.[32] Dies umfasst sämtliche musikalische Ausdrucksformen: einerseits das traditionelle Forschungsspektrum der Musik schriftloser Kulturen (wie mündlich überlieferte westafrikanische Trommelpraktiken), der Musik nichtwestlicher Hochkulturen (wie Indien oder Japan) und der europäischen Volksmusiken. Andererseits zählen dazu auch Untersuchungen von popularmusikalischen Aufführungspraktiken, von Fusionen von Folk und Rock oder von historischen Musikkulturen.[33] Damit unterscheidet sich die Ethnomusikologie von ihren Nachbardisziplinen nicht so sehr durch die Auseinandersetzung mit dem geographisch »Anderen«, sondern vor allem durch die Fragestellung(en), durch den musikalischen Fokus (klingendes Material, Performanz-Praktiken), durch spezifische ARBEITSMETHODEN wie der Feldforschung mit teilnehmender Beobachtung sowie durch die Art der *zentralen* Quellen, die häufig erst erstellt werden müssen. Für die Erstellung dieser müssen sich Ethnomusikologinnen und Ethnomusikologen spezielle Methoden (z. B. Interview- und Transkriptionstechniken) und technisches Wissen (für Aufnahme- und Kamerageräte) aneignen.

Ethnomusikologie ist eine empirische (d. h. auf Erfahrung gegründete) Wissenschaft, die auf Beobachtung und qualitativer Datensammlung beruht. Sie

---

32 Vgl. Jonathan Stock, *Documenting the Musical Event* sowie Timothy Rice, *Towards the Remodeling of Ethnomusicology.*

33 Vgl. Bruno Nettl, *The Study of Ethnomusicology.* Einen guten Einblick für die veränderten Arbeitsschwerpunkte vermitteln Jennifer C. Post (Hg.), *Ethnomusicology. A Contemporary Reader* und Henry Stobart (Hg.), *The New (Ethno)Musicologies.*

beschreibt also die Forschungsgegenstände »›von innen heraus‹ aus Sicht der handelnden Menschen«[34]. Die wissenschaftliche Beobachtung wird dabei durch Methoden aus der Anthropologie, Soziologie und Psychologie systematisch reflektiert. Im Gegensatz zur Systematischen Musikwissenschaft arbeitet die Ethnomusikologie vor allem mit nicht-wiederholbaren Einzelbeobachtungen, die in der Feldforschung (mit teilnehmender Beobachtung, Interviews, Ton- und Bildaufnahmen) als zentraler empirischer Methode gewonnen werden. Auch wenn gelegentlich auf schriftliche oder materielle Zeugnisse aus der beobachteten Kultur zurückgegriffen werden kann, so ist das QUELLENMATERIAL zunächst immateriell. Wichtig für den ethnomusikologischen Quellenbegriff ist daher das Bewusstsein, dass die Forschung keine beobachtete Kultur identisch reproduzieren kann.[35] Da die Erfahrungen der Ethnomusikologinnen und Ethnomusikologen bei der wissenschaftlichen Auswertung bereits in der Vergangenheit liegen, kann man von einem Rekonstruktionsprozess sprechen: Auf der Basis der mündlichen, schriftlichen und audiovisuellen Daten, die in der Feldforschung aufgezeichnet wurden, versuchen die Forscherinnen und Forscher bestimmte Ereignisse durch einen Transformationsprozess (Transkription von Interviews und Musik) zu rekonstruieren, um diese dann zu interpretieren.

Zentral für die ethnomusikologische Arbeit ist darüber hinaus das Bewusstsein, dass das wissenschaftliche Ergebnis ein Produkt der Wahrnehmung und der (unbewussten) Präferenzen der Forscherinnen und Forscher selbst ist. Ethnomusikologische Forschung ist somit eng mit der SELBSTREFLEXION bzw. der Hinterfragung der eigenen menschlichen Wahrnehmung und der kulturellen Selbstverständlichkeiten der Forscherinnen und Forscher verbunden. Dazu zählen Fragen wie:

▸ Welche musikalische Erwartungshaltung habe ich?
▸ Was bewerte ich als »gute« Musik?
▸ Was lehne ich ab – und warum?

Zwar steht die Feldforschung im Mittelpunkt der ethnomusikologischen Untersuchungen, doch diese ist in eine umfassende VORBEREITUNGS- UND AUSWERTUNGSPHASE eingebettet und umfasst folgende Punkte:

---

34 Uwe Flick, Ernst von Kardorff und Ines Steinke (Hgg.), *Qualitative Forschung*, S. 14.
35 Hier wird dem Quellenbegriff gefolgt, der von Oexle (Otto G. Oexle, *Was ist eine historische Quelle?*) diskutiert wird und als Parallele zum ethnomusikologischen Wahrnehmungsdiskurs verstanden werden kann.

- Erkundungsphase mit Entwicklung der Fragestellung, Literatursichtung und stichprobenartiger Erkundung des Themas: Die Forschenden machen sich hier mit dem bisherigen Stand der Forschung und der fachlichen Diskussion vertraut. Dies kann auch Archivforschung (etwa über ältere Tonaufnahmen) einschließen, die einen Einblick in die frühere Traditionspflege vermitteln können.
- Phase der theoretischen Reflexion bzw. Theoriebildung: Diese verläuft parallel zur Erkundungs- und Auswertungsphase.
- Planung der Feldforschung
- Durchführung der Feldforschung
- Auswertungs- und Interpretationsphase
- Präsentation der Ergebnisse in Form eines Vortrags oder in schriftlicher / multimedialer Form

Insbesondere durch die Kombination aus sorgfältiger Vorbereitung (und einem kritisch reflektierten Umgang mit den Quellen), der qualitativ-empirischen Arbeit sowie der konstanten Hinterfragung der eigenen Position gelangen ethnomusikologische Forscherinnen und Forscher zu nachvollziehbaren Ergebnissen. Diese können sich trotz ihrer subjektiven Basis auch wissenschaftlicher Kritik und Auseinandersetzung stellen.

Die oben aufgelisteten Arbeitsschritte sind entscheidende Bestandteile jeder ethnomusikologischen Forschungsarbeit. Dies betrifft bereits auch Hausarbeiten für Lehrveranstaltungen. Hier mag noch der Arbeitsschritt der »großen Feldforschung« fehlen, doch ob es sich nun um eine Auswertung der Fachliteratur zu einem bestimmten Thema, um eine Analyse einer CD-Produktion oder um eine kleine Interviewreihe »vor der Haustür« handelt: Die Arbeitsschritte sind immer ähnlich.

Zu den hilfreichen Einführungen in das ethnomusikologische Arbeiten zählen:

- Bruno Nettl, *The Study of Ethnomusicology. Thirty-one Issues and Concepts*, 2., überarbeitete Auflage, Urbana 2005. Nettls klassische Einführung vermittelt einen guten, selbstkritischen Einblick in fachliche Aspekte und zentrale Arbeitsschritte, die anhand vieler Fallbeispiele erläutert werden.
- Helen Myers (Hg.), *Ethnomusicology. An Introduction*, New York und London 1992. Dieses Standard-Einführungswerk, das die unterschiedlichen

Arbeitsschritte in Einzelkapiteln behandelt, wurde von den jeweiligen Spezialistinnen und Spezialisten geschrieben.
- Artur Simon, *Probleme, Methoden und Ziele der Ethnomusikologie*, in: Jahrbuch für musikalische Volks- und Völkerkunde 9 (1978), S. 8–52. Dies ist eine klassische deutschsprachige Einführung in das Fach, die zur Buchpublikation erweitert wurde: Artur Simon, *Ethnomusikologie. Aspekte, Methoden und Ziele*, Berlin 2008.
- Jonathan Stock, *Documenting the Musical Event. Observation, Participation, Representation*, in: Empirical Musicology. Aims, Methods, Prospects, hg. von Eric Clarke und Nicholas Cook, Oxford und New York 2004, S. 15–34. Diese Publikation ist eine sehr klare und präzise Einführung in die verschiedenen Arbeitsschritte ethnomusikologischer Forschung.

AUFGABE: Vergleichen Sie die Texte (Myers: Einleitung und Inhaltsverzeichnis): Wie wird das Fach jeweils beschrieben? Welche Themenbereiche sind jeweils wichtig?

Fragestellungen

Am Anfang einer ethnomusikologischen Arbeit steht immer ein Forschungsinteresse, das in Form einer oder mehrerer Fragen (siehe Abschnitt »Fragestellung«, Kapitel 2, S. 38) formuliert wird. Die Art der Fragen hat sich im Laufe der Fachgeschichte stark verändert: Im Mittelpunkt der Vergleichenden Musikwissenschaft standen neben Klassifikationsfragen (Welche Instrumente sind wo verbreitet? Wie lässt sich ein bestimmtes Instrument etc. in ein System einordnen?) vor allem psychoakustische Aspekte zur Klangwahrnehmung: Wie unterscheiden sich melodische Skalen und Intervalle? Gibt es in jeder Kultur Oktaven? Die Untersuchung dieser teilweise sehr weit gefassten Fragen erfolgte auf der Basis naturwissenschaftlicher Methoden – was in der Gegenwart vor allem von der Systematischen Musikwissenschaft fortgesetzt wird.

Der Einfluss der Kulturanthropologie der 1950er Jahre, welche die Ausbildung vieler führender Ethnomusikologinnen und Ethnomusikologen geprägt hat, zeigte sich sehr deutlich in veränderten Fragestellungen der amerikanischen

»Ethnomusicology«. So wurden die zentralen Leitfragen von Nettl rückblickend wie folgt zusammengefasst:[36]

- Weshalb haben unterschiedliche Kulturen verschieden klingende Musik bzw. unterschiedliche Musikpraktiken?
- Was bestimmt den zentralen Musikstil einer Kultur?
- Wozu verwenden die unterschiedlichen Kulturen der Welt Musik?
- Wie werden die Musiktraditionen der Welt überliefert?
- Wie wird Kontinuität bewahrt?
- Wie und weshalb erfolgen Veränderungsprozesse?

Wurden diese zentralen Leitfragen vor allem in den »klassischen« Forschungsgebieten wie Afrika, Indien oder Indonesien untersucht, so wird die moderne Forschung von neuen Fragenkomplexen bestimmt, die jedoch alle noch immer von den genannten Grundfragen geprägt sind:

- Welchen Einfluss hat die Globalisierung auf Musiktraditionen? Führt diese zum Entschwinden mündlich überlieferter Traditionen und zur Vereinheitlichung – oder entstehen auch neue Aufführungsräume und -praktiken? Welche Rolle spielt die Musik für die Verankerung und Identität des Menschen in einer globalen Welt?
- Welche Rolle spielen die Massenmedien für die Wahrnehmung und die Existenz von Musiktraditionen? Welche Rolle spielen die digitalen Medien – auch bei der Entwicklung neuer Musikkulturen (Blogs, Facebook etc.)?
- Welche Musik wird in Migrantinnen- und Migrantenkulturen gespielt? Hat die Musik noch Bezug zum Ursprungsland oder ist sie stärker mit dem neuen Ort verbunden? Welche Rolle spielt die Musik für den Umgang mit der Migrationserfahrung?
- Welche Musiktraditionen gibt es im urbanen Raum? Welchen Einfluss hat der urbane Raum auf die jeweilige Musikpraxis wie Straßenmusik, Rap / HipHop – oder traditionellere Formen wie Fado oder Rembetiko?
- Welche Rolle spielen Klanglandschaften (»Soundscapes«) für die menschliche Verortung in der Welt? Gibt es beispielsweise besondere Kirchenglocken, spezielle Plätze und / oder tages- oder jahreszeitlich bedingte Klänge? Existiert eine besondere Verbindung zwischen Mensch, Musik und Natur?

---

36   Vgl. Bruno Nettl, *Nettl's Elephant*, S. 104–105.

Angesichts der großen kulturellen Vielfalt geht man in der Ethnomusikologie realistisch davon aus, dass diese umfassenden Fragen von einer Einzelperson kaum angemessen beantwortet werden können. Dies ist auch nicht der Anspruch einer ethnomusikologischen Arbeit. Vielmehr geht es darum, diese Fragen anhand von Einzelbeispielen zu untersuchen. Jede dieser Einzelstudien trägt dabei auf ihre Weise dazu bei, das komplexe Puzzle der menschlichen Kultur aus der Perspektive der Musik heraus zusammenzusetzen und zu verstehen. Hier und in der Folge soll dies an einem Beispiel dargelegt werden:

Eine Forscherin interessiert sich für den Einfluss der Globalisierung auf eine traditionelle Kultur. Dies ist in der Regel eine Kultur, welche die Forscherin persönlich beschäftigt – in diesem Fall die Saamen, eine transnationale Kultur in den subarktischen Regionen Skandinaviens und Russlands. Während der oben erwähnte breite Rahmen als Einstieg wichtig ist, verlangt ein Forschungsprojekt jedoch nach detaillierteren Fragen. Für die Frage nach der aktuellen Musikpraxis der Saamen wird sich die Forscherin daher auf eine Region, z. B. Nordschweden, beschränken. Um das Forschungsprojekt genauer zu entwickeln, werden dabei weitere Fragen aufgeworfen, wie jene, die als Orientierung beispielhaft von dem amerikanischen Ethnomusikologen Anthony Seeger zusammengestellt wurden:[37]

- Was passiert, wenn Menschen Musik machen?
- Was sind die zentralen Prinzipien, die die Klangereignisse und ihr Arrangement im Zeitfluss organisieren?[38]
- Weshalb hört ein Individuum oder eine Gruppe welche Klänge an einem speziellen Ort, zu einer speziellen Zeit oder in einem speziellen Kontext?
- Was ist das Verhältnis der Musik oder des Klanges zu anderen Prozessen in der Gesellschaft oder in Gruppen – und umgekehrt?
- Welche Wirkung hat das Musikmachen auf die Musizierenden, das Publikum oder andere involvierte Gruppen?
- Woher kommt musikalische Kreativität? Welche Rolle spielt das Individuum innerhalb der Tradition und die Tradition für die Ausprägung (oder Identitätsbildung) des Individuums?
- Wie ist das Verhältnis der Musik zu anderen Formen der Kunst?

---

37 Vgl. Anthony Seeger, *Ethnography of Music*.

38 Man kann hier auch die sechs »W-Fragen« (Was?, Wer?, Wo?, Wann?, Wie?, Warum?) einsetzen.

AUFGABE: Überlegen Sie sich ein eigenes Fallbeispiel (das vom Kehlkopfgesang der Inuit bis zur Musik in einem kroatischen Restaurant reichen kann), und formulieren Sie fünf Fragen zu diesem Thema.

Arbeitsmittel zum Auffinden von Hintergrundquellen

Ein erster Arbeitsschritt bei jedem Projekt (auch einer Hausarbeit) ist zunächst die Erstellung eines allgemeinen ÜBERBLICKES ÜBER DAS THEMENFELD – in unserem Fall also über die Musiktraditionen der Saamen. Dabei geht es nicht nur um die entsprechende Musiktradition und das kulturelle Umfeld, sondern auch um einen Überblick über die bisher erfolgte Forschungsarbeit – in Form von wissenschaftlichen Publikationen sowie von Aufnahmen und Filmdokumentationen. Selbst wenn man ein noch nicht tiefer gehend erforschtes Gebiet untersucht, so gibt es häufig generelle theoretische Diskussionen, an die man bei der Entwicklung der Forschungsfragen oder der Auswertung anknüpfen wird. Beispielsweise bestehen über die aktuellen Strömungen der saamischen Folk-Rock-Fusionen bisher nur wenig detaillierte Untersuchungen – dafür aber über englische Folk-Rock-Formen oder skandinavische Folk-Revivals. Deshalb muss zunächst der Forschungsstand eruiert werden, um Forschungslücken zu bestimmen, offene Fragen aufzudecken und die eigene Idee einordnen zu können. Ethnomusikologische Forscherinnen und Forscher werden in diesem Arbeitsschritt zunächst eine Mischung aus unterschiedlichen Publikationsformen sichten: Dazu gehören Enzyklopädien und Fachwörterbücher, Biblio-, Disko- sowie Filmographien.

Literaturrecherche

Im Zeitalter der Digitalisierung scheint eine Internetrecherche naheliegend, doch gerade die ethnomusikologische Forschung ist aufgrund der inhaltlichen Breite schwierig zu erfassen. Es gibt nur wenige übergreifende DATENBANKEN, KATALOGE ODER VERZEICHNISSE, und viele dieser Materialien sind im Internet nur bedingt einsehbar. Darüber hinaus ist eine Schlagwortrecherche im Internet nur dann sinnvoll, wenn man zuvor die richtigen Suchbegriffe bestimmt hat. Deshalb sollte der erste Arbeitsschritt auf der Basis der bereits in Kapitel 2 beschriebenen Hilfsmittel beginnen. Darüber hinaus ist es je nach Thema für ethnomusikologische Forschung häufig sinnvoll, INTERDISZIPLINÄR ZU RECHERCHIEREN – z. B. in Lexika wie in »The International Encyclopedia of Dance« oder in ethnologischen Zeitschriften[39] wie:

- *American Anthropologist*
- *Cultural Anthropology. Journal of the Society for Cultural Anthropology*
- *Journal of the Royal Anthropological Institute*
- *Dance Research Journal*
- *Journal of American Folklore*

Die konstante kritische Selbstreflexion als zentraler Bestandteil der ethnomusikologischen Forschung betrifft auch die Hinterfragung der wissenschaftlichen Literatur – einschließlich der Perspektive der Autorinnen und Autoren: So werden die in Kapitel 2 aufgelisteten Zeitschriften vorwiegend in westlichen Ländern publiziert und repräsentieren damit in der Regel die Forschungsarbeit aus dem Westen – also Darstellungen aus einer etischen Perspektive. Eine spannende Frage ist also, wie die emische (Insider-)Perspektive in den Texten repräsentiert wird. Darüber hinaus existieren in zahlreichen traditionellen Forschungsregionen inzwischen eigene musikwissenschaftliche Einrichtungen. Die Publikationen dieser Institutionen, die häufig alternative Perspektiven eröffnen, können zusammen mit dem westlichen Material ein hochgradig differenziertes Bild vermitteln. Einige Beispiele sind:

- *African Musicology Online* ist eine elektronische Zeitschrift, in der vorwiegend afrikanische Musikethnologinnen und -ethnologen publizieren: http://africanmusicology.org.
- Im *Journal of the Indian Musicological Society* publizieren westliche und indische Autorinnen und Autoren.
- *Ongakugaku: Journal of the Musicological Society of Japan* beinhaltet teil-

---

39 Einige Universitäten bieten Zugang zu diesen Zeitschriften über die Elektronische Zeitschriftenbibliothek (siehe Abschnitt »Elektronische Ressourcen«, Kapitel 2, S. 58) an.

weise englische Artikel, die online eingesehen werden können: http://www.musicology-japan.org/english.html#Ongakugaku.

AUFGABE: Vergleichen Sie in den zentralen musikwissenschaftlichen Enzyklopädien die Einträge zu einem selbst gewählten Stichwort (z. B. Mali, jüdische Musik) – oder auch zu Ihrem gewählten Fallbeispiel. Gibt es eventuell weitere Enzyklopädien, die hilfreich sind?

AUFGABE: Suchen Sie sich jeweils eine Ausgabe von vier ethnomusikologischen Zeitschriften und, vergleichen Sie Inhalt, Aufbau und Themenschwerpunkte.

Diskographien und Filmographien

Da sich die ethnomusikologische Forschung vorwiegend mit dem klingenden Ereignis und der Aufführungssituation beschäftigt, spielen Ton-, Bild- und Filmdokumente auch in der vorbereitenden Phase eine wichtige Rolle. Dabei wird zwischen zwei zentralen Quellenvarianten unterschieden: Auf der einen Seite stehen FELDFORSCHUNGSAUFNAHMEN, die unabhängig von kommerziellen Interessen, Publikumsinteressen und internationalem Copyright entstanden sind.[40] Diese können oftmals nur über Archivkataloge erschlossen werden (s. u.), da sie in Archiven aufbewahrt werden. Auf der anderen Seite steht das kommerziell vertriebene Material: Gerade seit den späten 1980er Jahren ist durch die Popularität der Weltmusik ein Markt für Feldforschungsaufnahmen entstanden, die jedoch häufig auf Basis spezieller Kriterien ediert wurden (Kürzung des Materials, Materialauswahl auf Grundlage eines – auch westlich-ästhetischen – Gesamtkonzeptes). Doch auch Museen und Archive veröffentlichen häufig eine Auswahl ihrer Feldforschungen. Einige Beispiele für die unterschiedlichen Ansätze sind:

- Artur Simon (Hg.), *Music! The Berlin Phonogramm-Archiv 1900–2000*, 4 CDs, Wergo: Museum Collection Berlin, 2003. Dies ist eine Sammlung aus unterschiedlichen Feldforschungsaufnahmen und -techniken mit umfas-

---

40 Vgl. Anthony Seeger, *The Role of Sound Archives in Ethnomusicology Today*, S. 261.

sender Dokumentation.[41] Hier sind auch drei Saami-Aufnahmen enthalten, die einen Hinweis auf weiteres Material im Phonogrammarchiv geben können.
- Zu den (kommerziellen) Labels, die auch Feldaufnahmen veröffentlicht haben, gehören u. a. Le Chant du Monde, Nonsuch Records, Ocora Records, Pan Records, Rounder Records, Smithsonian Folkways Records, Topic Records. Das Spektrum reicht (auch innerhalb einer Diskographie eines Labels) von sorgfältig dokumentierten und ausgewählten Feldforschungsaufnahmen bis hin zu Mischungen aus Wachszylinder-Material, kommerziellen (auch Konzert-)Aufnahmen und Revival-Material, die unter dem Konzept »traditionell« präsentiert werden.
- Als gesonderte Reihe sei die *World Network Serie* von Zweitausendundeins erwähnt. Die 49teilige CD-Länderreihe ist eine Zusammenstellung aus Rundfunkkonzertaufnahmen und vom Sender durchgeführten Feldforschungen. Sie vermittelt einen guten Einblick in die Musikpraktiken der 1990er Jahre.

Davon zu unterscheiden sind die modernen Weltmusik-Reihen und -labels, die – kommerziell produziert – einen wichtigen Einstieg in die populäreren Musikpraktiken bieten: Beispiele sind die »Music Rough Guides« (World Music Network – hier gibt es z. B. einen Skandinavien-Sampler) oder auch die Aufnahmen von Putumayo World Music. Eine weitere Ebene stellen schließlich die Aufnahmen dar, die – wie etwa der *Buena Vista Social Club*, aber auch die Musik der modernen saamischen Musikerin Mari Boine – vorwiegend für einen westlichen Markt produziert wurden und unter dem Begriff »Weltmusik« bzw. »world music« zusammengefasst werden. Alle diese Materialien können bei entsprechenden Fragestellungen zu Quellen für eine ethnomusikologische Forschung werden – allerdings (s. u.) muss bei jedem Objekt der Aufnahmekontext erstellt bzw. hinterfragt werden.

Obwohl die FILMTECHNOLOGIE fast zeitgleich mit der Entwicklung der Phonographen aufkam, werden Filme – teilweise aus pragmatisch-technischen Gründen – erst in den 1940er bis 1960er Jahren zunehmend als Dokumentationsmittel eingesetzt. Die Situation änderte sich grundlegend mit der Digitaltechnik,

---

41 Auch die weiteren CDs der Reihe Museum Collection Berlin (Museum für Völkerkunde, Staatliche Museen zu Berlin Preußischer Kulturbesitz) sind Beispiele für umfassend dokumentierte Tonaufnahmen.

da qualitativ gute Aufnahmegeräte nicht nur bezahlbar wurden, sondern auch problemlos transportiert werden können. Ähnlich wie bei den Tonaufnahmen reicht hier das Spektrum von reinen Felddokumenten über geschnittene / ethnographische Filme bis hin zu kommerziellen Dokumentationen.

- Einen kleinen Einblick in die frühen Dokumentationen vermittelt die *MusikWeltKarte* des Ethnologischen Museums, Staatliche Museen zu Berlin (Museum Collection Berlin Audiovisuell 1, 2007).
- Frank Kouwenhoven und Antoinet Schimmelpenninck, *Chinese Shadows. The Amazing World of Shadow Puppetry in Northwest China*, DVD, Pan Records, 2007 ist ein Beispiel für eine als Geschichte geschnittene ethnomusikologische Dokumentation.
- Wim Wenders, *Buena Vista Social Club*, DVD, Artisan, Santa Monica 1999: Die für einen populären Markt produzierte Dokumentation über die Entstehung einer der kommerziell erfolgreichsten CDs der Weltmusik ist stark von ästhetischen Gesichtspunkten des Regisseurs und der Ausrichtung auf eine westliche Publikumswahrnehmung geprägt.

Einen ersten Einstieg in die Erstellung einer Disko- bzw. Filmographie eröffnet hier wieder Posts »Ethnomusicology. A Research and Information Guide«. Weitere Quellen sind die audiovisuellen Listen aus der »Garland Encyclopedia« sowie Fachzeitschriften, insbesondere »Ethnomusicology«, »Ethnomusicology Forum« oder das »Yearbook for Traditional Music«, die regelmäßig Rezensionen von Tonträgern und Filmmaterial publizieren. Für den Einstieg in die populärere Weltmusik-Szene (nur Tonträger) bietet sich der »Rough Guide to World Music« (herausgegeben von Simon Broughton u. a.) an – gerade auch für einen Überblick über populäre Saami-Künstlerinnen und Künstler.

> AUFGABE: Vergleichen Sie drei unterschiedliche CD- oder Filmkonzepte: Zu welchem Zweck wurde das Material jeweils produziert? Wie hat dies den Präsentationsstil (z. B. Aufnahme / Film- und Präsentationsstil, Zusammenstellung, Booklet / Begleittext) beeinflusst?

Archivarbeit

Die Archivarbeit erschließt die historische Dimension ethnomusikologischer Forschung und kann daher für die Vorbereitungsphase sehr wichtig sein (oder ein eigenes Forschungsthema darstellen). Doch die Materialien sind häufig auch in der Auswertungsphase wichtig, da sie die eigenen Beobachtungen bestätigen, relativieren oder ergänzen bzw. auch eine wichtige Vergleichsgrundlage darstellen können. Archivmaterialien können viele mediale Formen umfassen: Aufnahmen, Feldnotizen von Forscherinnen und Forschern, Zeitungsartikel, Korrespondenz, Kunstwerke, Zeichnungen, Photographien etc., die jedoch alle erst durch die Kontextualisierung einen Wert als ethnomusikologische Quellen gewinnen.[42] Viele Archive wie z. B. das American Folklife Center enthalten auch sogenannte ethnographische »field collections«; das sind unveröffentlichte Materialsammlungen, welche Ethnomusikologinnen und Ethnomusikologen während ihrer Forschungsarbeit zusammengetragen haben. Die Gesamtheit dieser oftmals unbearbeiteten Materialien gibt Auskunft nicht nur über die Gesprächspartnerinnen und -partner oder das Feld selbst, sondern auch über die Forscherin oder den Forscher und deren Interaktion mit den untersuchten Personen. Durch die kritische Hinterfragung kann manchmal auch ein anderes Bild auf die veröffentlichten Forschungsarbeiten geworfen werden.

Auch Archive sind keine neutralen Einrichtungen, sondern von speziellen Interessen geprägt. So gibt es neben einer Vielzahl an forschungsorientierten ethnomusikologischen Archiven auch zahlreiche Musiksammlungen, die mit dem Rundfunk oder der Musikindustrie verbunden sind. Viele Archivmaterialien werden zunehmend über digitale Medien zugänglich gemacht. Da dies aber ein sehr langwieriger Prozess ist, wird man bei einem persönlichen Archivbesuch oftmals wesentlich umfangreichere Materialsammlungen entdecken. So könnte eine CD-Veröffentlichung des Stockholmer Nordiska Musikmuseet mit Wachszylinderaufnahmen aus der Zeit von 1913–1915[43] auf das Vorhandensein weiterer Archivmaterialien verweisen, die – wie auch die Aufnahmen des Ajtte-Museums in Jokkmokk – jedoch nur vor Ort eingesehen werden können. Zu den bekannten Archiven zählen:

---

42 Zur empfohlenen Einstiegsliteratur in die Archivthematik zählen: Shubha Chaudhuri, *Preservation of the World's Music* und Anthony Seeger, *The Role of Sound Archives in Ethnomusicology Today*. In Jennifer Posts Band *Ethnomusicology. A Research and Information Guide* sind weitere Archive aufgelistet.

43 Vgl. *Samiska röster*.

- Archiv für die Musik Afrikas, Institut für Ethnologie und Afrikastudien, Johannes Gutenberg-Universität Mainz: http://www.ama.ifeas.uni-mainz.de
- Berliner Phonogramm-Archiv: http://www.smb.museum/smb/sammlungen
- The British Library Sound Archive, London: http://sounds.bl.uk
- The Library of Congress, Washington: http://www.loc.gov. Diese Bibliothek besteht aus einer Reihe an Unterabteilungen, deren Kataloge größtenteils online eingesehen werden können.
  - Motion Picture, Broadcasting & Recorded Sound Division: http://www.loc.gov/rr/record
  - American Folklife Center mit dem Archive of Folk Culture: http://www.loc.gov/folklife/archive.html
- International Library of African Music (ILAM), Rhodes University, Südafrika: http://www.ru.ac.za/ilam
- Wiener Phonogrammarchiv: http://www.phonogrammarchiv.at

> AUFGABE: Versuchen Sie über die Websites jeweils etwas über die vorhandenen Sammlungen dreier Beispiele herauszufinden. Wie nutzen die Archive jeweils die Möglichkeiten des Internets?

Volksmusiksammlungen

Bis zur Erfindung des Phonographen Ende des 19. Jahrhunderts waren – gerade im Hinblick auf die europäische Volksmusik – GEDRUCKTE oder HANDSCHRIFTLICHE LIEDSAMMLUNGEN (neben Abbildungen oder zeitgenössischen Beschreibungen) zentrale musikalische Quellen für historische Musiktraditionen. In fast jedem Land Europas wird man umfassende Sammlungen finden – so hat etwa der schwedische Volksliedsammler Karl Tirén (1869–1955) 1942 eine umfassende Sammlung mit dem Titel »Die lappische Volksmusik« veröffentlicht. Weitere bekannte Sammlungen (vgl. dazu auch die Literaturlisten in »MGG«, »NGD«, »Garland Encyclopedia«) sind u. a.:

- Béla Bartók und Zoltan Kodály (Hgg.), *Corpus Musicae Popularis Hungaricae*, Budapest 1951–1973.
- Bertrand H. Bronson, *The Traditional Tunes of the Child Ballads*, Princeton 1959–1972.

- Francis J. Child, *The English and Scottish Popular Ballads*, 5 Bde., Boston 1882–1898.
- Johann G. Herder, *Volkslieder I/II*, Leipzig 1778–1979.
- James MacPherson, *Fragments of Ancient Poetry, Collected in the Highlands of Scotland*, Edinburgh 1760.
- Henry Playford, *A Collection of Original Scotch Tunes*, London 1700.

> AUFGABE: Untersuchen Sie eine gedruckte Sammlung (oder einen Teilband) und, stellen Sie sich folgende Fragen: Wie lässt sich der Aufbau beschreiben? Welches Material wird präsentiert? Welche Informationen gibt es in der Einleitung (falls vorhanden)? Gibt es weitere Hintergrundinformationen und, wo sind diese verankert?

Quellenkritik

Ein wichtiger Aspekt der modernen Ethnomusikologie ist die Reflexion über die zugrunde liegenden Quellen und Theorien bzw. Diskurse. Aufgrund der speziellen Natur der Datensammlung kann keine Quelle (obwohl dies angestrebt wird) als objektiv angesehen werden – weder wissenschaftliche Aufsätze, noch Liedsammlungen oder audiovisuelles Material. Daher ist ein zentraler Ausgangspunkt für quellenkritisches Arbeiten das HINTERFRAGEN DER QUELLE.

Schriftlich dokumentierte Musiksammlungen

Im Fall der saamischen Musiktraditionen existieren sowohl Aufnahmen als auch schriftliche Aufzeichnungen des Sammlers Tirén. Ein Vergleich zeigt, dass Tiréns Aufnahmen eigentlich nur musikalische Skelette sind, die wenig von den Nuancen der improvisierten Vokalmusik – das Joiken – festgehalten haben. In zahlreichen Fällen verließen sich Volksmusiksammlerinnen und -sammler (etwa in England) selbst nach dem Aufkommen des Phonographen lieber auf ihr Gehör, da viele traditionelle Musikerinnen und Musiker angesichts eines Phonographen nervös wurden. Dadurch gingen aber viele wichtige Feinheiten verloren – nicht zuletzt, weil Sammler wie der englische Volksliedforscher Cecil James Sharp (1859–1924) das Material den damaligen Hörkonventionen anpassten (indem etwa ungerade Takte angeglichen wurden) oder (aus viktorianischer Sicht) anstößige Texte zensuriert wurden. Das Material muss daher für den wissenschaftlichen Gebrauch durch Fragen (bzw. über weitere zeitgenössische Dokumente wie Publikationen, Briefe, Tagebücher) kontextualisiert werden:

- Welche musikalischen Intentionen hatten die Sammlungen? Dienten sie der Dokumentation? Waren sie als Material für den häuslichen musikalischen Gebrauch gedacht?
- Wurde der Versuch unternommen, eine abstrakte Idealversion der Musik zu erstellen?
- Wurden die Sammelnden von den Konventionen ihrer Zeit beeinflusst? Gab es Vorstellungen, welche die Zusammenstellung des Materials beeinflusst haben? Wurde beispielsweise das Material bewusst von Kunst- und Popularmusik abgegrenzt – oder vom genderbezogenen Hintergrund (es gab sehr viele aktive Sammlerinnen im späten 19. Jahrhundert)? Wie zeitgenössische Quellen (etwa Briefe) aufzeigen, die man im Cecil Sharp Archiv der Ralph Vaughan Williams Memorial Library (London) einsehen kann, wollten die frühen britischen Sammlerinnen und Sammler eine möglichst »reine« national-englische Musiktradition rekonstruieren, die man im ländlichen Raum zu finden glaubte. Material mit irischem Einfluss oder (urbane) Popularmusik wurde daher vermieden.
- Was ist von der musikalischen Aufführung aufgezeichnet worden? Da viele frühe Sammler Literaturwissenschaftler waren, aber auch aufgrund der eingeschränkten technischen Möglichkeiten, wurden meist nur die Gesangslinie und der Text aufgezeichnet. Dies bedeutet jedoch nicht automatisch, dass die Musik auch unbegleitet gesungen wurde.

Schriftliches Quellenmaterial

Auch ein WISSENSCHAFTLICHER TEXT ist nicht neutral. Oftmals verrät ein Text genauso viel über die Autorinnen und Autoren wie über den Sachgegenstand oder die Interviewpartnerinnen und -partner. Ähnlich wie bei der Entwicklung einer ethnomusikologischen Frage müssen quellenkritische Fragen beim Lesen von Texten gegenwärtig sein:

- Wer ist Autorin oder Autor des Textes und, wie verhält es sich mit der Schreibhaltung (z. B. Schreibhaltung von christlichen Missionaren oder Kolonialbeamten)?
- Für welches Publikum wird geschrieben?
- Um welche Textform handelt es sich?
- Welche Intentionen werden mit dem Text verfolgt?
- Kann man eine zugrunde liegende theoretische Haltung beobachten (z. B. evolutionäres Denken)?
- Was bedeuten einzelne Ausdrücke (Texte sind von Sprach- und Denkkonventionen geprägt. Tirén beispielsweise, der einen für seine Zeit ungewöhnlichen Respekt für die Saami-Kulturen zeigt, nennt seine Sammlung »Die lappische Musik« – ein häufig abwertender Ausdruck, der in der Gegenwart vermieden wird. Ähnlich wurden um 1900 viele Traditionen als »exotisch« oder »primitiv« bezeichnet.)?

Die kritische Hinterfragung lässt sich auch gut anhand JOURNALISTISCHER QUELLEN erproben, die aufgrund der veränderten ethnomusikologischen Forschung – z. B. über Phänomene innerhalb der Popularmusik – eine zunehmend wichtige Rolle spielen. Beispielsweise können Rock-Zeitschriften wie »Rolling Stone« (USA), »New Musical Express« (UK) und »Melody Maker« (UK) oder speziellere Folk- und Weltmusikzeitschriften wie »fRoots« (UK) oder »Songlines« (UK) für wissenschaftliche Fragestellungen herangezogen werden. Der »Melody Maker« ist z. B. eine akkurate Quelle für Folk-Konzerte und Bandbesetzungen in den 1960er Jahren. Viele der in den Zeitschriften enthaltenen Texte sind stark von der speziellen Sichtweise der schreibenden Journalistinnen und Journalisten geprägt. Einige zentrale Fragen, welche einen journalistischen Text als eine wissenschaftliche Quelle befragen, sind u. a.:

- Wer schreibt die Artikel (gibt es eine bestimmte Gruppe von Autorinnen und Autoren)?
- Sind besondere Präferenzen ersichtlich, und wieso bestehen solche? (Beispielsweise wurde die irische Gruppe Clannad aufgrund ihrer Annäherung an musikalische New Age-Phänomene lange von der modernen britischen Journalismusszene ignoriert.)

- Gibt es besondere Themen, die betont oder ausgelassen werden – etwa genderbezogene Aspekte? (Wie wurden erfolgreiche Solo-Musikerinnen von der vorwiegend männlichen journalistischen Gruppe dargestellt? Wird die Betonung eher auf äußerliche statt auf die musikalischen Aspekte gelegt?)
- Inwieweit spiegeln die Texte, Themen- und Sprachwahl (z. b. die Bezeichnung einer Frontsängerin als »girl singer« im britischen Rockjournalismus) die zeitlichen Rahmenbedingungen wieder (z. b. sexuelle Befreiung der 1968er Bewegung versus eine männlich dominierte Rocksphäre)?

Kritisches Hinterfragen ist auch für INTERNETTEXTE notwendig, die gerade im Hinblick auf moderne Musikphänomene immer wichtiger werden. Für eine Recherche über eine junge HipHop-Band wird eine Forscherin oder ein Forscher häufig auf Internetmaterialien zurückgreifen müssen – einschließlich Band-Webseiten, Label-Ankündigungen oder Fansites. Dies trifft auch auf unser Beispiel der Saami-Musikszene zu. Diese präsentiert sich auf Websites des Social Networks und veröffentlicht über unabhängige Labels.

Die Verwendung all dieser Materialien ist legitim, da sehr oft keine weiteren Informationsquellen zur Verfügung stehen. Doch sei hier noch einmal betont, dass der Umgang mit den Materialien gut reflektiert und begründet werden muss. Wenn beispielsweise die Bandwebsite als Quelle dient, dürfen folgende kritische Fragen nicht fehlen:

- Wer hat die Website erstellt? (Wurde die Website von der Band erstellt? Handelt es sich um eine Fansite?)
- Inwieweit reflektiert dieses Material tatsächlich die persönliche Sichtweise der Musikerinnen und Musiker?
- Zu welchem Zweck dient die Website, und was wird dargestellt (öffentliche Selbstpräsentation etc.)?
- Falls Biographien etc. verwendet werden: Sind die Angaben (z. B. die Interviews mit Musikerinnen und Musikern) dokumentiert?

AUFGABE: Untersuchen Sie eine selbst gewählte journalistische oder Internet-Textquelle auf der Basis der oben erwähnten Fragen.

Klangmaterial: wissenschaftliche und kommerzielle Aufnahmen

Tradition ist etwas Bewegliches, das ständig neue Einflüsse aufnimmt. Vor diesem Hintergrund müssen auch Archivaufnahmen als Momentaufnahmen verstanden werden, die unter speziellen zeitlichen und räumlichen Bedingungen entstanden sind. Dabei ist es wichtig, einerseits die mediale Änderung des Aufnahmematerials und andererseits die Intention der jeweiligen Aufnahmeleistung zu beachten:

- Zu welchem Zweck sind die Aufnahmen entstanden (privater Gebrauch, Dokumentation, spezielle wissenschaftliche Gesichtspunkte: z. B. Interesse an melodischem Verlauf)?
- Unter welchen technischen Bedingungen ist das Material aufgenommen worden (Gerätewahl, Längenbegrenzungen des Aufnahmematerials)? Beispielsweise sind Wachszylinderaufnahmen – auch frühe Aufnahmen von Saami-Joiks aus der Zeit zwischen 1913–1915 – unter speziellen technischen Bedingungen entstanden (z. B. mit extrem begrenzter Aufnahmezeit).
- Welche Auswahl wurde von den Forscherinnen und Forschern getroffen?
- In welcher Form ist das Material zugänglich bzw. veröffentlicht worden?

Die Analyse historischer und moderner Weltmusikphänomene verlangt häufig eine Auseinandersetzung mit kommerziellen Aufnahmen. Gerade hier sollte das gestalterische Gesamtkonzept (einer Schallplatte oder CD) berücksichtigt werden. Ein Problem der historischen Aufnahmeforschung ist auch der mediale Wechsel, der häufig mit einer Veränderung der Materialauswahl verbunden ist. Im Fall des British Electric Folk der 1960er Jahre wurde bei vielen Wiederveröffentlichungen historischer Konzeptalben und Dokumentationen die Reihenfolge der Tracks für die CD-Veröffentlichung verändert oder Tracks ausgetauscht. Dies kann beispielsweise die Rekonstruktion der zeitgenössischen Diskussion um die Aufnahmen erschweren. Ähnliches betrifft auch CD-Booklets und Cover: Gerade im Fall des englischen Folk bzw. Electric Folk sind Booklets wichtige Quellen, da sie oftmals von den Musizierenden, in die Szene involvierten Journalistinnen und Journalisten oder auch den Forschenden selbst geschrieben wurden. In vielen Fällen wurden diese Materialien in den CD-Wiederveröffentlichungen nur teilweise abgedruckt. Dies betrifft auch die Cover, welche in den 1960er und 1970er Jahren eine wichtige Rolle spielten und für die Neuauflagen verändert wurden.

Wichtig für Quellenarbeit mit Aufnahmen ist daher abermals die Arbeit mit offenen, nicht wertenden, Fragen:

- Welche Rolle spielen die CD-Aufnahmen im Verhältnis zu den Live-Aufführungen?[44]
- Wer kontrolliert die Aufnahmen und Produktionen?
- Gibt es ein Konzept? In der Gegenwart nehmen viele Weltmusikerinnen und -musiker in eigenen Studios auf und veröffentlichen auf eigenen Labels, wodurch der nicht außer Acht zu lassende Einfluss der Musikindustrie vergleichsweise gering ist.
- Inwieweit wird das Kunstwerk CD von den technischen Bedingungen geprägt? Die zeitliche Begrenzung auf ca. 80 Min. hat Einfluss auf die Repräsentation z. B. bei Aufnahmen klassischer indischer Konzerte, die nicht nur stark improvisatorisch sind, sondern häufig auch über mehrere Stunden dauern und damit ursprünglich niemals identisch reproduziert wurden bzw. werden sollten.

Seit dem neuen Jahrtausend verändert sich die mediale Repräsentation erneut. Damit einher gehen wiederum Fragen nach dem Einfluss der veränderten technisch-digitalen Bedingungen auf die Musikproduktion und -repräsentation. Aber auch die Rolle von sozialen Netzwerken wie Facebook oder MySpace für die Selbstrepräsentation von Musikerinnen und Musikern sowie die Vermarktung von Musik kann hinterfragt werden.

AUFGABE: Suchen Sie sich eine beliebige Beispiel-CD aus Ihrem Schallarchiv, und versuchen Sie anhand der oben erwähnten Fragen möglichst viel über das Objekt herauszufinden.

---

44 Siehe hierzu auch Thomas Turino, *Music as Social Life*.

Empirische Quellenarbeit: Qualitative Forschung

Viele der heute gewählten wissenschaftlichen Fragestellungen verlangen innerhalb der ethnomusikologischen Forschung eine vielschichtige empirische Arbeit, welche sich oftmals erst in Rahmen der Vorarbeiten konkretisiert: Nach der Erstinformation wissen wir einerseits, dass das »Joiken« die zentrale Vokalform der Saami-Kultur war und nicht nur in schamanische Traditionen, sondern andererseits auch in hochgradig komplexe philosophische Gedankensysteme der Kultur eingebettet war. Wir haben im Laufe der Recherchearbeit einen Überblick über die zentralen Musizierenden, Literatur und Aufnahmen gewonnen. Unklar bleibt aber beispielsweise, inwieweit die derzeit populäre Künstlerin Mari Boine wirklich repräsentativ für die Saami-Musikszene ist – und welche Rolle das Joiken tatsächlich noch vor Ort spielt, insbesondere auch für die modernen Musikerinnen und Musiker. Auf Basis der Themenanalyse können sich folgende Fragestellungen ergeben:

- Sind die Fusionsansätze aus traditionellen Elementen und elektronischen Klängen populär oder eher Nischenmusiken?
- Stehen sie für eine Verdrängung der alten Traditionen oder für eine Neubelebung?

Nach der Festlegung der zentralen Forschungsfrage(n) und der inhaltlich-theoretischen Vorarbeit sollten mögliche UNTERSUCHUNGSBEREICHE UND -METHODEN eingegrenzt werden:

- Geht es um eine beschreibende Dokumentation?
- Sollen vorwiegend Interviews mit den führenden Namen geführt werden?
- Soll praktisches Musikmachen in informellem Kontext oder das Erlernen bestimmter, spezialisierter Praktiken durch Lehrende mit eingebunden werden?
- Können wir diese Traditionen als Außenstehende überhaupt erlernen? Eine Website verweist beispielsweise darauf, dass der norwegische Saami-Musiker Frode Fjellheim auch Workshops leitet.
- Sollen bestimmte musikalische Ereignisse wie das zentrale Saami-Festival im norwegischen Kautokeino besucht werden?

Die Feldforschung benötigt aus organisatorischen Gründen immer eine längere
VORBEREITUNGSZEIT. Dazu gehört u. a.:

- das Erlernen der Sprache (was vom Zeitaufwand her nicht unterschätzt werden sollte – in unserem Beispiel wäre dies nicht nur Schwedisch, Finnisch *oder* Norwegisch, sondern auch Basiswissen im Nord-Saamischen als zentraler saamischer Verkehrssprache).
- das Erlernen technischer Fähigkeiten (der Umgang mit der Aufnahmetechnologie sollte vorher mehrmals trainiert werden).
- evtl. das Erlernen musikalischer Fähigkeiten.
- evtl. die Antragstellung für finanzielle Unterstützung, da die Forschung teilweise sehr kostenaufwendig sein kann (Flug, Transport vor Ort, Unterkunft, Bezahlung von Informantinnen und Informanten, Aufnahmematerial etc.).
- die Erstellung von Kontakten vor der eigentlichen Forschung.

Zudem sollten im Vorfeld bereits mögliche Probleme geklärt werden:

- Ist jeder Bereich problemlos zugänglich?
- Könnte es Widerstände geben (Die Saami-Kulturen wurden sehr lange von den skandinavischen Regierungen unterdrückt.)?
- Gibt es politische Konflikte in der Untersuchungsregion?
- Ist man gesundheitlich in der Lage, die Forschung durchzuführen? (Nicht jede / jeder ist beispielsweise für eine Feldforschung in den Tropen, aber auch während des arktischen Winters geeignet.)
- Wie könnte das Ergebnis (und somit das Quellenmaterial) durch Geschlecht, Alter, Klassen- und Ethnienzugehörigkeit, aber auch Bildungshintergrund beeinflusst werden? Männliche Forscher werden beispielsweise in Afghanistan nur schwer Zugang zu weiblichen Musikpraktiken haben; Universitätsangehörige werden manchmal von Musizierenden oder Musiklehrenden, die keinerlei formale Bildung erhalten haben, statusmäßig als höher stehend angesehen. Wie beeinflusst dies das Forschungsergebnis, da eigene Fehler vielleicht nicht korrigiert werden?

Im Folgenden soll ein Überblick über die zentralen Elemente einer Feldforschung gegeben werden. Neben Myers Kapitel über »Fieldwork«[45] und Nettls

---

45 Vgl. Helen Myers, *Fieldwork*, S. 21–49.

Abschnitt über »The Study of Music in the Field«[46] vermitteln die folgenden Publikationen gute Hilfestellungen für die Vorbereitung und Durchführung einer Feldforschung:

- Harvey R. Bernard, *Research Methods in Anthropology. Qualitative and Quantitative Approaches*, Lanham ⁴2006.
- Timothy J. Cooley und Gregory F. Barz, *Shadows in the Field. New Perspectives for Fieldwork in Ethnomusicology*, New York und Oxford 2008.
- Marcia Herndon und Norma McLeod, *Field Manual for Ethnomusicology*, Norwood 1983.

Ethnographie und Feldforschung

Die Methode der Feldforschung – die Beobachtung der Menschen vor Ort – stammt aus der Anthropologie und beschäftigt sich mit der menschlichen Seite des Musikmachens. Dementsprechend ist sie auch die persönlichste – und subjektivste – Seite der Forschungsarbeit, denn im Mittelpunkt steht die Wahrnehmung der Augen- und Ohrenzeuginnen und -zeugen, auf deren Basis alle wissenschaftlichen Schlussfolgerungen beruhen. Die Forscherinnen und Forscher erzeugen dabei das Quellenmaterial selbst: Feldnotizen, Tagebücher, Transkriptionen, Photographien, Aufnahmen, Videomaterial und Interviews.

Das KONZEPT DES FELDES ist dabei sehr breit und vielfältig. War in den 1950er Jahren noch ein ein- bis zweijähriger Forschungsaufenthalt in einem Dorf, einer Stadt oder Nomadenkultur in einer vom Westen weit entfernten Region (Afrika, Asien oder Polynesien) üblich, so ist dies mittlerweile eher selten geworden. Moderne Feldforschung besteht in der Regel aus mehrmaligen kurzen Besuchen oder zwei- bis viermonatigen Aufenthalten. In der Gegenwart werden auch andere »Felder«, u. a. vor »der eigenen Haustür« wie Migrationskulturen, aber auch Blogger-Communities oder CD-Labels untersucht. Allen Feldern gemeinsam ist jedoch die Wahrnehmung von Forscherinnen und Forschern auf der einen und Gesprächspartnerinnen und -partner auf der anderen Seite, die über ihre Musik und ihr Leben sprechen. Von den Forschenden wird im Gegen-

---

46 Vgl. Bruno Nettl, *The Study of Ethnomusicology. Twenty-nine Issues and Concepts*, S. 247–300.

zug erwartet, sich auf die gegenständliche Kultur und eine andere zeitlich-räumliche Erfahrung einzulassen.

Es wird dabei zwischen einer *beschreibenden* und einer *erklärenden* Situation unterschieden: Während sich die Beschreibung auf Einzelaspekte oder Zusammenhänge zwischen einzelnen Ereignissen bezieht, so sucht der erklärende Ansatz mit Hilfe von theoretischen Modellen nach Bedingungen und Ursachen von bestimmten Sachverhalten. Mit *Ethnographie* wird somit eine Forschung umschrieben, die auf direkter Interaktion beruht und sehr stark *beschreibender* Natur einer bestimmten raum- und zeitgebundenen Situation ist. Eine *Feldforschung* ist tiefer greifend: Sie basiert auf TEILNEHMENDER BEOBACHTUNG und ist oftmals mit einer tieferen Interaktion mit dem Alltagsleben (des Feldes), musikalischer Aufführungspraxis oder anderen sozialen Aspekten gekennzeichnet. Die Datengewinnung beruht auf umfassender Dokumentation durch Feldnotizen, Film- und Tonaufnahmen – oftmals über einen längeren Zeitraum hinweg. Darüber hinaus ist sie mit einer Theorie- oder Modellbildung verbunden.

Im Gegensatz zur REINEN BEOBACHTUNG, die oftmals distanziert erfolgt und der VOLLSTÄNDIGEN TEILNAHME (hier ist die eigene – westliche – Rolle oftmals verdeckt), ist die Rolle der teilnehmenden Beobachtenden der jeweils untersuchten Gruppe bekannt. Die Feldforscherinnen und -forscher werden während der teilnehmenden Beobachtung versuchen, so weit wie möglich an dem Leben einer Gemeinschaft oder Kultur teilzunehmen und sich möglichst vielschichtige und unterschiedliche Perspektiven anzueignen. Das kann bedeuten, dass man längere Zeit in einer nordschwedischen Kleinstadt wie Jokkmokk lebt, vielleicht einen Saami-Rentierzüchter bei seiner Arbeit begleitet und dokumentiert, um herauszufinden, welche Musik welchen Raum im Alltagsleben einnimmt. Man wird möglichst viele Konzerte in der Region besuchen und die Musikerinnen und Musiker nach und nach interviewen.

Ähnliches betrifft übrigens auch die Feldforschung im Internet. Zwar fällt hier die räumliche Erfahrung weg bzw. anders aus – die Forschung kann quasi »vom Schreibtisch aus« betrieben werden – doch das Vorgehen bleibt ähnlich, selbst wenn die Personen nicht persönlichen Kontakt haben. Teilweise spielt hier die Analyse der Diskurse (Sprachwahl, Inhalt etc.) eine zentrale Rolle, da andere Segmente wie Beobachtung oder Bilddokumentation wegfallen.

AUFGABE: Wie könnte in Ihrem selbst gewählten Beispiel eine mögliche Feldforschung aussehen? Überlegen Sie sich einige mögliche Forschungsfelder (Restaurant, Disco / Konzerthalle, Straße, eine häusliche Umgebung etc.).

Feldnotizen (»Field notes«)

Die DOKUMENTATION in Notizbüchern ist eine zentrale Methode, um die Beobachtungen der Feldforschung in wissenschaftliche Quellen umzuwandeln – selbst im Zeitalter digitaler Aufzeichnungsmöglichkeiten. In der Feldforschung wird dabei mit drei unterschiedlichen Notizbüchern gearbeitet:[47] Eines für die Skizzierung des Tagesplanes (und der tatsächlichen Ereignisse) sowie ein kleineres, in welchem alle (spontanen) Eindrücke, Adressen, Namen, Skizzen etc. festgehalten werden. Daneben dient ein weiteres, größeres Notizbuch dazu, am Ende des Tages die sogenannten Feldnotizen (d. h. alle Eindrücke, Erfahrungen, Ereignisse, aber auch Gedanken und Überlegungen) detailliert aufzuschreiben. Obwohl dies im Hinblick auf die Wahrnehmung durch das Kurzzeitgedächtnis am sinnvollsten erscheint, wurden auch andere Ansätze entwickelt (z. B. Niederschrift am nachfolgenden Tag), da der Prozess des Aufschreibens manchmal 2–3 Stunden dauern kann. Diese ethnographischen Texte gelten als valides Quellenmaterial – gleichwertig zu Ton- oder Bilddokumenten – für die ethnomusikologische Forschung.

Das Interview

Bei der teilnehmenden Beobachtung spielen Interviews eine zentrale Rolle für die Erstellung wissenschaftlicher Quellen. ETHNOGRAPHISCHE INTERVIEWS unterscheiden sich von anderen Interviewformen (z. B. journalistischen Interviews) nicht nur durch die Art der Fragen (die z. B. einen Schwerpunkt auf beschreibende Antworten legen und auch etwas über die Art und Weise erfahren wollen, *wie* Menschen über Musik denken), sondern auch durch eine reflektierte Gesamtkonzeption. Die Qualität und Aussagekraft eines Interviews hängt dabei sehr stark von der Vorbereitung und Handhabung des Interviewverlaufs ab. Neben den eigenen (auch unbewussten) Präferenzen der Interviewerin oder des Interviewers (s. o.) wird der Verlauf vor allem beeinflusst durch (a) die Wahl der Interviewpartnerinnen und -partner, (b) die Interviewform, (c) die Struktur des Fragenkataloges, (d) die Art der Fragestellungen, (e) den Auswertungsprozess.[48]

---

47 Vgl. Helen Myers, *Fieldwork*, S. 21–49; Jonathan Stock, *Documenting the Musical Event*.
48 Vgl. die Interview-Checkliste in Uwe Flick, *Qualitative Forschung*, S. 149.

Interviews werden in den meisten Fällen aufgenommen, damit die Antworten – auch für eine spätere Überprüfbarkeit – möglichst präzise rekonstruiert werden können.

Ad (a): Die Wahl der Interviewpartnerinnen und -partner kann sehr unterschiedlich sein. Oftmals konzentriert man sich auf eine Kerngruppe, die repräsentativ erscheint. Im Falle der Saami-Musikultur könnte man sich bei der Auswahl durchaus an Konzert- und Medienpräsenzen sowie Verkaufszahlen orientieren. Gibt es vielleicht auch Musikerinnen oder Musiker, die (aus unterschiedlichen Gründen) als Autoritäten angesehen werden? In unbekannteren Musikszenen, wie in der nordschwedischen Kleinstadt Jokkmokk empfiehlt sich als erster Schritt die Durchführung einer *quantitativen* Untersuchung – z. B. durch einen Fragebogen, der mittels informeller Interviews (s. u.) erstellt wird und auch von den Forschenden selbst ausgefüllt werden kann. Auf Basis der Auswertung werden dann die zentralen Interviewpartnerinnen und -partner ausgewählt. Wichtig ist in beiden Fällen aber Flexibilität und Offenheit gegenüber zufälligen Begegnungen, die manchmal ganz andere Perspektiven eröffnen können.[49]

Ad (b): Man unterscheidet zwischen unterschiedlichen Interviewformen, die alle in der Feldforschung (auch kombiniert) zum Einsatz kommen können:[50] Am Anfang der Forschung, an dem häufig generelle Aspekte gesammelt werden, steht das INFORMELLE INTERVIEW, das sich durch fehlende Kontrolle oder Struktur auszeichnet. »Informell« heißt dabei nicht »leicht«, denn diese Form verlangt eine scharfe Wahrnehmung und Reaktionsgeschwindigkeit – sowie ein gutes Gedächtnis, da diese Interviews oftmals erst nachträglich aufgezeichnet werden.[51] Interviews werden entweder in unstrukturierter oder strukturierter Form durchgeführt. Das UNSTRUKTURIERTE INTERVIEW wird herangezogen, wenn genügend Zeit zur Verfügung steht: Es zeichnet sich durch eine ungezwungene Unterhaltungsatmosphäre aus, die es erlaubt, Fragen in großer Tiefe nachzugehen, aber auch biographische Erzählungen zu entwickeln. Der interviewten Person wird nach einigen Einstiegsfragen die Führung überlassen. Die Forscherin oder der Forscher nimmt sich hier zurück und führt das Interview

---

49 Vgl. Hans Fischer, *Feldforschung*.
50 Vgl. Harvey Russell Bernard, *Research Methods in Anthropology*.
51 Vgl. Harvey Russell Bernard, *Research Methods in Anthropology*, S. 204.

nur durch Interessensbekundung, zustimmende Gesten wie Kopfnicken oder Lautäußerungen (»hmm«), Satzwiederholungen oder Fragen (wie »Können Sie mir mehr erzählen über ...?«)[52]. Häufig hat man aber für ein Interview nur begrenzte Zeit zur Verfügung. Deshalb ist es notwendig, den Verlauf möglichst gut zu STRUKTURIEREN. Am Anfang sollte hier die Erstellung eines Leitfragenkataloges stehen, in welchem die Fragen schriftlich ausformuliert werden.

Ad (c): Der Leitfragenkatalog strukturiert nicht nur den Verlauf des Interviews, sondern trägt auch dazu bei, den Überblick zu behalten und immer wieder zu den zentralen Fragen und Themen zurückkehren zu können. Der LEITFRAGENKATALOG wird dabei in folgenden Schritten entwickelt:[53]

- Sammeln (d.h. Fragenbrainstorming)
- Prüfen der Fragen
- Sortieren (Gibt es übergreifende Themenkomplexe? Was eignet sich als Einleitung? Sinnvoll ist es, am Anfang mit einigen einleitenden Fragen zu beginnen – z.B. einige Informationslücken abzuklären, nach ersten musikalischen Eindrücken oder anderen biographischen Aspekten zu fragen – auch um die möglicherweise vorhandene Spannung etwas abzubauen.)
- Subsumieren (Ausformulieren und evtl. Austesten der Fragen sowie Aufbau eines Gesamtkonzeptes)

Ad (d): Für einen gelungenen Interviewverlauf ist es wichtig, sich die Wirkung der FRAGEFORMULIERUNGEN zu vergegenwärtigen. Qualitative Forschung unterscheidet u.a. zwischen *offenen* und *geschlossenen* Fragen:

- Geschlossene Fragen (»Haben Sie in der Schule traditionelle Lieder gesungen?«) führen zu »Ja-« oder »Nein«-Antworten und unterbrechen oftmals

---

52 Diese Methode entspricht auch der Vorgehensweise der *Oral History*, einer ursprünglich historischen Methode, die in den 1930er Jahren aufkam und auf die Befragung von Zeitzeuginnen und -zeugen ausgerichtet ist, wobei diese möglichst wenig (bewusst oder unbewusst) von wissenschaftlichen Perspektiven beeinflusst werden sollen. Die Zeitzeuginnen und -zeugen sollen bei dieser Technik bei laufendem Aufnahmegerät möglichst frei erzählen – was auch Raum gibt für Emotionen und subjektive Standpunkte, welche Wissenschaftlerinnen und Wissenschaftler auf bisher übersehene Aspekte oder unbekannte Themenfelder stoßen können.

53 Vgl. dazu Cornelia Helfferich, *Die Qualität qualitativer Daten*.

den Sprachfluss. An einigen Stellen (auch am Anfang) sind sie sinnvoll, um Fakten abzuklären, sollten dann aber möglichst vermieden bzw. mit offenen Fragen verbunden werden.
- Der zentrale Interviewverlauf sollte aus offenen Fragen wie »Können Sie sich noch erinnern …?« oder »Was denken Sie über …?« bestehen, da diese zu ausführlichen Antworten einladen.
- Leitende bzw. lenkende Fragen sollten möglichst vermieden werden, da den Interviewten dadurch oftmals eine bestimmte Sichtweise indirekt aufgedrängt wird: »Sind Sie der Meinung, dass …?« oder »Glauben Sie auch, dass …?«.

Während der Interviews (oder unmittelbar danach) sollten Notizen über alle wichtig erscheinenden Eindrücke gemacht werden, da diese für den späteren Auswertungsprozess (s. u.) wichtig sind.

AUFGABE: Entwerfen Sie für Ihr Beispiel einen möglichen Fragenkatalog für ein Interview. Versuchen Sie, die Reihenfolge der Fragen möglichst sinnvoll zu strukturieren. Wie würden Sie den Anfang gestalten?

Quellenkritik I: Der Umgang mit der Interviewsituation

Qualitative Forschung ist immer von der subjektiven Wahrnehmung der Forschenden geprägt, die jedoch durch KRITISCHE REFLEXION ausgeglichen werden kann. Mehrere Problemfelder lassen sich ausmachen: Dazu gehört im Interviewkontext das Bewusstsein, dass man (gewollt oder ungewollt) die Antworten der interviewten Personen durch den eigenen Hintergrund (Gender, Ethnie, Bildungsstand etc.) stark beeinflusst. Nicht nur die *Art der Frage* – bedrohlich, anklagend etc. – kann den Antwortfluss lenken; ein anderes Problem ist die *Erwartungshaltung* (auf beiden Seiten): Viele Interviewte glauben, dass Interviewerinnen oder Interviewer bestimmte Antworten erwarten und möchten dies auch nicht enttäuschen. Zwar sollte den Interviewten immer auf Augenhöhe begegnet werden, dennoch ist für eine wissenschaftliche Arbeit eine hinterfragende Perspektive notwendig. Um unser Beispiel heranzuziehen: Es kann in der Saami-Forschung passieren, dass der empfohlene Joik-Spezialist eigentlich nur wenig über den befragten Inhalt weiß. Um nicht zu enttäuschen bzw. das Gesicht zu bewahren, werden dennoch Antworten geliefert, deren Inhalte durch vergleichende Antworten von anderen Interviewten gesichert werden sollten. Manchmal – insbesondere wenn bestimmte Ereignisse schon sehr weit zurückliegen – können Erinnerungen fehlerhaft oder Antworten durch vorherige journalistische oder auch ethnomusikologische Interviews schablonenhaft geworden sein: Bekannte Musikerinnen und Musiker werden zu bestimmten Vorkommnissen oftmals mehrfach befragt und haben ihre eigene fest gefügte Wortwahl entwickelt oder beantworten diese Fragen nur noch als oberflächliche Skizze. Hier kann eine ausgefeilte Fragenmethodik Abhilfe schaffen und die Antwortstruktur beeinflussen. Beispielsweise haben es manche häufig befragte Volksmusikerinnen und -musiker gelernt, einem bestimmten Vorstellungsbild zu entsprechen und werden nervös, wenn Fragen außerhalb des Fragenkanons beantwortet werden müssen. Man sollte sich daher immer bewusst sein, dass in der Wissenschaft umfassend reflektierte Fragen (etwa nach der Definition von traditioneller Musik) in der Alltagserfahrung eher auf unbewusster Ebene erfahren werden und von Laien entsprechend schwer formuliert werden können. Dies wird auch schon deutlich, wenn man einmal versucht, den eigenen Fragenkatalog selbst zu beantworten.

Es ist wichtig, den Interviewten auf Augenhöhe zu begegnen. Dabei sollen nicht nur die eigene Person und die Forschungsarbeit und -interessen vorgestellt, sondern auch über die spätere VERWENDUNG DES MATERIALS aufgeklärt werden. Auch Problemfelder auf rechtlichem Gebiet können die Arbeit der Feldforschung beeinflussen: In vielen Ländern muss man heutzutage *vor* dem Interview eine schriftliche Zustimmung von den Interviewten einholen.[54] Dies führt mitunter zu einer Formalisierung der Interviewatmosphäre und macht manchmal die informelle Arbeit unmöglich.

Spätestens vor einer Veröffentlichung der Interviewergebnisse sollte man sich bei den Interviewten nochmals rückversichern und *Aufklärungsarbeit* leisten. Beispielsweise muss abgeklärt werden, ob es bei einer Veröffentlichung der Ergebnisse zu Problemen kommen kann. Politisch heikle Themen können Gesprächspartnerinnen und -partner in Gefahr bringen – doch es kann auch persönliche Themen geben, die durch die Publikation der Ergebnisse zu Konflikten

---

54 Im Internet finden sich zahlreiche Vordrucke (z. B. http://www.loc.gov/folklife/edresources/edcenter_files/samplereleaseforms.pdf).

führen können.⁵⁵ Eventuell sind auch Unklarheiten aufgetreten (Es ist schwierig, über einen längeren Zeitraum konzentriert exakte Antworten zu geben!).
Eine weitere Herausforderung ist der *Umgang mit der Aufnahmetechnologie*. Zwar sind die Aufnahmegeräte seit der Digitalisierung inzwischen klein und unauffällig, doch Aufnahmegeräte schaffen immer Distanz zwischen handelnden Personen. Viele Interviewpartnerinnen und -partner sind keine Medienprofis und angesichts der Technologie sehr nervös. Wichtig ist es daher, sich vorher abzustimmen und möglichst Sicherheit zu schaffen (durch Vorgespräche, Austesten der Kamera, Platzierung der Geräte etc.).

Quellenbildung und Quellenkritik II: Der Transkriptionsprozess

Ein Interview wird erst durch die TRANSKRIPTION – der Übertragung von der Tonaufnahme in eine schriftliche Fassung – zu einer wissenschaftlichen Quelle. Auf dieses Material wird bei der Auswertung der Ergebnisse und der Erstellung eines wissenschaftlichen Textes als Forschungsquelle zurückgegriffen.⁵⁶ Es gibt inzwischen zahlreiche *Transkriptionsprogramme*, die bei der Verschriftlichung dienlich sind. Diese entbinden jedoch nicht von zentralen Fragen, die durch den Unterschied zwischen gesprochenem Wort und Schriftsprache entstehen:

▸ Soll möglichst wortgetreu (mit allen grammatikalischen Fehlern, Füllwörtern, Geräuschen, Räuspern und Unterbrechungen) transkribiert werden oder in einer bereinigten Version?
▸ Wie weit darf bei der Bereinigung gegangen werden? Dürfen auch Halbsätze gestrichen werden?

Für die Transkription gibt es keine einheitliche Lösung – der TRANSKRIPTIONS-STIL wird stark vom Wissenschaftskontext geprägt: Für die Soziolinguistik ist gerade der exakte Sprachverlauf interessant, weshalb hier detaillierte schriftliche

---

55 Vgl. die unterschiedlichen Erfahrungen in Gregory F. Barz und Timothy J. Cooley, *Shadows in the Field*.

56 In einer Hausarbeit sollte das Interview im Anhang abgedruckt – doch bei umfangreicherem Material oder größeren Publikationen wird ein Interview wie ein anderer Quellentext behandelt, der aber auf Verlangen immer vorgezeigt werden kann.

Übertragungen notwendig sind – in vielen Fällen können aber Wortwiederholungen gestrichen werden, solange der Sinngehalt der Aussage nicht verfälscht wird. Eine gute Absicherung ist eine schriftliche Reflexion des eigenen Vorgehens – und ein abschließender Austausch mit den Interviewpartnerinnen und -partnern.

> AUFGABE: Führen Sie entweder in Zusammenhang mit Ihrem Fallbeispiel oder auch mit Studierenden oder Familienangehörigen (z. B. zur musikalischen Familiengeschichte) ein kurzes Interview, das auch aufgenommen wird. Versuchen Sie, die ersten fünf Minuten schriftlich zu transkribieren.

Tonaufnahmen

Viele bereits erwähnte Leitfragen können auch auf die Erstellung von Tonaufnahmen übertragen werden: Wen, was, wann und wozu möchte ich etwas aufnehmen? Auch wenn viele Aufnahmen im Zuge der Feldarbeit spontan erfolgen, sollten derartige Überlegungen schon im Vorfeld angestellt werden, denn die Wahl der Technologie hängt stark von den Forschungsinteressen ab: Zwar erstellt auch die Ethnomusikologie Aufnahmen für den kommerziellen Markt, doch dazu wird meist mit einem professionellen Aufnahmeteam oder in einem Tonstudio gearbeitet. Dies gewährleistet eine hohe Aufnahmequalität, führt aber zu einem Mangel an Flexibilität. In den meisten Fällen soll das aufgezeichnete Material als Gedankenstütze, Transkriptionsbasis oder für den wissenschaftlichen Austausch dienen.[57] Die modernen kleinen Geräte erlauben es auch, flexibel auf spontane Ereignisse zu reagieren. Wert sollte man in jedem Fall auf qualitativ hochwertige Geräte und Mikrophone legen. Und man sollte sich *vor* der Feldforschung mit der Handhabung der Technologie vertraut machen, um unangenehme Überraschungen zu vermeiden. Das kann von zu kleinen Speicherchips und Bedienungsfehlern bis hin zu Problemen, die das jeweilige Umfeld (Klima etc.) mit sich bringen, reichen. Auch sollte man für den Auf- und Abbau genügend Zeit einräumen und jede Aufnahme separat dokumentieren.[58]

---

57 Vgl. Helen Myers, *Field Technology*, S. 50.
58 Siehe auch: Simone Krüger, *Ethnography in the Performing Arts*.

Von der Tonaufnahme zur schriftlich transkribierten Quelle

Transkription – hier die Übertragung von der klanglichen in die schriftliche Form – hat in der Ethnomusikologie eine lange Tradition: Vor dem Aufkommen der Aufnahmetechnologie war Transkription (neben der bildlichen Darstellung) die einzige Möglichkeit der Dokumentation von klanglichen Ereignissen. Die frühen Transkriptionen waren jedoch oftmals von den zeitlichen (und ethnozentrischen) Rahmenbedingungen geprägt und wurden – wie man am Beispiel der Volksliedsammlungen sehen konnte – oftmals in das europäische fünf Linien-System gesetzt.[59]

Angesichts zunehmend verbesserter technologischer Möglichkeiten und Transkriptionsprogramme (die allerdings vorwiegend für einstimmige Musik funktionieren), kann der Sinn einer Transkription durchaus hinterfragt werden: Transkriptionen geben das gesamtmusikalische Ereignis nur eingeschränkt wieder und repräsentieren meistens die subjektive Sichtweise der westlichen Forscherinnen und Forscher. Da jedoch gerade das klingende Material im Zentrum der ethnomusikologischen Forschung steht, schlug Ellington vor, Transkription als eine Reflexionspraxis über die Musik zu sehen: Sie ermögliche der Forscherin und dem Forscher, die Musik für sich analytisch zu erschließen und komplexe Prozesse in der schriftlichen Publikationsform zu reflektieren, diese aber auch abstrahiert darzustellen.[60]

Die Ethnomusikologie unterscheidet zwischen einer *präskriptiven* und einer *deskriptiven* Darstellung. Eine Mozart-Klavierausgabe zählt beispielsweise zur präskriptiven Darstellung: Die Musikerin oder der Musiker erhält eine Handlungs*vorgabe* für die Ausführung der Musik. Die eigentliche Ausführung mag jedoch – durch Intonations-, Temposchwankungen, spezielle Betonungen oder andere nicht notierte Selbstverständlichkeiten – von den gedruckten Noten(vorschriften) abweichen. Die konkrete Niederschrift dieser Aufführung wäre daher eine *deskriptive* (beschreibende) Darstellung. Zu Beginn der Transkription sollte immer die Frage beantwortet werden, was dargestellt werden soll und auf welcher Basis dies erfolgt. Wenn es nur um harmonische Struktur oder die Einsatzfolge der beteiligten Instrumente geht, muss nicht unbedingt jedes kleine

---

59 Vgl. die hervorragenden Einführungen von Ter Ellingson, *Transcription*; Doris Stockmann, Art. *Transkription*. Beide geben einen guten Einblick in die unterschiedlichen historischen Ansätze.
60 Vgl. Ter Ellingson, *Transcription*, S. 146.

musikalische Detail festgehalten werden und ein Fünfliniensystem würde eventuell ausreichen. Anders bei einem Saami-Joik: Dieser beinhaltet viele kleine vokale Verzierungsdetails, deren Erforschung wichtig sein kann. Hier mögen eine Unterteilung z. B. in Vierteltöne oder ein Zehnliniensystem und der Verzicht auf Taktstriche notwendig sein. Oftmals ist das westliche Fünfliniensystem, das aus einer speziellen Musikpraxis heraus entwickelt wurde, nicht das passende Mittel, wie ein Vergleich der Transkriptionen in Tiréns Sammlung »Die lappische Volksmusik« und die Aufnahmen, z. B. in *Samiska röster*, verdeutlicht. Andere graphische Darstellungen (oder auch Amplitudenverläufe und Spektralanalysen) können da Abhilfe schaffen. Wichtig ist: Da eine Transkription stark von den subjektiven Wahrnehmungsfähigkeiten derjenigen geprägt ist, die sie herstellen, kann es von einem musikalischen Ereignis zahlreiche gleichberechtigt gültige Transkriptionen geben, die als Forschungsgrundlage dienen.

Bei der Transkriptionsarbeit hört man sich idealerweise ein Stück mehrfach an, um sich zunächst den allgemeinen Verlauf einzuprägen. Erst danach, eventuell auch nach der Skizzierung eines groben Verlaufsplanes, sollten Details aufgeschrieben werden (wobei komplexere Abschnitte erst einmal ausgelassen werden können). Alle Aufnahmegeräte sind heutzutage mit einer entsprechenden Technologie ausgestattet, die das verlangsamte Hören erlaubt. Dies ist besonders für die Transkription bei schnellen oder komplexen Passagen hilfreich.

Auf der Basis der Vorschläge von Hornbostel und Abraham[61] schlägt Ellingson[62] vor, zunächst auf folgende Segmente zu achten: Titel, Liedtext (dient auch als Hilfe für die Transkription der Melodielinie), Tonhöhenverlauf, Rhythmus, Tempo (exakte Zahlenangaben, Verweise aus der westlichen Praxis wie Allegro etc. sollten vermieden werden), dynamischer Verlauf, Aufführungspraxis (Phrasierungen und Tonfarben), Verzierungen, größerer struktureller Verlauf, Varianten. Falls das westliche Notensystem zur Transkription verwendet wird, sollte die Arbeit mit westlichen Notationskonventionen (Vorzeichenpraxis etc.) genau reflektiert und auch eine Tabelle mit Sonderzeichen beigefügt werden. Gerade die Darstellung von (eventuell genauso relevanten) Klangeffekten und auch (wie beim Joik) speziellen Vokalpraktiken verlangt oftmals die Entwicklung

---

61 Vgl. Erich M. von Hornbostel und Otto Abraham, *Vorschläge für die Transkription exotischer Melodien*.

62 Vgl. Ter Ellingson, *Transcription*, S. 126–128.

neuer graphischer Umsetzungen. Hier können Ansätze aus der Popularmusikforschung helfen.[63]

> GRUPPENAUFGABE: Suchen Sie sich eine Aufnahme mit einem einstimmigen Gesangstück, und versuchen Sie, die erste Phrase (oder auch Strophe) zu transkribieren. Vergleichen Sie die Transkriptionen untereinander. Weshalb wurde die jeweilige Darstellungsmethode gewählt? Wo gibt es Gemeinsamkeiten – und wo die größten Unterschiede?

Bild- und Filmaufnahmen

Auch Bild- und Filmaufnahmen spielen bei der ethnomusikologischen Dokumentation eine zentrale Rolle, da die musikalische Aufführung stark von Faktoren wie Raum, Bewegung oder Interaktion von Musizierenden und Publikum beeinflusst wird. Mit solchen Aufnahmen kann das Ereignis in möglichst vielen Details nachvollzogen werden. Plant man eine AUDIOVISUELLE AUFNAHME, sollte man im Vorfeld bedenken, dass technisch gute Filmaufnahmen qualitätsvolle – teilweise schwere – Geräte erfordern. Und nicht immer mag der Einsatz einer Kamera sinnvoll sein – etwa in religiösen Kontexten. Auch löst die Präsenz einer Kamera immer eine stärkere Reaktion unter Musizierenden und Publikum aus, insbesondere wenn es sich um Amateurinnen und Amateure handelt, was das Ergebnis stark beeinflussen kann.[64]

Auf den ersten Blick scheinen filmische Quellen akkuratere Dokumentationsmaterialien als etwa Tonaufnahmen und Feldnotizen darzustellen. Doch auch hier gilt, dass kein ethnographischer Film die Realität vollkommen abbilden kann: Das Material wird stark von der Wahrnehmung und den Präferenzen der Forscherin oder des Forschers beeinflusst. Eine wichtige Frage ist in diesem Zusammenhang, woher die Forscherinnen und Forscher wissen, was sie filmen

---

63 Hilfreiche Ansätze finden sich u.a. in: Richard Middleton, *Studying Popular Music*, S. 172–246 sowie in: Philip Tagg, *Kojak – 50 Seconds of Television Music*.

64 Eine sehr gute Einführung in den Umgang mit Filmmaterial bieten Edmund Ballhaus und Beate Engelbrecht (Hgg.), *Der Ethnographische Film*. Aus diesem Sammelband ist besonders der Aufsatz von Birgit Maier, *Zur Methodik der Filmanalyse von ethnographischen Filmen*, S. 223–267, zu empfehlen. Obwohl es sich hier um die Analyse fertiger Filme handelt, können viele Überlegungen auf die eigene Arbeit übertragen werden.

sollen – schließlich passiert sehr viel gleichzeitig. Dies verlangt eine umfassende Vorbereitung, um mit dem zu filmenden Ereignis möglichst gut vertraut zu sein.

Wie subjektiv eine vermeintlich neutrale Dokumentationsaufnahme sein kann, wird besonders an der Kameraeinstellung deutlich. Wie Maier in ihrem Aufsatz verdeutlicht, beeinflussen die Länge der Einstellungen, die Einstellungsgröße, Kamerabewegung, aber auch die Perspektive die Darstellung des Geschehenen: Eine Detailaufnahme (insbesondere Ganzgroßaufnahmen wie das Gesicht) signalisiert nicht nur Intimität, sondern blendet den größeren Zusammenhang aus (Welcher Bildausschnitt wird warum ausgewählt?). Eine Totale vermittelt den Gesamtzusammenhang, muss aber das Individuum vernachlässigen. Auch die Perspektivenwahl beeinflusst die Aussage: Werden die Musizierenden »von oben herab« gefilmt, kann dies als abwertend interpretiert werden, eine von unten gefilmte und damit vergrößerte Person kann als Respektfigur erscheinen, während das Filmen auf gleicher Ebene eine Begegnung »auf Augenhöhe« signalisieren kann. Auf ähnliche Weise transformiert auch eine Photographie die »Realität« (Ausschnittwahl, Perspektive etc.).[65]

> AUFGABE: Verfolgen Sie einmal die Kameraführung und -ausschnitte in den Reportagen einer Nachrichtensendung, einer Dokumentationssendung oder auch einem Spielfilmausschnitt. Was / wer wird jeweils wie gezeigt? Was wird nicht gezeigt?

Erst durch die DOKUMENTATION wird das audiovisuelle Material zu einer wissenschaftlichen Quelle. Dazu gehören nicht nur kontextualisierende Feldnotizen, sondern auch Inventarangaben[66] wie Inventar / Code-Nr., Datum und Ort, Kurztitel, technische Daten, Namen der Teilnehmenden, Instrumente, Kurzbeschreibung der Tracks, Namen derjenigen, die photographieren, filmen etc., ethische Aspekte (Beschränkungen / Bedingungen, z. B. für Rundfunksendungen) sowie eventuell Referenz zu finanziellen Förderern.

---

65 Vgl. Birgit Maier, *Zur Methodik der Filmanalyse von ethnographischen Filmen*, S. 223–267.
66 Siehe dazu Jonathan Stock, *Documenting the Musical Event*, S. 30.

Auswertung des Materials: Eigene Beobachtungen und theoretische Modelle

Feldnotizen, Audio- oder audiovisuelle Dokumente, transkribierte Aufnahmen und Interviews bilden die Basis für jegliche AUSWERTUNG UND INTERPRETATION. Dieser Arbeitsschritt besteht aus Analyse der theoretischen Vorarbeit (Hintergrund / Archivmaterialien, aber auch theoretische Interpretationsmodelle oder Fachdiskussionen) sowie der Sichtung und Analyse des eigenen Forschungsmaterials. Dazu kommen die Schreibarbeit und das Feedback an die Interviewpartnerinnen und -partner.

Als übergreifender Arbeitsansatz wird häufig die »Grounded Theory« verwendet, die in den 1960er Jahren von den Soziologen Barney G. Glaser und Anselm L. Strauss entwickelt wurde.[67] Die Grounded Theory kann als ein beweglicher Arbeitsansatz beschrieben werden, in welchem Datensammlung und theoretisches Rahmenwerk mehrfach überprüft und (auf beiden Seiten) angepasst werden. Zwar gibt es vorweg oftmals eine Idee oder auch These (die der Fragenformulierung zugrunde liegen kann), diese ist jedoch nicht fix gesetzt. Die Theorie wird möglichst aus dem Datenmaterial aus der Feldforschung hergeleitet und in Abstimmung mit den vorhandenen Modellen abgeglichen.

Die Auswertung des gewonnenen Datenmaterials erfolgt durch einen Prozess, der als KODIEREN bezeichnet wird. Dazu werden die Interviews und – separat – auch die Feldnotizen mehrfach durchgelesen. Beim Lesen der Notizen sollten zusammenpassende Antworten, Ideen, Muster etc. nicht nur farblich, sondern auch mit Schlagworten am Rand markiert werden. Es hilft dabei auch Fragen an das eigene Material zu stellen, z. B.:

- ▶ Gibt es wiederkehrende Themen?
- ▶ Werden Themen vermieden?
- ▶ Wie sprechen die Interviewpartnerinnen und -partner über die Musik?
- ▶ Welche Strategien wurden entwickelt, um mit Situation x umzugehen?

Dabei werden auch erste Ideen oder entscheidende Beobachtungen festgehalten – z. B. viele Saami-Musikerinnen und -Musiker mussten ihre Tradition erst wieder neu entdecken, was zur Betonung bestimmter Elemente geführt hat.

---

67 Eine sehr gute Einführung in die Thematik findet sich bei Kathy Charmaz, *Grounded Theory*.

AUFGABE: Falls Sie ein Interview durchgeführt haben, versuchen Sie im transkribierten Text die zentralen Themen mit Schlagworten zu markieren.

Parallel dazu werden die Beobachtungen und eigenen Thesen mit den THEORIEN UND MODELLEN AUS DER FACHLITERATUR verglichen. Eine Abweichung von vorhandenen Modellen bedeutet nicht automatisch die Fehlerhaftigkeit der eigenen Forschung – vielmehr könnte es sein, dass vorhandene Theorien oder Modelle, die oftmals auf der Basis einer speziellen regionalen Forschung entstanden sind, adaptiert werden müssen. Dazu wird weiteres Material ergänzt, gesammelt oder es werden auch vergleichende Beobachtungen herangezogen.

Aber welche Theorie sollte ausgewählt werden? Wie die Einführung in Stones »Theory for Ethnomusicology« illustriert, haben sich die theoretischen Ansätze in der Ethnomusikologie permanent verändert. Man kann immer wieder theoretische Trends beobachten (in der Gegenwart gelten beispielsweise Pierre Bourdieu, Michel Foucault, aber auch Arjun Appadurai – im Hinblick auf die Globalisierung – als zentrale Bezugspunkte für die wissenschaftliche Diskussion). Gerade in den ersten Studiensemestern sollte der erste Orientierungspunkt die in der vorhandenen Literatur zitierte Theorie sein (neben Stones Publikation, die für die Kontextualisierung sehr hilfreich sein kann). Diese kann als guter Anknüpfungspunkt für eine eigene (kritische) Stellungnahme dienen. In einem zweiten Schritt bietet es sich an, mit einer allgemeinen, einführenden Anthologie zu dem Bereich (z. B. zu Globalisierung oder Gender) zu arbeiten, um einen Überblick über die zentralen Theorien des jeweiligen Themenfeldes zu erlangen. In einem dritten Schritt sollte ein Ansatz (aus musikwissenschaftlicher oder anderer Forschung) ausgewählt werden, der auf die eigene Fallstudie angewandt wird. Angesichts der theoretischen Vielfalt sollte man sich auf wenige Ansätze zu beschränken, die hilfreich für die Interpretation des eigenen Materials erscheinen, mit denen man dann aber konsequent weiterarbeitet. Wichtig ist, dass theoretische Modelle nicht als gegeben angesehen, sondern als (Hilfs-)Möglichkeiten verstanden werden, das Beobachtete zu verstehen und zu erklären.

AUFGABE: Suchen Sie sich zu Ihrem Beispielthema (oder einem verwandten Bereich) einen Aufsatz mithilfe der beschriebenen Literaturrecherche-Schritte in Kapitel 2. Wo und wie wird Bezug auf ein Modell oder einen theoretischen Ansatz genommen? Wie umfangreich wird der Ansatz dargestellt? Was davon wird später im Text wieder aufgenommen? Oder wird auch ein eigener Ansatz entwickelt?

Erst in einem letzten Arbeitsschritt werden dann die Themenschwerpunkte ausgewählt und Feldforschungsbeispiele für die Darstellung der zentralen These gewählt – in Verbindung mit der Diskussion der vorhandenen theoretischen Ansätze.[68]

Abschließende Überlegungen zur Quellenkritik: Die Wissenschaftlerinnen und Wissenschaftler

Quellenkritik bedeutet in der Ethnomusikologie nicht nur eine Auseinandersetzung mit dem empirischen Material oder der Hintergrundliteratur – sondern auch eine konstante REFLEXION DER EIGENEN PERSPEKTIVE – durch die ständige Hinterfragung der eigenen (kulturell bedingten und unbewusst verankerten) Selbstverständlichkeiten. Dazu gibt es unterschiedliche Praktiken – etwa die Kontrastierung der (eigenen) etischen Perspektiven mit der emischen Perspektive der kulturellen Insider. Eine weitere Methode ist die Ethnopsychoanalyse,[69] die sich u. a. auch mit Übertragungsprozessen seitens der Forscherinnen und Forscher (z. B. unbewusste Präferenzen, Genderrollen oder Konflikte) und der Interviewpartnerinnen und -partner auseinandersetzt. Viele dieser Praktiken müssen über ein langjähriges Training verinnerlicht werden – doch bereits eine Hausarbeit, durch die man anfängt, Materialien und auch die eigenen Annahmen immer wieder zu hinterfragen, ist ein erster – und wichtiger – Schritt in diese Richtung.

---

68 Eine sehr gute Anleitung für den Weg von der Feldforschung über Feldnotizen hin zur Verschriftlichung der Materialien bieten Robert M. Emerson, Rachel I. Fretz und Linda L. Shaw, *Writing Ethnographic Fieldnotes*. Das Buch gibt Hilfestellungen für die Einbindung der Feldnotizen (oder Interviews) in den Textfluss, z. B. als Folge von analytischer Behauptung (»Die Saamen setzen ihre traditionelle Musik mit modernen Mitteln fort …«), Überleitung (»Dies verdeutlicht auch die Diskussion mit …«), Beschreibung der Situation oder Interviewausschnitt und analytischem Kommentar (»Wie hier deutlich wird …«).
69 Vgl. Fritz Morgenthaler u. a. (Hgg.), *Psychoanalyse, Traum, Ethnologie*.

AUFGABE: Überlegen Sie, wie ein »Besucher vom Mars« (diese Perspektive wurde von Nettl für eine amerikanische Musikhochschule durchgespielt)[70] Ihre eigenen Hörgewohnheiten und auch Ihre Musikpraxis beschreiben würde: Halten Sie dazu möglichst genau fest, wann und wo Sie welche Musik hören (dazu gehört auch Hintergrundmusik, Musik von iPods etc.). Welche Musik mögen Sie nicht? Warum? Falls Sie Konzerte besuchen: Wie verhalten sich die Hörerinnen und Hörer (Kleidungs- und Verhaltenscodes)? Ist es die Musik einer Mehrheit oder eher einer Randgruppe? Welche Rolle spielt die Musik für die Musizierenden und für das Publikum? Welche Bedeutung hat Musik in Ihrer Kultur allgemein? Falls Sie sich mit einem zuvor für Sie noch unbekannten Musikstil beschäftigen – werden Ihnen dabei weitere eigene Besonderheiten bewusst, die Sie zu Ihrem Profil ergänzen könnten?

---

70 Bruno Nettl, *Heartland Excursions*.

6. Musikwissenschaft und ihre beruflichen Perspektiven

Kommentare aus der Praxis

Wenn Sie das Studium der Musikwissenschaft gewählt haben, werden Sie sich die Fragen stellen: Was tun Musikwissenschaftlerinnen und Musikwissenschaftler eigentlich? Wo arbeiten sie? Was machen sie dort? Wie sind sie zu dieser Arbeit gekommen? Was interessiert und fasziniert sie an der Musikwissenschaft?

Für den abschließenden Abschnitt dieses Buches sind Musikwissenschaftlerinnen und Musikwissenschaftler aus unterschiedlichen beruflichen Tätigkeitsfeldern gebeten worden, zum Studium der Musikwissenschaft, zu ihren Perspektiven auf das wissenschaftliche Fach und zur Beschäftigung, der sie derzeit nachgehen, einen Kommentar zu verfassen. Die Kurzberichte sollen kein umfassendes Berufsbild vermitteln (etliche Berufe, die Absolventinnen und Absolventen eines musikwissenschaftlichen Studiums ergreifen, sind hier nicht repräsentiert), sondern Einblick in die eine oder andere Tätigkeit geben, die von Musikwissenschaftlerinnen und Musikwissenschaftlern ausgeführt wird. Dabei geht es auch um die praktische Anwendung von musikwissenschaftlichen Arbeitstechniken sowie um den Einsatz des musikwissenschaftlichen Fachwissens in verschiedenen Arbeitskontexten. Die unterschiedlichen Perspektiven, die in den Kommentaren eröffnet werden, zeigen auch, in welcher Vielfalt die (wissenschaftliche) Beschäftigung mit Musik gedacht und gelebt werden kann.

Rudolf M. Brandl
(Direktor des Phonogrammarchivs der Österreichischen Akademie der Wissenschaften)

Die »Vergleichende Musikwissenschaft«[1] weckte bereits während des Studiums an der Universität Wien, das ich 1972 bei Walter Graf mit der Dissertation[2] »Märchenlieder aus dem Ituri-Wald« (Zentralafrika) über Quellenmaterial von Pater Anton Vorbichler aus dem Phonogrammarchiv abschloss, mein Interesse. Schon während des Studiums war ich von 1966–75 wissenschaftlicher Angestellter (Musikethnologe) im Phonogrammarchiv der Österreichischen Akademie der Wissenschaften in Wien (unter Graf) und jobbte als freier Mitarbeiter im Internationalen Musikzentrum (IMZ) in Wien sowie beim Österreichischen Rundfunk im Bereich Musik, wo ich für mich später wichtige Erfahrungen in den Bereichen Filmschnitt, Kamera und Verfassen von Musiksendungen im Radio sammelte, die ich dann in Berlin (musikethnologische Sendungen im Sender Freies Berlin) verwerten konnte. Da es damals in Österreich keine finanzielle Förderung für Feldforschung gab,[3] wählte ich Griechenland als neuen Feldforschungsschwerpunkt (was ich mir privat leisten konnte und worüber es außer den Arbeiten Samuel Baud-Bovy's damals wenig nennenswerte musikwissenschaftliche Forschungen[4] und kein wissenschaftliches Quellenmaterial gab) und begann von 1963 an in Ein- bis Zweijahresabständen mehrwöchige Feldforschungen in Rhodos, 1972 in Albanien und ab 1973–1981 in Karpathos (1976–2010 immer mit Daniela Brandl), in Makedonien und ab 1989 (bis heute) – nun auch mit Video – im Epiros (Griechenland). 1973/74 machten wir (Daniela und ich) als erste im deutschsprachigen Raum musikalische Gastarbeiter-Forschung bei Serben in Wien, sowie Live-Dokumentationen von den »Wiener

---

1 Die Wiener Schule verstand damals unter »Vergleichender Musikwissenschaft« die heutigen Teildisziplinen Systematische Musikwissenschaft und Musikethnologie.

2 Anton Vorbichler, *Die Oralliteratur der Balese-Efe im Ituri-Wald* und Rudolf M. Brandl, *Die Märchenlieder der Mamvu aus dem Feldforschungsmaterial P. A. Vorbichlers 1958/59*.

3 Afrikanische Musik kam für mich nicht mehr in Frage, da damals mein Freund Gerhard Kubik gerade seine aufsehenerregenden Entdeckungen machte und ich dazu keinen eigenen neuen Ansatz hatte.

4 Die griechische Forschung beschränkte sich damals auf pflegerische Editionen von genormten Volksliedern und antikisierenden/historisierenden Textanalysen. Die Aufnahmen waren nie Live-Aufnahmen und Interviews mit Gewährsleuten waren unüblich.

Volkssängern« Trude Maly und Karl Nagl. Dabei entwickelten wir für Audio und Video die »emische Aufnahme-Methode« (Klangbalance und -hierarchie der Musikaufnahmen nach den ästhetischen Vorstellungen der Gewährsleute, die dabei wichtige Erklärungen zur kognitiven Ästhetik erbrachten). Die Feldforschungsergebnisse konnte ich als Berichte in der Österreichischen Akademie der Wissenschaften publizieren. 1973–75 war ich Lehrbeauftragter für Musikethnologie an der Universität Wien. Besonders wertvoll fand ich in diesen Jahren die regelmäßige Teilnahme an Tagungen der Study-Groups des International Council for Traditional Music (ICTM), die einerseits lehrreiche Gespräche mit erfahrenen (v. a. Balkan-)Forschern und andererseits international beachtete Publikationsmöglichkeiten für Artikel boten. Dabei lernte ich Felix Hoerburger kennen, einen begnadeten Feldforscher,[5] der mir 1975 empfahl, zu seinem Studienfreund Kurt Reinhard, der international als Türkeispezialist galt, als wissenschaftlicher Assistent ans Seminar für Vergleichende Musikwissenschaft an die Freie Universität Berlin zu gehen.[6] Berlin war damals ein »heißes« Pflaster für Musikethnologinnen und Musikethnologen: Neben Doris und Erich Stockmann in Ostberlin, Kurt und Ursula Reinhard, Fritz Bose und Alain Danielou waren in meiner Generation noch Hassan Habib Touma, Max Peter Baumann und Arthur Simon (am Berliner Phonogrammarchiv) höchst aktiv, und wir trafen uns regelmäßig nach Konzerten mit außereuropäischer Musik zu heftigen methodischen Diskussionen – in aller Freundschaft. Nach Reinhards frühem Tod habilitierte ich mich 1982 bei Josef Kuckertz in Vergleichender Musikwissenschaft (Wiener Definition!) an der FU Berlin mit der Schrift »Die Lyramusik von Karpathos, Griechenland« (mit dem Byzantinisten Dieter Reinsch als linguistischen Co-Autor).[7]

1982 nahm ich die Berufung an die Georg August-Universität Göttingen als Professor für Systematische Musikwissenschaft / Musikethnologie an, wo ich bis

---

5 Sein Ziel war der Nachweis von Davul-Zurna als genuines Zigeuner-Ensemble, wozu er zahlreiche Forschungsreisen unternahm. Leider konnte er – nach mehreren Regionalmonographien – sein zusammenfassendes Buch nicht mehr publizieren, da er an Parkinson vorzeitig verstarb.

6 In Deutschland war Vergleichende Musikwissenschaft die Bezeichnung für Musikethnologie.

7 Rudolf M. Brandl und Dieter Reinsch, *Die Lyramusik von Karpathos (Griechenland)*.

2008 lehrte.[8] In dieser Zeit gelang es mir gemeinsam mit Sinologen im Rahmen mehrerer Feldforschungen Maskenrituale verschiedener chinesischer Provinzen auf Video zu dokumentieren,[9] sowie ab 2000 eine umfassende Live-AV-Dokumentation der klassischen Kunqu-Oper[10] Chinas (mit über 150 Stücken) aller in China existierenden Kunqu-Truppen herzustellen, die im Phonogrammarchiv archiviert ist. Gemeinsam mit Daniela Brandl erhielt ich dafür 2011 den Preis für besondere Verdienste um die Kunqu-Oper des Komitees für das Immaterielle Kulturerbe des chinesischen Kulturministeriums. Seit Herbst 2008 bin ich Direktor des Phonogrammarchivs der Österreichischen Akademie der Wissenschaften in Wien und Leiter des »R. M. Brandl-Collection«. 2008 wurde ich für meine Griechenlandforschung[11] zum Dr. h. c. der National- u. Kapodistria-Universität Athen promoviert. Ich bin Herausgeber der Buch- und DVD-Reihe »Orbis Musicarum« (OM) im Cuvillier Verlag, Göttingen.

An der Musikethnologie bzw. Vergleichenden Musikwissenschaft (Wiener Definition) haben mich v. a. die vielen »weißen Flecken« auf der Weltkarte fasziniert, die für alle Interessen genügend neue und großräumige Arbeitsgebiete bieten – wobei »möglichst exotisch« kein Entscheidungskriterium sein sollte – Qualitätskriterium ist es sowieso keines! Man sollte auch nicht eine Musikkultur wählen, nur weil man eigene Interessen als Musikerin oder Musiker bzw. als Komponistin oder Komponist an ihr hat oder »going native« aus Frust an der eigenen Kultur betreibt. Unsinn ist auch der Ansatz von »Global Music« – »Welt-

---

8 1978 war ich Gastprofessor an der Universität Tampere (Finnland) und 1989 Gastprofessor an der Aristoteles-Universität Thessaloniki. 1985–1990 war ich Chairman des Nationalkomitees der BRD im International Council for Traditional Music (ICTM); 1990–2002 Vorsitzender der Fachgruppe Musikethnologie der Gesellschaft für Musikforschung; seit 1987 bin ich ständiges Mitglied der Südosteuropa-Kommission der Akademie der Wissenschaften zu Göttingen.

9 Dies resultierte u. a. in der dreibändigen Monographie Rudolf M. Brandl und Wang Zhaoqian, *Nuo. Tänze der Geistermasken im Erdgottkult in Anhui*.

10 Die Kunqu-Oper gibt es seit dem 13. Jahrhundert. Aus ihr und Anhui-Lokalopern entstand 1790 die Peking-Oper. Das Kunqu existiert aber weiter und ist Weltkulturerbe der UNESCO.

11 Die R. M. Brandl-Collection im Phonogrammarchiv enthält u. a. die weltgrößte Sammlung an Live-Aufnahmen griechischer Volksmusik, sowie die außerhalb Chinas größte Sammlung an Live-Video-Dokumentationen an Nuo-Maskenriten und Kunqu-Opern.

musik«: Sie ist in Wirklichkeit nur ein »touristischer Exotismus« bzw. eine Form von kulturellem Neokolonialismus.[12]

Es erscheint mir aber wesentlich, dass man eine (Regional-)Kultur wählt, deren Menschen und deren Lebensweise man mag und (nicht nur) ihre Musik. Denn Anpassung und Integration in ihre Lebenswelt (auch wenn es oft strapaziös und unbequem ist!) schafft das nötige Vertrauen in die fremde Forscherin oder den fremden Forscher und ist erst die Garantie für qualitativ gute Forschungsergebnisse. Dabei sind Respekt und Einfühlungsvermögen gefragt sowie eigene Phantasie bei den Analysen (bitte nicht nur deskriptive »emische« Aussagen![13]). Meines Erachtens ist eine Langzeitforschung vorzuziehen, weil man neben dem langsam wachsenden Vertrauen der Menschen erst mit der Zeit eigene Anfangsfehler (die jede und jeder macht!) erkennt, und ich habe die eigentlichen »Schätze« unter meinen Aufnahmen erst nach Jahren der Zusammenarbeit mit den Musizierenden »geschenkt« bekommen.

Die Wahl der Forschungsgebiete ist angesichts der extrem schlechten Berufschancen im Fach (auch schon in meiner Generation brauchte man viel Glück – viele Kolleginnen / Kollegen und Schülerinnen / Schüler mussten andere Berufe ergreifen) kein Kriterium für eine Karriere als Musikethnologin und Musikethnologe – dies muss auch die Lebenspartnerin / der Lebenspartner wissen. Man soll sich aber alle Chancen offen halten und nicht um jeden Preis eine klassische akademische Laufbahn anstreben. In der Öffentlichkeit und in den Medien sind leider wir die »Exotinnen« und »Exoten« und werden nicht sehr ernst genommen (z. B. bei Minoritäten-Fragen in Europas Städten). Es ist unvermeidlich, dass man vor allem als Nachwuchswissenschaftlerin und Nachwuchswissenschaftler vorerst eigene Finanzmittel einsetzen muss. Leider sind in Österreich der Individualförderung diverser Forschungsprojekte durch den Österreichischen Fonds zur Förderung der Wissenschaftlichen Forschung finanziell enge Grenzen gesetzt – im Gegensatz zur Deutschen Forschungsgemeinschaft (DFG), die z. B.

---

12 Gemeinsames Avantgarde-Musizieren mit außereuropäischen Musikerinnen und Musikern bei internationalen Festivals ist schlechte fremde Musik nach eurozentrischen ästhetischen Kriterien mit Stümperei der westlichen Teilnehmer (z. B. neue »Effekte« an fremden Instrumenten).

13 Oft entdeckt man erst später, dass viele dieser »Erklärungen« von Schullehrerinnen und Schullehrern oder einheimischen Pflegerinnen und Pflegern stammen und deren Hypothesen wiedergeben. Andererseits sind die wirklich interessanten Aussagen der Gewährsleute »Überzeugungen« der Gemeinschaft, die als solche hohen Quellenwert besitzen, aber nicht notwendiger Weise kulturhistorische »Tatsachen« sind.

nicht nur Feldforschungen, sondern auch 2–3 Jahresprojekte und Druckkosten finanziert.

Wichtig ist es, in internationalen Studiengruppen (International Council for Traditional Music, Society for Ethnomusicology etc., nicht unbedingt große Kongresse!) mitzuarbeiten, um bei den Kolleginnen und Kollegen bekannt zu werden (die Website im Internet ist kein Ersatz für persönliche Diskussionen bei Tagungen) und vor allem bei solchen, deren Ergebnisse publiziert werden: Nur so wird man bekannt, und dies ist auch wichtig bei Anträgen auf Förderung.

Otto Brusatti
(Autor, Regisseur sowie Radiomoderator beim Österreichischen Rundfunk)

Im Grunde sollte man alle Leute davon abhalten, heute noch das Universitätsfach namens »Musikwissenschaft« zu belegen. Erstens besteht nach Absolventinnen und Absolventen eigentlich kein Bedarf. Zweitens hat sich die Musikwissenschaft als Form und Inhalt eines Studiums und eines Forschungsbereiches weitgehend bereits selbst erfüllt. Drittens wurde (vor allem durch Studienreformen und -ausweitungen) in den letzten beiden Jahrzehnten mit dem, was man da weiland als geistig-geistvolle Disziplin mit dem Anspruch von Kunstverständnis und der Fähigkeit zur ästhetischen Betrachtung eingerichtet und kuschelig gepflegt hatte, ziemlich Schindluder betrieben. Trotzdem existiert das Fach weiter, trotzdem soll es weiter existieren. Freilich, es ist kein Ausbildungsfach für einen Beruf. Im Gegenteil. Und das macht es doch noch spannend – vielleicht.

Allein, der Reihe nach – es wurde nachgefragt über das damals (vor Jahrzehnten) Vorgefundene, sowie hinsichtlich der Erfahrungen nach dem absolvierten Studium und den Gegebenheiten heute. Musikwissenschaft zu studieren ist innerhalb dieser Jahrzehnte ziemlich anders geworden. Neben dem quantitativen Faktor (beispielsweise in Wien rund 1.000 % mehr an Studierenden, Institutsressourcen und Lehrangebot) verschoben sich die Inhalte vor allem im schein-qualitativen Bereich. Was bedeutet das?

Das universitäre Fach Musikwissenschaft versucht alles abzudecken, scheitert so bald an seinen Ansprüchen, scheitert vor allem an dem selbst auferlegten Selbstverständnis, über alles, was mit Musik zu tun hat, sprechen, lehren, forschen zu dürfen und zu können. Das bedeutet: Weder im Handwerklichen (von der Edition bis zur Basisvermittlung), noch im Ästhetischen (also in der philosophischen Anschauung von Kunst), noch im Darstellen, mündlich wie schriftlich, aber auch nicht als Lieferant von Entscheidungskriterien für Politik oder Medien, auch nicht als Ratgeber für die Musiksituationen weltweit ... lernt man etwas, hat man etwas gelernt, kann man spontan etwas Gelerntes zur Anwendung bringen. Ein Versagen, ein Scheitern wie schon gemeint.

Und doch – auch wenn nun alles schlimm nach Fatalismus oder Nostalgie oder Sarkasmus klingen mag – Musikwissenschaft kann wichtig sein / werden. Sie ist nirgendwo ein Berufsausbildungsfeld; denn wo lernt man etwas, um es sofort praktisch und zum Geldverdienen geeignet einzusetzen (schauen wir uns die Seminarthemen an, die eifernden hilfswissenschaftlichen Drohgebärden oder die Pseudo-Ansprüche, über Soziologisches, Aktuelles, Editorisches, Historisch-Apokryphes etc. etc. in gleicher Weise zu sprechen, zu lehren, Inhalte oder gar Zusammenhänge umfassend zu vermitteln)?

Niemand wird im Geschäftsleben gebraucht mit einem Abschluss der Musikwissenschaft (welcher – und das sei hinzugesetzt – ein Doktorat sein sollte, denn so hebt man sich ab von den anderen Disziplinen, die sich einbilden, Geist und Wissenschaft miteinander zu verschlingen). Niemand wird für die praktische Ausführung eines Berufes aufgrund dieses Studiums gebraucht.

Allein – dasjenige dahinter? Ja, so verinnerlicht oder gar so kitschig das auch klingen mag, jetzt? Musikwissenschaft könnte / kann, gut eingesetzt, sich gut mit ihr umgeben habend, den Geist hervorbringen, schärfen, wie kaum eine andere Disziplin. Zudem arbeitet ihr Gegenstand (auch wenn das 95 % all ihrer Ausübenden und Lehrenden nicht so haben wollen) mit Emotion. Wenn Musik zur Sinnlichkeit gebrachter Intellekt ist, so ist die Musikwissenschaft die Aufklärung dazu. Und zwar vom kleinen Übungsbeispiel bis zur großen Fundamentalkritik am Werk, von dem permanenten Staunen über die Vielfalt aus vergleichsweise wenigen Basis-Bausteinen bis zur Spielerei im Hirn und gar in Transzendenz. Das bringt zwar – vorerst – kein Geld, das ist aber Ferment, ist Katalysator dafür. Freilich, ob Lehrende oder Studierende das stets als metaphorische Rübe baumelnd vor dem Maul ansehen, ansehen wollen, erkennen, ja, erkennen wollen? (Man muss, hat man so viele Jahre mit der Musikwissenschaft und vor allem mit deren Ergebnissen und Institutionen verbracht, aufpassen, nun nicht die Ironie mit Inhalten zu verwechseln, Abgeklärtheiten aber schon gar nicht!)

Kommentare aus der Praxis

Sabine Ehrmann-Herfort
(Stellvertretende Leiterin der Musikgeschichtlichen Abteilung des Deutschen Historischen Instituts in Rom)

Am Schnittpunkt zwischen italienischer und deutscher musikwissenschaftlicher Forschung, in einem international ausgerichteten wissenschaftlichen Kontext befindet sich die Musikgeschichtliche Abteilung des Deutschen Historischen Instituts in Rom, mein derzeitiger Forschungs- und Arbeitsplatz. Das Deutsche Historische Institut in Rom (DHI) ist ein Mitglied der seit 2002 bestehenden Stiftung Deutsche Geisteswissenschaftliche Institute im Ausland (DGIA), die zum Geschäftsbereich des Ministeriums für Bildung und Forschung gehört und derzeit zehn Auslandsinstitute umfasst. Dabei ist das DHI in Rom das einzige der deutschen Auslandsinstitute, an dem es eine Musikgeschichtliche Abteilung gibt. Auch wenn eine solche Einrichtung ebenso in anderen Musikstädten der Welt denkbar wäre, so ist doch Rom durch seine reiche Musikgeschichte und durch seine Lage im Zentrum des »Musiklandes« Italien wie keine andere Stadt für eine musikgeschichtliche Forschungsstelle nebst Bibliothek prädestiniert. Im Jahr 1960 in einem Land gegründet, dessen Musikkultur über Jahrhunderte hinweg eine Schlüsselrolle in der musikgeschichtlichen Entwicklung Europas einnahm, sitzt die Musikgeschichtliche Abteilung auch heute noch sozusagen unmittelbar an der Quelle.

Wer einmal hier gearbeitet und geforscht hat, weiß die Atmosphäre der Musikgeschichtlichen Abteilung und den reichhaltigen Fundus ihrer stattlichen Bibliothek zu schätzen. Deshalb kommen die meisten Forscherinnen und Forscher auch immer wieder. Besonders an dieser Abteilung ist nicht nur ihre Bibliothek, die nach wie vor zu den wichtigsten Adressen für musikhistorische Recherchen in Italien gehört, sondern auch ihre internationale und interdisziplinäre Ausrichtung. Interdisziplinär orientiert sind bereits die Räumlichkeiten des DHI Rom an der Via Aurelia Antica 391, wo historische und musikhistorische Forschung stattfindet, was den wissenschaftlichen Austausch ungemein beflügelt. International ist auch der tägliche Arbeitsalltag in der Musikabteilung, deren Bibliothek von italienischen Musikwissenschaftlerinnen und Musikwissenschaftlern ebenso frequentiert wird wie von deutschen und überhaupt von internationalen Forscherinnen und Forschern, die zu den vielfältigsten Themen aus der reichen italienischen Musik- und Kulturgeschichte arbeiten. Und solche Themen gibt es in der Tat viele, sind doch die italienischen Archive und Bibliotheken voll von Quellen, musikalischen Dokumenten und musikalischen Werken, die bisher vielleicht sogar unbeachtet und unbearbeitet geblieben sind oder die in ganz neuen Zusammenhängen interpretiert werden können, auch wenn wahrlich nicht jeden Tag ein neues Werk aus Georg Friedrich Händels italienischer Zeit auftaucht.

Faszinierend an der Arbeitsstelle Musikgeschichtliche Abteilung ist ferner ihre Positionierung am Schnittpunkt zweier Wissenschaftskulturen. So sind die Mitarbeiterinnen und Mitarbeiter der Abteilung sowohl in die italienische Musikwissenschaft integriert als auch eng mit der deutschen musikwissenschaftlichen Forschung vernetzt. Eine solche Position weitet den fachlichen Horizont und gibt eigentlich täglich die Gelegenheit, Grenzen überspannende Netzwerke zu knüpfen.

Zudem bietet die Musikgeschichtliche Abteilung eine wichtige Plattform für vielfältige Formen wissenschaftlichen Austausches zwischen Wissenschaftlerinnen und Wissenschaftlern, wie er hier nicht nur bei der täglichen Forschungsarbeit, sondern insbesondere auch bei Tagungen, Symposien, Workshops, Vorträgen oder Konzerten stattfindet. Bei der Konzeption und Organisation solcher Veranstaltungen mitzuwirken, gehört zu meinen Aufgaben. So hatten wir anlässlich des 50jährigen Bestehens der Musikgeschichtlichen Abteilung des DHI in Rom vom 2. bis 6. November 2010 die Jahrestagung der Gesellschaft für Musikforschung zu Gast, das alljährliche Treffen des Fachverbandes der in Deutschland tätigen Musikwissenschaftlerinnen und Musikwissenschaftler. Diese Großveranstaltung war in verschiedener Hinsicht ein Novum: Noch nie zuvor hatte die Gesellschaft für Musikforschung eine ihrer Jahrestagungen im Ausland veranstaltet, und das DHI Rom hatte noch nie eine Tagung für nahezu 400 Teilnehmerinnen und Teilnehmer organisiert, eine große und am Ende sehr erfolgreiche Herausforderung für die Musikgeschichtliche Abteilung und das ganze DHI.

Was also könnte noch zu meinen Aufgaben als wissenschaftliche Mitarbeiterin und stellvertretende Leiterin der Musikgeschichtlichen Abteilung gehören? Die drei »Säulen« der Aufgaben am DHI Rom sind Forschung, Serviceleistung und Nachwuchsförderung. Für meine Forschungsfragen steht nicht nur die bereits mehrfach genannte Bibliothek der Musikabteilung zur Verfügung, sondern es können zahlreiche weitere Bibliotheken und Archive in der Stadt Rom und, je nach Fragestellung, in ganz Italien und natürlich auch anderswo genutzt werden. Bibliotheken und Archive sind in Italien in der Regel bestens bestückt, nur erfordern sie bei der Benutzung oftmals viel Geduld und einen langen Atem, da sie – gerade in Mittel- und Süditalien – anders »ticken«, als man das vielleicht von einer deutschen Universitätsbibliothek gewohnt ist. Die Ergebnisse solcher Archivbesuche können dann Vorträge, Aufsätze oder andere größere Texte aus eigener Feder sein. Da die Musikabteilung auch eine Buch- und eine Notenreihe herausgibt, steht die redaktionelle Betreuung von Monographien, Sammelbänden oder Notenausgaben ebenso auf dem Arbeitsplan. Zu den Serviceleistungen gehört auch die Beantwortung einer Vielzahl von Anfragen, denn nicht jede oder jeder hat die Möglichkeit, vor Ort in Rom selbst zu recherchieren. Spannend sind stets auch die Besuche von Studierenden der Musikwissenschaft, die bei uns entweder eine Abschlussarbeit vorbereiten oder in der Gruppe im Rahmen einer Romexkursion auf eine Führung in der Musikabteilung vorbeischauen und die ein solches Auslandsinstitut von innen kennenlernen wollen.

In einer auch wissenschaftlich globalisierten Welt sind transnationale Kontakte unverzichtbar geworden. So können interessierte Studierende der Musikwissenschaft schon einmal ihre Mobilität erproben und Erfahrungen damit machen, wie es sich »anfühlt«, im italienischen Ausland Musikwissenschaft zu betreiben: im fortgeschrittenen Studium als Praktikantin oder Praktikant, zur Bearbeitung von Promotionsvorhaben im Rahmen eines Forschungsstipendiums oder auch als Inhaberin oder Inhaber der dreijährigen Qualifikationsstelle (nach der Promotion), die an unserer Abteilung angesiedelt ist. Wünschenswerte Voraussetzungen für eine solche Tätigkeit im italienischen Ausland sind neben den fachlichen Qualifikationen gute Sprachkenntnisse, Forschungsschwerpunkte im Bereich der italienischen Themen in der europäischen Musik- und Kulturgeschichte, Spaß am italienischen »Way of Life«, der sicherlich manchmal gewöhnungsbedürftig erscheinen kann, und nicht zuletzt die Bereitschaft, sich auf eine neue (Wissenschafts-)Kultur und eine insgesamt sympathische Lebensart einzulassen: Dann lässt sich auch im »Land, wo die Zitronen blühn« trefflich Musikwissenschaft betreiben.

Lektüretipps:

- Weitere Informationen bietet die Homepage des Deutschen Historischen Instituts in Rom: http://www.dhi-roma.it.
- Ehrmann-Herfort, Sabine; Matheus, Michael (Hgg.): *Von der Geheimhaltung zur internationalen und interdisziplinären Forschung. Die Musikgeschichtliche Abteilung des Deutschen Historischen Instituts in Rom 1960–2010*, Berlin u. a. 2010 (Bibliothek des Deutschen Historischen Instituts in Rom 123).

Wolfgang Fuhrmann
(Freier Musikpublizist und wissenschaftlicher Mitarbeiter am Institut für Musikwissenschaft der Universität Wien)

Wie viele Bereiche des traditionellen Journalismus steckt auch die Kunst-, die Musikkritik in der Krise, und mit ihr andere Formen schreibender Musikvermittlung (von der Konzerteinführung über den Programmhefttext bis zum CD-Beiheft). Diese Krise ist bedingt durch soziale und mediale Veränderungen: Der traditionelle Printjournalismus und seine gediegenen Äquivalente im Radio und im Fernsehen finden immer weniger Leserinnen und Leser; die Information über Kunst und Kultur wird, sofern man überhaupt noch nach ihr fragt, über Informationshäppchen im Rundfunk, vor allem in den Neuen Medien geliefert, oft in einer trüben Verquickung mit Glamoureffekten und kommerziellen Interessen. Die Hörerinnen und Hörer sowie Käuferinnen und Käufer tragen das ihre dazu bei, etwa dadurch, Musik nur noch im Schnelldurchlauf, als kontextfrei heruntergeladene Datei oder flüchtiges Streaming Audio zu konsumieren, wobei auf jede Art von Begleitinformation verzichtet werden kann. Die Frage nach der Musik schnurrt dabei auf das Schlagwort von den großen Emotionen zusammen.

Was lässt sich in dieser Krise tun? Das Nächstliegende wäre, einfach mit dem Strom zu schwimmen. Das tun freilich viele; dafür muss man also früh aufstehen und zäh sein, und sollten Sie als Leserin oder Leser dieses Buches sich für diese Option entscheiden, legen Sie es am besten ebenso beiseite wie den Plan, Musikwissenschaft zu studieren – Fachkenntnisse und gar damit verbundene geistige Ansprüche sind hier nur als »Gralshütertum« verdächtig; statt dessen gilt der Satz »Klassik ist die neue Popmusik«. Musik an die Massen »vermittelt« folgerichtig am besten diejenige Klientel, die selbst außer Begeistertsein nichts mitbringt, zum Beispiel Elke Heidenreich.

Wer sich nicht darauf einlassen kann oder will, wer der Meinung ist, dass das Erbe der europäischen Kunstmusik nicht nur mehr zu bieten hat als konsumierbare Gefühlshäppchen, sondern auch selbst einiges fordern darf an Konzentration, Offenheit und Hingabe, der oder die hingegen ist im Studium der Musikwissenschaft richtig. (Konzentration, Offenheit und Hingabe fordern selbstverständlich die meisten anderen Formen von Musik abseits des allzu weichgespülten Mainstreampops ebenso, was ich im Weiteren einfach mitdenke; Musikkritik als zumindest europäische Institution konzentriert sich allerdings großteils auf europäische Kunstmusik und internationale Popmusik.)

Fragen Sie also nicht, was die Musikkritik für Sie tun kann (etwa ein Existenzauskommen oder, derzeit leider realistischer, einen Nebenverdienst bieten), sondern was Sie für die Musikkritik tun können – und wie Ihnen die Musikwissenschaft dabei helfen kann, trotz der immer korsetthaft enger werdenden Anforderungen der Studienpläne im Zeichen der Bologna-Reform. Dabei beziehe ich mich im Folgenden – aus Gründen der beschränkten Kompetenz – nur auf das Gebiet der europäischen Kunstmusik, also den Traditionszusammenhang theoretisch reflektierter, mehrstimmiger und immer noch weitestgehend schriftgebundener Musik im Einflussbereich westlicher Kultur (insofern meint »europäisch« hier nur den Ort der historischen Entstehung). Dass meine Bemerkungen aus der persönlichen Perspektive einer über zwanzigjährigen musikpublizistischen Tätigkeit erwachsen, sei zugegeben; im schlechten Sinn subjektiv sind sie deswegen hoffentlich nicht.

Was also kann man von der Musikwissenschaft für die Musikpublizistik und speziell für die Musikkritik lernen? Als Wichtigstes wohl, dass Musikkritik sich nicht im bloßen Meinungsexhibitionismus des »Gefällt mir / gefällt mir nicht« erschöpfen sollte, ja darf. Es gibt Tatbestände und Wissen um die Sache, die man kennen muss. Dazu zählt natürlich zuallererst die Kenntnis des Notentextes, der Partitur. Einem Dirigenten, der um der glänzenden Oberflächenwirkung zuliebe die Gegenstimmen und -rhythmen etwa einer Dvořák-Symphonie einebnet, einer Pianistin, die Vortragsanweisungen ignoriert, um eine Show zu bieten, kann und soll man den Notentext entgegenhalten, und dies auf die Gefahr hin, der Beckmesserei bezichtigt zu werden. Beckmesserei – verstanden als aus Sachkenntnis gespeistes »Merkertum« – ist schließlich nicht die am weitesten verbreitete Unsitte der Gegenwart. Freilich gibt es auch einen freien, ja respektlosen Umgang mit dem Notentext, der genialisch sein kann, und eine strikte Partitur-»Treue«, die nur Ödnis atmet. Zum musikkritischen Handwerk muss Sensibilität für künstlerische Leistungen hinzukommen. Und dann weist jeder Notentext, sei es ein Notre-Dame-Organum oder ein Schönberg-Quartett, einen Horizont »ungeschriebener Selbstverständlichkeiten« auf, die vom Bau und der Spieltechnik von Instrumenten bis zu zeitstilistisch gängigen Temposchwankungen reichen; der Vergleich mit älteren Aufnahmen und den in ihnen demonstrierten Aufführungstraditionen ist hier lehrreich, ja unerlässlich. Wer sich vor allem für ältere Musik interessiert, muss sich auch Grundkenntnisse in der historisierenden Aufführungspraxis aneignen – bekanntlich ein weites Feld, in dem allzu oft dogmatisch eingeengt argumentiert wird. Nicht zuletzt wird die Erfahrung des eigenen Musizierens oder auch Komponierens immer eine wesentliche Grundlage auch in der Musikkritik bilden müssen.

Das sind sozusagen die handwerklichen Kenntnisse, die Musikwissenschaft vermitteln kann; vieles davon lernt man freilich auch in einem praktischen Musikstudium. Dazu kommt jedoch, und das bietet vor allem das akademische Fach der Musikwissenschaft, die Kenntnis der Hintergründe und Kontexte – die vielen Formen von Musikverständnis, Aufführungs- und Förderungsbedingungen, Gattungsnormen, Werteben und Kompositionsverfahren, die musikgeschichtlich wirksam geworden sind. Eine Musikkritik sollte idealerweise ihre Leserinnen und Leser auch zur geistigen Auseinandersetzung mit dem jeweiligen musikalischen Ereignis anregen; und erst recht sollten Formen publizistischer Musikvermittlung wie etwa ein Programmheft nicht nur erzählen, wie und wann das Stück komponiert und aufgeführt wurde, sondern auch, ob die Komponistin oder der Komponist damit vielleicht das Gattungsverständnis durch einen Traditionsbruch veränderte (etwa Haydns Abschiedssymphonie) oder aber bewusst auf ältere Form- und Satzmodelle zurückgriff (wie in einer Reihe von Beethovens Spätwerken), ob hier eine bestimmte Weltanschauung oder eine heute nicht mehr gängige sozialgeschichtliche »Positionierung« zur Darstellung kommt (Beispiele für beides bietet so manches Oratorium des 19. Jahrhunderts). In grundsätzlicher Weise lehrt das vermeintlich trockene wissenschaftliche Alltagsgeschäft im Umgang mit Quellen und wissenschaftlicher Literatur, mit Zitiernachweisen und der Unterscheidung von Dokument und Interpretation vieles auch für den Journalismus, der es in der Informationsbeschaffung *mutatis mutandis* oft mit ganz ähnlichen Problemen zu tun hat. Und dass Musikpublizistik, wo sie auf die Erkenntnisse der Musikforschung zurückgreift, sich um möglichst aktuelle Informationen und Ansätze bemühen sollte, sollte sich ohnehin von selbst verstehen, zumal es heute dank der elektronischen Medien leichter geworden ist als je zuvor, sich auch seriös zu informieren (jede größere Bibliothek bietet einen RILM-, einen JSTOR-, einen Grove Music Online-Zugang); ohnehin kann die gelegentliche Lektüre neuerer wissenschaftlicher Publikationen, sofern sie etwas taugen, auch der Journalistin und dem Journalisten nicht schaden.

Und was kann die Musikpublizistik die Musikwissenschaft lehren? Zunächst einmal Ökonomie – sowohl zeitliche, sei es in der Informationsbeschaffung und -verarbeitung, sei es beim Schreiben, als auch sprachliche: die Fähigkeit, knapp und klar zu formulieren und auf akademisch-behäbige Wichtigtuerei zu verzichten. Man ist gezwungen, sich rasch – oft buchstäblich von heute auf morgen – neue Werke anzueignen, und wird immer wieder durch die Begegnung mit Unbekanntem oder Entlegenem reich belohnt. Lernen lässt sich überdies, dass ein Werk nicht nur aus seinem Notentext besteht (wie es in der Wissenschaft leider immer noch verbreitete Meinung ist), sondern auch in der Vielfalt der sich dadurch eröffnenden Möglichkeiten der Interpretation, eine Erkenntnis, der in der vergleichsweise jungen musikwissenschaftlichen Disziplin der Interpretationsforschung zunehmend Rechnung getragen wird. Um den Sinn für diese Interpretations-Vielfalt zu schärfen, empfiehlt es sich, so oft wie möglich konzentriert verschiedene Interpretationen von Stücken mit oder ohne Begleitlektüre des Notentextes direkt hintereinander zu hören – am besten solche, die man selbst studiert oder gespielt hat; das lehrt das Staunen darüber, was alles musikalisch möglich ist. Erst recht für das Musiktheater gilt es, dass die szenische »Performanz«, der theatrale Eindruck, eine Mächtigkeit entfaltet, die die sogenannte Texttreue oft hinwegfegen kann. Und wenn es sich ergibt, dass man auch zur kulturpolitischen Recherche angehalten ist, macht man so seine Erfahrungen im Umgang mit Informantinnen und Informanten, was Vertrauen und Glaubwürdigkeit, heimliche und offene Interessen und den Versuch der wechselseitigen Manipulation betrifft. Danach liest man auch historische Dokumente anders.

Negative Erfahrungen bleiben freilich auch nicht aus: Seien es der ständige Zeitdruck und Produktionszwang, der zu Oberflächlichkeit und Ungenauigkeit verleitet und oft geradezu zwingt, seien es populistisch gesonnene, inkompetente oder auch einfach desinteressierte Redakteurinnen und Redakteure, die Texte auf sinnentstellende Weise kürzen, verlängern(!), umschreiben oder mit unpassenden Überschriften versehen. Und schließlich verleitet der Journalismus auch zur persönlichen Eitelkeit: Seinen Namen rasch und oft gedruckt zu sehen, und oft mit wenig gehaltvollen Texten, witzigen Formulierungen oder bloß hingeknallten Meinungen mehr Aufsehen zu erregen als mit dem, worin man selbst viel Mühe investiert hat, das ist der Sache letztlich nicht weniger abträglich als die Resignation, in die sich viele Journalistinnen und Journalisten irgendwann geflüchtet haben. Freilich sind hier Parallelen zum Wissenschaftsbetrieb nicht ausgeschlossen.

Rudolf Hopfner
(Direktor der Sammlung alter Musikinstrumente, Kunsthistorisches Museum Wien)

Mein persönlicher Weg zum Fach Musikwissenschaft war ein komplexer und wenig geradliniger. Als Geiger studierte ich zunächst Musikpädagogik und war anschließend 15 Jahre lang im pädagogischen Bereich, zuletzt als Leiter der Abteilung Musikpädagogik am Joseph Matthias Hauer Konservatorium in Wiener Neustadt, tätig. Während dieser Zeit beschäftigte ich mich in zunehmendem Maß sowohl theoretisch als auch praktisch mit dem Musikinstrumentenbau. Parallel dazu übte die Musikwissenschaft eine immer stärkere Faszination aus, sodass ich mich neben meiner Berufstätigkeit für dieses Fach an der Universität Wien inskribierte und schließlich 1989 promoviert wurde. Rückblickend betrachtet lag für mich das Faszinosum meiner Tätigkeit darin, dass ich die praktischen Erfahrungen als Musiker, viele Bereiche des Instrumentenbaues und die theoretische Basis der Musikwissenschaft verbinden konnte. Diese Zusammenschau der verschiedenen Disziplinen intensivierte sich noch, als sich im Jahr 1992 die Möglichkeit bot, eine Stelle als wissenschaftlicher Mitarbeiter an der Sammlung alter Musikinstrumente anzutreten. Mit Beginn des Jahres 2000 übernahm ich die Direktion dieser Sammlung, die zu den weltweit führenden Institutionen ihrer Art zählt.

Im Rückblick auf mein eigenes Studium, aber auch mit Bezug auf die aktuellen Curricula, kann man sagen, dass die Beschäftigung mit Musikinstrumenten – seien es historische oder zeitgenössische – zu geringen Raum einnimmt. Es darf nicht übersehen werden, dass den Musikinstrumenten eine wichtige Vermittlerrolle zukommt, ohne die Musik nicht zur klingenden Materie werden kann. Bei der Beschäftigung mit Musikinstrumenten sind ganz unterschiedliche Disziplinen und Fertigkeiten gefragt, die teilweise dem traditionellen geisteswissenschaftlichen Rüstzeug entstammen, teilweise aber auch stark in den technisch-naturwissenschaftlichen Bereich schlagen. So sind beispielsweise archivalische Forschungen zu den Biographien der Instrumentenmacher, zu historischen Instrumentenbeständen, Besetzungsfragen und zum Verbleib spezifischer Instrumente ein weites Betätigungsfeld, in dem es noch deutliche Lücken zu füllen gilt.

Bei der Beschäftigung mit historischen Musikinstrumenten sind jedoch in zunehmendem Maß konservatorische und bautechnische Fragen relevant, die Materialkenntnis und handwerkliches Basiswissen verlangen. Ein Beispiel: Bei der Datierung von Musikinstrumenten wird immer öfter die Dendrochronologie herangezogen. Diese Untersuchung des Holzes, bei der der jüngste vorhandene Jahresring als Terminus post quem festgestellt werden kann, ist nur möglich, wenn das zu untersuchende Bauteil aus Tannen- oder Fichtenholz besteht, eine gewisse Mindestbreite und stehende Jahresringe aufweist. Es ist daher für Kuratorinnen und Kuratoren von Vorteil, bereits im Vorfeld entscheiden zu können, ob eine derartige Untersuchung überhaupt möglich ist und Erfolg verspricht.

Noch weiter in den technischen Bereich führt eine Untersuchungsmethode, die in jüngster Zeit mit äußerst aufschlussreichen Ergebnissen an zahlreichen Blasinstrumenten unserer Sammlung eingesetzt wurde. In der Humanmedizin und bei der technischen Materialprüfung zählt die Computertomographie seit Jahren zu den gängigen Untersuchungsmethoden. Bei Musikinstrumenten wurde sie wegen der relativ hohen Kosten und des großen technischen Aufwandes bisher nur sporadisch eingesetzt. In Kooperation mit der Fachhochschule Oberösterreich, Campus Wels, konnte nun der gesamte Bestand an Renaissance-Holzblasinstrumenten unserer Sammlung untersucht werden (Projektleiterin: Beatrix Darmstädter). Bei der Computertomographie wird in genau definierten Abständen mittels eines Röntgenstrahles ein Querschnitt durch das Objekt abgebildet. Diese »Scheibchen« lassen sich mit einem geeigneten Computerprogramm zu einer vollständigen, dreidimensionalen Darstellung rendern, die Informationen enthält, die bisher mit zerstörungsfreien Methoden absolut nicht zugänglich waren. Auch wenn die eigentliche Untersuchung von technisch versiertem Personal durchgeführt wird, sollten die beteiligten Musikwissenschaftlerinnen und Musikwissenschaftler zumindest über ein Basiswissen auf den Gebieten der digitalen Bildbearbeitung, der 3D-Visualisierung und des Datenmanagements haben.

Doch auch außerhalb der eigentlichen Organologie sind fundierte Computerkenntnisse, vor allem hinsichtlich der digitalen Audiobearbeitung, von Vorteil. So lassen sich historische Temperatursysteme mit nicht proprietären Softwarelösungen wie beispielsweise »Scala« anschaulich darstellen. Als Analysetool leistet der »Sonic Visualiser« gute Dienste und für die Darstellung von Klangspektren sind Programme für die FFT-Analyse[14] unerlässlich. Die genannten Tools wurden in der Vergangenheit oder werden bei laufenden Projekten im Zuge der Untersuchung unserer Instrumente eingesetzt.

Nicht vergessen werden soll jedoch, dass viele Positionen, in denen Musikwissenschaftlerinnen und Musikwissenschaftler angestellt werden, auch eine

---

14 FFT (Fast Fourier Transformation) ist ein Algorithmus, der unter anderem zur Messung von Audiosignalen verwendet wird.

administrative Komponente enthalten. Das Lukrieren von Forschungsgeldern von offiziellen Stellen oder privaten Geldgebenden stellt oft eine größere Herausforderung dar als die eigentliche Forschungstätigkeit. Zudem sollten sich angehende Wissenschaftlerinnen und Wissenschaftler bewusst sein, dass sie in ihrem zukünftigen Berufsfeld mit Rechnungsabschlüssen und mit dem Erstellen von Budgets beschäftigt sein können. Auch die umfassendste Ausbildung wird nicht in der Lage sein, einen Tätigkeitsbereich, der so vielfältig wie derjenige von Musikwissenschaftlerinnen und Musikwissenschaftlern ist, vollständig abzudecken. Erfolgreich zu sein bedeutet somit, sich auf lebenslanges Lernen und auf ständige Weiterentwicklung in ganz unterschiedlichen Wissensgebieten einzustellen.

Christiane Krautscheid
(Unternehmenssprecherin und Leiterin der Internationalen Promotion beim Verlag Schott Music, Mainz)

»Vielleicht kannst Du ja später mal in einem Verlag arbeiten«, sagten meine besorgten Eltern, als ich ihnen mitteilte, Musik- und Kommunikationswissenschaft studieren zu wollen. »Das Letzte, was ich mal machen will, ist ein Job im Musikverlag!«, antwortete ich empört, und träumte von einem aufregenden Dasein als freie Kritikerin oder Professorin in einem sonnigen US-Staat. Heute, 25 Jahre später, bin ich seit fast zwölf Jahren sehr glücklich beim traditionsreichen Musikverlag Schott in Mainz beschäftigt. Und stelle fest: Der Job hat nichts, wirklich gar nichts mit dem staubigen Stubenhocken zu tun, das ich mir seinerzeit unter einer Musikverlagstätigkeit vorgestellt hatte.

Schott Music ist ein führender deutscher Musikverlag mit einem Schwerpunkt im Bereich der zeitgenössischen Musik. Rund 250 Menschen arbeiten in zehn internationalen Niederlassungen weltweit. Mit meinem fünfköpfigen Team (allesamt Musikwissenschaftlerinnen und Musikwissenschaftler) und zusammen mit weiteren sechs Kolleginnen und Kollegen in London, New York und Japan betreue ich vom Mainzer Mutterhaus aus die internationale Promotion für die zeitgenössische Musik des Hauses Schott.

Was ist »Promotion«, und was hat das mit Musikwissenschaft zu tun? Hinter dem Begriff verbirgt sich zum einen der klassische Offline- und Onlinemarketingmix: vom internationalen Magazin für Kundinnen und Kunden über zielgruppenspezifische Kataloge bis hin zum Social Media Marketing. Zum anderen ist es Aufgabe des Promotionteams, dem für unseren Verlagsbereich relevanten Teil des Musikmarktes, also speziell Entscheidungsträgerinnen und -trägern in Opern- und Konzerthäusern, Dirigentinnen und Dirigenten sowie Solistinnen und Solisten in persönlichen Gesprächen die Komponistinnen und Komponisten des Hauses Schott und ihre Werke vorzustellen. Ziel ist, dass die Musik der von Schott verlegten Komponistinnen und Komponisten so oft wie möglich aufgeführt wird. Kurz: Wir vermarkten Musik.

Braucht man für diesen Job ein musikwissenschaftliches Studium? Nein, aber es ist durchaus nützlich. Vielleicht reichen hervorragende Repertoirekenntnisse und ein sehr gutes allgemeines Musikwissen aus, um das Schaffen zeitgenössischer Komponistinnen und Komponisten verstehen, beschreiben und vermarkten zu können. Was man aber in diesem und vielen anderen Jobs unbedingt benötigt, sind die berühmten Schlüsselqualifikationen, die man im Verlauf eines geisteswissenschaftlichen Studiums (idealerweise) erwirbt. Praktisch ist damit gemeint: Man muss imstande sein, rasch Informationen zu besorgen, sie be- und verwerten zu können. Man muss – oft unter Zeitdruck – verständliche und zielgruppengerechte Texte schreiben können (daran hapert es leider bei vielen Bewerberinnen und Bewerbern), eventuell in mehreren Sprachen. Man muss in der Lage sein, sich Fähigkeiten in kurzer Zeit durch »training on the job« anzueignen, sich ständig ändernde Arbeitsprozesse rasch zu begreifen und konstruktiv in (oft internationalen) Teams zu arbeiten. Kreativität, Ergebnisorientierung und Leistungsbereitschaft sind wichtige persönliche Eigenschaften. Im Zeitalter des »digital publishing« ist es außerdem unabdingbar, sich in der Welt der digitalen Medien sehr gut auszukennen – der technikferne Bücherwurm wohnt nicht mehr im Verlag.

Die Promotion ist nur eine von vielen Arbeitsgruppen, in denen bei Schott wie in vielen anderen Musikverlagen Musikwissenschaftlerinnen und Musikwissenschaftler tätig sind. Man trifft sie im Marketing, in der Pressestelle, im Produktmanagement, in unseren Zeitschriftenredaktionen und bei den CD-Labels sowie in der Betreuung von Komponistinnen und Komponisten. Rund dreißig Mitarbeiterinnen und Mitarbeiter von Schott bringen einen Abschluss im Fach Musikwissenschaft (Mag. / MA. / Dr.) mit; viele von ihnen hatten das Unternehmen vor ihrem Eintritt bereits im Rahmen eines Praktikums kennengelernt.

Übrigens: Den klassischen Lektor, den ich als Abiturientin beim Berufsfeld Verlag vor Augen hatte – den griffelbewehrten Korrektor, der sich von früh bis spät über ein vergilbtes Manuskript beugt – gibt es zumindest bei Schott längst nicht mehr. Aus ihm wurde der Produktmanager, der alle Fäden einer neuen Notenausgabe, eines neuen Buches von der ersten Idee über die Rechteakquise, die wirtschaftliche Kalkulation und Kostenkontrolle sowie die eigentliche Produktion bis hin zur Abstimmung mit Marketing und Vertrieb in der Hand hält. Für ihn sind musikwissenschaftliche Kenntnisse wichtig – aber sie reichen bei Weitem nicht aus. »Schlüsselqualifikationen« ist das Zauberwort – und die kann man sehr gut im Studium der Musikwissenschaft erwerben.

Thomas Leibnitz
(Direktor der Musiksammlung der Österreichischen Nationalbibliothek)

Es mag merkwürdig erscheinen, wenn am Beginn eines Beitrages, der meiner nun mehr als dreißigjährigen Berufstätigkeit an der Musiksammlung der Österreichischen Nationalbibliothek gilt, das offene Bekenntnis steht: Ich wollte nicht Musikbibliothekar werden. Genau genommen hatte ich bei der Wahl des Studiums der Musikwissenschaft, über deren nur geringes Potenzial zur Anhäufung materieller Güter ich mir keine Illusionen machte, bloß verschwommene Vorstellungen über mögliche Berufswege; eine »schreibende« Tätigkeit sollte es sein, ob aber nun im akademischen Betrieb, im Musikjournalismus, im Verlagswesen oder anderswo, darüber machte ich mir nicht allzu viele Gedanken, denn schließlich galt es, zunächst mit dem Studium selbst zurechtzukommen. Natürlich benutzte ich Musikbibliotheken und wusste, dass auch dort Berufsfelder existieren, doch zog mich das vermeintlich bloß Registratorische einer solchen Tätigkeit nicht sonderlich an.

In die Musiksammlung der Österreichischen Nationalbibliothek (ÖNB) geriet ich durch Zufall. Franz Grasberger, der damalige Direktor dieser Institution, suchte 1978 einen Studenten zur bibliothekarischen Aufarbeitung des Nachlasses der Brüder Franz und Josef Schalk, die im Umfeld Anton Bruckners eine bedeutsame und komplexe Rolle spielten. Ein mit Grasberger befreundeter Dozent am Musikwissenschaftlichen Institut nannte diesem meinen Namen. Unvermittelt vor die Wahl gestellt, im sechsten Semester eine halbtägige Beschäftigung anzunehmen, zögerte ich zunächst, denn schließlich galt es, meine Lebensplanung kurzfristig und tief greifend zu ändern – doch angesichts der Chance, an einer wichtigen Institution wie der Musiksammlung der ÖNB Fuß zu fassen, griff ich zu. Die Beschäftigung mit dem Nachlass Schalk bot mir bald Gelegenheit, meine vorurteilsbestimmten Anschauungen über die graue Routine musikbibliothekarischer Tätigkeit tief greifend zu revidieren. Dass der inhaltlichen Komplexität eines solchen Nachlasses – noch war das elektronische Zeitalter im Bibliothekswesen nicht angebrochen – durch das stückweise Verzeichnen auf Katalogzetteln nicht adäquat entsprochen werden konnte, war mir bald klar, und auch Grasberger bestärkte mich in der Intention, »organisch Zusammengehöriges« nicht zu zerreißen. So kam es zur Erfassung thematisch kohärenter Konvolute, und für das Erkennen solcher Kohärenzen war nun tatsächlich das musikhistorische Rüstzeug von unverzichtbarer Bedeutung. Eindringlicher als durch bloßes Lesen wissenschaftlicher Literatur wurde mir durch die praktische Arbeit vermittelt, wie sehr Geschichte, oder besser das Schreiben und Konstruieren von Geschichte, von den Quellen abhängt, wie sehr allerdings das prinzipiell Fragmentarische der Quellen zu Hypothesen und Extrapolationen zwingt, die zu einem stimmigen Bild zusammengeführt werden und dennoch in einem Spannungsverhältnis zur historischen Realität stehen, zu dem, wie »es wirklich gewesen ist«. Dazu kam die Faszination der Archivalien selbst. Ich hielt den Brief Hermann Levis an Josef Schalk vom 30. September 1887 in Händen, in dem Levi – von Bruckner als »künstlerischer Vater« verehrt – über die ihm zugesandte Achte Symphonie ein vernichtendes Urteil fällte und Schalk »um Rath und Hülfe« bat, wie man Bruckner dies beibringen könne; ich durchblätterte den umfangreichen Briefwechsel zwischen Franz Schalk und Richard Strauss, die fünf Jahre lang (1919–1924) gemeinsam die Wiener Staatsoper leiteten, wobei Strauss sich selbstbewusst der Illusion hingab, brieflich und aus der Ferne die Geschicke einer so überaus komplexen Institution führen zu können.

Nach einem Jahr der Sichtung, Ordnung und Katalogisierung des Nachlasses Schalk war meine vereinbarte Tätigkeit beendet, doch Grasberger suchte und fand für mich neue Beschäftigungen. Er beauftragte mich, eine Ausstellung zum Thema »Anton Bruckner und seine Wiener Umwelt« zusammenzustellen, und nicht nur das: Ich sollte auch einen Katalog verfassen, für den Druck sorgen, einen Eröffnungsabend mit Musik organisieren und dazu geeignete Musikerinnen und Musiker finden. Im Rückblick kann ich mich der Vermutung nicht erwehren, dass ich hier »getestet« wurde, dass Grasberger feststellen wollte, ob ich mit der bunten Palette wissenschaftlicher, kreativer und organisatorischer Aspekte zurechtkommen würde, die er mit dem Berufsbild eines Musikbibliothekars verband und auch selbst beherrschte. Offensichtlich bestand ich diesen »Test«, denn mir wurden neue Aufgaben übertragen: Die 1974 erworbene Erst- und Frühdrucksammlung Anthony van Hobokens sollte in einem annotierten Katalog erfasst werden. Im Laufe der folgenden Jahre – ich hatte inzwischen mein Studium an der Universität Wien abgeschlossen – wurde ich mit der Welt der historischen Musikdrucke vertraut, mit der Problematik der unterschiedlichen Ausgaben und Titelauflagen, der heiklen und manchmal kriminalistische Fähigkeiten erfordernden Frage der Datierung und dem Authentizitätsproblem. Ein neues Aufgabenfeld trat hinzu: Ich übernahm die österreichische Redaktion der internationalen Musikbibliographie RILM und war fortan ein überzeugter Befürworter länderübergreifender bibliographischer Projekte, die ihren Durchbruch zur Breitenwirkung erst Mitte der 90er Jahre des 20. Jahrhunderts dank der faszinierenden Innovationen auf dem Sektor elektronischer Datenbanken erlebten.

Vor die Frage gestellt, ob die Tätigkeit von Musikbibliothekarinnen oder -bibliothekaren nun als vollinhaltlich »musikwissenschaftliches« Berufsbild zu bezeichnen sei, muss ich eine differenzierte Antwort geben. Musikbibliothekarinnen und -bibliothekare praktizieren nicht Musikwissenschaft selbst, aber haben ständig mit ihr zu tun und liefern ihr das materielle Substrat. Von welcher Art diese Verbindung ist, mag anhand der beschriebenen Tätigkeiten erkennbar geworden sein, sie offenbart sich auch in anderen Aufgabenfeldern. Erwerbungsreferentinnen und -referenten einer Musikbibliothek müssen bei der Auswahl der anzukaufenden Literatur ermessen können, welche dem Profil der eigenen Bibliothek entspricht, Informationsbedienstete müssen im Lesesaal oder im brieflichen Auskunftsdienst Fragen beantworten, in denen stets bibliothekarische Aspekte mit musikhistorischen verquickt sind. Dass explizit musikwissenschaftliche Aktivitäten wie die Teilnahme an Kongressen und Symposien oder das Publizieren in wissenschaftlichen Organen mehr als »Extras« denn als zentrale Elemente der Berufstätigkeit zu verstehen sind, braucht nicht verschwiegen zu werden. Wo der Schwerpunkt dieser »Extras« liegt, ist dabei ganz den individuellen Vorlieben überlassen; es können musikphilologische Themen sein, wie es die Nähe zu den Quellen plausibel macht, es können auch Fragestellungen allgemein historischer Natur sein – fast immer aber werden Bestandsschwerpunkte der »eigenen« Bibliothek eine Themen bestimmende Funktion haben.

Es versteht sich von selbst, dass hier nur ein kleiner Teil des Berufsspektrums von Musikbibliothekarinnen und -bibliothekaren erwähnt werden konnte, es sollte auch keiner Erklärung bedürfen, dass die Leitung einer solchen Bibliothek zusätzliche Herausforderungen auf den Gebieten des Managements und der Menschenführung beinhaltet. Entgegen der weitverbreiteten Ansicht, »Bibliothek« sei eine prinzipiell statische und kaum wandlungsfähige Institution, konnte ich im Laufe meiner Berufslaufbahn sehr tief greifende Wandlungsprozesse miterleben, vor allem bedingt durch die elektronischen Innovationen. Aus welchen Motivationen andere Kolleginnen und Kollegen diesen Beruf ergriffen, vermag ich nicht zu sagen; vermutlich haben ihn viele, gleich mir, nicht primär angestrebt – aber alle, die Musikbibliothekarinnen oder -bibliothekare wurden, wollen es bleiben!

Heiko Maus
(Freiberuflicher Musikberater und Teilhaber der Maus Möller PR- und Werbeagentur)

Es ist nicht nur die fachliche Materie, die mich bis heute an der Systematischen und Historischen Musikwissenschaft fasziniert. Neben theoretischen Fachkenntnissen lernte ich während des Studiums kritisch-hinterfragendes Denken, präzises Arbeiten und flexibles Lernen. Nach dem Abschluss stehen scheinbar alle Wege offen, Musikwissenschaftlerinnen und Musikwissenschaftler können schließlich in diversen Branchen unterkommen. Faktisch werden jedoch nur wenige Stellen ausgeschrieben. Ich habe mich daher frühzeitig für die Selbstständigkeit entschieden, die mir ein hohes Maß an persönlicher Entfaltung ermöglicht. Dieser Weg ist nicht für alle geeignet, denn er ist gerade am Anfang steinig, unsicher und finanziell riskant. Nur wer sich mutig, selbstbewusst und voller Tatendrang den Gefahren einer Existenzgründung stellt – zudem über nötige Kontakte verfügt – wird auf dem schwierigen Markt der Kreativwirtschaft langfristig erfolgreich sein. Mir hat es geholfen, schon während des Studiums erste Erfahrungen als Freiberufler zu sammeln. Zwar ebneten mir Professoren den Weg für eine universitäre Karriere, indem sie mich etwa bei der Veröffentlichung wissenschaftlicher Fachbeiträge protegierten. Dennoch nutzte ich die Gelegenheit, durch Hospitanzen, Praktika und anderer Jobs, weitere Berufswelten kennenzulernen. Der freie Markt interessierte mich schließlich mehr als die Universität. Aus meiner persönlichen Entscheidung sollten Sie nicht die Lehre ziehen, dass Sie Chancen getrost vergeben dürfen. Ergreifen Sie willkommene Gelegenheiten, verlieren Sie dabei jedoch nie Ihre Hauptinteressen aus dem Auge!

Indes kann eine radikale Spezialisierung hinderlich sein. Viele Studierende beschränken sich auf ein Interessengebiet, werden zu Schubert-, Renaissance- oder Werbemusik-Expertinnen und -Experten. Doch mit »Fachidiotentum« engen Sie die späteren Berufschancen ein. Nutzen Sie daher das vielseitige Angebot der Universität, öffnen Sie sich möglichst allen Sparten, befassen Sie sich mit so vielen Musikrichtungen wie nur möglich. Spätestens für die Abschlussarbeit werden Sie sich spezialisieren. Doch ein umfassendes Basiswissen wird Ihnen zeitlebens helfen, die aktuellen Themen eines x-beliebigen Projektes richtig einzuordnen und entsprechend zu handeln.

Wichtiger erscheint mir, dass ein breit gefächertes Wissen und holistisches Denken den Geist öffnet. Nur wenige werden beruflich ihr Traumziel erreichen. Daher sollten Sie flexibel sein und eine Bereitschaft mitbringen, sich mit anderen Fachgebieten zu beschäftigen. Für mich waren es neben der Musik: Grafikdesign, Informatik, Journalismus, Marketing und Rechtswissenschaften. Zusammen mit den musikwissenschaftlichen Kenntnissen ermöglichte mir der reiche Erfahrungsschatz mehrere freiberufliche Tätigkeiten auszuüben: Musikberatung für Filmproduktionen, Audio-Consulting für Werbeagenturen, Verfassen von Werkeinführungen für Musikveranstaltungen, Erstattung von Musikgutachten für Anwältinnen und Anwälte. Selbst heute, zehn Jahre nach meinem Magisterabschluss, lerne ich, bilde mich fort, halte mich auf dem Laufenden. Nur so ist es mir möglich, meine eigenen Ansprüche und die meiner Kundinnen und Kunden zu erfüllen.

Einen letzten nützlichen Ratschlag zur wissenschaftlichen Methodik möchte ich noch weitergeben. Mein Mentor, Hans Joachim Marx (Universität Hamburg), warnte mich vor der »Steinbruch-Methode«. Zahlreiche Wissenschaftlerinnen und Wissenschaftler, auch in sogenannten »exakten« naturwissenschaftlichen Disziplinen, meißeln an ihren Fakten und Belegen so lange, bis ihre ursprünglich aufgestellte These bewiesen ist. Was nicht in das Schema passt, wird ignoriert. So wehrte sich selbst ein Genie wie Einstein lange gegen die Quantenphysik, weil sie nicht in sein Konzept passte. – Egal womit Sie sich beschäftigen, hinterfragen Sie sich stets selbst: »Kann meine Theorie aufrechterhalten werden? Gibt es Gegenargumente? Habe ich wirklich alles Wesentliche berücksichtigt und nichts unterschlagen? Habe ich ausreichend recherchiert? Sind meine Formulierungen exakt und eindeutig?« Nur wenn Sie alle Fragen bejahen können, sind Sie auf dem Weg eine gute Musikwissenschaftlerin oder ein guter Musikwissenschaftler zu werden. Und nicht nur das: Mit einer selbstkritischen wie flexiblen Haltung, etwas Fleiß und dem Hang zur Präzision werden Sie schließlich in allen Lebensbereichen Erfolg haben!

Stephan Mösch
(Verantwortlicher Redakteur der Zeitschrift »Opernwelt« und Privatdozent an der Universität Bayreuth)

In seinem berühmten Vortrag »Politik als Beruf« nannte Max Weber 1919 drei Qualitätskriterien, die sich auch für den Musikjournalismus in Anschlag bringen lassen: Leidenschaft, Verantwortungsgefühl und Augenmaß. In der gegenwärtigen medialen Situation sind sie brisanter denn je.

Leidenschaft meinte Weber im Sinne von Sachlichkeit. Man kann das als Auftrag verstehen: Musikvermittlung in den Medien steht unter massivem Druck zur Vereinfachung. Die Popularisierungswelle bei Tages- und Wochenzeitungen, aber auch bei Teilen des öffentlich-rechtlichen Rundfunks hat Analysen und Sachbeiträge vielfach zugunsten von Personengeschichten oder Unterhaltungsformaten verdrängt. Leidenschaft bedeutet hier zu kämpfen für Themen, Textlängen und Sendedauern, die ausreichen, um der Komplexität des Gegenstandes gerecht zu werden. Leidenschaft steckt an: Wenn der Leser oder Hörer sich weiter mit den Dingen beschäftigt, ist ein wichtiges Ziel erreicht.

Verantwortung meinte Weber im Sinne des Sachanliegens. Weil es kein Jenseits des Marktes gibt, bedeutet sie vor allem Aufklärung: Wenn das Wiener Konzerthaus sich einem Major-Label so andient, dass es dessen Sängerinnen und Sänger gleich reihenweise einkauft, dann ist ein Tiefpunkt der Programmgestaltung erreicht. Im Rahmen von »Events« bedeutet Kunst nur Kunst der Geldmacherei. Plattenfirmen mutieren zunehmend zu »Music Entertainment Companies«, die Musikproduktion, Rechtehandel, Konzert- und Opernmanagement, Ticketvertrieb und Merchandising unter einem Dach vereinen. Wer glaubt, dass die maximal vermarkteten, von ihren Firmen als solche ausgerufenen »Stars« maximales Kunstlevel repräsentieren, tappt in die Konsensfalle und bezahlt das buchstäblich teuer. Verantwortung der Medien trifft sich hier mit Leidenschaft: als Bewusstseinsschärfung.

Augenmaß meinte Weber als Distanz. Er wusste, dass Eitelkeit sowohl Leidenschaft wie Verantwortungsgefühl torpediert. Doch Distanz des Einzelnen zu sich selbst ist im Musikbetrieb noch seltener als echtes Musikverständnis. Habitueller oder substanzieller Zynismus gehört vielfach zum guten Ton in Agenturen, Besetzungsbüros, Redaktionsrunden. Macht über Menschen verdirbt die Menschen, die sie haben. Gewiss schrieben Johann Mattheson, Max Kalbeck und Hugo Wolf manches über Musik und Musiker, was heute justiziabel wäre. Doch seit die Postmoderne alle musikästhetischen Grabenkämpfe stillgelegt hat, dreht Polemik ihre Pirouetten um sich selbst. Die Eigendynamik des Medienbetriebes bestimmt, was wie hoch gehandelt wird.

Was hat Musikwissenschaft mit all dem zu tun, wo sich doch Wissenschaft und Journalismus noch immer mit Animosität beäugen? Sie kann beide Welten nicht zusammenzwingen. Aber sie kann – verankert im Bewusstsein derer, die Musik und Musiker(innen) öffentlich werten – Max Webers Qualitätstrias auffächern und konkretisieren helfen. Jemand, der wissenschaftlich zu denken gelernt hat, wird Idealisierungstendenzen entgegenwirken – auch da, wo es um die angeblich so glorreiche Vergangenheit, ihre Künstlerinnen und Künstler und deren Aufnahmen geht. Er wird wechselnde Maßstäbe der Beurteilung transparent halten. Er wird Qualitätsjournalismus als einen verstehen, der Erlebnishunger schafft und ästhetische Erfahrung in ihrer Vielfalt heraus kitzelt, begleitet, offen hält. Er wird sich nicht überschätzen, weil *adaequatio ad rem* durch Worte nie ganz möglich ist – und wird sie trotzdem immer wieder versuchen. Er wird trennen, was Arnold Schering Werk-, Leistungs- und Organisationskritik nannte – und doch dosiert wieder zusammenführen. Er wird hören, wo und wie Musik selbst ein Medium von Kritik sein kann: Kritik »in Echtzeit«, wie Wolfgang Rihm sagt. Er wird Objektivität mit Carl Dahlhaus als Anstrengung verstehen, zwischen dem ästhetischen Gegenstand und dem, was das Subjekt von sich aus mitbringt, zu vermitteln. Er wird sich, dafür stehen die genannten Beispiele, geistige Hygiene leisten. Auch dann, wenn Alltag und Trends das erschweren. Musikwissenschaft als Luxus – und als Notwendigkeit. Aber ist sie das nicht überall?

Michael Nemeth
(Generalsekretär des Musikvereins für Steiermark)

Archivarbeit und Musikkritik waren einst Betätigungsfelder, die häufig mit Musikwissenschaftlerinnen und Musikwissenschaftlern besetzt wurden. Im Laufe der Zeit haben sich die Forschungsgebiete der Musikwissenschaft mehr und mehr erweitert. Durch die Annäherung an andere Wissenschaften konnten dabei neue Forschungsfelder beschritten werden (man denke an Musikpsychologie, Ethnomusikologie oder Musiksoziologie).

Als ich mich 1998 der Musikwissenschaft zuwandte, erkannte ich rasch die praxisorientierten Facetten des Studiums. Musikanalyse und professionelles Umgehen mit der Musikgeschichte eröffneten viele neue Wege, Musik »kennenzulernen«. In Kombination mit dem Fächerbündel »Angewandte Kulturwissenschaft« wurde der ideale Ausbildungsweg in Richtung Kulturmanagement eingeschlagen. Bald erkannte ich, dass ich mich voll und ganz dem Musikmanagement widmen wollte, und absolvierte schon während des Magisterstudiums in Graz einige Praktika, die schließlich zu ersten Jobangeboten führten. Nach der Gründung mehrerer Konzertreihen übersiedelte ich nach Wien, wo ich das Doktoratsstudium absolvierte. Auch hier bemühte ich mich sogleich um studienbegleitende Nebenbeschäftigungen im Musikmanagement und fand bei der Künstleragentur Erich Seitter einen idealen Berufseinstieg. Man beauftrage mich mit der Organisation der monatlichen Vorsingtermine, mit der Vorauswahl und schließlich auch mit der Durchführung einiger interessanter Projekte. Gerade in diesem Berufsfeld kam mir die fundierte Ausbildung im Bereich Musikgeschichte besonders zugute. Im Konzert- und Opernmanagement ist es nämlich absolut notwendig, sich eine umfassende Repertoirekenntnis anzueignen! Dies kann und muss durch häufige Konzertbesuche einerseits sowie durch eingehende Studien der Orchester- und Opernliteratur andererseits erfolgen. Natürlich erweisen sich dabei regelmäßige Internetrecherchen (Youtube, Musikforen, etc.) als ebenso Horizont erweiternd.

Nach dieser mehr als lehrreichen Zeit in der Musikagentur in Wien wurde ich Dramaturg des Musikvereins für Steiermark, dem seit 1815 bestehenden, traditionsreichsten und größten Konzertveranstalter der Steiermark (Ehrenmitglieder: Schubert, Beethoven, Brendel, Ligeti etc.). Meine zentrale Aufgabe umfasste nicht nur die Betreuung aller Drucksorten (Folder, Programmhefte etc.) sondern vor allem die Einführung von Medienverteilern, Newslettersystemen und die Neugestaltung eines graphischen Konzeptes, das schließlich 2008, anlässlich meiner Bestellung zum Generalsekretär und künstlerischen Leiter des Musikvereins, völlig neu entwickelt wurde. Gerade in diesem spannenden Bereich erfolgte einmal mehr die Begegnung mit lehrreichen Erfahrungen aus dem Musikwissenschaftsstudium. Der Umgang mit der Materie »Musik« in Wort und Bild steht hier an der Tagesordnung, sodass sich die Ebenen Musikgeschichte, moderne PR-Strukturen, Dramaturgie und fundierte Musikkenntnis ideal in Einklang bringen lassen. Dies hat sich auch nachhaltig in der Personalpolitik des Musikvereins niedergeschlagen. Die Aufgabenbereiche Abonnementverwaltung, Öffentlichkeitsarbeit, Konzertmanagement und Assistenz sind neuerdings durchwegs mit jungen Absolventinnen des Studiums Musikwissenschaft besetzt worden. Fachliche Kompetenz, Interesse und Arbeitsfreude sind Faktoren zum beruflichen Erfolg als Musikwissenschaftlerin und Musikwissenschaftler und eröffnen Absolventinnen und Absolventen der Musikwissenschaft durchaus spannende Wege in der Musikbranche!

Literaturverzeichnis

Adler, Guido: *Umfang, Methode und Ziel der Musikwissenschaft*, in: Vierteljahresschrift für Musikwissenschaft 1 (1885), S. 5–20.

Adorno, Theodor W.: *Einleitung in die Musiksoziologie. 12 theoretische Vorlesungen*, Frankfurt am Main 1973 (Theodor W. Adorno. Gesammelte Schriften 14).

Adorno, Theodor W.: *Philosophie der neuen Musik*, Frankfurt am Main 1975 (Theodor W. Adorno. Gesammelte Schriften 12).

Amelang, Manfred; Zielinski, Werner: *Psychologische Diagnostik und Intervention*, Berlin u. a. 1994.

American Psychological Association: *Publication Manual of the American Psychological Association*, Washington 2010.

Auhagen, Wolfgang: Art. *Stimmung und Temperatur*, in: Die Musik in Geschichte und Gegenwart. Allgemeine Enzyklopädie der Musik, Sachteil, Bd. 8, 2., neu bearbeitete Ausgabe, hg. von Ludwig Finscher, Kassel u. a. 1998, Sp. 1831–1847.

Auhagen, Wolfgang; Busch, Veronika; Hemming, Jan (Hgg.): *Systematische Musikwissenschaft*, Laaber 2011 (Kompendien Musik 9).

Auhagen, Wolfgang; Busch, Veronika; Hemming, Jan: *Einleitung*, in: Systematische Musikwissenschaft, hg. von Wolfang Auhagen, Veronika Busch und Jan Hemming, Laaber 2011 (Kompendien Musik 9), S. 11–12.

Auhagen, Wolfgang; Reuter, Christoph (Hgg.): *Musikalische Akustik*, Laaber 2011 (Kompendien Musik 16).

Bailey, Betty A.; Davidson, Jane W.: *Effects of Group Singing and Performance for Marginalized and Middle-class Singers*, in: Psychology of Music 33 / Nr. 3 (2005), S. 269–303.

Baily, John: *Learning to Perform as a Research Technique in Ethnomusicology*, in: ›Lux Oriente‹. Begegnungen der Kulturen in der Musikforschung. Festschrift Robert Günther zum 65. Geburtstag, hg. von Klaus W. Niemöller, Uwe Pätzold und Chung Kyo-chul, Kassel 1995 (Kölner Beiträge zur Musikforschung 188), S. 331–347.

Balensuela, C. Matthew; Williams, David R.: *Music Theory From Boethius to Zarlino. A Bibliography and Guide* (Harmonologia Series 12), Hillsdale 2007.

Ballhaus, Edmund; Engelbrecht, Beate (Hgg.): *Der Ethnographische Film. Eine Einführung in Methoden und Praxis*, Berlin 1995.

Behne, Klaus-Ernst: *Musikerleben im Jugendalter. Eine Längsschnittstudie*, Regensburg 2009.

Berliner, Paul F.: *Thinking in Jazz. The Infinite Art of Improvisation*, Chicago 1994.

Bernard, Harvey Russell: *Research Methods in Anthropology. Qualitative and Quantitative Approaches*, Lanham ⁴2006.

Besseler, Heinrich; Schneider, Max (Hgg.): *Musikgeschichte in Bildern*, 26 Bde., Leipzig 1961–1989.

Blaukopf, Kurt: *Die Mediamorphose der Musik als globales Phänomen*, in: Musik im Wandel der Gesellschaft. Grundzüge der Musiksoziologie, hg. von Kurt Blaukopf, 2., erweiterte Auflage, Darmstadt 1996, S. 270–297.

Bloss, Monika: *Musik(fern)sehen und Geschlecht hören? Zu möglichen (und unmöglichen) Verhältnissen von Musik und Geschlecht*, in: Rock- und Popmusik, hg. von Peter Wicke, Laaber 2001 (Handbuch der Musik im 20. Jahrhundert 8), S. 187-225.

Boersma, Paul; Weenink, David: *Praat. Doing Phonetics by Computer* (Version 5.1.05); [online verfügbar: URL: http://www.praat.org, abgerufen am 30.6.2011].

Bortz, Jürgen; Döring, Nicola: *Forschungsmethoden und Evaluation*, Berlin 1995.

Brandl, Rudolf M.: *Die Märchenlieder der Mamvu aus dem Feldforschungsmaterial P. A. Vorbichlers 1958/59*, in: *Festschrift zum 60. Geburtstag von P. Anton Vorbichler*, hg. von Inge Hofmann, Wien 1981 (Beiträge zur Afrikanistik 11/12), S. 1-24.

Brandl, Rudolf M.; Reinsch, Diether: *Die Volksmusik der Insel Karpathos. Die Lyramusik von Karpathos. Eine Studie zum Problem von Konstanz und Variabilität instrumentaler Volksmusik am Beispiel einer griechischen Insel 1930-1981*, 2 Bde. mit CD, Göttingen 1992 (Orbis Musicarum 9).

Brandl, Rudolf M.; Zhaoqian, Wang: *Nuo. Tänze der Geistermasken im Erdgottkult in Anhui (China)*, 3 Bde. mit Video, Göttingen 2001 (Orbis Musicarum 12).

Brandstätter, Ursula: *Grundfragen der Ästhetik. Bild - Musik - Sprache - Körper*, Köln u. a. 2008.

Bredenkamp, Jürgen: *Grundlagen experimenteller Methoden*, in: *Handbuch Quantitative Methoden*, hg. von Edgar Erdfelder u. a., Weinheim 1996, S. 37-46.

Breig, Werner; Dürrer, Martin; Mielke, Andreas: *Wagner-Briefe-Verzeichnis. Chronologisches Verzeichnis der Briefe Richard Wagners*, Wiesbaden 1998.

Breig, Werner; Fladt, Hartmut (Hgg.): *Dokumente zur Entstehungsgeschichte des Bühnenfestspiels »Der Ring des Nibelungen«*, Mainz 1976 (Richard Wagner. Sämtliche Werke 29,I).

Broughton, Simon u. a. (Hgg.): *The Rough Guide to World Music*, Band 1: *Africa and the Middle East*, London 2006.

Broughton, Simon u. a. (Hgg.): *The Rough Guide to World Music*, Band 2: *Europe, Asia and the Pacific*, London 2009.

Broughton, Simon u. a. (Hgg.): *World Music. The Rough Guide*, Band 1: *Africa, Europe and the Middle East*, London 1999.

Broughton, Simon; Ellingham Mark (Hgg.): *World Music. The Rough Guide*, Band 2: *Latin and North America, Caribbean, India, Asia and Pacific*, London 2000.

Bühner, Markus: *Einführung in die Test- und Fragebogenkonstruktion*, 3., aktualisierte und erweiterte Auflage, München 2011.

Cadenbach, Rainer: Art. *Musikwissenschaft*, in: *Die Musik in Geschichte und Gegenwart. Allgemeine Enzyklopädie der Musik*, Sachteil, Bd. 6, 2., neu bearbeitete Ausgabe, hg. von Ludwig Finscher, Kassel u. a. 1997, Sp. 1789-1800.

Celestini, Federico: *Viotti and the London Violin Concertos. A Challenge for Analysis and Historiography*, in: *Giovanni Battista Viotti between the two Revolutions*, hg. von Massimiliano Sala, Bologna 2006 (Ad Parnassum Studies 2), S. 253-272.

Charmaz, Kathy: *Grounded Theory*, in: *Contemporary Field Research. Perspectives and Formulations*, hg. von Robert M. Emerson, Long Grove ^{2}2001, S. 335-352.

Charry, Eric: *Mande Music. Traditional and Modern Music of the Maninka and Mandinka of Western Africa*, Chicago 2000.

Chaudhuri, Shubha: *Preservation of the World's Music*, in: *Ethnomusicology. An Introduction*, hg. von Helen Myers, New York und London 1992, S. 88-109.

Clarke, Eric; Cook, Nicholas (Hgg.): *Empirical Musicology. Aims, Methods, Prospects*, Oxford und New York 2004.

Clynes, Manfred: *Sentics. The Touch of Emotions*, London 1977.

Conrad, Christoph; Kessel, Martina (Hgg.): *Geschichte schreiben in der Postmoderne. Beiträge zur aktuellen Diskussion*, Stuttgart 1994.

Cook, Nicholas: *A Guide to Musical Analysis*, Oxford 1994.

Cooley, Timothy J.; Barz, Gregory F.: *Shadows in the Field. New Perspectives for Fieldwork in Ethnomusicology*, New York und Oxford 2008.

Crane, Frederick: *A Bibliography of the Iconography of Music*, Iowa City 1971.

Dahlhaus, Carl: *Die Musik des 19. Jahrhunderts*, Wiesbaden und Laaber ²1989 (Neues Handbuch der Musikwissenschaft 6).

Dahlhaus, Carl: *Europäische Musikgeschichte im Zeitalter der Wiener Klassik*, in: Analecta Musicologica 21 (1982), S. 1–20.

Dahlhaus, Carl: *Grundlagen der Musikgeschichte*, Köln 1977.

Dahlhaus, Carl: *Musikalischer Realismus zur Musikgeschichte des 19. Jahrhunderts*, München 1982.

Damschroder, David; Williams, David R.: *Music Theory From Zarlino to Schenker. A Bibliography and Guide*, Stuyvesant 1990 (Harmonologia Series 12).

Danuser, Hermann; Krummacher, Friedhelm (Hgg.): *Rezeptionsästhetik und Rezeptionsgeschichte in der Musikwissenschaft*, Laaber 1991.

Danuser, Hermann; Plebuch, Tobias (Hgg.): *Musik als Text. Bericht über den internationalen Kongress der Gesellschaft für Musikforschung, Freiburg im Breisgau 1993*, Kassel u. a. 1998.

Davis, Natalie Z.: *Imagination*, in: *Von der Arbeit des Historikers. Ein Wörterbuch zu Theorie und Praxis der Geschichtswissenschaft*, hg. von Anne Kwaschik und Mario Wimmer, Bielefeld 2010, S. 107–109.

Deathridge, John; Geck, Martin; Voss, Egon: *Wagner Werk-Verzeichnis (WWV). Verzeichnis der musikalischen Werke Richard Wagners und ihrer Quellen*, Mainz u. a. 1986.

Döring, Jörg; Thielmann, Tristan: *Spatial Turn. Das Raumparadigma in den Kultur- und Sozialwissenschaften*, Bielefeld 2008.

Drösser, Christoph: *Hast du Töne? Warum wir alle musikalisch sind*, Reinbek bei Hamburg 2009.

Ehrmann-Herfort, Sabine (Hg.): *Musikwissenschaft und Berufspraxis*, Darmstadt 1996.

Ellingson, Ter: *Transcription*, in: *Ethnomusicology. An Introduction*, hg. von Helen Myers, New York und London 1992, S. 110–152.

Ellis, Alexander J.: *On the Musical Scales of Various Nations*, in: Journal of the Royal Society of Arts 33 (1885), S. 485–527.

Emerson, Robert M.; Fretz, Rachel I.; Shaw, Linda L.: *Writing Ethnographic Fieldnotes*, Chicago ²2011.

Feder, Georg: *Empirisch-experimentelle Methoden in der Musikforschung*, in: Die Musikforschung 33 (1980), S. 409–431.

Feld, Steven: *Sound and Sentiment. Birds, Weeping, Poetics and Song in Kaluli Expression*, Philadelphia ²1990.

Fend, Michael: *The Problem of the French Revolution in Music Historiography and History*, in: *Musicology and Sister Disciplines. Past, Present, Future. Proceedings of the 16th International Congress of the International Musicological Society, London 1997*, hg. von David Greer, Oxford 2000, S. 239–250.

Fischer, Hans: *Feldforschung*, in: *Ethnologie. Einführung und Überblick*, hg. von Hans Fischer, Berlin ³1992, S. 90–99.

Flick, Uwe; Kardorff, Ernst von; Ines Steinke (Hgg.), *Qualitative Forschung. Ein Handbuch*, Reinbek bei Hamburg [8]2010.

Flick, Uwe: *Qualitative Forschung. Theorie, Methoden, Anwendung in Psychologie und Sozialwissenschaften*, Reinbek bei Hamburg [5]2000.

Födermayr, Franz: *Zum Konzept einer vergleichend-systematischen Musikwissenschaft*, in: *Musikethnologisches Kolloquium. Zum 70. Geburtstag von Walter Wünsch (1978)*, hg. von Alois Mauerhofer, Graz 1983 (Musikethnologische Sammelbände 6), S. 25–39.

Fourier, Jean-Baptiste: *Théorie analytique de la chaleur*, Paris 1822.

Franck, Norbert: *Handbuch wissenschaftliches Arbeiten*, Frankfurt am Main [2]2007.

Fricke, Jobst P.: *Systematische oder systemische Musikwissenschaft?*, in: Systematische Musikwissenschaft 1 / Nr. 2 (1993), S. 181–194.

Geertz, Clifford: *The Interpretation of Cultures*, New York 1973.

Gembris, Heiner; Hemming, Jan: *Musikalische Präferenzen*, in: *Spezielle Musikpsychologie*, hg. von Thomas H. Stoffer und Rolf Oerter, Göttingen 2005 (Enzyklopädie der Psychologie. Musikpsychologie 2), S. 279–342.

Geringer, John; Madsen, Clifford; Gregory, Dianne: *A Fifteen-Year History of the Continuous Response Digital Interface. Issues Relating to Validity and Reliability*, in: Bulletin of the Council for Research in Music Education 160 (2004), S. 1–15.

Goehr, Lydia: *The Imaginary Museum of Musical Works. An Essay in the Philosophy of Music*, Oxford und New York 1992.

Großmann-Vendrey, Susanna: *Bayreuth in der deutschen Presse. Beiträge zur Rezeptionsgeschichte Richard Wagners und seiner Festspiele. Dokumentationsband 1: Die Grundsteinlegung und die ersten Festspiele (1872–1876)*, Regensburg 1977.

Grupe, Gerd: *Ethnomusikologische Ansätze in der neueren Jazzforschung und Perspektiven eines interkulturellen Vergleichs am Beispiel Jazz und Gamelan*, in: Jazzforschung / Jazz Research 40 (2008), S. 157–174.

Hacker, Rupert; Gantert, Klaus: *Bibliothekarisches Grundwissen*, 8., neu bearbeitete und erweiterte Auflage, München 2008.

Hager, Willi: *Testplanung zur statistischen Prüfung psychologischer Hypothesen. Die Ableitung von Vorhersagen und die Kontrolle der Determinanten des statistischen Tests*, Göttingen u. a. 2004.

Hager, Willi; Patry, Jean-Luc; Brezing, Hermann (Hgg.): *Evaluation psychologischer Interventionsmaßnahmen. Standards und Kriterien. Ein Handbuch*, Bern u. a. 2000.

Hasselhorn, Marcus; Mähler, Claudia: *Transfer. Theorien, Technologien und empirische Erfassung*, in: *Evaluation psychologischer Interventionsmaßnahmen. Standards und Kriterien. Ein Handbuch*, hg. von Willi Hager, Jean-Luc Patry und Hermann Brezing, Bern u. a. 2000, S. 86–101.

Hays, William L.: *Statistics*, Fort Worth [5]1994.

Hebdige, Dick: *Subculture. The Meaning of Style*, London und New York 1979.

Helfferich, Cornelia: *Die Qualität qualitativer Daten. Manual für die Durchführung qualitativer Interviews*, 3., überarbeitete Auflage, Wiesbaden 2009.

Helmholtz, Hermann von: *Die Lehre von den Tonempfindungen als physiologische Grundlage für die Theorie der Musik*, 2., unveränderter Nachdruck der 6. Auflage, [Braunschweig 1913] Hildesheim 1983.

Hemming, Jan: *Persönlichkeit und Verhalten der Fans von Hard Rock, Punk und

Gangsta Rap. Eine Gegenüberstellung empirisch-sozialpsychologischer Befunde und kulturwissenschaftlicher Erkenntnisse, in: *Pop Insights. Bestandsaufnahmen aktueller Pop- und Medienkultur*, hg. von Thomas Krettenauer und Michael Ahlers, Bielefeld 2007, S. 47–61.

Hemming, Jan: *Semiotik und Popmusikforschung*, in: *Systematische Musikwissenschaft*, hg. von Wolfgang Auhagen, Veronika Busch und Jan Hemming, Laaber 2011 (Kompendien Musik 9), S. 174–184.

Honing, Henkjan: *The Comeback of Systematic Musicology. New Empiricism and the Cognitive Revolution*, in: Tijdschrift voor Muziektheorie 9/Nr. 3 (2004), S. 241–244.

Hood, Mantle: *The Ethnomusicologist*, New York 1971.

Horkheimer, Max; Adorno, Theodor W.: *Kulturindustrie, Aufklärung als Massenbetrug*, in: *Dialektik der Aufklärung. Philosophische Fragmente*, Frankfurt am Main 1997 (Theodor W. Adorno. Gesammelte Schriften 3), S. 141–191.

Hornbostel, Erich M. von: *Die Probleme der vergleichenden Musikwissenschaft* (1905), in: Erich M. von Hornbostel: *Tonart und Ethos. Aufsätze zur Musikethnologie und Musikpsychologie*, hg. von Christian Kaden und Erich Stockmann, Leipzig 1986, S. 40–58.

Hornbostel, Erich M. von; Abraham, Otto: *Vorschläge für die Transkription exotischer Melodien*, in: Sammelbände der Internationalen Musikgesellschaft 11 (1909), S. 1–25.

Howell, Martha C.; Prevenier, Walter: *Werkstatt des Historikers. Eine Einführung in die historischen Methoden*, hg. von Theo Kölzer, Köln u. a. 2004.

Huber, Oswald: *Das psychologische Experiment. Eine Einführung*, Bern ²1995.

Husmann, Heinrich: *Einführung in die Musikwissenschaft*, Wilhelmshaven 1975.

International MIDI Association: *Standard MIDI Files 1.0*, Los Angeles 1988.

Jers, Harald; Ternström, Sten: *Intonation Analysis of a Multi-channel Choir Recording*, in: TMH-QPSR 47 (2005) S. 1–6; [online verfügbar: URL: http://www.speech.kth.se/prod/publications/files/qpsr/2005/2005_47_1_001-006.pdf, abgerufen am 3.10.2011].

Keßler, Bernd: *Daten aus dem Interview*, in: *Psychologische Diagnostik. Ein Lehrbuch*, hg. von Reinhold S. Jäger und Franz Petermann, Weinheim ⁴1999, S. 429–439.

Kirk, Roger E.: *Experimental Design. Procedures for the Behavioral Sciences*, Pacific Grove ³1995.

Klapuri, Anssi P.: *Automatic Music Transcription as we Know it Today*, in: Journal of New Music Research 33/Nr. 3 (2004), S. 269–282.

Wannemacher, Klaus: *Wikipedia – Störfaktor oder Impulsgeber für die Lehre?* in: *Offener Bildungsraum Hochschule. Freiheiten und Notwendigkeiten*, hg. von Sabine Zauchner u. a., Münster 2008 (Medien in der Wissenschaft 48), S. 147–156.

Kluge, Reiner: *Systemdenken*, in: *Systematische Musikwissenschaft*, hg. von Wolfgang Auhagen, Veronika Busch und Jan Hemming, Laaber 2011(Kompendien Musik 9), S. 185–194.

Knepler, Georg: *Geschichte als Weg zum Musikverständnis. Zur Theorie, Methode und Geschichte der Musikgesichtsschreibung*, 2., überarbeitete Auflage, Leipzig 1982.

Koelsch, Stefan u. a.: *Brain Indices of Music Processing. »Nonmusicians« are Musical*, in: Journal of Cognitive Neuroscience 12/Nr. 3 (2000), S. 520–541.

Koelsch, Stefan; Schröger, Erich: *Neurowissenschaftliche Grundlagen der Mu-*

sikwahrnehmung, in: *Musikpsychologie. Das neue Handbuch*, hg. von Herbert Bruhn, Reinhard Kopiez und Andreas C. Lehmann, Reinbek bei Hamburg 2008, S. 393–412.

Kogler, Susanne: *Von der großen Erzählung zur Mikrologie? Musikhistoriographische Methodik zwischen Moderne und Postmoderne*, in: *Passagen. Theorien des Übergangs in Musik und anderen Kunstformen*, hg. von Christian Utz und Martin Zenck, Saarbrücken 2009 (musik.theorien der Gegenwart 3), S. 71–86.

König, René; Nentwich, Michael: *Google, Google Scholar und Google Books in der Wissenschaft*; [online verfügbar: URL: http://epub.oeaw.ac.at/ita/ita-projektberichte/d2-2a52-3.pdf, abgerufen am 1.6.2011].

Kopiez, Reinhard u. a.: *Vom Sentographen zur Gänsehautkamera. Entwicklungsgeschichte und Systematik elektronischer Interfaces in der Musikpsychologie*, Marburg 2011.

Kropfinger, Klaus: Art. *Rezeptionsforschung*, in: *Die Musik in Geschichte und Gegenwart. Allgemeine Enzyklopädie der Musik*, Sachteil, Bd. 8, 2., neu bearbeitete Ausgabe, hg. von Ludwig Finscher, Kassel u. a. 1998, Sp. 200–224.

Krüger, Simone: *Ethnography in the Performing Arts. A Student Guide*, Liverpool 2008; [online verfügbar: URL: http://www.heacademy.ac.uk/assets/documents/subjects/palatine/Ethnography-in-the-Performing-Arts-A-Student-Guide.pdf, abgerufen am 23.9.2011].

Kubik, Gerhard: *Emics and Etics. Theoretical Considerations*, in: African Music 7/Nr. 3 (1996), S. 3–10.

Kühn, Clemens: *Analyse lernen*, Kassel u. a. ⁶2008.

Kunst, Jaap: *Ethnomusicology. A Study of its Nature, its Problems, Methods and Representative Personalities to which is Added a Bibliography*, Den Haag ³1959.

Kunst, Jaap: *Musicologica. A Study of the Nature of Ethno-musicology, its Problems, Methods, and Representative Personalities*, Amsterdam 1950.

Kurth, Ernst: *Musikpsychologie*, Nachdruck der 1. Auflage, Hildesheim u. a. 1969.

Leech-Wilkinson, Daniel: *The Changing Sound of Music. Approaches to Studying Recorded Musical Performances*, London 2009.

Lehmann, Andreas C.: *Komposition und Improvisation*, in: *Musikpsychologie. Das neue Handbuch*, hg. von Herbert Bruhn, Reinhard Kopiez und Andreas C. Lehmann, Reinbek bei Hamburg 2008, S. 338–353.

Les représentations de Bayreuth: Correspondence, in: La Revue et Gazette musicale de Paris 43 / Nr. 36 (1876), S. 284–286.

Lesure, François: *Recueils imprimés XVIe–XVIIe siècles*, München 1960.

Lesure, François: *Recueils imprimés XVIIIe siècle*, München 1964.

Loftus, Geoffrey R.: *Psychology Will be a Much Better Science When we Change the way we Analyze Data*, in: Current Directions in Psychological Science 5/Nr. 6 (1996), S. 161–171.

Lütteken, Laurenz (Hg.): *Musikwissenschaft. Eine Positionsbestimmung*, Kassel u. a. 2007.

Mackenzie, Janeen; Hamlett, Karen: *The Music Together Program. Addressing the Needs of »Well« Families with Young Children*, in: Australian Journal of Music Therapy 16 (2005), S. 43–59.

Maier, Birgit: *Zur Methodik der Filmanalyse von ethnographischen Filmen*, in: *Der Ethnographische Film*, hg. von Edmund Ballhaus und Beate Engelbrecht, Berlin 1995, S. 223–267.

Manuel, Peter: *Popular Musics of the Non-Western World*, Oxford 1988.

Meischein, Burkhard: *Einführung in die historische Musikwissenschaft*, mit Beiträgen von Tobias R. Klein, Köln 2011.

Merriam, Alan P.: *The Anthropology of Music*, Evanston 1964.

Meyer, Jürgen: *Akustik und musikalische Aufführungspraxis. Leitfaden für Akustiker, Tonmeister, Musiker, Instrumentenbauer und Architekten*, 5., aktualisierte Auflage, Bergkirchen 2004.

Michels, Ulrich: *DTV-Atlas der Musik*, München 1977 (einbändige Sonderauflage 2008).

Middleton, Richard: *Studying Popular Music*, Philadelphia 1995.

Monson, Ingrid T.: *Saying Something. Jazz Improvisation and Interaction*, Chicago 1996.

Morgenthaler, Fritz u. a. (Hgg.): *Psychoanalyse, Traum, Ethnologie. Vermischte Schriften*, Gießen 2005.

Müllensiefen, Daniel; Pendzich, Marc: *Court Decisions on Music Plagiarism and the Predictive Value of Similarity Algorithms*, in: Musicae Scientiae Discussion Forum 4B (2009), S. 257–295.

Müllensiefen, Daniel; Wiggins, Geraint A.; Lewis, David: *High-level Feature Descriptors and Corpus-based Musicology. Techniques for Modelling Music Cognition*, in: Hamburger Jahrbuch für Musikwissenschaft 24 (2008), S. 133–155.

Müller, Renate u. a. (Hgg.): *Wozu Jugendliche Musik und Medien gebrauchen. Jugendliche Identität und musikalische und mediale Geschmacksbildung*, Weinheim und München 2002.

Müller, Renate: *Selbstsozialisation. Eine Theorie lebenslangen musikalischen Lernens*, in: Jahrbuch Musikpsychologie 11 (1995), S. 63–75.

Mummendey, Hans D.: *Die Fragebogen-Methode. Grundlagen und Anwendung in Persönlichkeits-, Einstellungs- und Selbstkonzeptforschung*, Göttingen ²1995.

Myers, Helen: *Field Technology*, in: Ethnomusicology. An Introduction, hg. von Helen Myers, New York und London 1992, S. 50–87

Myers, Helen: *Fieldwork*, in: Ethnomusicology. An Introduction, hg. von Helen Myers, New York und London 1992, S. 21–49.

Nettl, Bruno: *Heartland Excursions. Ethnomusicological Reflections on Schools of Music*, Urbana 1995.

Nettl, Bruno: *Nettl's Elephant. On the History of Ethnomusicology*, Urbana 2010.

Nettl, Bruno: *The Study of Ethnomusicology. Twenty-nine Issues and Concepts*, Urbana 1983; 2., überarbeitete Auflage: *The Study of Ethnomusicology. Thirty-one Issues and Concepts*, Urbana 2005.

Neuhoff, Hans: *Die Konzertpublika der deutschen Gegenwartskultur. Empirische Publikumsforschung in der Musiksoziologie*, in: Musiksoziologie, hg. von Helga de La Motte-Haber und Hans Neuhoff, Laaber 2007 (Handbuch der Systematischen Musikwissenschaft 4), S. 473–509.

Obert, Simon: *Synchroner Schnitt um 1910. Das kurze Stück im musikkulturellen Kontext*, in: Musiktheorie im Kontext. 5. Kongress der Gesellschaft für Musiktheorie, Hamburg 2005, hg. von Jan Ph. Sprick, Reinhard Bahr und Michael von Troschke, Berlin 2008, S. 391–402.

Oexle, Otto G.: *Was ist eine historische Quelle?*, in: Die Musikforschung 57 / Nr. 4 (2004), S. 332–350.

Peterson, Richard A.: *The Production of Culture. A Prolegomenon*, in: American Behavioral Scientist 19 / Nr. 6 (1976), S. 669–684.

Petras, Ole: *Wie Popmusik bedeutet. Eine synchrone Beschreibung popmusikalischer Zeichenverwendung*, Bielefeld 2011.

Pike, Kenneth L.: *Language in Relation to a Unified Theory of the Structure of Human Behavior*, 2., überarbeitete Auflage, Den Haag 1967.

Post, Jennifer C. (Hg.): *Ethnomusicology. A Contemporary Reader*, New York und London 2006.

Post, Jennifer C.: *Ethnomusicology. A Research and Information Guide*, New York und London ²2011.

Répertoire International des Sources Musicales. Einzeldrucke vor 1800, Band 1–9, Redaktion Karlheinz Schlager und Otto E. Albrecht, Kassel u. a. 1971–1981; *Einzeldrucke vor 1800. Addenda et Corrigenda*, Bd. 10–14, Redaktion Ilse Kindermann, Jürgen Kindermann und Gertraut Haberkamp, Kassel 1986–1999; *Einzeldrucke vor 1800. Register der Verleger, Drucker und Stecher und Register der Orte*, Bd. 15, Kassel u. a. 2003.

Repp, Bruno H.: *Expressive Timing in Schumann's »Träumerei«. An Analysis of Performances by Graduate Student Pianists*, in: The Journal of the Acoustical Society of America 98 / Nr. 5 (1995), S. 2413–2427.

Reuter, Christoph: *Der Einschwingvorgang nichtperkussiver Musikinstrumente. Auswertung physikalischer und psychoakustischer Messungen*, Frankfurt am Main u. a. 1995.

Reuter, Christoph: *Klangfarbe und Instrumentation. Geschichte – Ursachen – Wirkung*, Frankfurt am Main 2002.

Rice, Timothy: *Towards the Remodeling of Ethnomusicology*, in: Ethnomusicology 31 / Nr. 3 (1987), S. 469–88.

Richard Wagner Museum: *Informationen. Nationalarchiv*; [online verfügbar: URL: http://www.wagnermuseum.de/nationalarchiv/informationen_16.html, abgerufen am 10.9.2011].

Riemann, Hugo: *Ideen zu einer »Lehre von den Tonvorstellungen«*, in: Jahrbuch der Musikbibliothek Peters 21/22 (1914/15), S. 1–26.

Roccor, Bettina: *Heavy Metal. Kunst. Kommerz. Ketzerei*, Berlin 1998.

Roederer, Juan G.: *Physikalische und psychoakustische Grundlagen der Musik*, 3., überarbeitete und erweiterte Auflage, Berlin u. a. 2000.

Rösing, Helmut: *Systematische Musikwissenschaft. Ausgewählte Beispiele zu Inhalten und Methoden eines multidisziplinären Faches*, in: Acta Musicologica, 65 / Nr. 1 (1993), S. 51–73.

Rösing, Helmut; Petersen, Peter: *Orientierung Musikwissenschaft. Was sie kann, was sie will*, Reinbek bei Hamburg 2000.

Rossi, Peter H.; Freeman, Howard E.; Lipsey, Mark W.: *Evaluation. A Systematic Approach*, London ⁶1999.

Sachs, Curt: *Vergleichende Musikwissenschaft in ihren Grundzügen*, Leipzig 1930.

Samiska röster. Karl Tiréns fonografinspelningar 1913–1915; CD, Svea fonogram, Stockholm 2003.

Sampsel, Laurie J.: *Music Research. A Handbook*, New York u. a. 2009.

Sarkissian, Margaret: *Gender and Music*, in: Ethnomusicology. An Introduction, hg. von Helen Myers, New York und London 1992, S. 337–348.

Sartori, Claudio: *I libretti italiani a stampa dalle origini al 1800. Catalogo analitico con 16 indici*, 7 Bde., Cuneo 1990–1994.

Saussure, Ferdinand de: *Grundfragen der allgemeinen Sprachwissenschaft*, Berlin u. a. 1931.

Schäfer, Thomas: *Statistik I. Deskriptive und Explorative Datenanalyse*, Wiesbaden 2010.

Schaffrath, Helmut: *The Essen Folksong Collection, Database Containing 6.255 Folksong Transcriptions in the Kern Format and a 34-Page Research Guide*, Menlo Park 1995.

Schaller, Sylvia: *Daten aus Beobachtungen*, in: *Psychologische Diagnostik. Ein Lehrbuch*, hg. von Reinhold S. Jäger und Franz Petermann, Weinheim ⁴1999, S. 439–448.

Schandry, Rainer: *Biologische Psychologie*, 3., überarbeitete Auflage, Weinheim 2011.

Schellenberg, E. Glenn: *Music Lessons Enhance IQ*, in: Psychological Science 15 / Nr. 8 (2004), S. 511–514.

Schwindt-Gross, Nicole: *Musikwissenschaftliches Arbeiten. Hilfsmittel – Techniken – Aufgaben*, Kassel u. a. ⁷2010 (Bärenreiter Studienbücher Musik 1).

Seashore, Carl E.: *Psychology of Music*, New York 1938.

Sedlmeier, Peter; Renkewitz, Frank: *Forschungsmethoden und Statistik in der Psychologie*, München u. a. 2008.

Seeger, Anthony: *Ethnography of Music*, in: *Ethnomusicology. An Introduction*, hg. von Helen Myers, New York und London 1992, S. 88–109.

Seeger, Anthony: *The Role of Sound Archives in Ethnomusicology Today*, in: Ethnomusicology 30 / Nr. 2 (1986), S. 261–276.

Seeger, Anthony: *Why Suyá Sing. A Musical Anthropology of an Amazonian People*, Urbana ²2004.

Seeger, Charles E.: *Introduction. Systematic (Synchronic) and Historical (Diachronic) Orientations in Musicology*, in: *Studies in Musicology. 1935–1975*, hg. von Charles E. Seeger, Berkeley 1977, S. 1–15.

Seifert, Timothy L.: *Determining Effect Sizes in Various Experimental Designs*, in: Educational and Psychological Measurement 51 / Nr. 2 (1991), S. 341–347.

Shreffler, Anne C.: *Berlin Walls. Dahlhaus, Knepler, and Ideologies of Music History*, in: The Journal of Musicology 20 / Nr. 4 (2003), S. 498–525.

Slobin, Mark: *Ethical Issues*, in: Ethnomusicology. An Introduction, hg. von Helen Myers, New York und London 1992, S. 329–336.

Slobin, Mark: *Micromusics of the West. A Comparative Approach*, in: Ethnomusicology 36 (1992), S. 1–87.

Sousa, Maria-Do-Rosário; Neto, Félix; Mullet, Etienne: *Can Music Change Ethnic Attitudes Among Children?*, in: Psychology of Music 33 / Nr. 3 (2005), S. 304–316.

Spitzer, Manfred: *Musik im Kopf. Hören, Musizieren, Verstehen und Erleben im neuronalen Netzwerk*, Stuttgart und New York 2002.

Stickel-Wolf, Christine; Wolf, Joachim: *Wissenschaftliches Arbeiten und Lerntechniken. Erfolgreich studieren – gewusst wie!*, 6., aktualisierte Auflage, Wiesbaden 2011.

Stobart, Henry (Hg.): *The New (Ethno-)Musicologies*, Lanham u. a. 2008.

Stock, Jonathan: *Documenting the Musical Event. Observation, Participation, Representation*, in: *Empirical Musicology. Aims, Methods, Prospects*, hg. von Eric F. Clarke und Nicholas Cook, Oxford und New York 2004, S. 15–34.

Stockmann, Doris: Art. *Transkription*, in: *Die Musik in Geschichte und Gegenwart. Allgemeine Enzyklopädie der Musik*, Sachteil, Bd. 9, 2., neu bearbeitete Ausgabe, hg. von Ludwig Finscher, Kassel u. a. 1998, Sp. 726–749.

Stone, Ruth M. (Hg.): *The Garland Encyclopedia of World Music. Band 10: The World's Music. General Perspectives and Reference Tools*, New York und London 2002.

Stone, Ruth M.: *Theory for Ethnomusicology*, Upper Saddle River 2008.

Strohm, Reinhard: *Looking Back at Ourselves. The Problem with the Musical Work-Concept*, in: *The Musical Work. Reality or Invention*, hg. von Michael Talbot, Liverpool 2000, S. 128–152.

Stumpf, Carl: *Tonpsychologie 1*, Leipzig 1883.

Stumpf, Carl: *Tonpsychologie 2*, Leipzig 1890.

Tagg, Philip: *Introductory Notes to the Semiotics of Music*, 2001; [online verfügbar: URL: http://www.tagg.org/xpdfs/semiotug.pdf, abgerufen am 1.10.2011].

Tagg, Philip: *Kojak – 50 Seconds of Television Music. Towards the Analysis of Affect in Popular Music*, Göteborg 1979.

Taruskin, Richard: *The Oxford History of Western Music*, 6 Bde., Oxford 2005.

Tirén, Karl: *Die lappische Volksmusik. Aufzeichnungen von Juoikos-Melodien bei den schwedischen Lappen*, Stockholm 1942.

Tomlinson, Gary: *Monumental Musicology*, in: Journal of the Royal Musical Association 132 / Nr. 2 (2007), S. 349–374.

Turino, Thomas. *Music as Social Life. The Politics of Participation*, Chicago 2008.

Vaidhyanathan, Siva: *The Googlization of Everything. And Why We Should Worry*, Berkeley 2011.

Vorbichler, Anton: *Die Oralliteratur der Balese-Efe im Ituri-Wald (Nordost-Zaire). Mit einem musikwissenschaftlichen Anhang von Rudolf Maria Brandl*, Köln 1979 (Studia Instituti Anthropos 34).

Wagner, Cosima: *Die Tagebücher, Band 1: 1873–1877*, hg. und kommentiert von Martin Gregor-Dellin und Dietrich Mack, München u. a. ²1982.

Waterman, Christopher A.: *Jùjú. A Social History and Ethnography of an African Popular Music*, Chicago 1990.

Weihs, Claus u. a.: *Classification in Music Research*, in: Advances in Data Analysis and Classification 1 / Nr. 3 (2007), S. 255–291.

Werner-Jensen, Arnold: *Das Reclam-Buch der Musik*, Stuttgart 2001.

Whittall, Arnold: *Carl Dahlhaus, the Nineteenth Century and Opera*, in: Cambridge Opera Journal 3 / Nr. 1 (1991), S. 79–88.

Wicke, Peter (Hg.): *Duden. Basiswissen Schule. Musik. 7. Klasse bis Abitur*, 2., neu bearbeitete Auflage, Mannheim u. a. 2011.

Wiener, Oliver: *Intertext als analytischer Kontext. Zwei Fallstudien: Mozarts Streichquartett KV 421 (417b) und KV 465*, in: *Quellenstudium und musikalische Analyse. Festschrift Martin Just zum 70. Geburtstag*, hg. von Peter Niedermüller, Cristina Urchueguía und Oliver Wiener, Würzburg 2001, S. 169–192.

Index

A

Abstract 48, 49, 75, 93
Akustik 9, 12, 153, 188, 200
Alphabetischer Katalog. *Siehe* Katalog
Arbeitsjournal 39
Archiv 16, 51, 97, 126, 138, 196, 211, 214, 215, 242
Artikel 41, 45, 46, 55, 102, 104. *Siehe auch* Unselbstständige Publikation
Audiomaterial 48, 84, 193, 196, 204, 211, 213, 214, 220, 224, 232, 233, 237
Audiovisuelles Material 46, 48, 51, 84, 106, 125, 141, 211, 213, 224, 235, 237
Auflage 46, 74, 98, 99
Aufsatz 41, 45, 95, 102. *Siehe auch* Unselbstständige Publikation
Ausgabe 140
Auswertung 123, 173, 176, 204, 214, 226, 231, 237
Autograph 9, 45, 148

B

Befragung 172, 181, 183, 201, 224, 226, 227, 229, 237
Beobachtung 172, 181, 184, 185, 197, 204, 225
Berichtszeitraum 47
Bestandsverzeichnis 53
Bibliographie 46, 47, 49, 135, 136, 209
Bibliographie des Musikschrifttums (BMS) 47, 48
Bibliothek 16, 31, 54–56, 126, 137, 138, 259
Bibliothekskatalog 55. *Siehe auch* Katalog; OPAC

Bildmaterial 135, 141, 145, 201, 204, 211, 214, 224, 235
Boolscher Operator 67

C

CD. *Siehe* Tonträger
CD-ROM 47, 103, 105

D

Datenbank-Infosystem (DBIS) 130
Datenerhebung 161, 172
Denkmälerausgabe 144
Diachrone Perspektive 155, 157, 201
Digitale Quelle. *Siehe* Digitalisierung; Quelle
Digitalisat. *Siehe* Digitalisierung
Digitalisierung 105, 134, 137, 141, 146, 209, 212, 221, 231
Direktes Zitat 94, 96, 107
Diskographie 46, 51, 52, 136, 209, 211, 213
Dokumentensammlung 144, 146

E

E-Book 55
Edition 16, 135, 141, 142, 144
Einfache Suche 31, 66
Emische Perspektive 200, 210, 239
Empirische Forschung 8, 139, 155, 156, 161, 201, 203
Enzyklopädie. *Siehe* Lexikon
Ergebnisteil 173, 176

Erstinformation 25, 32, 36, 79, 88, 222
Erweiterte Suche 31, 66
Ethnographie 156, 195, 224, 225
Etische Perspektive 200, 210, 239
Evaluationsforschung 185
Experiment 156, 172
Exzerpt 76, 77

F

Fachbibliographie 46, 47, 49, 53, 55. *Siehe auch* Bibliographie
Fachzeitschrift 41, 42, 102, 109, 164, 210, 213
Faksimile 100, 140, 141
Feldforschung 9, 197, 203, 204, 211, 223–225
Feldnotiz 226, 237
Festschrift 41
Film. *Siehe* Audiovisuelles Material
Filmographie 46, 51, 52, 209, 211, 213
Formalia 19, 93
Forschungsfrage. *Siehe* Fragestellung
Forschungsgegenstand 38, 150, 160, 199
Forschungsmethode 9, 150, 156, 161, 163, 181, 192, 193, 199, 203, 222
Fragestellung 19, 24, 25, 38, 39, 45, 75, 77, 79, 80, 87, 90, 121–123, 125–127, 132, 139, 145, 148–151, 159, 171, 200, 203, 206, 222, 226, 237
Freitextsuche 68

G

Garland Encyclopedia of World Music, The 31, 202
Gedruckter Katalog. *Siehe* Katalog
Genderforschung 119, 200
Gesamtausgabe 16, 103, 143
Grove Music Online (GMO) 31

H

Handapparat 21, 22
Handbuch 25, 33
Handout 79, 86
Handschrift 128, 142. *Siehe auch* Quelle
Hausarbeit 19, 24, 87, 91–93, 97, 110, 205, 209
Hermeneutik 114
Hochschulschrift 41, 47, 100
Hypothese 171, 173, 174

I

Incipit 53, 130, 131
Inhaltsverzeichnis 93
Instrumentenkunde 12, 153, 255
Interdisziplinarität 121, 161, 188, 197, 200
International Index to Music Periodicals (IIMP) 49, 133
Internetadresse (URL) 104
Interpretationsforschung 201
Interview 204. *Siehe* Befragung

J

Jahrbuch 44, 102, 109

K

Katalog 55, 56, 138, 211
Kodierung 237
Kontextualisierung 214
Kopie 140, 141
Korrekturlesen 85, 86, 110
Kritische Ausgabe 45, 48, 141–143
Kritischer Bericht 142
Kritische Selbstreflexion. *Siehe* Reflexion

L

Layout 85, 109, 110
Lexikon 25–28, 209
Literaturnachweis 19, 74, 77, 78, 95–98
Literaturrecherche 48, 55, 163, 209. *Siehe auch* Recherche
Literaturverwaltung 39, 77, 78
Literaturverzeichnis 47, 69, 77, 78, 93, 94, 97, 98, 99, 102, 107, 111

M

Maskierung. *Siehe* Suchbegriff
Methodenteil 172
Mikrofiche 55, 137
Mikrofilm 134, 137
Monographie 99, 108, 200. *Siehe auch* Selbstständige Publikation
Museum 211
Music Index (MI) 49, 133
Musikalie 16, 118. *Siehe auch* Notenausgabe; Notentext
Musikalienverzeichnis 53, 130–132
Musikanalyse 12, 193, 195. *Siehe auch* Musiktheorie
Musikästhetik 8, 13, 114, 116, 118, 153, 195, 201
Musikdramaturgie 16
Musikgeschichte 10, 12, 113, 114, 117, 120
Musikgeschichtsschreibung 116, 117, 119
Musikinformatik 16, 153, 163
Musikjournalismus 16, 218, 246, 251, 264
Musikkultur 113, 119, 120, 195, 196, 200, 201, 203, 204, 207, 208, 222
Musikmanagement 16, 266
Musikpädagogik 12, 195
Musikpraxis 118, 196, 207, 212
Musikpsychologie 11, 119, 153, 156, 192, 201, 204
Musiksoziologie 10, 153, 156, 157, 160, 201, 204
Musiktheorie 8, 12, 13, 153, 195

Musikverlag 257. *Siehe* Verlag
Musikzeitschrift 133, 134, 137. *Siehe auch* Fachzeitschrift

N

Nachdruck 74, 100, 141
New Grove Dictionary of Music and Musicians, The (NGD) 27, 31
Notenausgabe 16, 45, 53
Notentext 125, 128–132, 143

O

Onlinebibliographie 50. *Siehe auch* Bibliographie
Onlinelexikon 30, 32. *Siehe auch* Lexika
Online Public Access Catalogue (OPAC) 55, 138
Onlinerecherche 31, 48, 67. *Siehe auch* Recherche
Onlinezeitschrift 103, 210
Operationalisierung 171

P

Paraphrase 94–96, 107
Phrasensuche 68
Physiologische Messmethoden 187
Plagiat 19, 94
Präsentationsfolie 84
Psychoakustik 11, 154, 192, 201

Q

Qualitative Forschung 201, 222, 229. *Siehe auch* Empirische Forschung

Quelle 14, 27, 115, 123–128, 138, 139, 142, 203, 204, 214, 216, 217, 224, 226, 231, 233, 236
Quelleninterpretation 123, 150, 152, 237, 238
Quellenkritik 32, 126, 148, 216, 218, 229, 231, 239
Quellenlesebuch 144–146
Quellennachweis 96
Quellenrecherche 126, 133, 209. *Siehe auch* Literaturrecherche; Recherche
Quellenverzeichnis 97

R

Recherche 19, 36, 39, 41, 69, 222
Recherchetechnik 40
Referat 19, 24, 78, 80, 83, 87
Reflexion 113, 204, 210, 229, 239
Reihenpublikaton 100, 108
Repertoire International de Littérature Musicale (RILM) 47, 48, 75
Répertoire International des Sources Musicales (RISM) 53. *Siehe auch* Musikalienverzeichnis
Répertoire International d'Iconographie Musicale (RIdIM) 135
Répertoire Internationale de la Presse Musicale (RIPM) 133
Repertoireverzeichnis 53
Rezension 44, 46, 102, 148, 149
Rezeption 119, 123

S

Sammelband 41, 55, 101, 109
Sammlung 214–216, 233, 255, 259
Schlagwort 46
Schlagwortkatalog 56
Schlagwortsuche 68
Schneeballverfahren 69

Schreibstil 91
Selbstorganisation 19, 21
Selbstständige Publikation 45, 47
Signatur 55, 56, 97
Statistik 176, 180, 201
Streaming 31, 49, 84
Suchbegriff 39, 66–69
Suchinstrument 40, 46
Suchmatrix 69
Synchrone Perspektive 155, 157, 159
Systematischer Katalog. *Siehe* Katalog

T

Tagungsband 41
Teilnehmende Beobachtung 157, 184, 201, 203, 204, 225, 226. *Siehe auch* Beobachtung
Terminologie 91, 195
Textkritik 32, 73, 75, 174, 201, 210, 218, 219. *Siehe auch* Quellenkritik
Textproduktion 91
Textquelle 224
Thema 24, 79, 163, 209
Thematischer Katalog 53, 131, 132
Themenanalyse 24, 25, 36, 37, 79, 88, 222
Theorie 205, 238
These 150, 237–239
Titel 97, 98, 104
Titelblatt 93
Tonmaterial. *Siehe* Audiomaterial
Tonträger 28, 46, 51, 84, 103, 105, 136, 141, 201, 220
Transkription 13, 224, 231, 233, 237

U

Unselbstständige Publikation 45, 47, 49, 101, 109

V

Validität 171
Variable 171, 172, 174, 176
Varianzanalyse 176
Verlag 16, 46, 74, 99
Versteckte Bibliographie 27, 47. *Siehe auch* Bibliographie
Versuchsplan 174
Verzeichnis 128
Video. *Siehe* Audiovisuelles Material
Virtuelle Fachbibliothek Musik (ViFA Musik) 134, 147

W

Werkverzeichnis 53, 131, 132
W-Fragen 37, 208
Wissenschaftliche Dokumentation 217, 225, 226, 236
Wissenschaftlicher Apparat 24, 97, 110
Wörterbuch 35

Z

Zeitplan 79, 88
Zeitung 102, 109, 137, 149
Zettelkatalog 56, 138. *Siehe auch* Katalog
Zitieren 94. *Siehe auch* Literaturnachweis

Autorinnen und Autoren

RUDOLF M. BRANDL studierte Musikwissenschaft mit den Nebenfächern Afrikanistik und Ethnologie. Parallel dazu erfolgte ein Kompositionsstudium bei Friedrich Cerha. Im Jahr 1972 Promotion bei Walter Graf im Bereich Vergleichende Musikwissenschaft. Nach der Habilitation an der Freien Universität Berlin von 1982–2008 Professor für Systematische Musikwissenschaft / Musikethnologie an der Georg August-Universität Göttingen. Seit Herbst 2008 Direktor des Phonogrammarchivs der Österreichischen Akademie der Wissenschaften in Wien.

OTTO BRUSATTI studierte Musikwissenschaft, Philosophie, Geschichte und wurde 1974 in Wien promoviert. Viele Berufe mit Musik (bis hin zur zeitweisen Leitung der Musiksammlung der Stadt Wien, Autor von rund 40 Buchveröffentlichungen, Regisseur, Moderator und mehrfach an der Universität agierend: Vergleichende Ästhetik, Schauspiel, Medien), und noch immer ist er nach eigener Aussage auf der Suche, Musik abermals neu zu erfassen, sie in Rede, Schrift und Vermittlung wiederzugeben.

MICHELE CALELLA studierte Klavier und Musikwissenschaft in Cremona, Regensburg, Paris und Münster (1997 Promotion). 1997–2001 wissenschaftlicher Assistent an der Philipps-Universität Marburg, dann Assistent und später Oberassistent am Musikwissenschaftlichen Institut der Universität Zürich (2003 Habilitation). 2005–2010 Universitätsprofessor für Musikwissenschaft an der Universität für Musik und Darstellende Kunst in Wien, seit 2010 Universitätsprofessor für Neuere Historische Musikwissenschaft an der Universität Wien. Forschungsschwerpunkte: Musiktheorie und Musikauffassung im 15.–16. Jahrhundert, Oper im 18. Jahrhundert, Klaviermusik im 19. Jahrhundert sowie theoretische Aspekte des Faches Musikwissenschaft.

FEDERICO CELESTINI studierte an der Università La Sapienza in Rom, Promotion und Habilitation an der Karl-Franzens-Universität Graz. Mehrere Fellowships und Gastprofessuren darunter an der University of Oxford (British Academy), der Freien Universität Berlin (Humboldt-Stiftung), der Kunstuniversität Graz, der Universität Graz und an der University of Chicago. Seit 2011 Professor für Musikwissenschaft an der Universität Innsbruck. Publikationen über Musik des 18.–21. Jahrhunderts, Musikästhetik, mittelalterliche Mehrstimmigkeit sowie Musik und Kultur. Mitherausgeber der Zeitschrift »Acta Musicologica«.

SABINE EHRMANN-HERFORT studierte Musikwissenschaft, Klassische Philologie und Philosophie an den Universitäten Tübingen und Freiburg im Breisgau, Promotion im Fach Musikwissenschaft. Sie war wissenschaftliche Mitarbeiterin und Lehrbeauftragte am Musikwissenschaftlichen Seminar der Albert-Ludwigs-Universität Freiburg und am Institut für Musikwissenschaft der Universität Karlsruhe, anschließend in dem von Hans Heinrich Eggebrecht, danach von Albrecht Riethmüller herausgegebenen Akademieprojekt »Handwörterbuch der musikalischen Terminologie« in Freiburg tätig. Seit 2002 ist sie wissenschaftliche Mitarbeiterin und stellvertretende Leiterin an der Musikgeschichtlichen Abteilung des Deutschen Historischen Instituts in Rom. Forschungsschwerpunkte: Oper und Musiktheater, musikalische Terminologie, italienische Musikgeschichte und Musiktheorie, Fragen der Berufspraxis in der Musikwissenschaft sowie Migrationsforschung.

WOLFGANG FUHRMANN studierte Musikwissenschaft und Germanistik in seiner Geburtsstadt Wien und hat viele Jahre als freier Musikpublizist (u. a. für das Feuilleton der »Berliner Zeitung« und der »Frankfurter Allgemeine Zeitung«) und als Musikwissenschaftler gearbeitet. Er wurde mit der Arbeit »Herz und Stimme. Innerlichkeit, Affekt und Gesang im Mittelalter« promoviert (2004, Bärenreiter) und hat sich 2010 an der Universität Bern mit der Arbeit »Haydn und sein Publikum. Die Veröffentlichung eines Komponisten, ca. 1750 bis 1815« habilitiert. Er hat in Berlin, Leipzig, Wien und Bern unterrichtet; im Sommersemester 2008 vertrat er den Lehrstuhl von Joachim Kremer an der Musikhochschule Stuttgart. Seit November 2011 ist er Assistent für Historische Musikwissenschaft an der Universität Wien.

GERD GRUPE studierte an der Freien Universität Berlin Vergleichende Musikwissenschaft, Amerikanistik und Bibliothekswissenschaft, wurde dort 1990 mit einer Dissertation über afrojamaikanische Musik promoviert (»Kumina-Gesänge. Studien zur traditionellen afrojamaikanischen Musik«, Hamburg, Wagner) und habilitierte sich 1996 mit einer Studie über Musik der Shona, die 2004 als »Die Kunst des mbira-Spiels (The Art of Mbira Playing). Harmonische Struktur und Patternbildung in der Lamellophonmusik der Shona in Zimbabwe« (Tutzing, Schneider) publiziert wurde. Er hat u. a. an den Universitäten in Berlin, Frankfurt am Main, Hildesheim, Bayreuth, Graz und Krems gelehrt und ist seit 2002 Professor für Ethnomusikologie an der Kunstuniversität Graz. Seine Forschungsinteressen umfassen u. a. die Musik des subsaharischen Afrika, afroamerikanische Musik und Gamelan sowie kulturübergreifend-vergleichende Fragen.

JAN HEMMING studierte von 1989–1995 Musikwissenschaft, Philosophie und Physik in Frankfurt am Main und an der Technischen Universität Berlin. Im Anschluss war er von 1997–2000 wissenschaftlicher Mitarbeiter der Universität Bremen; dort Promotion zum Thema »Begabung und Selbstkonzept. Eine qualitative Studie unter semiprofessionellen Musikern in Rock und Pop«. Von 2000–2005 war er Assistent für Systematische Musikwissenschaft an der Martin-Luther-Universität Halle-Wittenberg. Seit 2005 ist er Professor für Systematische Musikwissenschaft an der Universität Kassel. Arbeitsschwerpunkte: Musikpsychologie und -soziologie, Popmusikforschung, Medien und Technik, Musikästhetik des 20./21. Jahrhunderts, Cultural und Gender Studies, fachpolitische Ausrichtung der Musikwissenschaft.

RUDOLF HOPFNER studierte zunächst Musikpädagogik und Violine an der Hochschule für Musik und Darstellende Kunst in Wien. Darauf erfolgte das Studium der Musikwissenschaft und Geschichte, das 1989 mit der Promotion abgeschlossen wurde. Auf die Arbeit als Abteilungsleiter für Musikpädagogik am Josef Matthias Hauer-Konservatorium, Wiener Neustadt, erfolgten wissenschaftliche Tätigkeiten an der Sammlung alter Musikinstrumente, die im Jahr 2000 in der Bestellung zum Direktor der Sammlung alter Musikinstrumente des Kunsthistorischen Museums in Wien mündeten. Autor zahlreicher Bücher und Publikationen zum Thema Musikinstrumente und Instrumentenbau.

KORDULA KNAUS studierte Konzertfach Gitarre an der Kunstuniversität Graz und Musikwissenschaft an der Karl-Franzens-Universität Graz; daneben Dramaturgie- und Regieassistenz am Opernhaus Graz. Von 2002–2009 war sie wissenschaftliche Mitarbeiterin am Institut für Musikwissenschaft der Universität Graz, seit Januar 2010 ist sie Assistenzprofessorin. 2003 Promotion über Alban Bergs *Lulu* (2003, Rombach) sowie 2010 Habilitation über Crossgender Casting in der Barockoper (2011, Franz Steiner Verlag) an der Universität Graz. Im Frühjahr 2007 war sie Gastprofessorin am New York City College. Forschungsschwerpunkte: Italienische und deutsche Oper, Alban Berg, Genderforschung.

CHRISTIANE KRAUTSCHEID studierte in Bonn, Lyon und Berlin Musikwissenschaft, Deutsche Literatur und Kommunikationswissenschaft. Nach der Promotion arbeitete sie beim Plattenlabel Berlin Classics, der »Berliner Zeitung« und für das Berliner Philharmonische Orchester. Sie publizierte Bücher, Aufsätze, Programmheft- und Booklettexte. Seit 2001 ist sie als Head of International Promotion und Unternehmenssprecherin bei Schott Music beschäftigt. Nebenberuflich ist sie weiterhin als Autorin und Moderatorin tätig.

ADRIAN KUHL studierte Musikwissenschaft, Deutsche Philologie sowie Philosophie an der Ruprecht-Karls-Universität Heidelberg und promoviert derzeit bei Silke Leopold über die deutschsprachige Oper im 18. Jahrhundert. 2007–2009 war er Stipendiat des interdisziplinären Landespromotionskollegs »Das Konzert der Medien in der Vormoderne. Gruppenbildung und Performanz«, 2011 der Richard-Wagner-Stipendienstiftung Bayreuth. Seit 2007 ist er als Tutor für Wissenschaftliches Arbeiten, seit 2008 auch für Musikgeschichte am Musikwissenschaftlichen Seminar der Universität Heidelberg angestellt. Daneben ist er seit 2011 Lehrbeauftragter für Musikgeschichte und Instrumentenkunde an der Hochschule für Kirchenmusik in Heidelberg, im Studienjahr 2011/2012 außerdem an der Hochschule für Musik in Würzburg.

MARCO LEHMANN ist Diplom-Psychologe und M. Sc. in Music Psychology (Keele University). Er wurde 2010 an der Hochschule für Musik, Theater und Medien Hannover promoviert und schloss damit seine Forschungsarbeit über Jugendliche ab (»Soziale Einflüsse auf die Musik-Elaboration Jugendlicher«, Berlin 2011). Marco Lehmann arbeitet zurzeit als wissenschaftlicher Mitarbeiter an der Universität Hamburg und berät dort zu Versuchsplanung und Statistik an der Servicestelle für empirische Forschungsmethoden.

THOMAS LEIBNITZ studierte Musikwissenschaft und Germanistik an der Universität Wien, 1980 Promotion. Ab 1978 war er Mitarbeiter des Instituts für Österreichische Musikdokumentation, ab 1986 wissenschaftlicher Bibliothekar der Musiksammlung der Österreichischen Nationalbibliothek, dabei auch zuständig für die Auswertung der in Österreich erschienenen musikwissenschaftlichen Publikationen für RILM. Ab 2002 ist er als Direktor der Musiksammlung, ab 2005 Präsident der Internationalen Bruckner-Gesellschaft tätig. Zahlreiche Publikationen zur österreichischen Musik des späten 19. und des frühen 20. Jahrhunderts.

HEIKO MAUS studierte bis 2001 Historische und Systematische Musikwissenschaft mit Schwerpunkten auf Musikgeschichte, Musikpsychologie und -soziologie in Hamburg. Seit 1998 ist er Teilhaber der Maus Möller PR- und Werbeagentur, die sich auf die Produktion von Werbemusik und Audio-Branding spezialisiert hat. An der audioacademy.de referiert er u. a. über Musiktheorie, Film- und Werbemusik. Seit 2006 erstattet er als Sachverständiger Musikgutachten und unterstützt als freiberuflicher Musikberater Unternehmen im Einsatz von Gebrauchsmusik (http://www.musikberater.com, http://www.audioacademy.de, http://www.mausmoeller.de).

STEPHAN MÖSCH ist Privatdozent an der Universität Bayreuth, wo er 2010/2011 den Lehrstuhl für Musiktheaterwissenschaft vertrat. Seine Monographien über Boris Blacher und Richard Wagner wurden mit Preisen ausgezeichnet. Mitinitiator des Studiengangs Master in Arts Administration an der Universität Zürich. Verantwortlicher Redakteur der Zeitschrift »Opernwelt« (Gottlob-Frick-Medaille in Gold 2004). Mitherausgeber des Jahrbuchs »OPER« und einer CD-Reihe. Autor im Feuilleton der »Frankfurter Allgemeinen Zeitung« (1996–2008); Radiosendungen für zahlreiche ARD-Anstalten; Fernsehmoderation für ARTE; Vortragstätigkeit im In- und Ausland; Konzeption und Durchführung des Kongresses »Oper in Berlin« (2009). Jurymitglied zahlreicher internationaler Wettbewerbe für Gesang, Regie und Bühnengestaltung.

MICHAEL NEMETH schloss 2005 sein Doktoratsstudium Musikwissenschaft an der Universität Wien ab. Neben der Gründung der Konzerte im Grazer Stadtparkpavillon und der Konzertreihe »Amabile« in der Orangerie im Grazer Burggarten ist er Mitbegründer des Kammerorchesters CON FUOCO zur Talenteförderung junger Musikerinnen und Musiker. Nach Praktika an der Wiener Staatsoper und in der Bundestheaterholding war er Mitarbeiter der Wiener Künstleragentur Erich Seitter. Zunächst Dramaturg im Büro des Musikvereins für Steiermark, seit 2007 ist er Generalsekretär desselben. 2010 Gründung der jährlich stattfindenden Sommer-Konzertreihe MUSIK:TAGE.

KATHRIN SCHLEMMER ist Musikwissenschaftlerin und Diplom-Psychologin. Sie wurde 2005 an der Humboldt-Universität zu Berlin mit einer Arbeit über »Absolutes und nichtabsolutes Hören – Einflussfaktoren auf das Erinnern von Tonarten« promoviert. Sie war von 2006 bis 2011 wissenschaftliche Mitarbeiterin am Institut für Musik der Martin-Luther-Universität Halle-Wittenberg und trat 2011 die Professur für Musikwissenschaft an der Katholischen Universität Eichstätt-Ingolstadt an.

BRITTA SWEERS ist Professorin für Kulturelle Anthropologie der Musik an der Universität Bern. Studium der Historischen und Systematischen Musikwissenschaft, Philosophie sowie Ethnologie (Universität Hamburg und Indiana University). 1999 Promotion an der Universität Hamburg, 2001–2003 Hochschulassistentin, 2003–2009 Juniorprofessorin für Ethnomusikologie / Systematische Musikwissenschaft (HMT Rostock). Zentrale Forschungsthemen: u. a. Transformation traditioneller Musiken (angloamerikanische Regionen und Nordosteuropa), Musik und Politik und angewandte Ethnomusikologie. Publikationen: u. a. »Electric Folk in England« (Oxford 2005), »Polyphonie der Kulturen«-Projekt (Rostock 2006/2008).

ANDREA ZEDLER studierte Musikwissenschaft an der Karl-Franzens-Universität Graz und absolvierte parallel dazu das Diplomstudium Blockflöte mit Schwerpunkt auf Alter Musik am Johann-Joseph-Fux Konservatorium Graz. 2007–Mai 2010 Mitarbeiterin der Lehr- und Studienservices der Universität Graz, zuständig für die Studienplan- und Lehrentwicklung. 2008 schloss sie das berufsbegleitende Studium »Angewandtes Wissensmanagement« der Fachhochschulstudiengänge Burgenland ab. 2009/2010 war sie Stipendiatin am Istituto Storico Austriaco in Rom. 2008–2009 war sie Lehrbeauftragte für musikwissenschaftliche Arbeitstechniken, seit Oktober 2010 ist sie wissenschaftliche Mitarbeiterin am Institut für Musikwissenschaft an der Universität Graz und ist Promovendin bei Michael Walter über das Kantatenschaffen Antonio Caldaras.

Dank

Erst mit der Unterstützung mehrerer Personen konnte der vorliegende Band realisiert werden, und diesen Menschen sind die Herausgeberinnen zu vielfachem Dank verpflichtet: Der Enthusiasmus für dieses Buchprojekt wäre ins Leere gelaufen, wäre nicht von Anfang an der Leiter des Institutes für Musikwissenschaft der Karl-Franzens-Universität Graz, Michael Walter, mit Engagement und wertvollem Rat zur Seite gestanden. In der Vorbereitungsphase stand Herbert Utz mit einer durchschlagenden Idee gerüstet für unser Buchprojekt bereit. Ihm sei herzlich für die Aufnahme des Bandes in seinem Verlag gedankt. Seinem Mitarbeiter, Matthias Hoffmann, möchten wir für Rat und Tat vor allem in der »heißen« Phase vor der Drucklegung danken. Zentral ist der Dank an Ingrid Isola und Elisabeth Probst für deren umsichtige Korrekturarbeit am Manuskript. Der Band läge nicht vor, wenn sich nicht alle Autorinnen und Autoren mit großem Engagement und Entgegenkommen beteiligt hätten. Ihnen gilt abschließend unser herzlicher Dank.

Literatur fürs Studium im Herbert Utz Verlag

Kordula Knaus, Andrea Zedler (Hrsg.): **Musikwissenschaft studieren.** Arbeitstechnische und methodische Grundlagen · mit Beiträgen aus Forschung, Lehre und Praxis
2012 · 296 Seiten · ISBN 978-3-8316-4140-6

Ulrike Strauss: **Das Orchester Joseph Haydns.** Ein Komponist und seine wegweisenden Neuerungen · mit 31 Notenbeispielen
2009 · 138 Seiten · ISBN 978-3-8316-0832-4

Inga Mai Groote (Hrsg): **Musik in der Geschichte – zwischen Funktion und Autonomie**
2010 · 172 Seiten · ISBN 978-3-8316-4016-4

Nikolaus Knoepffler (Hrsg.): **Von Kant bis Nietzsche.** Schlüsseltexte der klassischen deutschen Philosophie
2010 · 384 Seiten · ISBN 978-3-8316-0965-9

Heinz Puknus, Norbert Göttler: **Rolf Hochhuth – Störer im Schweigen.** Der Provokateur und seine Aktionsliteratur
2011 · 192 Seiten · ISBN 978-3-8316-4080-5

Georg Strack, Julia Knödler (Hrsg.): **Rhetorik in Mittelalter und Renaissance.** Konzepte – Praxis – Diversität
2012 · 492 Seiten · ISBN 978-3-8316-0951-2

Katharina Weigand (Hrsg.): **Große Gestalten der bayerischen Geschichte**
2012 · 608 Seiten · ISBN 978-3-8316-0949-9

Erhältlich im Buchhandel oder direkt beim Verlag:
Herbert Utz Verlag GmbH, München
089-277791-00 · info@utzverlag.de
Gesamtverzeichnis unter www.utzverlag.de